高职高专公共基础课系列教材

大 学 语 文

主　编　胡莉莉
副主编　孙晓景　李　森
参　编　任丽英　王欣欣　万晓礼
曹辰波　梁　缓　王雨晴

西安电子科技大学出版社

内 容 简 介

本书依据《教育部关于职业院校专业人才培养方案制订与实施工作的指导意见》，结合高职高专院校应用型人才培养目标编写。本书以时间为经，以选文加文学史为纬，各章主要以诗歌、散文、小说、戏剧四大文学体裁为板块(前两章板块有变化)，内容包括先秦文学、秦汉文学、魏晋南北朝文学、隋唐文学、宋代文学、元明清文学、中国现当代文学和外国文学等。

本书可作为高职院校非中文专业学生“大学语文”课程的教材，也可供文学爱好者阅读参考。

图书在版编目(CIP)数据

大学语文 / 胡莉莉主编. —西安：西安电子科技大学出版社，2022.8
ISBN 978-7-5606-6567-2

Ⅰ. ①大…　Ⅱ. ①胡…　Ⅲ. ①大学语文课—高等学校—教材　Ⅳ. ①H19

中国版本图书馆 CIP 数据核字(2022)第 129609 号

策　　划　李鹏飞　刘　杰
责任编辑　李鹏飞
出版发行　西安电子科技大学出版社(西安市太白南路 2 号)
电　　话　(029)88202421　88201467　　邮　　编　710071
网　　址　www.xduph.com　　电子邮箱　xdupfxb001@163.com
经　　销　新华书店
印刷单位　陕西天意印务有限责任公司
版　　次　2022 年 8 月第 1 版　2022 年 8 月第 1 次印刷
开　　本　787 毫米×1092 毫米　1/16　　印　张　17
字　　数　361 千字
印　　数　1～3500 册
定　　价　45.00 元
ISBN 978 - 7 - 5606 - 6567 - 2 / H
XDUP 6869001-1

前　　言

“大学语文”是普通高等院校开设的一门公共文化素质教育基础课程。本课程集工具性、基础性、审美性、人文性于一体，主要任务是培养学生的阅读、赏析、理解和表达能力，并为学生的终身可持续性发展奠定重要基础。

本书供普通高职高专院校非中文专业教学使用，属于通识教育和人文精神教育教材，目标是突破单门学科思维的局限，开阔学生的阅读视野，提高学生汉语语言文学素养，增强他们对古今美文所传达的优秀文化的兴趣和了解，培育其高雅的审美趣味，并对提升其人格修养产生有益效果。

本书的编写有如下特点：

1. 内容丰富，体例新颖

本书以时间为经，以选文加文学史为纬，各章主要以诗歌、散文、小说、戏剧等文学体裁为板块(前两章板块有变化)，以每个板块的历史发展为线索，选取了众多内容丰富、寓意深刻的古今中外的名家名作，以便学生了解文化的多样性、丰富性。

2. 目标明确，选文经典

本书编者都是职业院校的一线教师，有丰富的教学经验。选文时规避了与基础教育教材重复的经典文章，以典范性、思想性、审美性、实用性为原则，强化课程思政，精心选取贴近时代、生活气息浓郁的篇目，有助于学生充分了解并继承中华民族的优秀文化传统，增强民族文化自信，培养高尚的思想品质和道德情操。

3. 环节完整，实用性强

针对每篇文章都设置了“阅读提示”“注释”“知识链接”“学以致用”等栏目，内容充实，环节完整，既便于教师课堂教学，也有利于学生课外自主学习。教学时提倡运用精讲与泛读相结合的方法，鼓励学生自主、合作、探究学习，努力提升其对文学精品的鉴赏水平和审美能力以及就业择业所需的口头和书面文字表达能力。

本书由胡莉莉担任主编，孙晓景、李森担任副主编，任丽英、王欣欣、万晓礼、曹辰波、梁缓、王雨晴参与编写。

在编写过程中，我们汲取了其他同类书的优秀成果，在此表示感谢。

由于时间紧迫，加之水平有限，书中难免存在疏漏之处，敬请广大读者批评指正。

作　者

2022 年 6 月

目　录

第一章 先秦文学

史学上一般把远古至公元前221年秦帝国建立前的这一历史时期称为先秦时代。在此期间，中原地区先后建立了夏(约前21世纪—前16世纪)、商(约前16世纪—前11世纪)、周(约前11世纪—前256年)三个王朝。

在这长达1800多年的历史中，中国的祖先创造了光辉灿烂的历史文明，夏商时期的甲骨文、殷商时期的青铜器，都是人类文明的历史标志。作为中国早期文化集大成者的先秦文化，既是中国古代文化的第一个高峰，又是后世文化的奠基，对后世文化产生了巨大的影响。先秦文化形成之后的2000多年来，中国的传统文化从根本上都是对先秦文化的发展与遥契。因此，先秦文化是中国传统文化的基因，先秦文化的出现，标志着中国传统文化的形成。

先秦文学作为先秦文化的一部分，是指从远古到秦统一中国之前的文学，是中国古代文学产生和初创的时期，是中国古代文学的源头。在这个历史时期，最早产生的文学作品是原始歌谣和神话。春秋战国时期，伴随着士阶层的出现产生了诸子散文。与诸子散文辉映一时的，是以记事记言为主的历史散文。

第一节 神 话

文学艺术并非有了文字以后才出现的。远在文字发明创造之前，文学艺术就早已产生。上古时代文学的具体情况虽然没有直接资料展现，但是根据推测可以得知，上古文学同现实生活结合得非常紧密，其中主要的文学形式是人们集体口头创作的原始诗歌和神话传说，以及表示愿望、趋吉避凶的咒语式的祷祝辞。随着文字的出现，史前时期流传的原始人民口头创作的诗歌和神话才有相当一部分被记录下来。

在原始时代，人类经常受到自然灾害的威胁，有着强烈的征服自然的愿望。由于当时人们知识水平和认知能力十分低下，在同自然作斗争的过程中，不可能了解或掌握自然的规律，更不可能战胜自然。因此那一时期的人类就把自然界各种变化的动力都归之于神的意志和权力，认为主宰一切的神灵创造了一切自然现象，于是一切自然力都被他们的想象形象化、人格化了。他们又在生产劳动中依照自己的英雄人物形象，创造出了许多神的故事并以口头形式流传。鲁迅在《中国小说史略》中为神话下定义："昔者初民，见天地万物，变异不常，其诸现象，又出于人力所能以上，则自造众说以解释之；凡所解释，今谓之神话。"即神话是一种流行于上古时代的民间故事，所叙述的是超乎人类能力以上的神的行事。虽然荒唐无稽，可是古代人民互相传述，却确信以为是真的。

从《尚书》《山海经》《淮南子》《庄子》《史记》《水经注》等古籍中可以看到中国原始的神话记载，其中以《山海经》最具有神话学价值。在典籍记载的神话中，根据主题不同可以把上古神话分为五大类：创世神话、始祖神话、战争神话、洪水神话、英雄传奇神话。

创世神话又称开辟神话，是关于天地万物起源的神话，其中以盘古开天辟地的故事最为著名。在盘古神话中，一则说盘古劈开了混沌，天、地出现，同时也创造了天地之间的万物；另一则说盘古死后，呼吸变为风云，声音变为雷霆，两眼分变成日、月，肢体变成山岳，血液变成江河，发髭变为星辰，皮毛变为草木……其中蕴含的"垂死化身"的宇宙观，暗喻了古人对于人和自然的关系的思考和认识。关于创世神话，还有帝舜的妻子羲和生育了十个太阳，帝俊的妻子常羲生育了十二个月亮等。还有烛龙之神，他的行为直接引发了昼夜、四季等自然现象。这些都表明了原始先民对宇宙等自然现象积极探索的精神。

始祖神话是指有关人类起源的神话。《太平御览》云："俗说天地开辟，未有人民，女娲抟黄土作人，剧务，力不暇供，乃引绳絙于泥中，举以为人。故富贵者，黄土人也；贫贱凡庸者，絙人也。"从这一则神话中我们不但能读到先人对人类产生的认知，更有对人三六九等的解释。几乎所有的远古部族都有自己的始祖神话，这些神话故事中大部分在情节或结构上有相似之处。

战争神话是以战争为主题的神话，它反映了原始氏族、社会部落之间的斗争。《山海经》中记载的《黄帝擒蚩尤》神话，就是发生于黄帝、炎帝和蚩尤之间的战争。《史记·五帝本纪》记载：“蚩尤作乱，不用帝命，于是黄帝乃征师诸侯，与蚩尤战于涿鹿之野。”《太平御览》卷十五引《志林》曰：“黄帝与蚩尤战于涿鹿之野，蚩尤作大雾，弥三日，军人皆惑。黄帝乃令风后法斗机作指南车，以别四方，遂擒蚩尤。”这些都是对这一历史事件的记录。

洪水神话和英雄传奇神话是与大自然相关的神话。如鲧禹治水描述了鲧、禹两代人带领部族抵抗上古时期的一次洪水灾害的故事。其他如燧人氏钻木取火、仓颉造字、后羿射日、夸父逐日、精卫填海等，都赞扬了人类为适应大自然而作出的努力。

神话作为原始先民意识形态的集中体现，凝结着先民对自身和外界的感受和思考，同时也饱含着浓郁的情感因素。这些神话意象在历史中固定下来，通过文化积淀，在一代代人的心底流淌，为后世的文学创作提供了想象的空间。例如，屈原充满奇特想象的楚辞，庄子汪洋恣肆的散文，陶渊明、李白、李贺充满浪漫想象的诗歌，还有小说戏剧如《柳毅传书》《西游记》《封神演义》，以及鲁迅的《故事新编》等，或采用其故事，或学习其作风，或改编其原作，创作出了更多的富有感染力的新作品。后世的创作者往往把神话故事载入篇章，或用作典故，充实作品内容；或借为讽刺，抒写作者的情绪。尤其重要的是神话中体现出的乐观主义、英雄主义和对现实的积极态度，以及强烈要求改变现实、追求美好生活的愿望、鼓舞人们勇敢向前的精神，这些都对后世作家进步世界观的形成和积极浪漫主义的创作起了重要作用。

选文欣赏

一、黄帝擒蚩尤[1]

《山海经·大荒北经》

【阅读提示】

本文选自《山海经·大荒北经》，这个故事反映了上古时两个氏族间的斗争。神话中的蚩尤凶残暴虐，黄帝则一直是氏族的显赫英雄和正义的象征。

蚩尤作兵[2]，伐黄帝。黄帝乃令应龙攻之冀州之野[3]。应龙蓄水，蚩尤请风伯雨师[4]，纵大风雨。黄帝乃下天女曰“魃”[5]。雨止，遂杀蚩尤。

【注释】

[1]　黄帝：华夏始祖之一，人文初祖，上古帝号。传说称轩辕氏，亦称有熊氏，诛蚩尤之后被诸侯尊为帝。蚩尤，中华始祖之一，上古时代九黎族部落酋长。

[2] 作兵：制造兵器。

[3] 应龙：传说是有翅膀的神龙，善能蓄水行雨。据《山海经》记载，应龙住在凶犁的土丘山。冀州，古九州之一，约有今河北、山西两省及河南、辽宁两省的一部分地方。

[4] 风伯、雨师：风神、雨神。

[5] 魃(bá)：黄帝的女儿，一说是旱神。

【知识链接】

《山海经》是中国先秦重要古籍，也是我国现存最古老的地理书。全书共十八卷，记述上古时期海内外山川、部族、物产等，很多都涉及异物和神奇鬼怪，保存了我国古代的神话资料，如夸父逐日、女娲补天、精卫填海、大禹治水等，其中有不少神话已具有清晰的轮廓，有的经过缀合可以得到相当完整的故事和形象，对我国神话的传播和研究有着极其重要的意义。《山海经》成书时代大约在战国末期或西汉初期，关于它的作者以及性质众说纷纭，莫衷一是。

【学以致用】

1. 从战争神话中可以看到古人什么样的政治思想？
2. 参阅《山海经》归纳书中战争神话的种类。

二、女娲[1]补天

《淮南子·览冥训》

【阅读提示】

本文选自《淮南子·览冥训》，描写了女娲改造自然、拯救人类的故事。女娲在与自然灾害作斗争的过程中，表现出改造天地的雄伟气魄和高度的智慧，也因此成为人民歌颂的英雄。

往古之时，四极废，九州裂，天不兼覆，地不周载，火爁炎而不灭，水浩洋而不息。猛兽食颛民[2]，鸷鸟攫老弱。于是女娲炼五色石以补苍天，断鳌足以立四极[3]，杀黑龙以济冀州[4]，积芦灰以止淫水[5]。苍天补，四极正，淫水涸，冀州平，狡虫[6]死，颛民生。背方州，抱圆天，和春阳夏，杀秋约冬，枕方寝绳[7]，阴阳之所壅沈不通者，窍理之[8]；逆气戾物、伤民厚积者，绝止之。

【注释】

[1] 女娲：传说中人类的始祖，辅佐伏羲氏治国，还传说她抟土造人类。

[2] 爁炎：即“爁焱”，指火势蔓延。“爁”与“滥”音同，火蔓延叫“爁”，水泛滥称“滥”。洋：水大的样子。颛：善良。颛民：善良的百姓。

[3] 鳌：传统中海里的大龟。

[4] 黑龙：传说中的水精。

[5] 芦灰：芦苇灰。淫水：泛滥的洪水。

[6] 狡虫：凶猛的害虫。这里指猛兽。

[7] 背：背靠。方州：大地。阳：疑为“炀”，炽热、炙燥的意思。方：矩。绳：准绳。枕方寝绳：意思是女娲想使社会自然的变化发展有规律可循，按规律来治理。

[8] 窍：贯通。理：疏理。

【知识链接】

《淮南子》是西汉淮南王刘安组织其门客集体撰写的一部著作，共二十一卷。它的思想接近道家。《淮南子》在阐明哲理时，旁涉奇物异类、鬼神灵怪，所以保存了一部分神话材料，曲折地反映了远古人民的生活和思想。

【学以致用】

1. 从《女娲补天》中可以看出先民对始祖认知中的哪些特点？
2. 请结合本文内容分析远古先民的生存环境。

第二节 《诗经》

《诗经》是我国最早的一部诗歌总集，是儒家“六艺”之一，在中国文学史上的地位是至为崇高的。《诗经》收集了西周初年至春秋中叶(前 11 世纪—前 6 世纪)的诗歌 311 篇，其中 6 篇为笙诗(即只有标题而没有内容，这 6 篇是《南陔》《白华》《华黍》《由庚》《崇丘》《由仪》)。《诗经》在先秦时期称为《诗》，或取其整数称为《诗三百》。西汉时被尊为儒家经典，始称《诗经》，并沿用至今。

《诗经》的作者包括了从贵族到平民的社会各个阶层人士，绝大部分已经无法考证。关于《诗经》如何编订成集，在先秦古籍中没有明确记载。历史上广泛流传着“献诗”“采诗”“删诗”之说。《汉书·食货志》中记载“孟春之月，群居者将散，行人振木铎徇于路以采诗，献之大师，比其音律，以闻于天子”，认为《诗经》是采诗官一行人“采诗”所得。《国语·召公谏厉王弭谤》中记载“故天子听政，使公卿至于列士献诗，瞽献曲，史献书，师箴，瞍赋，矇诵”，认为《诗经》是周代公卿列士献诗、陈诗，用以颂美或讽谏。还有一种说法是《史记·孔子世家》中司马迁主张的孔子删诗说：“古者诗三千余篇，及至孔子，去其重，取可施於礼义……三百五篇，以求合韶武雅颂之音。”虽然“删诗说”至今仍有学者坚持，但多数学者认为此说法并不准确。襄公二十九年(前 544 年)，吴公子季札到鲁国观乐，鲁乐公演奏十五国风，名称顺序与今本《诗经》相同。当时孔子仅 8 岁。《史记》说孔子删诗是在“自卫返鲁”之后，但《论语》中孔子不止一次提到“诗”“诗三百”。春秋时期诸侯宴飨和出使，常赋诗言志，所赋之诗多为《诗经》。而赋诗言志之风，早在孔子之前就已经存在。孔子曾骂过“郑声淫”，“恶郑声之乱雅乐也”，主张“放郑声”，但现本《诗经》郑卫民歌依然很多。由此可见，说《诗经》由他删选而成，不一定是准确的。孔子对《诗》可能作过“正乐”的工作，甚至可能对《诗》的内容和文字有些加工整理，但《诗经》的成书可能并非孔子个人删选所定。

《诗经》按其音乐性分为风、雅、颂三类。风是周代各地的歌谣，包括十五国风共计 160 篇。雅是周人的正声雅乐，也就是典范的音乐。雅分大雅和小雅，大雅 31 篇、小雅 74 篇，共计 105 篇。颂是周王庭和贵族宗庙祭祀的乐歌，又分为周颂31 篇、鲁颂4 篇、商颂5 篇，共计 40 篇。其内容反映了西周初年至春秋中叶约五百年间的社会面貌，对于周人的建国经过、周初的经济制度和生产情况，以及某些重大的历史事件都有直接或间接的反映；对于人民所遭受的痛苦、西周后期至春秋的政治混乱局面、统治者的残暴和丑恶行为，都进行了深刻的揭露。

《诗经》在表现手法上主要分为赋、比、兴三种。赋、比、兴最早见于《周礼》，与风、雅、颂合称“六义”。朱熹曾对“六义”有这样的论述，“赋者，敷陈其事而直言之也”；“比者，以彼物比此物也”；“兴者，先言他物以引起所咏之词也”。赋就是陈述铺叙的意思，一方面可以叙事描写，另一方面也可以议论抒情。雅诗、颂诗中多采用这种手法，在赋、比、兴三者中，赋是基础，如“父兮生我，母兮鞠我。拊我畜我，长我育我，顾我复我，出入腹我。欲报之德，昊天罔极！”(诗经·《小雅·蓼莪》)。比就是譬喻，它“或喻于声，或方于貌，或拟于心，或譬于事”(《文心雕龙·比兴》)，从而使形象更加鲜明，如“手如柔荑，肤如凝脂，领如蝤蛴，齿如瓠犀，螓首蛾眉，巧笑倩兮，美目盼兮”(《诗经·卫风·硕人》)。兴的基本含义是借助其他事物作为诗歌的开头，然后借以联想，引出诗人所要表达的事物和思想感情，相当于我们现在用的象征的修辞手法，如“桑之未落，其叶沃若。于嗟鸠兮，无食桑葚。于嗟女兮，无与士耽”(《诗经·卫风·氓》)。《诗经》句式以四言为主，根据不同内容的需要，分别采用赋、比、兴的艺术手法，语言朴素优美，韵律和谐，写景抒情都富有艺术感染力，对后代文学有很深远的影响。

《诗经》的思想内容十分广阔，涉及民族史诗、赞颂、怨刺、婚恋、农事和征役等，丰富多彩。

(一) 周民族的史诗

在《诗经·大雅》里，集中保存了五首古老的民族史诗：《生民》《公刘》《绵》《皇矣》和《大明》。《生民》生动地描述了周始祖后稷神奇非凡的诞生：后稷之母姜源踩了天帝的脚拇指印而怀孕，生下后稷，以为不祥便抛弃了他。但后稷得到了牛羊的哺乳、伐木工人的相救、大鸟的展翅掩护，竟神奇地活了下来，终于被留养。接着写他对农艺的天赋才能，刚会爬行就能识别食物，稍大便开始试种豆、谷、麻、麦、瓜等，庄稼经他手都长得非常丰美。此诗颇富神话色彩，无异于一篇糅合神话传说的《后稷传》。《公刘》描述了后稷之曾孙公刘自邰迁豳的史迹，歌颂了他率领周人营建都邑、拓垦疆土的创业精神。《绵》描述了周文王祖父古公亶父由豳迁岐的史迹，歌颂了周民族艰苦创业、由小到大、兴旺发达、绵延不绝的光荣历史。《皇矣》主要歌颂了周文王征伐古密国和古崇国的伟大功绩。《大明》着重赞扬了武王伐商的辉煌胜利。从《生民》到《大明》这5篇作品，粗线条勾画出周民族发祥、创业、建国和兴盛的光辉史迹，无愧为周民族的英雄史诗。我国古代流传下来的真正史诗屈指可数，因而《诗经·大雅》中保存下来的这一组民族史诗就显得尤为珍贵。

（二）农事诗

周代经济以农事为主，因而反映农业生产和劳动生活的农事诗在《诗经》中为数不少。《雅》《颂》里的农事诗大多赞颂农业所取得的成就，夸耀农田广大、收获丰盛，表达祈求丰年的愿望。农事诗中的杰出作品，当推历代传诵的《豳风·七月》。这是一首饱含奴隶血泪的诗歌，也是现存我国农业生产情况最古老详细的文字记录。黍稷麻麦等多种农作物的耕种，纺织染色等各项副业生产的发展，都有颇为细致的描写。这首诗有力地证明了三千年前我国的生产力水平就已达到了相当高的程度，生动反映了我国古代劳动人民的勤劳与智慧。此诗又是周代奴隶生活的剪影，充分揭示了奴隶们内心的悲苦和哀伤，真实而生动地展现了一幅古代奴隶社会的生活图画。

（三）颂歌与怨刺诗

在《诗经》中，歌功颂德的作品占有一定比例，它们都属于庙堂乐歌或官方乐歌，出自公卿列士或乐官之手。商周鲁三颂中的大部分篇章是歌颂周王朝祖先丰功伟绩的祭祀乐歌，属于颂歌。大雅和小雅中也有一大部分是颂赞诗。这些颂赞诗歌从表达手法可分为两类：一类是歌颂周天子、王室祖先、王室将领的叙事性颂赞诗；另一类是颂德祝福谀美贵族或赞美人物技艺、品性、仪貌的非叙事性颂赞诗。怨刺诗是王道衰落、礼崩乐坏、政教不行、人伦废丧的产物，它产生于西周末东周初。大雅中的是王室重臣或上层贵族直刺时政的讽谏之作，重在“刺”，如《大雅·荡》《大雅·板》。小雅中大多是王室各级不得志的中下级官僚慨叹命运多舛的悲伤之作，重在“怨”，如《小雅·巷伯》。《国风》中的怨刺诗则多出自民间，因而更直接地反映了下层民众的思想、感情和愿望。其内容更深广，怨愤更强烈，讽刺也更尖刻，具有更激烈的批判精神，如《魏风·硕鼠》《魏风·伐檀》《邶风·新台》《鄘风·墙有茨》《鄘风·相鼠》等。

（四）婚恋诗

这类题材的诗歌绝大部分集中在国风中，几乎囊括了人类爱情生活的各个侧面和所有阶段。婚恋诗中写得最多的是情歌，它们或表现对爱情的大胆追求和对情人的热切相思，或描述热恋的情景和讴歌爱情的甜蜜，洋溢着热烈欢快的情调，如《周南·关雎》《召南·野有死麕》《邶风·静女》《郑风·溱洧》《秦风·蒹葭》等。另一类则是描写家庭婚姻悲剧的“弃妇诗”。《邶风·谷风》和《卫风·氓》堪为此类题材诗的代表。尽管这两首诗歌中的女主人公性格和经历有所不同，但命运却一样悲惨。它们都深刻地揭露了在私有制度下夫权制的不合理，揭示了被压在社会最底层的劳动妇女的悲惨命运，倾诉了女主人公内心的哀怨和痛苦，具有深刻的社会批判意义。

(五) 战争徭役诗

有些战争诗从正面描写了天子、诸侯的武功，表现了强烈的自豪感，充满乐观精神，如大雅中的《江汉》《常武》，小雅中的《出车》《六月》等；也有些写厌战思乡的诗，如《小雅·采薇》《小雅·四牡》等。还有些徭役诗表现了服役者的强烈不满，如《唐风·鸨羽》等。

(六) 燕飨诗

这类题材以君臣、亲朋欢聚宴享为主要内容，如《小雅·鹿鸣》就是一首描写天子宴群臣的诗歌。

《诗经》的形式采用四言体，重章叠句、铿锵有力，词句清新、一唱三叹，对后世的诗歌创作产生了深刻的影响，为中国诗歌的发展奠定了稳固的基础。《诗经》的内容，真实而深刻地反映了当时的社会现实，是我国古典文学现实主义传统的光辉起点，它的出现及它的思想性和艺术成就，奠定了我国诗歌的优良传统，在我国乃至世界文化史上都占有极高的地位。

选文欣赏

一、蓼　莪[1]

《诗经·小雅》

【阅读提示】

《蓼莪》选自《诗经·小雅》，是一篇悼念父母、感其恩德的诗，抒发了作者失去父母的孤苦和未能终养父母的遗憾。全诗沉痛悲怆，凄恻动人，清人方玉润称其“千古孝思绝作”。《毛诗序》说此诗“孝子不得终养尔”，抒发了诗人不能终养父母的痛极之情。

蓼蓼者莪，匪莪伊蒿[2]；哀哀父母，生我劬劳[3]。
蓼蓼者莪，匪莪伊蔚[4]；哀哀父母，生我劳瘁。
瓶之罄矣，维罍之耻[5]。鲜民[6]之生，不如死之久矣！
无父何怙[7]？无母何恃？出则衔恤[8]，入则靡至。

父兮生我，母兮鞠[9]我。
拊我畜我[10]，长我育我，顾我复我[11]，出入腹[12]我。
欲报之德，昊天罔极[13]！
南山烈烈[14]，飘风发发[15]。民莫不穀[16]，我独何害？
南山律律[17]，飘风弗弗[18]。民莫不穀，我独不卒[19]！

【注释】

[1] 蓼(lù)：形容植物高大。莪(é)：即莪蒿，又名萝蒿，俗名抱狼蒿(其抱根丛生，有子依母之象，故名。诗人借以取兴)，蒿的一种。

[2] 匪：同“非”。伊：是。蒿：指青蒿，又名香蒿。

[3] 哀哀：十分可怜。劬(qú)劳：与下文“劳瘁”都含有劳苦、劳累的意思。

[4] 蔚(wèi)：即牡蒿，蒿的一种。

[5] 瓶：汲水器具。罄(qìng)：尽。罍(léi)：盛水器具。

[6] 鲜(xiǎn)：孤，寡。民：人。鲜民：无父母的孤穷之民。

[7] 怙(hù)：依靠。

[8] 衔恤：含忧。

[9] 鞠：养。

[10] 拊：通“抚”，抚摸。畜：通“婚”，好，爱，即抚爱。

[11] 顾：照顾。复：通“覆”，庇护。

[12] 腹：怀抱。

[13] 罔极：无极，无边际。

[14] 烈烈：通“厉”或“屶厉 ”，山高峻貌。

[15] 发发：疾风之声。

[16] 穀：善，指能养父母。

[17] 律律：通“硉硉”，山势突起高耸貌。

[18] 弗弗：大风急促扬尘貌。

[19] 卒：终，指终养父母。

【知识链接】

赋、比、兴交替使用是此诗写作的一大特色。三种表现方法灵活运用，前后呼应，抒情起伏跌宕，回旋往复，传达孤子哀伤情思，可谓珠落玉盘，运转自如，艺术感染力强烈。《晋书·孝友传》载王裒因痛父无罪处死，隐居教书，“及读《诗》至‘哀哀父母，生我劬劳’，未尝不三复流涕，门人受业者并废《蓼莪》之篇”；又《南齐书·高逸传》载顾欢在天台山授徒，因“早孤，每读《诗》至‘哀哀父母’，辄执书恸泣，学者由是废《蓼莪》”，类似记载尚有，不胜枚举。子女赡养父母，孝敬父母，本是中华民族的美德之一，实际也应该是人类社会的道德义务，而此诗则是以充沛情感表现这一美德的最早的文学作品，对后世影响极大，不仅在诗文赋中常有引用，甚至在朝廷下的诏书中也屡屡言及。《诗经》对民族心理、民族精神形成的影响由此可见一斑。

【学以致用】

1. 回忆所学《诗经》中采用“赋”手法的诗句，并加以赏析。
2. 说一说你对中国“孝”道的理解。

二、溱洧[1]

《诗经·郑风》

【阅读提示】

《郑风·溱洧》是一首描写郑国三月上巳节青年男女在溱水和洧水岸边游春的诗歌。当时郑国的风俗，三月上巳日这天，人们要在东流水中洗去宿垢、祓除不祥，祈求幸福和安宁。

溱与洧，方涣涣兮[2]。士与女[3]，方秉蕑兮[4]。女曰：“观乎？”士曰：“既且[5]。”“且往观乎[6]！”洧之外，洵訏且乐[7]。维士与女[8]，伊其相谑[9]，赠之以勺药[10]。

溱与洧，浏其清矣[11]。士与女，殷其盈兮[12]。女曰：“观乎？”士曰：“既且。”“且往观乎！”洧之外，洵訏且乐。维士与女，伊其将谑，赠之以勺药。

【注释】

[1] 溱(zhēn)洧(wěi)：郑国两条河名。郑风：《诗经》“十五国风”之一，今存二十一篇。

[2] 方：正。涣涣：指河水解冻后奔腾流淌的样子。

[3] 士与女：此处泛指春游的男男女女。后文“士”“女”则特指其中某位青年男女。

[4] 秉：执，拿。蕑(jiān)：一种香草，又名大泽兰，与今兰花有别。

[5] 既：已经。且(cú)：同“徂”，去，往。

[6] 且：姑且，应当再。

[7] 洵(xún)訏(xū)：实在宽广。洵，通“恂”，实在，诚然，确实。訏，大，广阔。

[8] 维：语助词。

[9] 伊：语助词。又有一说：伊通“繄”，嘻笑貌。相谑：互相调笑。

[10] 勺药：即“草芍药”，一种香草，与今之木芍药不同。《郑笺》：“其别则送女以勺药，结恩情也。”马瑞辰《毛诗传笺通释》云：“又云‘结恩情’者，以勺与

约同声，故假借为结约也。”

[11] 浏：水深而清之状。

[12] 殷：众多。盈：满。

【知识链接】

薛汉《韩诗薛君章句》云：“郑国之俗，三月上巳，之溱、洧两水之上，招魂续魄，秉兰草拂不祥。”男女青年也借此机会互诉心曲，表达爱情。来自民间的歌手满怀爱心和激情，讴歌了这个春天的节日，记下了人们的欢娱，肯定和赞美了纯真的爱情。

【学以致用】

搜集《诗经》中有关唯美爱情的诗歌或词句。

三、七 月

《诗经·豳风[1]》

【阅读提示】

本文是《诗经·国风》中最长的一首诗歌。诗歌反映了周部落豳地先民一年四季的劳动生活，涉及衣食住行各个方面。因为它的作者是部落成员，所以口吻酷肖、角度极准，从各个侧面展示了当时社会的风俗状况，凡春耕、秋收、冬藏、采桑、染绩、缝衣、狩猎、建房、酿酒、劳役、宴飨等场景，无所不写。

七月流火[2]，九月授衣[3]。一之日觱发[4]，二之日栗烈[5]。无衣无褐[6]，何以卒岁[7]？三之日于耜[8]，四之日举趾[9]。同我妇子[10]，馌彼南亩[11]，田畯至喜[12]。

七月流火，九月授衣。春日载阳[13]，有鸣仓庚[14]。女执懿筐[15]，遵彼微行[16]，爰求柔桑[17]。春日迟迟[18]，采蘩祁祁[19]。女心伤悲，殆及公子同归[20]。

七月流火，八月萑苇[21]。蚕月条桑[22]，取彼斧斨[23]，以伐远扬[24]，猗彼女桑[25]。七月鸣鵙[26]，八月载绩。载玄载黄[27]，我朱孔阳[28]，为公子裳。

四月秀葽[29]，五月鸣蜩[30]。八月其获，十月陨萚[31]。一之日于貉[32]，取彼狐狸，为公子裘。二之日其同[33]，载缵武功[34]，言私其豵[35]，献豜于公[36]。

五月斯螽动股[37]，六月莎鸡振羽[38]，七月在野，八月在宇，九月在户，十月蟋蟀入我床下。穹窒熏鼠[39]，塞向墐户[40]。嗟我妇子，曰为改岁[41]，入此室处。

六月食郁及薁[42]，七月亨葵及菽[43]，八月剥枣[44]，十月获稻，为此春酒[45]，以介眉寿[46]。七月食瓜，八月断壶[47]，九月叔苴[48]，采荼薪樗[49]，食我农夫。

九月筑场圃[50]，十月纳禾稼[51]。黍稷重穋[52]，禾麻菽麦[53]。嗟我农夫，我稼既同，上入执宫功[54]。昼尔于茅，宵尔索绹[55]。亟其乘屋[56]，其始播百谷。

二之日凿冰冲冲[57]，三之日纳于凌阴[58]。四之日其蚤[59]，献羔祭韭[60]。九月肃霜[61]，十月涤场[62]。朋酒斯飨[63]，曰杀羔羊。跻彼公堂[64]，称彼兕觥[65]，万寿无疆[66]。

【注释】

[1] 豳(bīn)风：《诗经》十五国风之一，共七篇。豳：古邑名，在今陕西旬邑、彬县一带。

[2] 七月：夏历七月。火：或称大火，星名，即心宿。流：向下降。每年夏历五月，黄昏时候，“火”星当正南方，也就是正中和最高的位置。七月“火”星就偏西向下了(即“流”)，故称“七月流火”。

[3] 授衣：将裁制冬衣的工作交给女工。九月丝麻等事结束，所以在这时开始做冬衣。

[4] 一之日：本诗杂用周历与夏历两种历法。凡言“某月”者，皆指夏历；凡言“某之日”者，皆为周历。“一之日”即指周历一月的日子，亦夏历十一月的日子。下“二之日”“三之日”“四之日”类推。觱(bì)发(bō)：形容大风触物的声音。

[5] 栗烈：凛冽，形容寒气袭人。

[6] 褐：粗布衣。

[7] 卒岁：度过年终。

[8] 于：为，这里指修理。耜(sì)：似犁的翻土农具，即犁头。

[9] 举趾：抬脚踩耜而耕。趾：足。

[10] 妇子：妻子和小孩。

[11] 馌(yè)：送食物。亩：指田身。田耕成若干垄，高处为亩，低处为甽。田垄东西向的叫作“东亩”，南北向的叫作“南亩”。

[12] 田畯(jùn)：为领主监工的农官，又称农正或田大夫。

[13] 春日：春天，指夏历三月的日子。载：始。阳：温暖。

[14] 仓庚：鸟名，即黄莺。

[15] 懿(yì)：深。

[16] 微行：小径，小路。

[17] 爰(yuán)：于是。柔桑：初生的桑叶。

[18] 迟迟：缓慢，天长的意思。

[19] 蘩(fán)：菊科植物，即白蒿。古人用于祭祀，女子在嫁前有“教成之祭”。一说用蘩“沃”蚕子，则蚕易出，所以养蚕者需要它。祁祁：众多(指采蘩者)。

[20] 殆及公子同归：是说怕被公子强迫带回家去。一说指怕被女公子带去陪嫁。

公子，指国君之子。

[21] 萑(huán)苇：芦苇。八月萑苇长成，收割下来，可以做箔。

[22] 蚕月：养蚕的月份，指夏历三月。条桑：修剪桑树。

[23] 斨(qiāng)：柄孔方形的斧。

[24] 远扬：指长得太长而高扬的枝条。

[25] 猗(yī)：《说文》《广雅》作“掎(jǐ)”，牵引、拉。“掎桑”是用手拉着桑枝来采叶。南朝乐府诗《采桑度》云：“系条采春桑，采叶何纷纷”，似先用绳系桑然后拉着绳子采。女桑：嫩桑叶。

[26] 鵙(jú)：鸟名，即伯劳。

[27] 玄：黑而赤的颜色。玄、黄指丝织品与麻织品的染色。

[28] 朱：赤色。阳：鲜明。

[29] 秀葽(yāo)：远志抽穗。秀：不开花而长穗结子。葽：植物名，今名远志。

[30] 蜩(tiáo)：蝉。

[31] 陨萚(tuò)：落叶。陨：坠落。萚：一说通“柽”，树木名；又一说“草木落叶”。

[32] 于貉：《郑笺》“于貉，往博貉以自为裘也。”貉(hé)：哺乳动物，外貌像狐狸，昼伏夜出。

[33] 同：会合，言狩猎之前会合众人。

[34] 缵(zuǎn)：继续。武功：指田猎。

[35] 私其豵(zōng)：小兽归猎者私有。豵：一岁小猪，这里用来代表比较小的兽。言：语首助词，无义。

[36] 豜(jiān)：三岁的猪，代表大兽。献豜于公：大兽献给公家。

[37] 斯螽(zhōng)：虫名，蝗类，即蚱蜢、蚂蚱，翅摩擦发声，古人误以为其两大腿摩擦发声。股：大腿。

[38] 莎鸡：虫名，今名纺织娘。振羽：鼓翅发声。

[39] 穹窒(zhì)：将室内满塞的角落搬空，搬空了才便于熏鼠。穹：穷尽；一说通“空”，清除，打扫；一说空隙。窒：堵塞。

[40] 向：朝北的窗户。墐(jìn)：用泥涂抹。贫家门扇用柴竹编成，涂泥塞缝以御寒风。

[41] 曰：《汉书》引作“聿”，发语词。改岁：更改年岁，指过周历新年。

[42] 郁：郁李，植物名，唐棣之类，高五六尺，果实像李子，赤色。薁(yù)：植物名，果实大如桂圆；一说为野葡萄。

[43] 菽(shū)：豆的总名。

[44] 剥：通“扑”，打，击。

[45] 春酒：冬天酿酒，经春始成，故名“春酒”。枣和稻都是酿酒的原料。

[46] 介：通“丐”，助也，求也，即祈求。眉寿：长寿，人老眉间有豪毛，叫秀眉，

所以长寿称眉寿。

[47] 壶：通“瓠”，葫芦。

[48] 叔：拾取。苴(jū)：秋麻之籽，可以吃。

[49] 荼(tú)：菜名，即苦菜。薪樗(chū)：采樗木为薪。薪：柴。樗：树木名，臭椿。

[50] 场：打谷的场地。圃：菜园。春夏做菜园的地方秋冬就做成场地，所以场圃连成一词。

[51] 纳：收进谷仓。禾稼：谷类通称。

[52] 重：同“穜”(tóng)，先种后熟的谷。穋：同“稑”(lù)，后种先熟的谷。

[53] 禾：此处专指一种谷，即今之小米。

[54] 宫功：指建筑宫室，或指室内的事。功：事情。

[55] 索绹(táo)：搓绳子。索：动词，搓，指制绳。绹：绳索。

[56] 亟：急，急忙。乘屋：盖屋。茅和绳都是盖屋需用的东西。

[57] 冲冲：凿冰之声。

[58] 凌：冰。阴：指藏冰之处。凌阴：藏冰的地窖。

[59] 蚤：同“早”，指早朝，古代的一种祭祖仪式。

[60] 献羔祭韭：用羔羊和韭菜祭祖。

[61] 肃霜：犹“肃爽”，深秋清凉的样子。

[62] 涤场：清扫场地。一说即“涤荡”，草木摇落无余。

[63] 朋酒：两壶酒。

[64] 跻(jī)：登。公堂：一说“学校也”，泛指公共场所，不一定是国君的朝堂。

[65] 称：举起。兕(sì)觥(gōng)：角爵，古代用兽角(犀牛角)做的酒器。

[66] 万寿：大寿。无疆：无限。万寿无疆：比喻长寿。祝颂之辞。

【知识链接】

中国古代诗歌一向以抒情诗为主，叙事诗较少。这首诗却以叙事为主，在叙事中写景抒情，形象鲜明、诗意浓郁，通过诗中人物娓娓动听的叙述，真实地展示了当时的劳动场面、生活图景和各种人物的面貌，以及农夫与公家的相互关系，构成了西周早期社会一幅男耕女织的风俗画。《诗经》的表现手法有赋、比、兴三种，这首诗正是采用赋体，“敷陈其事”“随物赋形”，反映了生活的真实。这首诗还体现了风雅颂相结合的特点。全诗随着叙事的需要用风、用雅或用颂，三者结合起来运用，就形成了此诗朴实清新的风格、文雅华美的特点和庄重颂祷的特征。

【学以致用】

1. 找出诗中景物描写的句子，并试着分析景物描写的作用。

2. 参考相关资料，说一说先秦的社会农事特点。

第三节 楚 辞

先秦诗歌的另一伟大成就是“楚辞”。“楚辞”是战国时代以屈原为代表的楚国人创造的一种韵文形式。“楚辞”的名称最早见于西汉司马迁的《史记·酷吏列传》。在汉代，“楚辞”也被称为辞或辞赋。正如宋代黄伯思《东观余论·翼骚序》所说：“屈宋诸骚，皆书楚语，作楚声，纪楚地，名楚物，故可谓之楚辞。”这些话说明了“楚辞”的地方色彩，在形式上与北方诗歌有较明显的区别。

西汉末年，刘向整理古籍，把屈原、宋玉等人的共16篇作品编辑成书，定名为《楚辞》。《楚辞》一书，既非出自一人之手，也不出于一个时代，它是不同的时代和不同的人们逐渐编纂增补而成的，自战国至东汉，历时三四百年。《楚辞》是南楚文化与中原文化交流融合的产物，是继《诗经》四言格式后出现的一种新诗体。

“楚辞”的产生有其复杂的因素，楚民族兴起于长江流域，西周成王时封熊绎于楚，春秋时代，成为大国。战国时期，楚国逐渐成为诸雄中版图最大、人口最多的国家：西抵汉中、东临大海，有“横则秦帝，纵则楚王”之称。同时，楚国在长期独立发展的过程中，未形成北方严密的宗法政治制度，个人受集体的压抑较少，个体意识较强。一直到汉代，楚人多有桀骜不驯的性格，形成了独特的楚国地方文化。与此同时，楚国又与北方各国频繁接触，吸收了中原文化，丰富发展了自身文化。这一南北合流的文化传统就是“楚辞”产生和发展的重要基础。

“楚辞”是指以具有楚国地方特色的乐调、语言、名物而创作的诗赋。“大抵北方之地，土厚水深，民生其间，多尚实际；南方之地，水势浩洋，民生其际，多尚虚无。民崇实际，故所著之文，不外记事、析理二端。民尚虚无，故所作之文，或为言志、抒情之体。”(刘师培《南北文学不同论》)“楚辞”即是楚地的乐歌。

《汉书·地理志》记载楚人“其祠必作歌乐，鼓舞以乐诸神。”楚国巫风盛行，民间祭祀之时，必使巫觋“作歌乐舞以乐诸神”，充满了原始的宗教气氛。这种原始宗教的巫风对《楚辞》的作品有着直接影响，如《离骚》的巫咸降神，《招魂》的巫阳下招，以及《楚辞》中诗人自我形象的塑造和高贵品德的象征，如高冠长佩，荷衣蕙带，乃至丰富的神话故事运用等，都是最好的证明。“楚之衰也，作为巫音。”(《吕氏春秋·侈乐篇》)“楚辞”就是这种带有巫音色彩的诗歌。

楚辞以杂言为主，突破了传统的四言句式，篇幅极大地增大，句法参差错落、灵活变幻，铺排夸饰，想象丰富，突出地表现了浪漫的精神气质。但是为什么用“辞”来称呼这些诗歌呢？这反映了人们文学观念的发展，诗歌已经从单纯的“言志”，进而注意到文辞的华美。《楚辞》在艺术形式方面同《诗经》相比较，确实有了很大的进步。在体裁方面，《楚辞》由《诗经》简单的四言句发展为长言句，句式参差不齐、变化不定、活泼自由。《楚辞》也很少用《诗经》中回旋复沓的形式，而以语气词“兮”字标志它的民歌特色。《楚辞》的篇幅也比《诗经》长。从表现手法和风格上看，《楚辞》与《诗经》相比较也有很大变化，文辞趋向华丽，抒情色彩更加浓郁强烈，叙事更加铺张扬厉，并且大量运用想象、夸张、象征和虚拟等手法。总之，“楚辞”比《诗经》无论在内容和形式上都有很大发展和提高。就创作方法而言，《诗经》《楚辞》是我国诗歌现实主义、浪漫主义优秀传统的两大渊源。

“楚辞”的奠基人和代表作家是楚国大诗人屈原。屈原(约前 340 年—前 278 年)，名平，字原，战国时期楚国人，是与楚王同姓的贵族。他出身于楚宗室贵族，少年时受过良好的教育，博闻强识、志向远大。

屈原早期深受楚怀王信任，任左徒，兼管内政外交大事，后遭谗言被疏远乃至流放。公元前 278 年，秦将白起攻破楚国首都郢，屈原在悲愤交加的心情下怀石自投汨罗江。屈原一生写下许多不朽诗篇，创造的“楚辞”文体在中国文学史上独树一帜，与《诗经》并称“风骚”，对后世诗歌创作产生积极影响，是中国古代浪漫主义诗歌的奠基者。

屈原是我国历史上第一个伟大的爱国诗人，他开始了诗歌从集体歌唱到个人独立创作的新时代，创作出《九歌》十一篇和《九章》九篇等诗篇。他对于“楚辞”这一诗歌形式的创造和发展贡献最大，并且以自己的不朽诗作丰富了我国古典诗歌的宝库。《楚辞》这部诗歌集里，收入屈原的作品也最多，因此，我们介绍《楚辞》，主要是讲屈原的作品。

选文欣赏

一、国殇[1]

《楚辞·九歌》

【阅读提示】

《国殇》是《九歌》中的一篇，是追悼为国捐躯的将士的祭歌。“九歌”，原为传说中一种远古歌曲的名称，本文是屈原据民间祭神乐歌的再创作。“殇”，指未成年而死，也指死难的人。“国殇”即为国捐躯的战士。本诗是取民间“九歌”之祭奠之意，以哀悼死难的爱国将士。

操吴戈兮被犀甲[2]，车错毂兮短兵接[3]。
旌蔽日兮敌若云[4]，矢交坠兮士争先[5]。
凌余阵兮躐余行[6]，左骖殪兮右刃伤[7]。
霾两轮兮絷四马[8]，援玉枹兮击鸣鼓[9]。
天时怼兮威灵怒[10]，严杀尽兮弃原壄[11]。

出不入兮往不反[12]，平原忽兮路超远[13]。
带长剑兮挟秦弓[14]，首身离兮心不惩[15]。
诚既勇兮又以武[16]，终刚强兮不可凌[17]。
身既死兮神以灵[18]，子魂魄兮为鬼雄[19]！

【注释】

[1] 九歌：《楚辞》篇名，屈原十一篇作品的总称。“九”是泛指，非实数，《九歌》本是古乐章名，传说中的一种远古歌曲的名称，屈原据民间祭神乐歌改作或加工而成，共十一篇。国殇：指为国捐躯的人。殇，指未成年而死，也指死难的人。戴震《屈原赋注》：“殇之义二：男女未冠(男二十岁)笄(女十五岁)而死者，谓之殇；在外而死者，谓之殇。殇之言伤也。国殇，死国事，则所以别于二者之殇也。”

[2] 操吴戈兮被犀甲：手里拿着吴国的戈，身上披着犀牛皮制作的甲。吴戈，吴国制造的戈，当时吴国的冶铁技术较先进，吴戈因锋利而闻名。被，通“披”，穿着。犀甲，犀牛皮制作的铠甲，特别坚硬。

[3] 车错毂(gǔ)兮短兵接：敌我双方战车交错，彼此短兵相接。错，交错。毂，车轮的中心部分，有圆孔，可以插轴，这里泛指战车的轮轴。短兵，指刀剑一类的短兵器。

[4] 旌蔽日兮敌若云：旌旗遮蔽日光，敌兵像云一样涌上来。极言敌军之多。

[5] 矢交坠：两军相射的箭纷纷坠落在阵地上。

[6] 凌：侵犯。躐(liè)：践踏。行：行列。

[7] 左骖(cān)殪(yì)兮右刃伤：左边的骖马倒地而死，右边的骖马被兵刃所伤。殪，死。

[8] 霾两轮兮絷(zhí)四马：战车的两个车轮陷进泥土被埋住，四匹马也被绊住了。霾，通“埋”。古代作战，在激战将败时，系马埋轮，表示坚守不退。

[9] 援玉枹兮击鸣鼓：手持镶嵌着玉的鼓槌，击打着战鼓。先秦作战，主将击鼓督战，以旗鼓指挥进退。枹(fú)，鼓槌。鸣鼓，擂鼓。

[10] 天时怼兮威灵怒：天地一片昏暗，天怨神怒。天时，犹言天象。怼(duì)，怨恨。威灵，神灵。

[11] 严杀尽兮弃原壄：在严酷的厮杀中战士们全都死去，他们的尸骨都丢弃在旷野上。严杀，犹言“肃杀”，指战场上的肃杀之气。尽，皆，全都。壄，古“野”字。

[12] 出不入兮往不反：出征以后就不打算生还。反，通“返”。

[13] 忽：辽阔，辽远。超远：遥远无尽头。

[14] 秦弓：指良弓。战国时，秦地木材质地坚实，制造的弓射程远。

[15] 首身离：身首异处。心不惩：壮心不改，勇气不减。惩，悔恨。

[16] 诚：诚然，确实。以：且，连词。武：威武。

[17] 终：始终。凌：侵犯。

[18] 神以灵：指将士死后成神，英灵不泯。神，指精神。

[19] 鬼雄：战死了，魂魄不死，即使做了鬼，也是鬼中的豪杰。

【知识链接】

楚怀王在位期间，楚国同秦国几次较大的战争，大多是楚国抵御强敌的自卫战争。在这首诗中，诗人对为国捐躯的将士的英雄气概和威武不屈的崇高品质，给予高度评价，赞美他们活着是人中的英雄、死了是鬼中的豪杰。这首诗热情歌颂了楚国人民强烈的爱国主义精神和坚毅的性格。这首诗尽管是直赋其事，但格调高昂激越，描绘生动真切。既有比喻，又有想象，把强烈的英雄主义色彩和积极的浪漫主义精神融汇在全诗之中，使得全诗有着令人震撼的艺术感染力。“兮”字的运用，使诗句产生了强烈的节奏感，具有了刚健豪壮的战斗风格。“兮”字的前后语义，或并列或承接，大大丰富了诗句的内容和思想内蕴。《国殇》是《九歌》中一篇很有特色的作品。

【学以致用】

1. 尝试画出《国殇》中描绘的四个场景。
2. 归纳《国殇》的主旨。

二、山　鬼[1]

《楚辞·九歌》

【阅读提示】

本文是祭祀山神的颂歌。楚国神话中有巫山神女的传说，此诗所描写的可能是早期流传的神女形象。诗歌描写了山鬼(山中女神)等待所爱的对象不来，忧思悲哀而独自归去的情景。

若有人兮山之阿[2]，被薜荔兮带女萝[3]。
既含睇兮又宜笑[4]，子慕予兮善窈窕[5]。
乘赤豹兮从文狸[6]，辛夷车兮结桂旗[7]。
被石兰兮带杜衡[8]，折芳馨兮遗所思[9]。
余处幽篁兮终不见天[10]，路险难兮独后来。
表独立兮山之上[11]，云容容兮而在下[12]。
杳冥冥兮羌昼晦[13]，东风飘兮神灵雨[14]。
留灵修兮憺忘归[15]，岁既晏兮孰华予[16]？
采三秀兮于山间[17]，石磊磊兮葛蔓蔓[18]。

怨公子兮怅忘归[19]，君思我兮不得闲[20]。
山中人兮芳杜若[21]，饮石泉兮荫松柏[22]，
君思我兮然疑作[23]；
靁填填兮雨冥冥[24]，猨啾啾兮狖夜鸣[25]。
风飒飒兮木萧萧[26]，思公子兮徒离忧[27]。

【注释】

[1] 山鬼：即一般所说的山神，因为未获天帝正式册封在正神之列，故称山鬼。

[2] 山之阿(ē)：山隈，山的弯曲处。

[3] 被(pī)：通“披”。薜荔、女萝：皆蔓生植物。

[4] 含睇：微视。睇(dì)，斜视。宜笑：笑得很美。

[5] 子：山鬼对所爱慕男子的称呼。窈窕：娴雅美好貌。

[6] 赤豹：皮毛呈褐的豹。从：跟从。文狸：毛色有花纹的狸。文：花纹。狸：狐一类的兽。

[7] 辛夷车：以辛夷木为车。结：编结。桂旗：以桂为旗。

[8] 石兰、杜蘅：皆香草名。

[9] 遗(wèi)：赠。

[10] 余：我。篁：竹。

[11] 表：独立突出之貌。

[12] 容容：即“溶溶”，水或烟气流动之貌。

[13] 杳冥冥：又幽深又昏暗。羌：语助词。

[14] 神灵雨：神灵降下雨水。

[15] 灵修：指神女。憺(dàn)：安乐。

[16] 晏：晚。华予：让我像花一样美丽。华，花。

[17] 三秀：芝草，一年开三次花，传说服食了能延年益寿。

[18] 磊磊：乱石堆积的样子。葛：葛草。蔓蔓：连接不断的样子。

[19] 公子：也指神女。

[20] “君思”句：意谓君子之所以不来相会，是因为没有空闲。

[21] 杜若：香草。

[22] 荫松柏：用松柏遮蔽。荫：遮蔽。

[23] 然疑作：信疑交加。然，相信。作，起。

[24] 靁：同“雷”。填填：象声词，隆隆。

[25] 猨：同“猿”。啾啾：猿叫声。狖(yòu)：长尾猿。

[26] 飒飒：风声。萧萧：风吹落叶的声音。

[27] 离：通“罹”，遭受。

【知识链接】

诗歌中的“山鬼”究竟是女神还是男神存在争议。宋元以前的楚辞家多据《国语》《左传》所说，定山鬼为“木石之怪”“魑魅魍魉”，而视之为男性山怪。但元明时期的画家，却依诗中的描摹，颇有绘作“窈窕”动人的女神的。清人顾成天《楚辞九歌解》首倡山鬼为“巫山神女”之说，又经游国恩、郭沫若的阐发，“山鬼”当为“女鬼”或“女神”的意见，遂被广泛接受。郭沫若根据“于”字古音读“巫”，推断于山即巫山，认为山鬼就是巫山神女。关于《山鬼》的主题，历来说法不一。有人说这是祭祀山神的歌，也有人说这就是一首单纯的爱情诗，还有人说这首诗寓情草木，托意男女，是有所兴寄的政治讽喻诗。

【学以致用】

1. 请归纳本诗主旨。
2. 本文环境描写的作用是什么?

第四节 散 文

先秦时期，在文化上不仅是一个空前繁荣的时代，而且在中国整个社会中也是一个辉煌灿烂的时代，它奠定了中国社会文化的基础。儒、墨、道、法几家的学说，在整个封建社会发生了深远影响。特别是儒家和道家的学说，最终成为中国传统文化的两大主干和主体结构，形成了交融互补的文化机制。这一时代文学的种类主要是散文和诗歌，此外还有略具雏形的小说如《穆天子传》等。散文主要可分为历史散文和诸子散文。历史散文主要是叙事的，诸子散文主要是说理的。

春秋战国时期社会发生巨变，国家的兴亡引起史学家思考、总结历史经验。继《尚书》《春秋》后，创造了别开生面的历史散文。历史散文以记言记事为主，主要有编年体和国别体两种，代表作有《尚书》《春秋》《左传》《国语》《战国策》等。《左传》是内容丰富翔实的编年史书，描写了许多复杂的战争场面和栩栩如生的历史人物，具有很强的文学色彩。《国语》和《战国策》记载了当时诸侯各国大事，《战国策》长于记事，无论是记叙谋臣策士的活动还是他们的言谈辩论，都善于夸饰和渲染，铺张纵横。这一时期我国的叙事散文进入到成熟阶段。从春秋末年起，开始有私人著书事业，出现了《论语》《墨子》《老子》等诸家学说，采用语录体和韵散结合体，平铺直叙，言约义丰。战国中期，百家争鸣达到了鼎盛阶段。《孟子》犀利、《庄子》恣肆，形成对话体和寓言体，有了较长的对话和议论，语录体向成熟的论说文过渡，具有很高的文学价值。战国末期，《荀子》浑厚、《韩非子》峻峭，它们各具姿态，已有独立成篇的专题论文。

（一）历史散文

先秦时期记述历史人物的思想活动、历史事件为主的散文著作统称为历史散文。先秦历史散文大致经历了从甲骨卜辞的雏形到《易经》的萌芽，再至《尚书》的成型和《春秋》的成熟四个阶段。

甲骨卜辞中保存下来的殷商时期的记事文辞，记事虽简短，但文句已形成初步的语言规律，是记叙散文的雏形。《易经》是巫卜之类编著起来的卜筮书。其中的卦、爻辞，比较广泛地反映了当时的社会面貌。记事文字比甲骨文卜辞更完整，有更多的文学色彩，是我国古代散文的萌芽发展阶段。作为殷周官方文告汇编的《尚书》，是我国第一部真正的散文总集，包括《虞书》《夏书》《商书》《周书》四部分。内容主要是君臣的讲话、誓辞、政令的记录，其文辞简约，有比较完整的结构，某些地方使用了比喻等手段，具备了一定的文学特征，但其文章多是口语记录，语言古奥、艰涩难读。代表篇章有《盘庚》等。春秋时期的编年体史书《春秋》，记事条理清楚、结构完整，使用比较规范的语言；在修辞技巧方面表现出很深的功夫，一字之用竟能“寓褒贬，别善恶”，选词炼字十分精细。《春秋》的出现标志着我国的历史散文进入成熟阶段。

从甲骨文到《春秋》，展示出历史散文在各阶段的发展轨迹。以后相继出现了以散文形式写历史的著作，如《左传》《国语》《战国策》等，历史散文的发展已十分成熟。

（二）诸子散文

春秋战国时代是中国历史上的一个大解放时代。在春秋尤其是战国时代，铁质器具在社会上被普遍使用，加之生产技术的改进和水利工程的兴修等，直接促进了农业生产的发展和手工业的发达，间接促进了商业的发展与都市的繁荣。经济基础的重大变革，对政治、社会产生了巨大影响。

春秋战国时代出现了新阶层“士”。春秋时一些贵族领主已开始养士，到了战国，养士风气更为普遍。“自谋夫说客、谈天雕龙、坚白同异之流，下至击剑扛鼎、鸡鸣狗盗之徒，莫不宾礼”(苏轼《六国论》)。这些“士”出身不同，立场不同，代表着不同阶层的利益。他们为了宣扬自己的主张，开始进行私人讲学。他们周游列国、著书立说，到了战国“周衰文弊，六艺道息，而诸子争鸣”(章学诚《文史通义·诗教上》)，形成了中国古代学术领域百家争鸣的局面。

所谓“诸子”，是指春秋战国时期诸家学派的代表人物。据《汉书·艺文志》记载，春秋战国时期主要的学派有：儒家，代表人物是孔丘、孟轲、荀子；墨家，代表人物是墨翟；法家，代表人物是商鞅、韩非；道家，代表人物是李耳、庄周；农家，代表人物是许行、陈相；名家，代表人物是公孙龙；杂家，代表人物是吕不韦；纵横家，代表人物是苏秦、张仪；此外，还有阴阳家、小说家等。诸子的代表作有《论语》《孟子》《荀子》《墨子》《道德经》《庄子》《韩非子》等。

诸子散文以论辩说理为主，内容包括了政治经济、文化教育、伦理道德、文学思想等诸多方面，体现了春秋战国时期各家各派的政治主张、哲学观点和思想认识。古代散文也经历了从《论语》开始的语录体，到《孟子》中的对话论辩，再到《荀子》《韩非子》中成熟的专题论文的过程。

先秦诸子散文中对后世影响最为深远的是儒家学派的孔孟思想，其次是道家学派的老庄思想。儒家体现出积极入世、追求社会价值的思想；而道家反观自身，表现为追求自身的自由畅达。此二家在后世学者的思想中留下了深刻的基因烙印，如唐代最具代表性的诗人李白和杜甫，就代表着这两种思想不同的影响和作风。

选文欣赏

一、郑伯克段于鄢

《左传·隐公元年》

【阅读提示】

《郑伯克段于鄢》是春秋时期史学家左丘明创作的一篇散文。这篇文章主要讲述鲁隐公元年(前 722 年)郑庄公同其胞弟共叔段之间为了争夺国君权位而进行的一场你死我活的斗争。郑庄公设计并故意纵容其弟共叔段与其母武姜，其弟骄纵，欲夺国君之位，庄公便以此讨伐共叔段。庄公怨其母偏心，将母亲迁于颍地，后来自己也后悔了，又有颍考叔规劝，母子又重归于好。全文语言生动简洁，人物形象饱满，情节丰富曲折，是一篇极富文学色彩的历史散文。

初[1]，郑武公[2]娶于申[3]，曰武姜[4]，生庄公及共叔段[5]。庄公寤生[6]，惊[7]姜氏，故名曰寤生，遂恶之[8]。爱[9]共叔段，欲立之。亟请于武公[10]，公弗许[11]。

及庄公即位[12]，为之请制[13]。公曰："制，岩邑[14]也，虢叔死焉[15]，佗邑唯命[16]。"请京[17]，使居之，谓之京城大叔[18]。祭仲[19]曰："都城过百雉[20]，国之害也[21]。先王[22]之制：大都不过参国之一[23]，中五之一[24]，小九之一[25]。今京不度[26]，非制也[27]，君将不堪[28]。"公曰："姜氏欲之，焉辟害[29]？"对曰："姜氏何厌之有[30]！不如早为之所[31]，无使滋蔓[32]，蔓难图[33]也。蔓草犹[34]不可除，况[35]君之宠弟乎！"公曰："多行不义，必自毙[36]，子姑[37]待之。"

既而[38]大叔命西鄙北鄙贰于己[39]。公子吕[40]曰："国不堪[41]贰，君将若之何[42]？欲与大叔[43]，臣请事之[44]；若弗与，则请除之。无生民心[45]。"公曰："无庸[46]，将自及[47]。"大叔又收贰以为己邑[48]，至于廪延[49]。子封曰："可矣，厚将得众[50]。"公曰："不义，不暱，厚将崩[51]。"

大叔完聚[52]，缮甲兵[53]，具卒乘[54]，将袭[55]郑。夫人将启之[56]。公闻其期[57]，曰："可矣。"命子封帅车二百乘[58]以伐京。京叛[59]大叔段，段入[60]于鄢，公伐诸鄢[61]。

五月辛丑[62]，大叔出奔共[63]。

书曰："郑伯克段于鄢。"段不弟[64]，故不言弟；如二君，故曰克[65]；称郑伯，讥失教也[66]；谓之郑志[67]。不言出奔，难之也[68]。

遂寘[69]姜氏于城颍，而誓之[70]曰："不及黄泉[71]，无相见也。"既而悔之[72]。颍考叔[73]为颍谷封人[74]，闻之，有献[75]于公。公赐之食[76]，食舍肉[77]。公问之，对曰："小人有母，皆尝[78]小人之食矣，未尝君之羹[79]，请以遗之[80]。"公曰："尔有母遗，繄我独无[81]！"颍考叔曰："敢问何谓也[82]？"公语之故[83]，且告之悔[84]。对曰："君何患焉[85]？若阙[86]地及泉，隧而相见[87]，其谁曰不然[88]？"公从之。公入而赋[89]："大隧之中，其乐也融融[90]！"姜出而赋："大隧之外，其乐也泄泄[91]。"遂为母子如初[92]。

君子[93]曰："颍考叔，纯孝也，爱其母，施及庄公[94]。《诗》曰：'孝子不匮，永锡尔类[95]。'其是之谓乎[96]！"

【注释】

[1] 初：当初，这是回述往事时的说法。

[2] 郑武公：名掘突，郑桓公的儿子，郑国第二代君主。

[3] 娶于申：从申国娶妻。申，春秋时国名，姜姓，今河南省南阳市北。

[4] 曰武姜：叫武姜。武姜，郑武公之妻，"姜"是她娘家的姓，"武"是她丈夫武公的谥号。

[5] 共(gōng)叔段：郑庄公的弟弟，名段。叔，表示排行在末的，段为名，因此称"叔段"。

[6] 寤(wù)生：难产的一种，胎儿的脚先生出来。寤，通"牾"，逆，倒着。

[7] 惊：使动用法，使姜氏惊。

[8] 遂恶(wù)之：因此厌恶他。遂，连词，因而。恶，厌恶。

[9] 爱：喜欢，喜爱。

[10] 亟(qì)请于武公：屡次向武公请求。亟，屡次。于，介词，向。

[11] 公弗许：武公不答应她。弗，不。

[12] 及庄公即位：到了庄公做国君的时候。及，介词，到。即位，君主登上君位。

[13] 制：郑邑，地名，即虎牢，今河南省荥(xíng)阳县西北。

[14] 岩邑：险要的城镇。岩，险要。邑，人所聚居的地方。

[15] 虢(guó)叔死焉：东虢国的国君死在那里。虢，指东虢，古国名，为郑国所灭。焉，介词兼指示代词相当于"于是""于此"。

[16] 佗邑唯命：别的地方，听从您的吩咐。佗，同"他"，别的，其他的。唯命，只听从您的命令。

[17] 京：地名，今河南省荥阳市东南。

[18] 谓之京城大叔：京地百姓称共叔段为京城太叔。大，同"太"。《说文》段注：

“太从大声，后世凡言大，而以为形容未尽则作太。如大宰，俗作太宰；大子，俗作太子；周大王俗作太王是也。”

[19]　祭(zhài)仲：郑国的大夫，祭为其封地名。

[20]　都城过百雉(zhì)：都邑的城墙超过了百雉。都：《左传·庄公二十八年》“凡邑有宗庙先君之主曰都”，指次于国都而高于一般邑等级的城市。雉：古代城墙长一丈，宽一丈，高一丈为一堵，三堵为一雉，即长三丈。

[21]　国之害也：国家的祸害。

[22]　先王：前代君王。郭锡良《古代汉语讲授纲要》注为周开国君主文、武王。

[23]　大都不过参国之一：大城市的城墙不超过国都城墙的三分之一。参，同“三”。

[24]　中五之一：中等城市城墙不超过国都城墙的五分之一。“五分国之一”的省略。

[25]　小九之一：小城市的城墙不超过国都城墙的九分之一。“九分国之一”的省略。

[26]　不度：不合法度。

[27]　非制也：不是先王定下的制度。

[28]　不堪：受不了，控制不住的意思。

[29]　焉辟害：哪里能逃避祸害。辟，“避”的古字。

[30]　何厌之有：宾语前置，即“有何厌”，有什么满足。何：疑问代词作宾语定语。之：代词，复指前置宾语。

[31]　为之所：给他安排个地方，双宾语，即重新安排。

[32]　无使滋(zī)蔓(màn)：不要让他滋长蔓延，“无”通“毋”。

[33]　图：对付。

[34]　犹：尚且。

[35]　况：何况。

[36]　多行不义，必自毙：多做不义的事，必定自己垮台。毙，扑倒，跌倒。

[37]　姑：姑且，暂且。

[38]　既而：固定词组，不久。

[39]　命西鄙北鄙(bǐ)贰于己：命令原属庄公的西部和北部的边境城邑同时也臣属于自己。鄙：边邑也，边境上的城邑。贰：两属。

[40]　公子吕：郑国大夫。

[41]　堪：承受。

[42]　若之何：固定结构，对它怎么办。之，指“大叔命西鄙北鄙贰于己”这件事。

[43]　欲与大叔：如果想把国家交给共叔段。与，给予。

[44]　臣请事之：那么我请求去侍奉他。事，动词，侍奉。

[45]　生民心：使动，使民生二心。

[46]　无庸：不用。庸，“用”通用，一般出现于否定式。

[47]　将自及：将自己赶上灾难，杜预注：“及之难也。”及：赶上，遭到。

[48]　收贰以为己：把两属的地方收为自己的领邑。贰，指原来贰属的西鄙北鄙。

以为，“以之为”的省略。

[49] 廪(lǐn)延：地名，今河南省延津县北。

[50] 厚将得众：势力雄厚，就能得到更多的百姓。厚，指领土扩大。众，多，众多。

[51] 不义，不暱(nì)，厚将崩：共叔段对君不义，百姓就对他不亲，势力再雄厚，将要崩溃。暱：同“昵”，亲近。

[52] 完聚：修治城郭，聚集百姓。完，修葺。

[53] 缮甲兵：修整作战用的甲衣和兵器。缮，修理。甲，铠甲。兵，兵器。

[54] 具卒乘(shèng)：准备步兵和兵车。具，充足。卒，步兵。乘，四匹马拉的战车。

[55] 袭：偷袭。行军不用钟鼓。杜预注：“轻行掩其不备曰袭。”本是贬义，后逐渐转为中性词。

[56] 夫人将启之：武姜将要为共叔段作内应。夫人，指武姜。启之，给段开城门，即作内应。启，为动用法。

[57] 公闻其期：庄公听说了偷袭的日期。

[58] 帅车二百乘：率领二百辆战车。帅，率领。古代每辆战车配备甲士三人，步卒七十二人。二百乘，共甲士六百人，步卒一万四千四百人。

[59] 叛：背叛。

[60] 入：逃入。

[61] 公伐诸鄢：庄公攻打共叔段在鄢邑。诸：之于，合音词。

[62] 辛丑：干支纪日。天干是甲乙丙丁戊己庚辛壬癸，地支是子丑寅卯辰巳午未申酉戌亥。二者相配，用以纪日，汉以后亦用以纪年。即二十三日。

[63] 出奔共：出逃到共国避难。奔，逃亡。

[64] 不弟：不守为弟之道。与“父不父，子不子用法相同。”《春秋》记载道：“郑伯克段于鄢。”意思是说共叔段不遵守做弟弟的本分。

[65] 如二君，故曰克：兄弟俩如同两个国君一样争斗，所以用“克”字。克，战胜。

[66] 称郑伯，讥失教也：称庄公为“郑伯”，是讥讽他对弟弟失教。讥，讽刺。失教，庄公本有教弟之责而未教。

[67] 谓之郑志：赶走共叔段是出于郑庄公的本意。志，意愿。

[68] 不言出奔，难之也：不说出奔，是责备庄公的意思。难，责备。

[69] 寘：通“置”，放置，放逐。

[70] 誓之：为动，对她发誓。

[71] 黄泉：地下的泉水，指墓穴。

[72] 悔之：为动，对这事后悔。

[73] 颍考叔：郑国大夫，执掌颍谷(今河南登封西)。

[74] 封人：管理边界的地方长官。封：聚土培植树木。古代国境以树(沟)为界，故为边界标志。

[75] 有献：有进献的东西。献作宾语，名词。

[76] 赐之食：赏给他吃的。双宾语。

[77] 食舍肉：吃的时候把肉放置一边不吃。

[78] 尝：吃过。

[79] 羹：带汁的肉。《尔雅·释器》："肉谓之羹。"

[80] 遗(wèi)之：赠送给她。

[81] 繄(yī)我独无：我却单单没有啊！繄，句首语气助词，无意义。

[82] 敢问何谓也：冒昧地问问你说的是什么意思呢？敢，表敬副词，冒昧。

[83] 故：缘故，原因和对姜氏的誓言。

[84] 悔：后悔的心情。

[85] 何患焉：您在这件事上忧虑什么呢？焉：语气词。

[86] 阙：通"掘"，挖。

[87] 隧而相见：挖个地道，在那里见面。隧，隧道，这里用作动词，指挖隧道。

[88] 其谁曰不然：那谁能说不是这样(不是跟誓词相合)呢？其，语气助词，加强反问的语气。然，代词，代庄公对姜氏发的誓言。

[89] 赋：赋诗，孔颖达疏："谓自作诗也。"

[90] 大隧之中，其乐也融融：走进隧道里，欢乐真无比。中、融，上古冬韵，今仍押韵。

[91] 大隧之外，其乐也泄泄(yì)：一作"其乐也泄泄"。走出隧道外，心情多欢快。外、泄：上古月韵，今不押韵。

[92] 遂为母子如初：从此作为母亲和儿子像当初一样。

[93] 君子：道德高尚的人。

[94] 施及庄公：延及庄公。施，延及。

[95] 匮：竭尽。锡：通赐，给予。

[96] 其：表推测语气。之：结构助词，助词宾语前置。

【知识链接】

《左传》是先秦历史文学中的一部著名作品。相传是春秋末年鲁人左丘明根据孔子的《春秋》加以阐明的著作。经考证，现代学者一般都认为这部著作是战国初年(前五世纪)魏国史官的作品，书名原为《左氏春秋》，后人把它配合《春秋》作为解经之作，称为《左氏春秋传》，简称《左传》。《左传》记录了鲁隐公元年(前 722 年)起到鲁哀公二十七年(前 468 年)止，共二百二十五年内周王朝及诸侯各国之间某些重大历史事件。它比较真实地反映了当时的社会现实，诸如统治集团的内部矛盾，大小统治者荒淫残暴的罪行和他们所造成的战乱给人民带来的苦难。在写作技巧上，《左传》叙述战争和复杂的事件有条不紊，繁简适当，又善于从人物的语言、行动和其他的细节中描绘形象，突出性格，因此它的艺术价值较高，为后人所推崇，对后代描写历史著作和叙事散文有较大的影响。

本文以时间先后顺序为线索，记叙郑国王室内部势力之间的权力之争，既涉及政治、军事利益，也牵涉母子情、手足情，读来扣人心弦。文章线索清晰，有明线、暗线，也有主线、次线。公叔段的扩张势力是明线，郑庄公的欲擒故纵是暗线。明线被安排成次线，暗线却被写成主线，郑伯的所作所为成为直接叙述的对象。两条线索在文章开端分头发展，到“公伐诸鄢”才交织在一起，并引出新的一条线索：郑伯与姜氏的母子关系，最后以母子和好如初为结局。文章脉络清晰，结构完整，显示出作者高超的叙事能力。

【学以致用】

1. 说一说本文的艺术特点。
2. 你对郑伯、叔段、姜氏做法有何评价？结合自己的思考试做论述。

二、邵公[1]谏厉王弭谤

《国语·周语上》

【阅读提示】

本文记载了周厉王被逐的过程。他执政时，由于残暴无道，遭到人们的谴责，然而他非但不思改弦易辙，反而采取高压手段堵塞舆论的批评。结果人民在忍无可忍的情况下举起反叛的旗帜，把他从国君的宝座上拉了下来。这件事告诉人们一条真理：“防民之口，甚于防川。”用今天的话说，如果统治者滥施暴政，且又堵塞言路，终将自食其果。全篇文字简洁，叙述有条有理，逻辑性强，很有说服力。

厉王虐[2]，国人谤王[3]。邵公告曰：“民不堪命矣[4]！”王怒，得卫巫[5]，使监谤者。以告，则杀之。国人莫敢言，道路以目。

王喜，告邵公曰：“吾能弭谤矣[6]，乃不敢言。”

邵公曰：“是障之也[7]。防民之口，甚于防川。川壅而溃，伤人必多，民亦如之。是故为川者决之使导[8]，为民者宣之使言[9]。故天子听政[10]，使公卿至于列士献诗[11]，瞽献曲[12]，史献书[13]，师箴[14]，瞍赋[15]，蒙诵[16]，百工谏[17]，庶人传语[18]，近臣尽规，亲戚补察[19]，瞽、史教诲，耆、艾修之[20]，而后王斟酌焉，是以事行而不悖[21]。

民之有口也，犹土之有山川也，财用于是乎出；犹其原隰之有衍沃也[22]，衣食于是乎生。口之宣言也，善败于是乎兴[23]。行善而备败，其所以阜财用衣食者也[24]。夫民虑之于心而宣之于口[25]，成而行之，胡可壅也？若壅(yōng)其口，其与能几何[26]？”

王弗听，于是国人莫敢出言[27]。三年[28]，乃流王于彘[29]。

【注释】

[1]　邵公：名虎，周王朝卿士，谥穆公。邵，一作“召”。

[2] 厉王：指周厉王，周夷王之子，名胡，在位三十七年(前 877 年—前 841 年)，共和当年(前 841 年改元)。

[3] 国人：居住在国都里的人，这里指平民百姓。

[4] 命：指周厉王苛虐的政令。

[5] 卫巫：卫国的巫者。巫，古代以求神、占卜为职业的人。

[6] 弭(mǐ)：消除，停止。

[7] 障：堵塞。

[8] 为川者：治水的人。

[9] 宣：疏导，疏通。

[10] 天子：古代帝王的称谓。

[11] 公卿：指执政大臣。古代有三公九卿之称。《尚书·周官》："立太师、太傅、太保，兹惟三公。"九卿指少师、少傅、少保、冢宰、司徒、宗伯、司马、司寇、司空。列士：古代官员有上士、中士、下士之分，统称列士；位在大夫之下。诗：指有讽谏意义的诗篇。

[12] 瞽(gǔ)：盲人。因古代乐官多由盲人担任，故也称乐官为瞽。

[13] 史：史官。书：指史籍。

[14] 师：少师，乐官。箴：一种具有规诫性的文辞。

[15] 瞍(sǒu)：盲人。赋：有节奏地诵读。

[16] 蒙(méng)：指乐师。

[17] 百工：周朝职官名，指掌管营建制造事务的官员。

[18] 庶人：平民。

[19] 亲戚：指君王的内外亲属。

[20] 耆(qí)艾：年六十叫耆，年五十叫艾；这里指年长的师傅。修：整理修饰。

[21] 悖(bèi)：违背，违反。

[22] 原隰(xí)：平原和低湿之地。衍沃：指平坦肥沃的良田。《左传·襄公二十五年》疏曰："衍沃并是平美之地。衍是高平而美者，沃是低平而美者，二者并是良田。"

[23] 兴：兴起、产生。

[24] 阜：丰盛。

[25] 夫(fú)：发语词，无意义。

[26] 与：语气助词，无意义。一说为"偕从"之意，意思是："老百姓跟从你的能有多少？"

[27] 国人："国"下原无"人"字，据别本补。

[28] 三年：周厉王于公元前 841 年被国人放逐到彘(zhì)，据此邵公谏厉王事当在公元前 845 年。

[29] 流：放逐。彘：地名，今山西霍县东北。

【知识链接】

《国语》是分别记载周、鲁、齐、晋、郑、楚、吴、越八国史事的一部历史著作。司马迁曾说“左丘失明，厥有《国语》”，因此后人曾经认为《国语》和《左传》一样，也是左丘明的作品。现代学者一般都认为是战国初期的著作。《国语》和《左传》的记载，涉及同一个时代，有人认为两书出于一人之手，但是内容不但详略互异，有时也有矛盾，所以两书可能没有连带的关系。《国语》文章写得比较朴素、简括，有时也有相当优秀的叙述。

【学以致用】

1. 对于邵穆公的劝诫之词你有什么感想？
2. 文中采用的论证的方式有哪几种，试举例说明。

三、儒家经典选读

【阅读提示】

儒家原是先秦诸子百家之一，其创始人是孔子。儒家注重“人道大伦”，希望推衍“爱与敬”。儒家思想注重以人为本，以仁、恕、诚、孝等为核心价值，注重君子的品德修养，强调仁与礼相辅相成，提倡教化和仁政，富于入世理想与人文主义精神。

儒家学派的发展经历了孔子所创立、孟子所发展、荀子所集其大成，之后延绵不断，为历代学者推崇，是中华优秀传统文化中重要的组成部分。

《论语》(节选)

子曰：“弟子[1]入则孝，出则弟，谨而信[2]，泛[3]爱众，而亲仁。行有余力，则以[4]学文。”(《论语·学而》)

子曰：“富与贵，是人之所欲也；不以其道得之，不处也。贫与贱，是人之所恶也；不以其道得之，不去也。君子去仁，恶乎成名？君子无终食之间违仁，造次[5]必于是，颠沛必于是。”(《论语·里仁》)

樊迟问仁。子曰：“居处恭居，执事敬，与人忠；虽之夷狄，不可弃也。”(《论语·子路》)

子曰：“知者不惑，仁者不忧，勇者不惧。”(《论语·子罕》)

子曰：“人而无信，不知其可也。大车无輗，小车无軏，其何以行之哉？”(《论语·为政》)

子曰：“君子和[6]而不同[7]，小人同而不和。”(《论语·子路》)

子曰：“君子泰而不骄，小人骄而不泰。”(《论语·子路》)

子曰："君子周而不比，小人比而不周。"（《论语·为政》）

子曰："君子坦荡荡[8]，小人长戚戚。"（《论语·述而》）

子曰："君子成[9]人之美，不成人之恶。小人反是。"（《论语·颜渊》）

子曰："君子有九思：视思明，听思聪，色思温，貌思恭，言思忠，事思敬，疑思问，忿思难，见得思义。"（《论语·季氏》）

《孟子·公孙丑上》(节选)

公孙丑问曰："敢问夫子恶乎长？"

孟子曰："我知言，我善养吾浩然之气。"

"敢问何谓浩然之气？"

孟子曰："难言也。其为气也，至大至刚，以直养而无害，则塞于天地之间。其为气也，配义与道；无是，馁也。是集义所生者，非义袭而取之也。行有不慊于心，则馁矣。"

《孟子·滕文公下》(节选)

景春曰："公孙衍、张仪岂不诚大丈夫哉？一怒而诸侯惧，安居而天下熄。"

孟子曰："是焉得为大丈夫乎？子未学礼乎？丈夫之冠也，父命之；女子之嫁也，母命之，往送之门，戒之曰：'往之女家，必敬必戒，无违夫子！'以顺为正者，妾妇之道也。居天下之广居，立天下之正位，行天下之大道；得志，与民由之；不得志，独行其道。富贵不能淫，贫贱不能移，威武不能屈，此之谓大丈夫。"

《孟子·告子下》(节选)

孟子曰："舜发于畎亩之中，傅说举于版筑之间，胶鬲举于鱼盐之中，管夷吾举于士，孙叔敖举于海，百里奚举于市。故天将降大任于斯人也，必先苦其心志，劳其筋骨，饿其体肤，空乏其身，行拂乱其所为，所以动心忍性，曾益其所不能。人恒过，然后能改；困于心，衡于虑，而后作；征于色，发于声，而后喻。入则无法家拂士，出则无敌国外患者，国恒亡。然后知生于忧患，而死于安乐也。"

《中庸·第二十章》(节选)

天下之达道五[10]，所以行之者三。曰：君臣也，父子也，夫妇也，昆弟[11]也，朋友之交也；五者，天下之达道也。知、仁、勇三者，天下之达德[12]也，所以行之者一[13]也。或生而知之[14]，或学而知之[15]，或困而知之[16]，及其知之一也[17]。或安而行之[18]，或利而行之[19]，或勉强而行之[20]，及其成功一也。子曰："好学近乎知，力行近乎仁，知耻近乎勇。知斯三者，则知所以修身；知所以修身，则知所以治人；知所以治人，则知所以治天下国家矣。"

诚者，天之道也；诚之者，人之道也。诚者，不勉而中，不思而得，从容中道，圣人也。诚之者，择善而固执之者也。博学之，审问之，慎思之，明辨之，笃行之。有弗学，学之弗能，弗措也；有弗问，问之弗知，弗措也；有弗思，思之弗得，弗措也；有弗辨，辨之弗明，弗措也；有弗行，行之弗笃，弗措也。人一能之，己百之；人十能之，己千之。果能此道矣[21]，虽愚必明[22]，虽柔必强[23]。

【注释】

[1] 弟子：为人弟和为人子的人。
[2] 谨而信：言行谨慎讲究信用。
[3] 泛：广泛。
[4] 以：用。
[5] 造次：迫促不暇的意思。
[6] 和：指观点与意见的多样性统一。
[7] 同：指同质事物的绝对同一。
[8] 坦：宽舒。荡荡：宽广的样子。
[9] 成：成全，帮助。
[10] 达道：天下古今共同遵循的道理。
[11] 昆弟：兄和弟，也包括堂兄、堂弟。
[12] 达德：天下古今共同具备的德性。
[13] 一：指诚。
[14] 或生而知之：有的人天资聪颖，对一些道理生来就知晓。
[15] 学而知之：通过学习获取道理。
[16] 困而知之：通过解决疑难问题知晓道理。
[17] 及其知之一也：(尽管上述三者的途径不一样，)但知晓道理的效果是相同的。
[18] 或安而行之：有的人心安理得，能出于本能自然地行道。
[19] 利而行之：出于对自己有利而行道。
[20] 勉强而行之：条件或力量不够，仍努力用功而行道。
[21] 果能此道矣：真的能具有这种精神。果：真。
[22] 虽愚必明：即使再愚昧的人也必定能达到聪明的境地。虽：即使。
[23] 虽柔必强：即使再软弱的人也必定能进至勇敢的境地。

【知识链接】

《论语》是孔子弟子和后学记录有关孔子言行的著作。孔子名丘，字仲尼，鲁国陬邑(今山东曲阜)人。生于公元前551年(鲁襄公二十二年，周灵王二十一年)，卒于公元前479年(鲁哀公十六年，周敬王四十一年)。他是儒家学派的创始者。其思想的核心是“仁”，奠定了中华民族思想基础，影响至今。鲁定公时，孔子曾被任命为司寇，后来离开鲁国，周游宋、卫、陈、蔡、齐等国，宣传自己的政治主张，但都不被信用。归鲁后从事著书和讲学，编订了《诗》《书》等重要古代文献，并根据鲁史修订《春秋》。相传孔子弟子三千人，其中名字可考者七十余人。死后，其弟子和后学记录他的言行，作《论语》二十篇。《论语》采用语录体写作，文字简朴，也有描写比较生动的片段。

《孟子》，儒家经典，属语录体散文集，主要记载了战国时期思想家孟子的治国思想和政治策略，由孟子及其弟子共同编写完成。孟子，名轲，字子舆，战国时邹(今山东省邹城东南)人。约生于公元前372年(周烈王四年)，卒于公元前289年(周赧王二十六年)，是孔子后儒家的主要代表。在政治上主张法先王、行仁政；在学说上推崇孔子，攻击杨朱、墨翟。曾周游列国，不为诸侯所用，退而与弟子万章等发挥孔子的学说，作《孟子》七篇。全书风格统一，行文自然流畅，反复论辩、引譬设喻，说理极其透彻，对中国散文发展有较大影响。

《中庸》，儒家经典，原本是《礼记》的篇目之一，相传为战国时孔伋(字子思，孔子之孙)所作。宋代朱熹将其与《大学》《论语》《孟子》并称“四书”。“中庸”主张处理事情不偏不倚，认为过犹不及，是儒家核心观念之一。全书集中讲述性情与封建道德修养，肯定“中庸”是道德行为的最高准则，“至诚无息”，将“诚”看作是世界的本体，教育人们自觉地进行自我修养、自我监督、自我教育、自我完善，把自己培养成为具有理想人格，达到至善、至仁、至诚、至道、至德、至圣，合外内之道的理想人物。

【学以致用】

1. 说一说儒家的思想核心及其发展演变。
2. 儒家后学对孔子思想的继承和发展体现在哪些方面？

第二章 秦汉文学

秦始皇统一中国，结束了诸侯纷争的局面，文学也随之进入一个新阶段。秦代由于实行文化专制政策，加之统治时间短暂，所以流传下来的作品屈指可数，形成了“秦世不文”的局面。

西汉初期，统治者奉行黄老哲学，实行“无为而治”。加之汉初实行分封诸侯制度，文人往来于藩国之间，思想较少束缚，具有独立的人格，能畅所欲言，有战国纵横家的遗风。汉武帝时期，经济繁荣，国力强盛，疆域拓展，汉帝国由此进入了鼎盛时期。汉武帝实行“罢黜百家，独尊儒术”的思想统治，文人依附于政治和王权，干预现实的批判精神和独立的人格尊严都被淡化了，歌功颂德、润色鸿业成为侍从文人的主要使命。东汉末年，儒家统治逐步崩溃，以道家为中心的各家各派思想又抬起头来，此风逐渐昌炽，一直发展到后来的“魏晋风度”。汉代文学走过了批判——赞颂——批判的道路，汉代文人的地位经历了一个从独立到依附、再到独立的过程。

总之，秦代文学园地虽然荒芜，但秦为后代开创了一个大一统的政治局面。汉代文学在封建盛世中产生，无论诗歌、辞赋、政论散文、传记文学等，都取得了辉煌的成就，奠定了汉代文学在中国文学史上的重要地位，为后世文学，尤其是魏晋南北朝文学的发展，打下了坚实的基础。

第一节　汉乐府民歌和《古诗十九首》

汉代诗歌可分为民歌和文人诗歌两类。民歌中以乐府民歌最为重要，文人诗歌以《古诗十九首》为代表。

（一）汉乐府民歌

“乐府”原本是音乐机关的名称，初设于秦，但当时的乐府规模很小，主要是为皇宫祭祀礼仪中组织乐舞表演而设立的。到了汉武帝时，伴随着经济的发展和文化的繁荣，扩充为大规模的专署。它的职责是采集民间歌谣或文人的诗来配乐，以备朝廷祭祀或宴会时演奏之用。它搜集整理的诗歌，后世就叫“乐府诗”，或简称“乐府”。汉乐府是继《诗经》《楚辞》而起的一种新诗体，也是继《诗经》之后，古代民歌的又一次大汇集，不同于《诗经》的是，它开创了诗歌现实主义的新风。

汉乐府民歌是汉乐府的精华，它继承了《诗经》民歌“饥者歌其食，劳者歌其事”的现实主义传统，多“感于哀乐，缘事而发”。这些民歌不仅具有丰富的社会内容，而且具有高度的思想性。它们广泛地反映了两汉人民的痛苦生活，像一面镜子一样照出了两汉的政治面貌和社会面貌，同时还深刻地反映了两汉人民的思想感情。这具体地表现在以下几个方面：

(1) 反映劳动人民的苦难和他们的反抗斗争。如《妇病行》描写一个贫苦家庭的妇女，贫病交加最终死去，临终时叮嘱丈夫照看好孩子。但在残酷的剥削压榨下，劳苦人民无以为生，父子不能相保，最后丈夫不得不违背妻子的遗言，狠心抛弃了自己的孩子。《东门行》写出了贫苦善良的人民在无衣无食、走投无路的情况下，官逼民反铤而走险的过程。

(2) 揭露战争和徭役给人民造成的灾难与痛苦。如《十五从军征》中主人公 15 岁从军，80 岁才返回家乡，回到家里，满目荒凉，空无一人，只见坟冢累累，这时，老人万念俱灰，倚门呆呆远望，不知如何度过这孤苦的残年。短短的十几句诗，写得凄楚感人。

(3) 描写青年男女纯真的爱情和被压迫妇女的命运。汉代自武帝罢黜百家、尊崇儒术，封建礼教的压迫也就随之加重。在“三从”“四德”“七去”等一系列封建条文的束缚下，妇女的命运更加可悲。因此，在汉乐府民歌中我们很少读到像《诗经》的“国风”所常见的那种轻松愉快的男女相悦之词，只有《江南》是个例外，更多的还是对封建礼教和封建婚姻制度的抗议，如《上山采蘼芜》，写的就是妇女无辜被弃的不幸。

汉乐府民歌在文学史上起着承先启后的作用，特别是对后代诗歌产生着巨大影响。

首先，汉乐府民歌的影响表现在它的“感于哀乐，缘事而发”的现实主义精神上。这种精神像一根红线似的贯穿在从建安到唐代的诗歌史上，俨然形成一条以乐府为系统的现实主义传统。它们之间的一脉相承的关系是如此明晰，以至于我们可以用线条作出如下的表述：“缘事而发”(汉乐府民歌)—“借古题写时事”(建安曹操诸人的古题乐府)—“即事名篇，无复依傍”(杜甫创作的新题乐府)—“歌诗合为事而作”(白居易所倡导的新乐府运动)。由借用汉乐府旧题到摆脱旧题而自创新题，由不自觉或半自觉地学习到成为一种创作原则，由少数人的拟作到形成一个流派、一个运动，这说明汉乐府民歌的现实主义精神对后代诗人的影响还是愈来愈显著的。

其次，汉乐府民歌的影响还表现在对新的诗歌形式的创造上。汉乐府民歌的主要形式是杂言体与五言体。杂言体在当时尚未引起文人们的注意，但自建安后，它的影响已日趋显著。据现有文献，可以肯定，文人拟作五言诗是从东汉初就开始了的，如班固《咏史》。东汉中叶后则拟作益多，有的有主名，但更多的是无名氏的抒情诗，如《古诗十九首》等。到汉末建安，更出现了一个“五言腾踊”的局面，自此以后，五言一体遂取《诗经》的四言、《楚辞》的骚体而代之，成为我国诗史上一种重要的传统形式。

最后，在艺术手法上，特别是在叙事诗的写作技巧上，汉乐府民歌的影响也是非常显著的。诸如人物对话、独白的运用，人物心理描写和细节刻画，语言的朴素生动等，都成为后世诗人的学习榜样。

(二)《古诗十九首》

《古诗十九首》是汉末文人五言诗的代表作，它标志着文人五言诗趋向成熟。

《古诗十九首》最初载于《文选》，因其作者姓名失传，时代不能确定，故《文选》的编者题为“古诗”。目前，学术界大致认为此非一人一时一地之作，大约产生于东汉末年，作者是中下层失意的知识分子。

清人沈德潜概括《古诗十九首》的内容说：“大率逐臣弃妻、朋友阔绝、游子他乡、死生新故之感。”(《说诗晬语》)这些作品都为抒情诗，它们的思想内容较复杂，大致可分两类：一类写游子思妇的离愁别绪，如《行行重行行》《涉江采芙蓉》《明月何皎皎》《青青河畔草》《冉冉孤生竹》等；另一类是写文人士子仕途失意的苦闷和悲哀，充满了感伤情调，如《今日良宴会》《回车驾言迈》《生年不满百》等。

《古诗十九首》在我国文学史上占有相当重要的地位。刘勰在《文心雕龙》中对它作了高度评价：“观其结体散文(诗的组织和文辞运用)，直而不野，婉转附物(情意宛转，描绘逼真)，怊怅切情(深切地表达感情)，实五言之冠冕也(最杰出的)。”钟嵘在《诗品》中说它：“文温以丽，意悲而远惊心动魄，可谓几乎一字千金。”陈绎在《诗谱》中评价它：“情真、景真、意真、澄至清，发至情。”这都准确地概括了它们“质朴真挚，真情流露”的特点。

选文欣赏

一、战城南

汉乐府

【阅读提示】

《战城南》是一首汉乐府民歌，属《汉鼓吹铙歌十八曲》之一，是为在战场上的阵亡者而作。作品大约产生于西汉时代。汉朝和匈奴曾长期爆发冲突，朝廷派兵长期戍守，不免使战士产生怨恨之情。此诗即是戍边战士反战情绪的反映。

战城南，死郭北[1]，野死不葬乌可食[2]。
为我谓乌：且为客豪[3]！
野死谅不葬[4]，腐肉安能去子逃[5]？
水声激激[6]，蒲苇冥冥[7]。
枭骑战斗死[8]，驽马徘徊鸣[9]。
梁筑室[10]，何以南？何以北？
禾黍不获君何食[11]？愿为忠臣安可得？
思子良臣[12]，良臣诚可思：
朝行出攻，暮不夜归！

【注释】

[1] 郭：外城。
[2] 野死：战死荒野。乌：乌鸦。
[3] 客：指战死者，死者多为外乡人故称之为“客”。豪：同“嚎”，大声哀号。
[4] 谅：当然。
[5] 安：怎么。子：指乌鸦。
[6] 激激：清澈的样子。
[7] 冥冥：昏暗的样子。
[8] 枭(xiāo)骑：通“骁”，作“勇”解，指善战的骏马。
[9] 驽(nú)马：劣马，此诗中指疲惫的马。
[10] 梁：表声字。一说桥梁。
[11] 不：一作“而”，皆可通。
[12] 良臣：指忠心为国的战士。

【知识链接】

《战城南》这首民歌是为在战场上的阵亡将士而作，诗中描写了战争的残酷，道出人民只是战争牺牲品的社会现实，表达了人民反对并诅咒战争的意愿。此诗以死者告语乌鸦、驽马哀鸣的奇思妙想抒发作者的悲怆之情，极富浪漫主义精神。

全诗语言质朴通俗，颇具民歌特色。作品感情浓烈，想象新奇，叙述、抒情、议论、写景交错使用，体现了劳动人民高度的艺术创作才能。

【学以致用】

王国维《人间词话》指出文学作品中：“一切景语皆情语。”试分析《战城南》一诗是如何透过客观景物抒发情感的。

二、陌上桑[1]

汉乐府

【阅读提示】

《陌上桑》是汉乐府中的一首乐府诗，属《相和歌辞》。《陌上桑》又名《艳歌罗敷行》《日出东南隅行》。这首诗第一段，写秦罗敷的美貌；第二段，写使君觊觎罗敷的美色，向她提出无理要求；第三段，写罗敷拒绝使君，并盛夸丈夫以压倒对方。这首诗以幽默诙谐的风格和喜剧性艺术手法，刻画了一个既美丽坚贞，又聪明的采桑女子形象，洋溢着“爱美之心人皆有之”的民间风情，同时也反映出汉代贵族官僚仗势调戏民女的社会现实。全诗情节逼真，语言华丽，形象生动，虽经文人修饰加工，仍体现出浓烈的民间歌谣风味。

日出东南隅[2]，照我秦氏楼。秦氏有好女，自名为罗敷。罗敷善蚕桑[3]，采桑城南隅。青丝为笼系[4]，桂枝为笼钩[5]。头上倭堕髻[6]，耳中明月珠。缃绮[7]为下裙，紫绮为上襦。行者见罗敷，下担捋髭须。少年[8]见罗敷，脱帽著帩头[9]。耕者忘其犁，锄者忘其锄。来归相怨怒，但坐[10]观罗敷。

使君[11]从南来，五马立踟蹰。使君遣吏往，问是谁家姝[12]？“秦氏有好女，自名为罗敷。”“罗敷年几何？”“二十尚不足，十五颇有余。”使君谢[13]罗敷：“宁可共载不[14]？”罗敷前致辞：“使君一何愚！使君自有妇，罗敷自有夫！”

“东方千余骑，夫婿居上头[15]。何用识夫婿？白马从骊驹，青丝系马尾，黄金络马头；腰中鹿卢剑[16]，可值千万余。十五府小吏，二十朝大夫，三十侍中郎[17]，四十专城居。为人洁白晰[18]，鬑鬑颇有须。盈盈[19]公府步，冉冉[20]府中趋。坐中数千人，皆言夫婿殊。”

【注释】

[1] 陌：田间的路。桑：桑林。

[2] 东南隅：指东方偏南。隅，方位、角落。中国在北半球，夏至以后日渐偏南，所以说日出东南隅。

[3] 善：善于、擅长。有的本子作“喜”。

[4] 青丝为笼系：用黑色的丝做篮子上的络绳。笼，篮子。系，络绳，缠绕篮子的绳子。

[5] 笼钩：一种工具。采桑用来钩桑枝，行时用来挑竹筐。

[6] 倭(wō)堕髻(jì)：即堕马髻，发髻偏在一边，呈坠落状。倭堕，叠韵字。

[7] 缃绮：有花纹的浅黄色的丝织品。

[8] 少年：古义十至二十岁的男子。

[9] 帩头：古代男子束发的头巾。

[10] 但：只是。坐：因为，由于。

[11] 使君：汉代对太守、刺史的通称。

[12] 姝(shū)：美丽的女子。

[13] 谢：这里是“请问”的意思。

[14] 不：通假字，通“否”。

[15] 居上头：在行列的前端。意思是地位高，受人尊重。

[16] 鹿卢剑：剑把用丝绦缠绕起来，像鹿卢的样子。鹿卢，即辘轳，井上汲水的用具。宝剑，荆轲刺秦王时带的就是鹿卢剑。

[17] 侍中郎：出入宫禁的侍卫官。

[18] 晰：同“皙”。

[19] 盈盈：仪态端庄美好。

[20] 冉冉：走路缓慢。

【知识链接】

《陌上桑》最早著录于《宋书·乐志》，题名《艳歌罗敷行》，在《玉台新咏》中，题为《日出东南隅行》。不过更早在晋人崔豹的作品《古今注》中，已经提到这首诗，称之为《陌上桑》。宋人郭茂倩《乐府诗集》沿用了《古今注》的题名，以后便成为习惯。

对于此篇的作意，《乐府诗集》引崔豹《古今注》说：“《陌上桑》者，出秦氏女子。秦氏，邯郸人，有女名罗敷，为邑人千乘王仁妻。王仁后为赵王家令，罗敷出采桑于陌上，赵王登台见而悦之，因置酒欲夺焉。罗敷巧弹筝，乃作《陌上桑》之歌以自明，赵王乃止。”而吴兢《乐府古题要解》以为：“案其歌辞，称罗敷采桑陌上，为使君所邀，罗敷盛夸其夫为侍中郎以拒之。”这首乐府诗，从所使用的词语看，应该是在民歌基础上，由文人加工而成。

【学以致用】

1. 诗歌写罗敷的美貌用了什么手法？这样写有什么作用？
2. 罗敷为什么要夸夫？夸夫对刻画罗敷的性格和揭示作品主题有什么作用？

三、行行重行行

《古诗十九首》

【阅读提示】

该诗是《古诗十九首》中的第一首，是汉末动荡岁月中的相思乱离之歌。此诗抒写了一个女子对远行在外的丈夫的深切思念之情，内容可分为两部分：前六句为第一部分，追叙初别，着重描写路远相见之难；后十句为第二部分，着重刻画思妇相思之苦。

全诗结构严谨，层次分明；运用比兴，形象生动；语言朴素自然，通俗易懂，自然地表现出思妇相思的心理特点，具有淳朴清新的民歌风格。

行行重行行[1]，与君生别离[2]。
相去万余里[3]，各在天一涯[4]。
道路阻且长[5]，会面安可知[6]！
胡马依北风[7]，越鸟巢南枝[8]。
相去日已远[9]，衣带日已缓[10]。
浮云蔽白日[11]，游子不顾反[12]。
思君令人老[13]，岁月忽已晚[14]。
弃捐勿复道[15]，努力加餐饭[16]。

【注释】

[1] 重：又。这句是说行而不止。
[2] 生别离：古代流行的成语，犹言“永别离”。生，硬的意思。
[3] 相去：相距，相离。
[4] 涯：边际。
[5] 阻：指道路上的障碍。长：指道路间的距离很远。
[6] 安：怎么，哪里。知：一作“期”。
[7] 胡马：北方所产的马。依：依恋的意思。一作“嘶”。
[8] 越鸟：南方所产的鸟。
[9] 日：一天又一天，渐渐的意思。已：同“以”。远：久。

[10] 缓：宽松。这句意思是说，人因相思而躯体一天天消瘦。

[11] 白日：原是隐喻君王的，这里喻指未归的丈夫。

[12] 顾：顾恋、思念。反：同“返”，返回，回家。

[13] 老：这里指形体的消瘦，仪容的憔悴。

[14] 岁月：指时间。忽已晚：流转迅速。

[15] 弃捐：抛弃，丢开。复：再。道：谈说。

[16] 加餐饭：当时习用的一种亲切的安慰别人的话。

【知识链接】

《古诗十九首》大约是东汉后期作品，作者已佚，大多是文人模仿乐府之作。今人综合考察十九首诗所表现的情感倾向、所折射的社会生活情状以及它纯熟的艺术技巧，一般认为这十九首诗所产生的年代应当在汉末献帝建安之前的几十年间。《行行重行行》是一首抒情短诗，尽管在流传过程中失去了作者的名字，但“情真、景真、事真、意真”(陈绎《诗谱》)，读之使人悲感无端，反复低徊，为女主人公真挚痛苦的爱情呼唤所感动。

【学以致用】

简析《行行重行行》的艺术特征。

第二节 秦汉散文

秦王朝作为一个中央集权的统一封建国家只存在15年，加之其实行的“焚书坑儒”的文化毁灭政策，使其在文学成就上无大作为。在文学发展中起到一定影响的是完成于秦统一前的秦政八年(前239年)的《吕氏春秋》和李斯作于秦王政十年(前237年)的《谏逐客书》。前者由秦丞相吕不韦主持，由其门客集体编著，它同先秦其他诸子散文一样，有不少地方借寓言故事说理，富于文学意味；书中还保存了大量先秦时代的文献和佚文遗闻，是后世研究先秦历史文化的重要资料。后者是李斯为谏阻秦王拟驱逐六国来客而作。文章揆之以事理，说之以利害，排比铺张，有战国纵横家说辞的气势；而在文辞的修饰整齐、音节的和谐流畅等方面，又是汉代政论文和辞赋的先声。

虽说秦代文学荒芜，但不可否认的是秦始皇开创了天下大一统的封建政治制度，这为后世文学的发展奠定了一定的政治基础。汉初之时，总结秦代早早灭亡的经验教训，制定切实可行的治国方略成为当务之急。而与秦代严苛的文化管制不同的是，汉时黄老思想盛行，“无为而治”下宽松自由的文化环境，也成为汉代文学作品百花齐放的摇篮。

汉代散文可分为政论文和历史散文两大类，其中政论文最先发展。西汉初年，战国时期诸子百家争鸣的余风犹存。一些作家继承先秦诸子的优秀传统，关怀国家和社会的发展，面对现实，剖析形势，勇于表现自己的政治看法和主张，使汉初政论文具有鲜明的时代色彩。贾谊和晁错是这一时代政论文的代表作家。他们的政论文作品或针砭时弊，剖析社会实际存在的问题；或总结秦王朝短期覆亡的原因，借古喻今，都写得深切著明，有很强的说服力和感染力。就文章风格而论，贾谊、晁错各有特色，鲁迅在《汉文学史纲领》中指出，贾、晁为文皆疏直激切，尽所欲言，贾谊有文采而比拟疏阔，晁错则见识深远，他们的政论"皆为西汉鸿文，沾溉后人，其泽甚远"。东汉时期，政论散文继承西汉的传统，以王符的《潜夫论》、崔寔的《政论》、仲长统的《昌言》最为著名。它们反映了东汉中叶以后复杂的社会矛盾和激烈的政治斗争，有时代意义，但思想、文采俱逊于西汉政论文。

汉武帝时，西汉迎来全盛时代，政治上加强了封建集权，君主迫切地追求思想文化上的大一统。从而采纳了董仲舒的建议，实行"罢黜百家，独尊儒术"的文化政策，结束了百家争鸣的文化局面，进一步加强巩固统治的同时，也大大影响了后世的思想和文学理论创作。与国家强盛相对应的是文化繁荣，由此修史的任务也成为大势所趋，在这样的社会历史条件下，《史记》应运而生。

《史记》是二十四史之一，最初称为《太史公书》或《太史公记》《太史记》，是西汉史学家司马迁撰写的纪传体史书，是中国历史上第一部纪传体通史，记载了上至上古传说中的黄帝时代，下至汉武帝太初四年间共 3000 多年的历史。该著作前后经历了 14 年，才得以完成。

《史记》全书包括十二本纪、三十世家、七十列传、十表、八书，共一百三十篇，五十二万六千五百余字，比《淮南子》多三十九万五千余字，比《吕氏春秋》多二十八万八千余字。《史记》规模巨大，体系完备，而且对此后的纪传体史书影响很深，历朝正史皆采用这种体裁撰写。

《史记》是伟大的历史著作，也是传记文学名著。它在我国散文发展史上起着承先启后的作用。尽管封建统治阶级把司马迁看成是离经叛道的人物，把《史记》看成是"谤书"，但他们都不能阻止《史记》的流传及对后世的影响。虽然班固从封建统治者的立场出发对司马迁有不少贬词，但他也不能不承认司马迁有"良史之才"，即"善序事理，辨而不华，质而不俚"的叙事才能，不能不赞美"其文直，其事核，不虚美，不隐恶"的实录精神。班氏以下的史学家和散文家对司马迁几乎无不推崇备至，力图做到像司马迁那样"不待论断，而于序事之中，即见其指"(顾炎武《日知录》卷二十六)。《史记》中所歌颂的许多英雄人物，如项羽、信陵君、侯嬴、鲁仲连、蔺相如等对后代人民特别是封建文士精神上也有影响。他们仰慕历史上这些英雄人物，并受到鼓舞和激励，如唐代伟大诗人李白在诗歌中不止一次地把古代的侠义之士引为自己的同调，并希望自己能像他们一样为国家、为人民做一番事业。

在写作方法、文章风格等方面，自汉以来的许多作家作品都从《史记》中得到有益的启发。郑樵所说的"百代以下，史官不能易其法，学者不能舍其书"，无论对史学还是文学来说都是合适的。在《史记》的影响下，东汉产生了不少历史著作，班固的《汉书》就是其中的杰出代表，它沿《史记》的体例，"究西都之首末，穷刘氏之废兴"，反映西汉一朝的历史，是我国最早的断代史。它的某些人物传记叙事细密、准确，具有一定的文学价值。在文学创作方面，唐以后传奇文以至《聊斋志异》等小说都直接或间接受《史记》的影响。唐宋以来的古文家更无不熟读《史记》，号称“文起八代之衰”的韩愈就十分推崇司马迁，把《史记》的文章看成为文的典范，他的《张中丞传后叙》《毛颖传》等文章，很显然是借鉴了《史记》的人物传记的。宋代大散文家欧阳修的散文简练流畅，纡徐唱叹，深得《史记》的神韵，他的《五代史伶官传序》的格调与《史记·伯夷列传》十分相似。而当古文家们反对形式主义的繁缛或艰涩古奥的文风时，《史记》常常成为他们的一面旗帜，唐代韩愈、柳宗元，明代归有光都是这样。

《史记》对明清以来的通俗小说和戏剧创作也有一定的影响。《史记》的人物传记有人物形象、故事情节，简练生动，绘色绘声，千百年来在人民中间流传，为广大民众所熟悉，这都为通俗小说和戏剧创作提供很好的借鉴。特别是它的一些艺术方法，如通过人物的行动、对话来表现人物性格，避免冗长静止的叙述，以及注意故事情节曲折动人，语言简洁生动等，无疑都为后来小说创作所吸收并加以发展。《史记》的人物传记在形成我国古典小说的传统风格中是起了巨大的作用的。至于小说和戏剧取材于《史记》的也很多，如《窃符救赵》《楚汉春秋》《琴心记》等，这些故事一直到今天还流传不衰，为广大人民所喜爱。

选文欣赏

一、谏逐客书

李　斯

【阅读提示】

《谏逐客书》是李斯上给秦始皇的一篇奏议。《史记·李斯列传》记载，秦王政元年(前 246 年)韩国派水工郑国游说秦王嬴政(即后来的秦始皇)，倡言凿渠溉田，企图耗费秦国人力而不能攻韩，以实施“疲秦计划”。事被发觉，到秦王政十年，秦王嬴政听信宗室大臣的进言，认为来秦的客卿大抵都想游间于秦，就下令驱逐客卿。李斯也在被驱逐之列，尽管惶恐不安，但他在临行前主动上书劝说秦王不要驱逐客卿，写下流传千古的《谏逐客书》。

这篇文章在论证秦国驱逐客卿的错误和危害时，没有在逐客这个具体问题上就事论事，也没有涉及自己个人的进退出处，而是站在“跨海内，制诸侯”完成统一天下大业的高度，来分析阐明逐客的利害得失，这反映了李斯的卓越见识，体现了他顺应历史潮流的进步政治主张和用人路线。

文章辞采华美，排比铺张，音节流畅，理气充足，挟战国纵横说辞之风，兼具汉代辞赋之丽。末尾作结，指出秦人“逐客以资敌国，损民以益雠”的危害，有极强的理论说服力和艺术感染力。《谏逐客书》最精彩的是中间一段，语辞泛滥，意杂诙嘲，语奇字重，兔起鹘落，可谓骈体之祖。李斯虽为羁旅之臣，然其抗言陈词，有一种不可抑制的气势，成为后世奏疏的楷模。

臣闻吏议逐客，窃以为过矣。

昔穆公求士，西取由余于戎[1]，东得百里奚于宛[2]，迎蹇叔于宋[3]，来丕豹、公孙支于晋[4]。此五子者，不产于秦[5]，而穆公用之，并国二十，遂霸西戎[6]。孝公用商鞅之法[7]，移风易俗，民以殷盛[8]，国以富强，百姓乐用，诸侯亲服，获楚、魏之师[9]，举地千里，至今治强。惠王用张仪之计[10]，拔三川之地[11]，西并巴蜀[12]，北收上郡[13]，南取汉中[14]，包九夷[15]，制鄢郢[16]，东据成皋之险[17]，割膏腴之壤，遂散六国之从[18]，使之西面事秦，功施到今[19]。昭王得范雎[20]，废穰侯[21]，逐华阳[22]，强公室，杜私门，蚕食诸侯[23]，使秦成帝业。此四君者，皆以客之功。由此观之，客何负于秦哉！向使四君却客而不内[24]，疏士而不用，是使国无富利之实，而秦无强大之名也。

今陛下致昆山之玉[25]，有随、和之宝[26]，垂明月之珠[27]，服太阿之剑[28]，乘纤离之马[29]，建翠凤之旗[30]，树灵鼍之鼓[31]。此数宝者，秦不生一焉，而陛下说之[32]，何也？必秦国之所生然后可，则是夜光之璧，不饰朝廷；犀象之器[33]，不为玩好；郑、卫之女不充后宫[34]，而骏良駃騠不实外厩[35]，江南金锡不为用[36]，西蜀丹青不为采[37]。所以饰后宫，充下陈[38]，娱心意，说耳目者，必出于秦然后可，则是宛珠之簪[39]，傅玑之珥[40]，阿缟之衣[41]，锦绣之饰不进于前，而随俗雅化[42]，佳冶窈窕[43]，赵女不立于侧也[44]。夫击瓮叩缶弹筝搏髀[45]，而歌呼呜呜快耳者，真秦之声也；郑、卫、桑间、韶、虞、武、象者[46]，异国之乐也。今弃击瓮叩缶而就郑卫，退弹筝而取韶虞，若是者何也？快意当前，适观而已矣。今取人则不然。不问可否，不论曲直，非秦者去，为客者逐。然则是所重者在乎色乐珠玉，而所轻者在乎人民也。此非所以跨海内、制诸侯之术也。

臣闻地广者粟多，国大者人众，兵强则士勇。是以太山不让土壤[47]，故能成其大；河海不择细流[48]，故能就其深；王者不却众庶[49]，故能明其德。是以地无四方，民无异国，四时充美，鬼神降福，此五帝、三王之所以无敌也[50]。今乃弃黔首以资敌国[51]，却宾客以业诸侯[52]，使天下之士退而不敢西向，裹足不入秦，此所谓“藉寇兵而赍盗粮”者也[53]。

夫物不产于秦，可宝者多；士不产于秦，而愿忠者众。今逐客以资敌国，损民以益雠[54]，内自虚而外树怨于诸侯[55]，求国无危，不可得也。

【注释】

[1]　由余：原为晋国人，后入戎，戎王命他使秦，秦穆公见其贤以计招致，用其谋攻灭西戎众多小国，称霸西戎。戎：古代中原人多称西方少数部族为戎，此指秦国西北部的西戎。

[2]　百里奚：原为虞国大夫。晋灭虞被俘，后作为秦穆公夫人的陪嫁臣妾之一送往

秦国。逃亡到宛，被楚人所执。秦穆公用五张黑公羊皮赎出，用上大夫，故称“五羖大夫”。宛：楚国邑名，在今河南南阳市。

[3] 蹇(jiǎn)叔：百里奚的好友，经百里奚推荐，秦穆公把他从宋国请来，委任为上大夫。宋：国名，或称“商”“殷”，子姓，始封君为商纣王庶兄微子启，西周初周公平定武庚叛乱后将商旧都周围地区封给微子启，都于商丘(今河南商丘布南)。

[4] 来：一说作“求”。丕豹：晋国大夫丕郑之子，丕郑被晋惠公杀死后，丕豹投奔秦国，秦穆公任为大夫。公孙支：“支”或作“枝”，字子桑，秦人，曾游晋，后返秦任大夫。晋：国名，姬姓，始封君为周成王之弟叔虞，建都于唐(今山西省翼城县西)，约有今山西西南部之地。

[5] 产：生，出生。

[6] 并国二十，遂霸西戎：《史记·秦本纪》记载秦穆公“益国十二，开地千里，遂霸西戎”。这里的“二十”应当是约数。并，吞并。

[7] 孝公：即秦孝公。商鞅：卫国公族，氏公孙，亦称公孙鞅，初为魏相公叔痤家臣，公叔痤死后入秦，受到秦孝公重用，任左庶长、大良造，因功封于商(今陕西省商洛市东南)十五邑，号称商君。

[8] 殷盛：指百姓众多而且富裕。殷，多，众多。

[9] 魏：国名，始封君魏文侯，系晋国大夫毕万后裔，于公元前403年与韩景侯、赵烈侯联合瓜分晋国，被周威烈王封为诸侯，建都安邑(今山西省夏县西北)。

[10] 惠王：即秦惠王，名驷，秦孝公之子，公元前337年至前311年在位，公元前325年称王。张仪：魏人，秦惠王时数次任秦相，鼓吹“连横”，游说各国诸侯事奉秦国，辅佐秦惠文君称王，封武信君。此句以下诸事，均为张仪之计，因为张仪曾经作为宰相，执掌秦国权柄，所以以下诸事均出于他的谋划。

[11] 三川之地：指黄河、洛水、伊水三川之地，在今河南西北部黄河以南的洛水、伊水流域。韩宣王在此设三川郡。公元前308年秦武王派兵攻取三川大县宜阳(今河南省宜阳县西)。公元前249年秦灭东周，取得韩三川全郡，重设三川郡。

[12] 巴：国名，周武王灭商后被封为子国，称巴子国，在今四川东部、湖北西部一带。战国中期建都于巴(今重庆市奉节县)。公元前316年秦惠王派张仪、司马错等领兵攻灭巴国，在其地设置巴郡。蜀：国名，周武王时曾参加灭商的盟会，有今四川中部偏西地区。战国中期建都于成都(今四川省成都市)。公元前316年秦惠文王派张仪、司马错等领兵灭蜀，在其地设置蜀郡。

[13] 上郡：郡名，原为魏地，今陕西西北部。魏文侯时置，辖境有今陕西洛河以东，黄河以西，东北到子长县、延安市一带。公元前328年，魏割上郡十五县给秦。公元前312年，又将整个上郡献秦。秦国于公元前304年于此设置上郡。

[14] 汉中：郡名，楚怀王时置，辖境有陕西东南和湖北西北部。公元前312年，被秦将魏章领兵攻取，秦于此重置汉中郡。

[15] 包：这里有并吞的意思。九夷：此指楚国境内西北部的少数部族，在今陕西、

湖北、四川三省交界地区。

[16]　鄢(yān)：楚国别都，在今湖北宜城市东南。春秋时楚惠王曾都于此。郢(yǐng)：楚国都城，在今湖北江陵市西北纪南城。公元前279年秦将白起攻取鄢，翌年又攻取郢。

[17]　成皋：邑名，在今河南荥阳市汜水镇，地势险要，是著名的军事重地。春秋时属郑国称虎牢，公元前375年韩国灭郑属韩，公元前249年被秦军攻取。

[18]　六国之从(zòng)：六国合纵的同盟。六国，指韩、魏、燕、赵、齐、楚六国。从，通“纵”。

[19]　施：延续。

[20]　昭王：即秦昭王，名稷，一作侧或则，秦惠王之子，秦武王异母弟，公元前306年至前251年在位。范雎(jū)：魏人，入秦后改名张禄，受到秦昭王信任，为秦相，对内力主废除外戚专权，对外采取远交近攻策略，封于应(今河南省宝丰县西南)，亦称应侯。

[21]　穰侯：即魏冉，楚人后裔，秦昭王母宣太后之异父弟，秦武王去世，拥立秦昭王，任将军，多次为相，受封于穰(今河南邓县)，故称穰侯。

[22]　华阳：即华阳君芈戎，楚昭王母宣太后之同父弟，曾任将军等职，与魏冉同掌国政，先受封于华阳(今河南新郑市北)，故称华阳君，后封于新城(今河南密县东南)，故又称新城君。

[23]　蚕食：比喻像蚕吃桑叶那样逐渐吞食侵占。

[24]　向使：假使，倘若。内：同“纳”，接纳。

[25]　今陛下致昆山之玉：如今陛下得到了昆仑山的宝玉。陛下，对帝王的尊称。致，求得，收罗。昆山，即昆仑山。

[26]　随、和之宝：即所谓“随侯珠”和“和氏璧”，传说中春秋时随侯所得的夜明珠和楚人卞和来得的美玉。

[27]　明月：宝珠名。

[28]　太阿(ē)：亦称“泰阿”，宝剑名，相传为春秋著名工匠欧冶子、干将所铸。

[29]　纤离：骏马名。

[30]　翠凤之旗：用翠凤羽毛作为装饰的旗帜。

[31]　鼍(tuó)：亦称扬子鳄，俗称猪婆龙，皮可蒙鼓。

[32]　说：通“悦”，喜悦，喜爱。

[33]　犀象之器：指用犀牛角和象牙制成的器具。

[34]　郑：国名，姬姓，始封君为周宣王弟友，公元前806年分封于郑(今陕西华县东)。卫：国名，姬姓，始封君为周武王弟康叔，初都朝歌(今河南淇县)，后迁都楚丘(今河南滑县)、帝丘(今河南濮阳县)。郑、卫之女，此时郑、卫已亡，当指郑、卫故地的女子。后宫：嫔妃所居的宫室，也可用作嫔妃的代称。

[35]　駃(jué)騠(tí)：骏马名。外厩(jiù)：宫外的马圈。

[36]　江南：长江以南地区。此指长江以南的楚地，素以出产金、锡著名。

[37] 西蜀丹青：蜀地素以出产丹青矿石出名。丹，丹砂，可以制成红色颜料。青，青雘，可以制成青黑色颜料。采：彩色，彩绘。

[38] 充下陈：此泛指用财物、美女充实府库后宫。下陈，殿堂下陈放礼器、站立傧从的地方。

[39] 宛珠之簪：缀绕珍珠的发簪。宛，缠绕，或以“宛”为地名，指用宛(今河南南阳市)地出产的珍珠所作装饰的发簪。

[40] 傅：附着。玑：不圆的珠子。此泛指珠子。珥(ěr)：耳饰。

[41] 阿：细缯，一种轻细的丝织物。或以“阿”为地名，指齐国东阿(今山东东阿县)。缟(gǎo)：未经染色的绢。

[42] 随俗雅化：随合时俗而雅致不凡。

[43] 佳冶窈(yǎo)窕(tiǎo)：妖冶美好的佳丽。佳，美好，美丽。冶，妖冶，艳丽。窈窕，美好的样子。

[44] 赵：国名，始封君赵烈侯，系晋国大夫赵衰后裔，于公元前403年与魏文侯、韩景侯联合瓜分晋国，被周威烈王封为诸侯，建都晋阳(今山西太原市东南)，有今山西中部、陕西东北角、河北西南部。公元前386年迁都邯郸(今河北邯郸市)。公元前222年被秦国所灭。古人多以燕、赵为出美女之地。

[45] 瓮(wèng)：陶制的容器，古人用来打水。缶(fǒu)：一种口小腹大的陶器。秦人将瓮、缶作为打击乐器。搏髀(bì)：拍打大腿，以此掌握音乐唱歌的节奏。搏，击打，拍打。髀，大腿。

[46] 郑：指郑国故地的音乐。卫：指卫国故地的音乐。桑间：桑间为卫国濮水边上地名，在今河南濮阳县南，有男女聚会唱歌的风俗。此指桑间的音乐，即“桑间濮上之音”。昭：歌颂虞舜的舞乐。虞：按《史记会注考证校补》引南化本、枫山本、三条本等作“护”，当为歌颂商汤的舞乐。武：歌颂周武王的舞乐。象：歌颂周文王的舞乐。

[47] 太山：即泰山。太：一作“泰”。让：辞让，拒绝。

[48] 择：舍弃，抛弃。细流：小水。

[49] 却：推却，拒绝。

[50] 五帝：指黄帝、颛顼、帝喾、尧、舜。三王：指夏、商、周三代开国君主，即夏禹、商汤和周武王。

[51] 黔首：泛指百姓。无爵平民不能服冠，只能以黑巾裹头，故称黔首，秦始皇统一六国后正式称百姓为黔首。《史记·秦始皇本纪》载：二十六年，“更名民曰黔首”。资：资助，供给。

[52] 业：创立功业，使成就事业。

[53] 藉：借。赍盗粮：把武器粮食供给寇盗。赍(jī)：赠送，送给。

[54] 损民以益雠：减少本国的人口而增加敌国的人力。益，增益，增多。雠，通“仇”，仇敌。

[55] 外树怨于诸侯：指宾客被驱逐出外必投奔其它诸侯，从而构树新怨。

【知识链接】

李斯(?—前 208 年)，战国末楚国上蔡(今河南省上蔡县芦岗乡李斯楼村)人，秦朝著名政治家、文学家和书法家。

少为郡吏，曾从荀卿学。战国末年入秦国，初为秦相吕不韦舍人，被任命为郎。旋任长史，拜客卿。秦王政十年(前 237 年)下逐客令时，上书力谏客不可逐，为秦王采纳。又为秦并六国谋划，建议先攻取韩国，再逐一消灭各诸侯国，完成统一大业。

秦始皇二十六年(前 221 年)统一全国后，作为廷尉奉命与丞相王绾、御史大夫冯劫等议定“皇帝”之号。后任丞相，多次随始皇帝巡行。反对淳于越分封子弟之议，主张禁私学、废《诗》、《书》、六国史记及“百家语”。又以小篆为标准，整理文字，作《仓颉篇》以为范文。

始皇帝死后，与赵高矫诏迫扶苏自杀，立胡亥为帝。秦末农民起义爆发后，劝二世更为法律，行“督责之术”，加强君权。后被赵高诬为谋反，具五刑，腰斩于咸阳市，夷三族。

【学以致用】

1. 分析李斯《谏逐客书》的说服技巧以及说服目的。
2. 简述《谏逐客书》的主要内容和艺术特色。

二、项羽本纪(节选)

司马迁

【阅读提示】

《项羽本纪》是西汉史学家司马迁创作的一篇文言文，收录于《史记》中第七卷，通过叙述秦末农民大起义和楚汉之争的宏阔历史场面，生动而又深刻地描述了楚霸王项羽的一生。

项籍者，下相人也，字羽。初起时，年二十四。其季父项梁[1]，梁父即楚将项燕，为秦将王翦所戮者也。项氏世世为楚将，封于项，故姓项氏。

项籍少时，学书不成，去[2]，学剑，又不成。项梁怒之。籍曰：“书足以记名姓而已。剑一人敌，不足学，学万人敌。”于是项梁乃教籍兵法，籍大喜，略知其意，又不肯竟学[3]。项梁尝有栎阳逮[4]，乃请蕲狱掾曹咎书抵栎阳狱掾司马欣[5]，以故事得已[6]。项梁杀人，与籍避仇于吴中。吴中贤士大夫皆出项梁下[7]。每吴中有大繇役及丧[8]，项梁常为主办，阴以兵法部勒宾客及子弟[9]，以是知其能。秦始皇帝游会稽，渡浙江，梁与籍俱观。籍曰：“彼可取而代也。”梁掩其口，曰：“毋妄言[10]，族矣[11]！”梁以此奇籍。籍长八尺馀，力能扛鼎[12]，才气过人，虽吴中子弟皆已惮籍矣[13]。

……

项羽已杀卿子冠军，威震楚国，名闻诸侯。乃遣当阳君、蒲将军将卒二万渡河[14]，救钜鹿。战少利[15]，陈馀复请兵。项羽乃悉引兵渡河，皆沉船，破釜甑[16]，烧庐舍，持三日粮，以示士卒必死，无一还心。于是至则围王离，与秦军遇，九战，绝其甬道，大破之，杀苏角，虏王离。涉间不降楚，自烧杀。当是时，楚兵冠诸侯[17]。诸侯军救钜鹿下者十馀壁[18]，莫敢纵兵[19]。及楚击秦，诸将皆从壁上观。楚战士无不一以当十，楚兵呼声动天。诸侯军无不人人惴恐[20]。于是已破秦军，项羽召见诸侯将，入辕门[21]，无不膝行而前[22]，莫敢仰视。项羽由是始为诸侯上将军，诸侯皆属焉。

……

居数日，项羽引兵西屠咸阳，杀秦降王子婴，烧秦宫室，火三月不灭；收其货宝妇女而东。人或说项王曰："关中阻山河四塞[23]，地肥饶，可都以霸[24]。"项王见秦宫室皆以烧残破，又心怀思欲东归，曰："富贵不归故乡，如衣绣夜行[25]，谁知之者！"说者曰："人言楚人沐猴而冠耳[26]，果然。"项王闻之，烹说者[27]。

……

外黄不下。数日，已降，项王怒，悉令男子年十五已上诣城东[28]，欲坑之。外黄令舍人儿年十三[29]，往说项王曰："彭越强劫外黄，外黄恐，故且降，待大王。大王至，又皆坑之，百姓岂有归心？从此以东，梁地十馀城皆恐，莫肯下矣。"项王然其言[30]，乃赦外黄当坑者。东至睢阳，闻之皆争下项王[31]。

……

项王军壁垓下，兵少食尽，汉军及诸侯兵围之数重。夜闻汉军四面皆楚歌，项王乃大惊曰："汉皆已得楚乎？是何楚人之多也[32]！"项王则夜起，饮帐中。有美人名虞，常幸从；骏马名骓[33]，常骑之。于是项王乃悲歌慷慨，自为诗曰："力拔山兮气盖世，时不利兮骓不逝[34]。骓不逝兮可奈何，虞兮虞兮奈若何[35]！"歌数阕[36]，美人和之。项王泣数行下，左右皆泣，莫能仰视。

于是项王乃上马骑，麾下壮士骑从者八百馀人，直夜溃围南出[37]，驰走。平明，汉军乃觉之，令骑将灌婴以五千骑追之。项王渡淮，骑能属者百馀人耳[38]。项王至阴陵，迷失道，问一田父[39]，田父绐[40]曰"左"。左，乃陷大泽中。以故汉追及之。项王乃复引兵而东，至东城，乃有二十八骑。汉骑追者数千人。项王自度不得脱。谓其骑曰："吾起兵至今八岁矣，身七十馀战，所当者破，所击者服，未尝败北，遂霸有天下。然今卒困于此[41]，此天之亡我，非战之罪也。今日固决死，愿为诸君快战[42]，必三胜之，为诸君溃围，斩将，刈旗[43]，令诸君知天亡我，非战之罪也。"乃分其骑以为四队，四向。汉军围之数重。项王谓其骑曰："吾为公取彼一将。"令四面骑驰下，期山东为三处。于是项王大呼驰下，汉军皆披靡[44]，遂斩汉一将。是时，赤泉侯为骑将，追项王，项王瞋目而叱之，赤泉侯人马俱惊，辟易数里[45]。与其骑会为三处。汉军不知项王所在，乃分军为三，复围之。项王乃驰，复斩汉一都尉，杀数十百人，复聚其骑，亡其两骑耳。乃谓其骑曰："何如？"骑皆伏曰："如大王言。"

于是项王乃欲东渡乌江。乌江亭长檥船待[46]，谓项王曰："江东虽小，地方千里，众数十万人，亦足王也。愿大王急渡。今独臣有船，汉军至，无以渡。"项王笑曰："天之亡我，我何渡为[47]！且籍与江东子弟八千人渡江而西，今无一人还，纵江东父兄怜而王我，我何面目见之？纵彼不言，籍独不愧于心乎？"乃谓亭长曰："吾知公长者。吾骑此马五岁，所当无敌，尝一日行千里，不忍杀之，以赐公。"乃令骑皆下马步行，持短兵接战。独籍所杀汉军数百人。项王身亦被十馀创[48]。顾见汉骑司马吕马童，曰："若非吾故人乎[49]？"马童面之[50]，指王翳曰："此项王也。"项王乃曰："吾闻汉购我头千金[51]，邑万户，吾为汝德[52]。"乃自刎而死。王翳取其头，馀骑相蹂践争项王，相杀者数十人。最其后，郎中骑杨喜，骑司马吕马童，郎中吕胜、杨武各得其一体[53]。五人共会其体，皆是。故分其地为五：封吕马童为中水侯，封王翳为杜衍侯，封杨喜为赤泉侯，封杨武为吴防侯，封吕胜为涅阳侯。

项王已死，楚地皆降汉，独鲁不下。汉乃引天下兵欲屠之，为其守礼义，为主死节[54]，乃持项王头视鲁[55]，鲁父兄乃降。始，楚怀王初封项籍为鲁公，及其死，鲁最后下，故以鲁公礼葬项王穀城。汉王为发哀，泣之而去。

诸项氏枝属[56]，汉王皆不诛。乃封项伯为射阳侯。桃侯、平皋侯、玄武侯皆项氏，赐姓刘。

太史公曰：吾闻之周生曰"舜目盖重瞳子"[57]，又闻项羽亦重瞳子。羽岂其苗裔邪[58]？何兴之暴也[59]！夫秦失其政，陈涉首难，豪杰蜂起，相与并争，不可胜数，然羽非有尺寸，乘势[60]起陇亩之中[61]，三年，遂将五诸侯灭秦[62]，分裂天下，而封王侯，政由羽出，号为"霸王"，位虽不终[63]，近古以来未尝有也。及羽背关怀楚[64]，放逐义帝而自立，怨王侯叛己，难矣。自矜功伐[65]，奋其私智而不师古[66]，谓霸王之业，欲以力征经营天下[67]，五年卒亡其国，身死东城，尚不觉寤而不自责[68]，过矣[69]。乃[70]引"天亡我，非用兵之罪也"，岂不谬哉！

【注释】

[1]　季父：父之幼弟，即小叔父。季，兄弟中排行最小的。

[2]　去：放弃，丢下。

[3]　竟学：学到底。竟，终于，完毕。

[4]　逮：及，指有罪相连及。

[5]　请：求，要。书：信。抵：到达，这里是送达的意思。

[6]　以故：因此。已：止，了结。

[7]　皆出项梁下：意思是都不如项梁。

[8]　繇：同"徭"。

[9]　阴：暗中。部勒：部署，组织。宾客：指客居吴中依附项梁的人。子弟：指吴中的年轻人。

[10]　妄言：胡乱说。

[11] 族：灭族，满门抄斩。
[12] 扛：两手对举。
[13] 虽：即使。惮：害怕。
[14] 河：这里指漳河。
[15] 少利：胜利不多。
[16] 釜：锅。甑(zèng)：做饭用的一种瓦器。
[17] 冠诸侯：在诸侯军当中居第一。
[18] 壁：壁垒，营垒。
[19] 纵兵：出动军队。纵，放。
[20] 惴(zhuì)恐：恐惧。
[21] 辕门：即营门。古时军营用两辆兵车竖起车辕相对为门，所以叫辕门。
[22] 膝行而前：跪着向前走。
[23] 阻：倚仗。四塞：四面要塞。
[24] 都：建都。以：而。
[25] 衣绣：穿锦绣衣服。
[26] 沐猴而冠：猕猴却戴上人的帽子。这是讥讽楚人性暴躁。
[27] 烹：放在锅里煮死，是古代一种酷刑。
[28] 已：通“以”。
[29] 舍人：门客。
[30] 然其言：以其言为然，认为他的话对。然，正确，对。
[31] 争下：争着降服。
[32] 何楚人之多：怎么楚人这么多。
[33] 骓(zhuī)：毛色苍白相杂的马。
[34] 逝：跑。
[35] 奈若何：把你怎么办。
[36] 阕：乐曲每终了一次叫一阕。“数阕”就是几遍。
[37] 直：同“值”，当，趁。
[38] 属：连接，这里指跟上。
[39] 田父(fǔ)：老农。
[40] 绐：欺骗。
[41] 卒：终于。
[42] 快战：痛快地打一仗。
[43] 刈(yì)：割，砍。
[44] 披靡：原指草木随风倒伏，这里比喻军队溃败。
[45] 辟易：倒退的样子。
[46] 檥(yǐ)：使船靠岸。

[47] 何渡为：还渡江干什么。

[48] 被：遭受。

[49] 故人：旧友。

[50] 面之：不敢正视。吕马童原在后面追赶项王，项王回过头来看见他，二人才正面相对。

[51] 购：悬赏征求。

[52] 为汝德：意思是送给你点儿好处。德，恩德。

[53] 体：身体的部分，四肢加头合称五体。

[54] 死节：为节操而死。

[55] 视：同“示”，给……看。

[56] 枝属：各支宗族。

[57] 周生：《正义》引孔文祥说以为是汉代儒者，姓周。盖：大概。重瞳子：两个瞳仁儿。

[58] 苗裔：后代。

[59] 何兴之暴：怎么兴起得这么突然。

[60] 尺寸：形容很少。势：权势，权柄。

[61] 陇亩之中：田野之中，指民间。陇，同“垄”。

[62] 五诸侯：指战国时的齐、赵、韩、魏、燕五个诸侯国。

[63] 位 ：指王位。不终：指没有维持下来。终，到最后。

[64] 背关：舍弃关中。背，弃。

[65] 矜：夸。功伐：功劳。伐，与“功”同义。

[66] 奋：振，这里有极力施展的意思。师古：效法古人。

[67] 力征：以武力征伐。

[68] 寤：同“悟”。

[69] 过：错。

[70] 乃：竟然。

【知识链接】

司马迁(前 145 年—前 90 年)，字子长，生于龙门(今陕西省韩城市，另说今山西省河津市)，西汉史学家、文学家、思想家。司马谈之子，任太史令，被后世尊称为史迁、太史公、历史之父。

司马迁早年受学于孔安国、董仲舒，漫游各地，了解风俗，采集传闻。初任郎中，奉使西南。二十八岁任太史令，继承父业，著述历史。后因替李陵败降之事辩解而受宫刑，出狱后调任中书令，发奋继续完成所著史籍。他以“究天人之际，通古今之变，成一家之言”的史识创作了中国第一部纪传体通史《史记》(原名《太史公书》)，此书被公认为是中国史书的典范。该书记载了从上古传说中的黄帝时期，到汉武帝太初四年，长达3000多年的历史，是“二十四史”之首，被鲁迅誉为“史家之绝唱，无韵之离骚”。司马迁除《史记》外，还有《报任安书》《悲士不遇赋》，流传至今。

【学以致用】

1. 浅析《项羽本纪》中项羽的性格特征与形象。

2. 项羽死前叹道：“天亡我也，非战之罪也。”你认为他的说法对吗？请说说你的理由。

第三节　两汉文赋

王国维说：“凡一代有一代之文学，楚之骚、汉之赋、六代之骈语、唐之诗、宋之词、元之曲，皆所谓一代之文学，而后世莫能继焉者也。”(《宋元戏曲史序》)赋，是汉代文学的代表，是汉代最流行的文体。

（一）赋的特征

赋的本意是铺陈直叙，原指我国古代诗歌的一种表现手法。《文心雕龙·诠赋》云：“赋者，铺也；铺采摛文，体物写志也。”意思是：赋，就是铺叙，通过铺陈辞采写成文章，通过描绘物象来抒发情志。“铺采摛文”是赋的形式，而“体物写志”则是赋的内容。

班固《两都赋序》说：“赋者，古诗之流也。”赋是由古诗演变而来。《艺文志》说：“不歌而颂谓之赋，登高能赋，可以为大夫。”可见诗与赋的区别是，前者为可歌的，而后者是不歌而颂的。赋在内容上侧重于叙事，多用陈述性、叙事性和描绘手法，形式上介于诗歌和散文之间。

（二）汉赋的发展

汉赋的形成和发展可以分为三个阶段。汉初的赋家，继承楚辞的余绪，这时流行的主要是所谓“骚体赋”，其后则逐渐演变为有独立特征的散体大赋，这是汉赋的主体，也是汉赋最兴盛的阶段；东汉中叶以后，散体大赋逐渐衰微，抒情、言志的小赋开始兴起。

西汉初期是骚体赋的时代，上层社会崇尚楚文化，影响到文人，便产生了祖述屈原《楚辞》的骚体赋，在汉初抒情诗复苏以前，骚体赋几乎是汉代文人最主要的文学抒情形式。在内容上继承《楚辞》“怨刺”的传统，抒写贤人失志，忠奸不分，个人怀才不遇的感情；在形式上弃散用整，句式整齐，通篇用韵，并且用带“兮”的句子，大抵保持了《楚辞》于整饬中见变化，情与辞相宛转的特点。在表现手法上，它尚铺陈，同时又借用楚辞“香草美人”式的比兴手法。汉初骚体赋最有代表性的作家是贾谊。贾谊贬居长沙，与屈原有同病之苦，作《吊屈原赋》；又无可解脱以老庄为千古知己，作《鹏鸟赋》。贾谊之后，贤人失志之赋还有司马迁的《悲士不遇赋》等。

散体赋是在汉代进入鼎盛时期，随着南北文化交汇而崛起的一种综合性文体。它熔铸先秦《诗》《骚》、散文和民间文学形式，不拘篇制，时空容量大，句型丰富，韵散结合，富于韵律美。荀卿的《赋篇》《成相》，屈原的楚辞作品，对散体赋的形成有直接影响。散体赋是汉代赋体文学最具代表性的文体，是汉代作家在前人文学成就的基础上进行创造所取得的成果。散体赋初具规模之作是宋玉的《高唐赋》，奠基之作是枚乘的《七发》，把散体赋推向成熟阶段的，则是司马相如的《子虚赋》和《上林赋》。杨雄是成、哀之世的著名赋家，其代表作有《甘泉赋》《羽猎赋》《长杨赋》《河东赋》和《蜀都赋》。东汉时又兴起京都赋，以班固和张衡最为突出，班固的《两都赋》为其代表；东汉中后期，国势衰微，散体赋亦由模仿而走向没落。作为都城大赋绝响的是张衡的《二京赋》。

东汉中叶以后，汉王朝迅速走向没落。以颂扬帝国富强、声威为主的散体大赋，失去了存在的现实基础。文士目睹社会黑暗，道德沦丧，传统的信念开始动摇；又因随时可能遭到迫害，内心的忧惧和愤懑，与日俱增。这时的辞赋，皆主于言志抒情，或发为末世感叹，或发为玄虚之谈，或表现个人生活，或揭露社会弊端。铺叙成分大大减少，辞赋的体制，也就相应缩短。赋风的转变，又与抒情诗的复苏相关。汉末赋家，多兼具诗人身份。其于辞赋的创作，不仅注意吸取、熔铸诗的语言艺术、诗的意境创造，而且更注重开掘和表现个人的内心世界。赋家诗人化与赋的诗艺化、诗境化的结果，使赋的表现功能向诗歌靠拢，这才最后完成了赋向抒情化、小品化的转化。汉末抒情赋的代表作家是张衡、蔡邕和赵壹等人，代表作有：张衡《归田赋》、赵壹《刺世疾邪赋》。

(三) 汉赋的地位和影响

赋是继《诗经》《楚辞》之后，在中国文坛上兴起的一种新的文体。在汉末文人五言诗出现之前，它是两汉四百年间文人创作的主要文学样式。封建时代的词章家非常推崇汉赋，而他们奉为汉赋正宗的却是枚乘、司马相如、扬雄及班固、张衡等人的大赋，但也正是这些大赋，在思想和艺术形式上表现了较多的局限性。西晋的挚虞在《文章流别论》中批评说："古诗之赋。以情义为主，以事类为佐；今之赋，以事形为本，以义正为助。"他所谓"今之赋"就是指汉代兴起的大赋。他认为它们"假象过大，则与类相远；逸词过壮，则与事相违；辩言过理，则与义相失；丽靡过美，则与情相悖"。挚虞对汉赋的社会作用以及艺术上的某些根本缺陷所作的批评是中肯的。

汉赋，特别是那些大赋，尽管有着如上所述的缺点，在文学史上仍然有其一定的地位。

首先，即以那些描写宫苑、田猎、都邑的大赋来说，大都是对国土的广阔，水陆物产的丰盛，宫苑建筑的华美，都市的繁荣，以及汉帝国的文治武功的描写和颂扬，这在当时并不是毫无意义的。而赋中对封建统治者的劝谕之词，也反映了这些赋作者反对帝王过分华奢淫靡的思想，表现了这些作者并非对帝王贵族们毫无是非原则的奉承者和阿谀者。尽管这方面的思想往往表现得很委婉，收效甚微，但仍然是不应抹杀的。

其次，汉大赋虽然炫博耀奇，堆垛辞藻，以至好用生词僻字，但在丰富文学作品的词汇、锻炼语言词句、描写技巧等方面，都取得了一定的成就。建安以后的很多诗文，往往在语言、辞藻和叙事状物的手法方面，从汉赋得到不少启发。

最后，从文学发展史上看，两汉辞赋的繁兴，对中国文学观念的形成，也起到一定促进作用。中国的韵文从《诗经》《楚辞》开始，中经西汉以来辞赋的发展，到东汉开始初步把文学与一般学术区分开来。《汉书·艺文志》中除《诸子略》以外，还专设立了《诗赋略》，除了所谓儒术、经学以外，又出现了“文章”的概念。至魏晋则出现了“诗赋欲丽”(曹丕《典论·论文》)，“诗缘情而绮靡，赋体物而浏亮”(陆机《文赋》)等对文学基本特征的探讨和认识，文学观念由此日益走向明晰化。

选文欣赏

子虚赋

司马相如

【阅读提示】

《子虚赋》是汉代辞赋家司马相如早期游梁时所作。此赋写楚国之子虚先生出使齐国，子虚向乌有先生讲述随齐王出猎，齐王问及楚国，极力铺排楚国之广大丰饶，以至云梦不过是其后花园之小小一角。乌有不服，便以齐国之大海名山、异方殊类，傲视子虚。其主要意义是通过这种夸张声势的描写，表现了汉一代王朝的强大声势和雄伟气魄。此赋极铺张扬厉之能事，辞藻丰富，描写工丽，散韵相间，标志着汉大赋的完全成熟。它与《上林赋》构成姊妹篇，都是汉代文学正式确立的标志性作品。

《子虚赋》八个自然段，可分为三部分。前三段写云梦泽的地理风貌和自然富有，中间四段写楚王游猎云梦之乐，最后一段写乌有先生对子虚的批判，归结讽谏主题。前两个部分列述奢侈淫游的种种表现，后一部分揭示淫逸奢侈的危害。

楚使子虚[1]使于齐，王悉发车骑，与使者出畋[2]。畋罢，子虚过奼乌有先生[3]，亡是公在焉。坐定，乌有先生问曰：“今日畋乐乎？”子虚曰：“乐。”“获多乎？”曰：“少。”“然则何乐？”对曰：“仆乐齐王之欲夸仆以车骑之众，而仆对以云梦之事也。”曰：“可得闻乎？”

子虚曰：“可。王车驾千乘，选徒万骑，畋于海滨。列卒满泽，罘网弥山[4]，掩兔辚鹿[5]，射麋脚麟[6]。骛于盐浦[7]，割鲜染轮[8]。射中获多，矜而自功[9]。顾谓仆曰：‘楚亦有平原广泽游猎之地，饶乐若此者乎？楚王之猎，孰与寡人乎[10]？’仆下车对曰：‘臣，楚国之鄙人也[11]，幸得宿卫十有余年，时从出游，游于后园，览于有无，然犹未能遍睹也，又焉足以言其外泽者乎！’齐王曰：‘虽然，略以子之所闻见而言之。’

“仆对曰：‘唯唯[12]。臣闻楚有七泽，尝见其一，未睹其馀也。臣之所见，盖特其小小者耳[13]，名曰云梦。云梦者，方九百里，其中有山焉。其山则盘纡茀郁[14]，隆崇嵂崪[15]；岑崟参差[16]，日月蔽亏[17]。交错纠纷[18]，上干青云[19]；罢池陂陀[20]，下属江河[21]。其土则丹青赭垩[22]，雌黄白坿[23]，锡碧金银[24]，众色炫耀[25]，照烂龙鳞[26]。其石则赤玉玫瑰[27]，琳瑉昆吾[28]，瑊玏玄厉[29]，碝石碔砆[30]。其东则有蕙圃[31]：衡兰芷若[32]，芎䓖菖蒲[33]，茳蓠麋芜[34]，诸柘巴苴[35]。其南则有平原广泽，登降陁靡[36]，案衍坛曼[37]，缘以大江[38]，限以巫山[39]。其高燥则生葴菥苞荔[40]，薛莎青薠[41]。其卑湿则生藏莨蒹葭[42]，东蘠雕胡[43]，莲藕觚卢[44]、菴闾轩于[45]。众物居之[46]，不可胜图[47]。其西则有涌泉清池，激水推移[48]，外发芙蓉菱华[49]，内隐巨石白沙[50]；其中则有神龟蛟鼍[51]，玳瑁鳖鼋[52]。其北则有阴林[53]，其树楩楠豫章[54]，桂椒木兰[55]，檗离朱杨[56]，楂梨梬栗[57]，橘柚芬芳[58]；其上则有鹓雏孔鸾[59]，腾远射干[60]；其下则有白虎玄豹，蟃蜒貙犴[61]。

“‘于是乎乃使专诸之伦[62]，手格此兽[63]。楚王乃驾驯驳之驷[64]，乘雕玉之舆[65]。靡鱼须之桡旃[66]，曳明月之珠旗[67]。建干将之雄戟[68]，左乌号之雕弓[69]，右夏服之劲箭[70]。阳子骖乘[71]，孅阿为御[72]，案节未舒[73]，即陵狡兽[74]。蹴蛩蛩[75]，辚距虚[76]，轶野马，轊騊駼[77]，乘遗风，射游骐[78]。倏眒倩浰[79]，雷动猋至[80]，星流霆击[81]。弓不虚发，中必决眦[82]，洞胸达掖[83]，绝乎心系[84]。获若雨兽，揜草蔽地[85]。于是楚王乃弭节徘徊[86]，翱翔容与。览乎阴林，观壮士之暴怒，与猛兽之恐惧。徼谻受诎[87]，殚睹众物之变态[88]。

“‘于是郑女曼姬[89]，被阿緆[90]，揄纻缟[91]，杂纤罗[92]，垂雾縠[93]。襞积褰绉[94]，纡徐委曲，郁桡溪谷[95]。衯衯裶裶[96]，扬袘戌削[97]，蜚襳垂髾[98]。扶舆猗靡[99]，翕呷萃蔡[100]。下靡兰蕙[101]，上拂羽盖[102]。错翡翠之威蕤[103]，缪绕玉绥[104]。眇眇忽忽[105]，若神仙之仿佛[106]。

“‘于是乃相与獠于蕙圃[107]，媻珊教窣，上乎金堤[108]。揜翡翠，射鵕鸃[109]。微矰出，孅缴施[110]。弋白鹄，连驾鹅[111]。双鸧下，玄鹤加[112]。怠而后发，游于清池[113]。浮文鹢，扬旌枻[114]。张翠帷，建羽盖[115]。罔玳瑁[116]，钓紫贝。摐金鼓，吹鸣籁[117]。榜人歌，声流喝[118]。水虫骇，波鸿沸[119]，涌泉起，奔扬会[120]。礧石相击[121]，硠硠礚礚[122]，若雷霆之声，闻乎数百里之外。将息獠者，击灵鼓[123]，起烽燧[124]。车按行，骑就队[125]。纚乎淫淫[126]，般乎裔裔[127]。

“‘于是楚王乃登云阳之台[128]，怕乎无为[129]，憺乎自持[130]，勺药之和具，而后御之[131]。不若大王终日驰骋，曾不下舆，脟割轮焠[132]，自以为娱。臣窃观之，齐殆不如[133]。’于是齐王无以应仆也。”

乌有先生曰：“是何言之过也！足下不远千里，来贶齐国[134]，王悉发境内之士，备车骑之众，与使者出畋，乃欲勠力致获[135]，以娱左右，何名为夸哉？问楚地之有无者，愿闻大国之风烈[136]，先生之馀论也。今足下不称楚王之德厚，而盛推云梦以为高，奢言淫乐而显侈靡[137]，窃为足下不取也。必若所言，固非楚国之美也；无而言之，是害足下之信也[138]。章君恶、伤私义，二者无一可，而先生行之，必且轻于齐而累于楚矣[139]。且齐东陼巨海[140]，南有琅邪[141]，观乎成山[142]，射乎之罘[143]；浮渤澥[144]，游孟诸[145]。

邪与肃慎为邻[146]，右以汤谷为界[147]；秋田乎青丘[148]，彷徨乎海外，吞若云梦者八九于其胸中，曾不蒂芥[149]。若乃俶傥瑰玮[150]，异方殊类[151]，珍怪鸟兽，万端鳞崪，充牣其中[152]，不可胜记；禹不能名[153]，卨不能计[154]。然在诸侯之位，不敢言游戏之乐，苑囿之大；先生又见客[155]，是以王辞不复，何为无以应哉[156]?"

【注释】

[1] 子虚：与乌有先生都是赋中虚构的人物。《子虚赋》不同传本文字出入较大，这里是依李善注《文选》卷七。

[2] 悉：全，皆。士：兵。备：齐全。畋：打猎。

[3] 过：拜访。奼：通“诧”，夸耀、赞扬。

[4] 罘(fú)：捕兔的网。网：捕鱼的网。弥(mí)：满。

[5] 掩：覆盖、罩住。辚：用车轮碾压。

[6] 麋：麋鹿。脚：本指动物的小腿，此用为动词，捉住小腿之意。麟：雄鹿，非指古人作为祥瑞之物的麟。

[7] 骛：纵横奔驰。盐浦：海边盐滩。

[8] 鲜：指鸟兽的生肉。染轮：血染车轮。此句言猎获之物甚多。

[9] 矜：骄矜、夸耀。自功：自我夸功。

[10] 何与：何如，比起来怎么样。

[11] 鄙人：见识浅陋的人。

[12] 唯唯：应答的声音。

[13] 特：只。

[14] 盘纡：迂回曲折。茀郁：山势曲折的样子。

[15] 隆崇：高耸之状。崒崪(lù zú)：山势高峻险要的样子。

[16] 岑崟(yín)：《方言》释为“峻貌”，即山势高峻的样子。参差：形容山岭高低不齐的样子。

[17] 蔽：全遮住。亏：半缺。

[18] 交错纠纷：形容山岭交错重叠，杂乱无序。

[19] 干：接触。按：《文选》李善注引孔安国《尚书传》曰：“干，犯也。”

[20] 罢(pí)池(tuó)：山坡倾斜的样子。下文“陂陀”亦此意。

[21] 属：连接。

[22] 丹：朱砂。青：石青，可制染料。赭(zhě)：赤土。垩(è)：白土。

[23] 雌黄：一种矿物名，即石黄，可制橙黄色染料。白坿：白石英。

[24] 碧：青色的玉石。

[25] 众色：指各种矿石闪现出的不同光彩。炫耀：光辉夺目的样子。

[26] 照：照耀。烂：灿烂。这句说各种矿石光彩照耀，有如龙鳞般的灿烂辉煌。

[27] 赤玉：赤色的玉石。玫瑰：一种紫色的宝石。

[28] 琳瑶：一种比玉稍次的石。昆吾：同“琨珸”，即“琨”。《说文》：“琨，石之美者。”

[29] 瑊玏(jiān lè)：似玉的一种石名。玄厉：一种黑色的石头，可以磨刀。

[30] 瑌(ruǎn)石：一种次于玉的石头，“白者如冰，半有赤色”(见《文选》李善注)。碔砆：一种次于玉的美石，质地赤色而有白色斑纹。

[31] 蕙圃：蕙草之园。蕙与兰皆为香草，外貌相似。蕙：比兰高，叶狭长，一茎可开花数朵；兰：一茎一花。

[32] 衡：杜蘅，香草名，“其状若葵，其臭如蘼芜。”(见《文选》李善注)兰：兰草。芷：白芷，或称“药”，香草名。若：杜若，香草名。

[33] 芎䓖：今通常叫作“川芎”，香草名，其根可以入药，有活血等作用。菖蒲：水草名，根可入药，气香。

[34] 茳蓠(lí)：水生香草名。蘪(mí)芜：水生香草名，《文选》李善注引张揖曰：“似蛇床而香。”按：蛇床，其子入药，名蛇床子，可壮阳。

[35] 诸柘：即甘蔗。巴苴(jū)：即芭蕉。

[36] 登降：此言地势高低不平，或登上或降下。陁靡：山坡倾斜绵延的样子。

[37] 案衍：地势低下。坛曼：地势平坦。

[38] 缘：沿、循。大江：指长江。

[39] 限：界限。巫山：指云梦泽中的阳台山。

[40] 高燥：高而干燥之地。葴：马蓝，草名。菥：一种像燕麦的草。苞：草名。按：即《左传》讲到的楚国的特产苞茅，可滑酒、编席织鞋等。荔：草名，其根可制刷。

[41] 薛：蒿的一种。莎(suō)：一种蒿类植物名。青薠：一种形似莎而比莎大的植物名。

[42] 卑：低。藏莨(zāng láng)：即狗尾巴草，也称狼尾草。

[43] 东蘠：草名，状如蓬草，结实如葵子，可以吃。雕胡：即蒋，或称菰，俗称茭白。

[44] 觚(gū)卢：《文选》李善注引张晏说即葫芦。

[45] 菴(ān)闾：蒿类植物名，子可入药。轩于：即莸(yóu)草，一种生于水中或湿地里的草。

[46] 众物：指众多的草木。居：此指生长。

[47] 图：计算。

[48] 涌泉：奔涌的泉水。推移：浪涛翻滚向前。

[49] 外：指池水表面之上。发：开放。芙蓉：即荷花。菱华：即菱花，开小白花。

[50] 内：指池水下面。隐：藏。

[51] 中：指池水中。蛟：古代传说中能发水的一种龙。鼍(tuó)：即今之扬子鳄，俗名猪婆龙。

[52] 玳瑁：龟类动物，其有花纹的甲壳可做装饰品。鼋：大鳖。

[53] 阴林：背阳面的树林。

[54] 楩(pián)：树名，即黄楩木。楠(nán)：树名，即楠木，树质甚佳。豫章：树名，即樟木。

[55] 椒：花椒树。木兰：树名，高大乔木，开白花。

[56] 檗(bò)：即黄檗树。其高数丈，其皮外白里黄，入药清热燥湿。离：通“樆(lí)”，即山梨树。朱杨：生于水边的树名，即赤茎柳。

[57] 楂(zhā)梨：即山楂。梬(yǐng)栗：梬枣，似柿而小，又名软枣。

[58] 橘柚：芸香科植物，俗称橘子、柚子。

[59] 鹓雏(yuān chú)：凤凰。孔：孔雀。鸾：鸾鸟，传说中似凤凰的鸟名。

[60] 腾远：疑为“腾猿”之误字，猿善腾跃。射(yè)干：似狐而小的动物，能上树。

[61] 蟃蜒：应作“獌狿”，一种似狸的大兽。貙犴(qū hàn)：一种似狸而大的猛兽。

[62] 专诸：春秋时代的吴国勇士，曾替吴公子光刺杀吴王僚。此指像专诸一样的勇士。伦：类。

[63] 格：击杀。

[64] 驯：被驯服。驳：毛色不纯的马。驷(sì)：古代四匹马驾一车称驷，此泛指马。

[65] 雕玉之舆：用雕刻的玉石装饰的车，言车之高贵。

[66] 靡：通“麾”，挥动。鱼须：海中大鱼之须，用来做旗子的穗饰。桡旃(náo zhān)：曲柄的旗。

[67] 曳：摇动。明月之珠旗：画有明月装饰有珠子的旗。

[68] 建：举起。干将：本为春秋时代吴国的著名制剑工匠，此指利刃。雄戟：有刃的戟。

[69] 乌号：古代良弓名，相传为黄帝所用。雕弓：雕刻花纹的弓。

[70] 夏服：通“夏箙(fú)”，盛箭的袋子。相传善射的夏后羿有良弓繁弱，还有良箭，装在箭袋之中，此箭袋即称夏服。

[71] 阳子：即孙阳，字伯乐，秦穆公之臣，以善相马著称。骖乘：陪乘的人。古时乘车，驾车者居中，尊者居左，右边一人陪乘，以御意外，称骖乘。

[72] 孅阿(ē)：传说是为月神驾车的仙女，后人泛称善驾车者为纤阿。

[73] 案节：马走得缓慢而有节奏，此言马未急行。未舒：指马足尚未尽情奔驰。

[74] 陵：侵凌，此指践踏。狡兽：强健的猛兽。按《广雅》：“狡，健也。”

[75] 蹴：践踏。蛩蛩(qióng)：传说中的怪兽，其状如马，善奔驰。

[76] 辚：用车轮碾压。距虚：一种善于奔走的野兽名，其状如驴。

[77] 轶：超过。轊(wèi)：车轴顶端。騊駼(táo tú)：北方野马名；一说即野马。

[78] 遗风：千里马名。骐：野兽名，似马。

[79] 倏眒(shū shēn)：迅速的样子。倏，通“儵(shū)”，疾速。倩浰(liàn)：迅疾的样子。

[80] 雷动：像惊雷那样震动。猋(biāo)：即飙风，迅疾的大风。

[81] 星流：流星飞坠。霆：疾雷。

[82] 决：射裂。眦(zì)：眼眶。

[83] 洞：洞穿。掖：同“腋”。

[84] 绝：断裂。心系：连接心脏的组织。

[85] 雨(yù)：下雨。这里指把猎物丢下来像落雨一样，夸耀多。揜(yǎn)：掩盖。

[86] 弭节：停鞭缓行。

[87] 徼(jiǎo)：拦截。郄：极度疲倦。诎：穷尽，指精疲力竭。

[88] 殚(dān)：尽。

[89] 郑女：古代郑国多美女。曼姬：美女。曼，皮肤细腻柔美。

[90] 被：通“披”，此指穿衣。阿：轻细的丝织品。緆(xī)：细布。

[91] 揄：牵曳。纻：麻布。缟：白绸布。

[92] 纤罗：纤细的有花纹的丝绸。按：凡言纤言细都是指的丝绸质量好，质量好才做得到轻薄。

[93] 雾縠(hú)：轻柔的细纱。

[94] 襞(bì)积：形容女子腰间裙褶重重叠叠。褰(qiān)绉：褶皱。

[95] 郁桡：深曲的样子。

[96] 衯(fēn)衯裶(fē i)裶：衣服长长的样子。

[97] 扬：抬起。袘(yì)：裙子下端边缘。戌削：形容裙缘整齐的样子。

[98] 蜚：通“飞”。襳(xiān)：妇女上衣上的飘带。髾(shāo)：本指妇女燕尾形的发髻，此指衣服的燕尾形的下端。

[99] 扶舆猗靡：形容衣服合身，随风飘动。

[100] 翕呷(xī xiá)、萃蔡：象声词，皆为人走路时衣服摩擦所发出的响声。

[101] 靡：通“摩”，摩擦。

[102] 拂：拂拭。羽盖：插饰羽毛的车盖。

[103] 错：间杂。翡、翠：皆为鸟名，前者羽毛红色，后者羽毛绿色。威蕤(ruí)：指作装饰的羽毛华丽。按：威蕤，同“葳(wēi)蕤”，也作“萎蕤”，就是植物玉竹，玉竹因为叶面有光泽，晶莹可爱，所以也用来指有光泽的东西。

[104] 缪绕：缭绕。玉绥：用玉装饰的帽带。

[105] 眇眇：缥缈。忽忽：飘忽不定的样子。

[106] 仿佛：似有似无。

[107] 獠：夜间打猎。

[108] 媻姗：同“蹒跚”，走路缓慢的样子。敎窣(bèi sū)：缓缓前行的样子。金堤：坚固如金的水堤。

[109] 鵔鸃(jùn yí)：锦鸡，野鸡一类。

[110] 孅：同“纤”。缴(zhuó)：系在箭上的绳线。施：射出。

[111] 弋(yì)：用带丝线的箭射飞禽。白鹄：白天鹅。连：牵连。此指用带丝线的箭射中驾鹅。駕(jiā)鹅：野鹅。

[112] 鸧(cāng)：鸟名，即鸧鸹(guā)，形似雁，黑色。玄鹤：黑鹅。加：箭加其身，即射中之意。

[113] 怠：疲倦。发：指开船。游：泛舟。清池：指云梦西边的涌泉清池。

[114] 浮：漂浮。文：花纹。鹢(yì)：水鸟名，此指船头绘有鹢的图案的画船。扬：举起。旌：旗。枻(yì)：船桨。

[115] 张：挂起。翠帷：画有翡翠鸟图案的帷帐。建：树起。

[116] 罔：通“网”，用网捕取。

[117] 摐(chuāng)：撞击。金鼓：形如铜锣的古乐器，即钲。籁：管乐器，即排箫。

[118] 榜人：划船的人。按：“榜人”即“舫人”，《说文》：“舫人，习水者。”流喝：声音悲凉嘶哑。

[119] 水虫：指水中的鱼虾之类。鸿：洪大。沸：指波涛翻滚。

[120] 奔扬：指波涛。会：汇合。

[121] 礧(léi)：通“磊”。

[122] 硠(láng)硠、礚(kē)礚：皆为水石相撞击的声音。

[123] 灵鼓：神鼓。

[124] 起：点燃。烽燧：烽火。

[125] 行：行列。就队：归队。

[126] 纚(xǐ)：接续不断的样子。淫淫：渐进的样子。指队伍缓缓前行。

[127] 般(pán)乎：犹“班然”，依次相连的样子。裔裔：络绎不绝地向前行进的样子。

[128] 云阳之台：楚国台榭之名，在云梦南部的巫山下。

[129] 怕：通“泊”，安静无为的样子。按：《文选》李善注引《说文》：“怕，无为也。”说明《子虚赋》用的是怕的本义。

[130] 憺乎：憺泊，安静无为的样子。

[131] 勺药：五味调料的总称。和：调和好的食物。具：通“俱”，齐备。御：用。

[132] 脟(luán)：通“脔”，把肉切成小块。焠(cùi)：用火烤。按：轮焠，转着烤。

[133] 殆：恐怕。

[134] 贶：惠赐。

[135] 勠力：齐心合力。致获：获得禽兽。

[136] 风：风范。烈：功业。

[137] 显：彰显。

[138] 害：损害，减少。信：诚信。

[139] 轻：受人轻视。累：受人牵累。

[140] 陼(zhǔ)：水边，此处用作动词。

[141] 琅邪(yé)：或写作“琅琊”，山名，在今山东诸城东南海边。

[142] 成山：山名，在今山东荣成市东北。

[143] 之罘：也作“芝罘”，山名，在今山东福山东北。

[144] 浮：行船。勃澥：也作“渤澥”，即今之渤海。

[145] 孟诸：古代大泽名，在今河南商丘市东北，已淤塞消失。

[146] 邪：同“斜”，指侧翼方向。肃慎：古民族名，古代居于今东北三省境内。

[147] 右：《文选》李善注以为此“右”字当是“左”字之误。按：李善注应是正确的，今出土汉代地图，好几种都是上南下北，自然也就是左东右西了；《子虚赋》的姊妹篇《上林赋》也说“左苍梧，右西极”，明左东右西。汤谷：或写作“旸谷”，神话传说中太阳升起的地方。

[148] 青丘：国名，相传在大海之东三百里。

[149] 曾：竟。蒂芥：指极小的东西，喻心中的疙瘩。

[150] 俶傥：通“倜傥”，卓越非凡。瑰玮：奇伟，卓异。

[151] 异方：不同地区。殊类：别样物类。

[152] 鳞崒：像鱼鳞般地聚集在一起。崒：同“萃”，会聚。牣：满。充牣：充满。

[153] 名：叫出名字来。

[154] 卨(xiè)：古“契(xiè)”字，人名，尧时为司徒。

[155] 见客：被当做客人对待。

[156] 王辞不复：齐王没有回话。这两句的意思是齐王没有回话，不是没有话回。

【知识链接】

司马相如(前 179—118)，字长卿，蜀郡成都人，小名犬子，后慕蔺相如为人，改名相如。好读书，学击剑，口吃而善著书。景帝时为武骑常侍。景帝不好辞赋，而梁孝王来朝时带了邹阳、枚乘、庄忌等一批文学侍从，司马相如于是托病去职，客游于梁，作《子虚赋》。梁孝王死后，相如归蜀，得到临邛令帮助。临邛富人卓王孙寡女卓文君看中相如，双双私奔，“当垆卖酒”，演绎了一段千载流传的爱情佳话。武帝好辞赋，读了《子虚赋》而感叹：“朕独不得与此人同时哉！”狗监杨得意为相如同乡，听到武帝赞赏便引荐了相如。相如献《天子游猎赋》，包括《子虚赋》及《上林赋》。因以为侍卫郎官，曾两次奉使西南，作《喻巴蜀檄》《难蜀父老》。晚年任孝文园令，作《大人赋》。因患消渴疾(糖尿病)而免官，作《封禅文》，郁郁而终。

司马相如是汉赋的奠基人，扬雄欣赏他的赋作，赞叹说：“长卿赋不似从人间来，其神化所至邪！”被班固、刘勰称为“辞宗”，被林文轩、王应麟、王世贞等学者称为“赋圣”。鲁迅的《汉文学史纲要》中把司马相如和司马迁二人放在一个专节里加以评述，指出：“武帝时文人，赋莫若司马相如，文莫若司马迁。”

【学以致用】

简析《子虚赋》的艺术特征。

第三章 魏晋南北朝文学

从汉末大乱(约 190 年)建安起，经三国、两晋、南北朝，至隋代统一(589 年)历时约 400 年，中国社会长期分裂动荡不安，历史情况复杂，史称魏晋南北朝时期。

东汉末年政治黑暗，各路豪强军阀拥兵割据。其中曹氏与孙权、刘备相继称号建国，形成三足鼎立局面。曹氏建安时期是我国文学发展的重要时期，建安文学出现蓬勃发展的局面，为“五言诗”的发展奠定了基础。曹魏后期道家思想发展迅速，玄学兴起，产生“正始文学”，其代表作家是阮籍和嵇康。

西晋时期，由于门阀士族垄断文化，文学离开了“建安风骨”的写实传统，很少反映社会现实，刻意追求形式上的华美，把文学推上了形式主义。晋末杰出的诗人陶渊明的出现，为空虚的东晋文坛带来富有现实内容的创作。这一时期小说的发展也较有成就，如干宝的《搜神记》、刘义庆的《世说新语》。

南朝文人诗歌从宋初开始由玄言转向山水，谢灵运完成了玄言诗到山水诗的转变。北朝文学最大的成就是民歌，它酷似汉乐府，突出地表现了北方民族的精神风貌，风格豪放刚健，如《木兰诗》。

魏晋南北朝时期的文学批评成绩斐然。《典论·论文》《文赋》《文心雕龙》《诗品》等专著的出现，体现了这时期文学批评和文学理论的成就。

第一节　诗　　歌

魏晋南北朝长期的封建割据和连绵不断的战争使这一时期中国文化的发展受到特别的影响。玄学兴起、佛教输入、道教勃兴以及波斯、希腊文化的流入，诸多新的文化因素互相影响，交相渗透，使得儒学的发展及孔子的形象和历史地位等问题趋于复杂化，这些学术思潮及文学观念、审美追求的改变同样也影响着诗歌的创作。

在这个乱世中，文人一方面悲叹生命无常，一方面饮酒行乐享受人生，形成了这一时期文学创作的基本主题。在题材方面，出现了咏怀诗、咏史诗、游仙诗、玄言诗、宫体诗，以及陶渊明开创的田园诗、谢灵运开创的山水诗等；诗体方面，五言古诗更丰富多彩，七言古诗也有明显进步，并出现了作为律诗开端的“永明体”，中国古代诗歌的几种基本形式如五律、五绝、七律、七绝等，在这一时期都初具雏形；辞藻方面，追求华美的风气愈来愈甚，藻饰、骈偶、声律、用典，成为诗歌创作中普遍使用的手段。总体来说，魏晋南北朝时期的诗歌可以分为四个阶段，即建安诗歌—正始诗歌—两晋诗歌—南北朝诗歌。

(一) 建安风骨与“三曹”

建安诗歌是魏晋南北朝诗歌发展史上最为光辉夺目的一章，兴起了第一次文人诗的高潮，为五言诗的发展奠定了基础，也奠定了文人诗的主导地位，给后世留下极深远的影响。以曹操、曹丕、曹植和孔融、王粲、刘桢、陈琳、阮瑀、徐干、应玚等“建安七子”为代表，诗人们描写社会动乱的现实，抒发建功立业的抱负，具有鲜明的时代特征和个性特征，其雄健深沉、慷慨悲凉的艺术风格，就是后世称道的“建安风骨”。

这一时期，沉寂已久的四言诗在曹操手里出现中兴现象，五言诗的创作更是繁荣，终于使这一诗体成为我国古典诗歌的主要形式之一。曹丕的《燕歌行》则开创了七言的新体制。

(二) 正始诗歌

“正始”是魏齐王曹芳(240－249)的年号。曹魏后期政局混乱，司马懿父子掌握朝政，废曹芳、弑曹髦，大肆诛杀异己。在黑暗的政治统治下，文人少有全其身者，所谓“天下多故，名士少有全焉”(《晋书·阮籍传》)。文人或放浪形骸，或寄情山水，借以逃避祸端；或曲折为文，借以发泄不满。他们的政治理想落潮，建功立业之心为忧生之嗟所代替，普遍出现危机感和幻灭感。由此，道家思想发展迅速，玄学兴起，产生“正始文学”。

正始诗歌以对人生哲理的思考和忧生之叹为主题，诗风由建安时的慷慨悲壮变为词旨渊永、寄托遥深，诗歌表现了深刻的理性思考和尖锐的人生悲哀，体现出正始诗风的独特面貌。其代表作家是以阮籍、嵇康为首的“竹林名士”，还有山涛、王戎、向秀、刘伶、阮咸世称“竹林七贤”。他们处于司马氏与曹氏争夺政权的斗争中，看到司马氏利用“名教”进行黑暗残暴的统治，便大力提倡老庄思想，以老庄的“自然”与“名教”相对抗。创作上揭露政治的恐怖黑暗，表现出了“忧生之嗟”和否定现实、韬晦遗世的消极反抗思潮。对黑暗现实的不满与反抗是作品的主要倾向，基本精神继承了“建安风骨”。

(三) 两晋诗歌

两晋诗歌上承建安、正始，下启南朝，呈现出一种过渡的状态。西晋与东晋又各有特点：西晋时期，由于门阀士族垄断文化，文学离开了“建安风骨”的写实传统。西晋诗歌主要分为太康诗歌和永嘉诗歌两个发展阶段。太康诗歌的诗风总的特点是繁缛，主要体现在:语言由朴素古直趋向华丽藻饰，描写由简单趋向繁缛，句式由散行趋向骈偶。以陆机、潘岳为代表，把文学推上了形式主义。但左思、郭璞例外，左思的《咏史》诗，喊出了寒士的不平，在当时独树一帜；郭璞的《游仙诗》借游仙写其坎坷之怀，文采富艳，也反映了一定的现实内容。永嘉诗风，以玄言诗为盛，玄言诗是以老庄玄理为主要内容的一种诗歌，主要是用诗的形式讲述老庄的哲学思想，作品缺少诗意，“理过其辞，淡乎寡味”(钟嵘《诗品序》)，以王羲之、孙绰、许询为代表。玄言诗虽缺乏生命力、成就不高，在当时却被视为正宗，从西晋末年到东晋占据整个诗坛，直至陶渊明的出现才打破玄言诗的垄断局面。东晋末年的诗人陶渊明，开创了描写田园生活的风气，为空虚的东晋文坛带来富有现实内容的创作，成为魏晋古朴诗风的集大成者。

(四) 南北朝诗歌

南朝是中国诗歌史重要的转折时期。南朝文人诗歌，从思想内容到艺术形式都较其前有了很大的变化。

南朝文人诗歌从宋初开始由玄言转向山水，玄言诗本来就与山水有密切关系，玄言诗人常常通过山水体会玄理。谢灵运，以山水为主要描写对象，完成了玄言诗到山水诗的转变。山水诗打破了玄言诗的腐滥，反映了自然美，并通过自然景物的描写抒发作者的思想感情，创造情景交融的意境，一定程度地提高了诗歌的表现技巧，对唐代田园山水诗派产生了深远影响。鲍照也是南朝代表有进步倾向的优秀诗人，其作品猛烈地抨击现实社会，表现了士族文学少见的爱国思想和较广泛的社会内容，对七言诗和杂言乐府诗的发展有积极影响。

随着诗歌创作的逐步繁荣，注重语言的形式美和音乐美，是南朝诗歌发展的一个重要趋势。以沈约、谢朓为倡导者的“永明体”的出现，标志着格律诗的开端。“永明体”要求诗歌创作讲究对偶及平、上、去、入四声变化，使诗人具有了掌握和运用声律的自觉意识，它对于增加诗歌艺术形式的美感、增强诗歌的艺术效果有积极意义，为唐代格律诗的出现及其繁荣奠定了基础，是中国诗歌史上的又一次划时代的革命。

南朝至齐、梁之世，以皇室成员为中心的文学集团对诗歌发展的影响更显著，到了梁陈时期，出现了宫体诗，内容以宫廷生活为描写对象，情调上伤于轻艳，格调不高。梁简文帝萧纲、庾信、徐陵等都是梁陈年间的宫体诗人。

相比之下，北朝文人创作十分消沉，庾信由南入北打开了北朝文学创作局面，庾信诗歌呈现出南北文学融合的趋势。北朝文学最大的成就是民歌，它酷似汉乐府，广泛地反映了北方的社会现实和北方人民悲惨的命运，突出地表现了北方民族的精神风貌，风格豪放刚健，如《木兰诗》。

选文欣赏

一、蒿里行[1]

曹　操

【阅读提示】

此诗是借乐府旧题写时事，内容记述了汉末军阀混战的现实，真实、深刻地揭示了人民的苦难，堪称“汉末实录”的“诗史”。诗人运用民歌的形式，对当时的社会现实进行了批判，不仅对因战乱而陷于水深火热之中的苦难人民表示了极大的悲愤和同情，而且对造成人民疾苦的首恶元凶给予了无情的揭露和鞭挞。全诗风格质朴，沉郁悲壮，体现了一个政治家、军事家的豪迈气魄和忧患意识，诗中集典故、事例、描述于一身，既形象具体，又内蕴深厚，体现了曹操的独特文风。

关东[2]有义士，兴兵讨群凶[3]。
初期会盟津[4]，乃心在咸阳[5]。
军合力不齐[6]，踌躇而雁行[7]。
势利使人争，嗣还自相戕[8]。
淮南弟称号[9]，刻玺于北方[10]。
铠甲生虮虱[11]，万姓以死亡。
白骨露于野，千里无鸡鸣。
生民百遗一，念之断人肠。

【注释】

[1]　蒿里行：汉乐府旧题，属《相和歌·相和曲》，本为当时人们送葬所唱的挽歌，曹操借以写时事。蒿里，指死人所处之地。

[2]　关东：函谷关(今河南灵宝西南)以东。义士：指起兵讨伐董卓的诸州郡将领。

[3] 讨群凶：指讨伐董卓及其党羽。

[4] 初期：本来期望。孟津：今河南州市南。相传周武王伐纣时曾在此大会八百诸侯，此处借指本来期望关东诸将也能像武王伐纣会合的八百诸侯那样同心协力。

[5] 乃心：其心，指上文“义士”之心。咸阳：秦时的都城，此借指长安，当时献帝被挟持到长安。

[6] 力不齐：指讨伐董卓的诸州郡将领各有打算，力量不集中。

[7] 踌躇：犹豫不前。雁行(háng)：飞雁的行列，形容诸军列阵后观望不前的样子。此句倒装，正常语序当为“雁行而踌躇”。

[8] 嗣：后来。还：同“旋”，不久。自相戕(qiāng)：自相残杀。当时盟军中的袁绍、公孙瓒等发生了内部的攻杀。

[9] 淮南句：指袁绍的异母弟袁术于建安二年(197 年)在淮南寿春(今安徽寿县)自立为帝。

[10] 刻玺句：指初平二年(191 年)袁绍谋废献帝，想立幽州牧刘虞为皇帝，并刻制印玺。玺，印，秦以后专指皇帝用的印章。

[11] 铠甲句：由于长年战争，战士们不脱战服，铠甲上都生了虱子。铠甲，古代的护身战服，金属制成的叫铠，皮革制成的叫甲。虮，虱卵。此句以下描写战乱给百姓带来的深重灾难，给社会造成的巨大破坏。

【知识链接】

曹操(155－220)，字孟德，小字阿瞒，东汉沛国谯县(今安徽亳州)人，汉族。东汉末年杰出的政治家、军事家、文学家、书法家。三国中曹魏政权的缔造者，其子曹丕称帝后，追尊为武皇帝，庙号太祖。曹操是建安文坛的领袖，他不仅以自己的创作开风气之先，影响了一代诗风，而且以其对文学的倡导，为建安文学的繁荣和发展做出了贡献。曹操精兵法，善诗歌，抒发自己的政治抱负，并反映汉末人民的苦难生活，气魄雄伟，慷慨悲凉；散文亦清峻整洁，开启并繁荣了建安文学，给后人留下了宝贵的精神财富。曹操诗歌内容主要有三：反映汉末的离乱现实和民生疾苦，如《蒿里行》《薤露行》《苦寒行》；表现自身的雄心壮志和政治理想，如《步出夏门行》《短歌行》《对酒》，这类诗歌以政治家的气度书写了他的胸襟和抱负。此外，曹操诗歌中也有一些以歌咏神仙为内容的游仙诗，如《精列》《秋胡行》。其诗歌的主体风格是：慷慨悲凉，气韵沉雄。总体来说，曹操诗歌的艺术特色可以概括为：乐府古题写时事，充满强烈的现实主义精神；视野宽广、风格悲凉慷慨;为四言诗注入新的生命。

【学以致用】

1. 诗中“白骨露于野，千里无鸡鸣”一句反映了什么样的社会现实？
2. “生民百遗一，念之断人肠”体现了作者的何种情怀？

二、咏怀·其一

阮　籍

【阅读提示】

《夜中不能寐》是《咏怀》八十二首的第一首，诗歌用“明月”“清风”“孤鸿”“翔鸟”等意象，映衬了抒情主人公夜不能寐而弹琴的孤影，写出了诗人在长夜未央时的“徘徊”与“忧思”。尽管诗人发出“忧思独伤心”的长叹，却始终未把“忧思”说破，而是“直举情形色相以示人”。冷月清风、旷野孤鸿、深夜不眠的弹琴者，将无形的“忧思”化为直观的形象，表达了幽寂孤愤的心境。“言在耳目之内，情寄八荒之表”，是该诗主要特点。诗歌动静相形，言近旨远，寄托幽深，耐人寻味。

夜中不能寐，起坐弹鸣琴[1]。
薄帷鉴明月[2]，清风吹我襟。
孤鸿[3]号[4]外野，翔鸟[5]鸣北林[6]。
徘徊将何见？忧思独伤心。

【注释】

[1]　夜中不能寐，起坐弹鸣琴：此二句化用王粲《七哀诗》诗句：“独夜不能寐，摄衣起抚琴。”意思是因为忧伤，到了半夜还不能入睡，就起来弹琴。夜中，中夜、半夜。

[2]　薄帷鉴明月：明亮的月光透过薄薄的帐幔照了进来。薄帷，薄薄的帐幔。鉴，照。

[3]　孤鸿：失群的大雁。

[4]　号：鸣叫、哀号。

[5]　翔鸟：飞翔盘旋着的鸟。鸟在夜里飞翔正因为月明。

[6]　北林：《诗经·秦风·晨风》：“鴥(yù)彼晨风，郁彼北林。未见君子，忧心钦钦。如何如何，忘我实多！”后人往往用“北林”一词表示忧伤。

【知识链接】

阮籍(210—263)，字嗣宗，三国时魏国人，陈留(今属河南)尉氏人，竹林七贤(嵇康、阮籍、山涛、向秀、刘伶、王戎、阮咸)之一。曾任步兵校尉，世称阮步兵。阮籍早年崇尚儒家思想，志在用世，后来发生魏晋禅代的政治动乱，由于对现实失望和深感生命无常，因此采取了蔑弃礼法名教的愤激态度，转向以隐世为旨趣的道家思想轨道，由于当时司马氏父子掌权，阮籍不满司马氏的统治，故以酣饮和故作旷达来逃避迫害，最后郁郁而终。阮籍诗歌的主要成就是《咏怀》(八十二首)，开创了中国文学史上政治抒情诗的先河。阮籍的《咏怀》把八十二首五言诗连在一起，编成一部庞大的组诗，塑造了一个悲愤诗人的艺术形象，为五言诗的发展奠定了基础，为开创诗歌新境界做出了巨大的贡献，同时也对后世作家产生了重要影响。其作品除了诗歌外，还有赋、书、论、传等，后人辑有《阮籍集》。

【学以致用】

诗人为什么发出“忧思独伤心”的长叹，但却始终未把“忧思”说破？请联系时代特点谈一谈。

三、咏荆轲[1]

陶渊明

【阅读提示】

《咏荆轲》是晋宋之际文学家陶渊明创作的一首借史咏怀、托古言志的咏史诗。这首诗同《咏三良》《咏二疏》是陶渊明三首著名的咏史诗，三篇体制大体相当，当为同一个时期的作品。这首诗取材于《战国策·燕策》《史记·刺客列传》等史料，以极大的热情歌颂了荆轲刺秦王的壮举，充分地表现了诗人对黑暗政治、强暴势力的憎恶和铲强除暴的愿望，写得笔墨淋漓，慷慨悲壮，在以平淡著称的陶诗中别具一格。

燕丹善养士[2]，志在报强嬴[3]。
招集百夫良[4]，岁暮得荆卿[5]。
君子死知己[6]，提剑出燕京[7]。
素骥鸣广陌[8]，慷慨[9]送我行。
雄发指危冠[10]，猛气冲长缨[11]。
饮饯易水上[12]，四座列群英。
渐离[13]击悲筑，宋意[14]唱高声。
萧萧[15]哀风逝，淡淡寒波生。
商音[16]更流涕，羽奏[17]壮士惊。
心知去不归，且有后世名[18]。
登车何时顾[19]，飞盖[20]入秦庭。
凌厉[21]越万里，逶迤[22]过千城。
图穷事自至[23]，豪主正怔营[24]。
惜哉剑术疏[25]，奇功[26]遂不成。
其人[27]虽已没，千载有馀情[28]。

【注释】

[1]　荆轲：也称庆卿、荆卿、庆轲，战国时期著名刺客，战国末期卫国朝歌(今河南淇县)人，好读书击剑，入燕，燕之处士田光亦善待之，后受燕太子丹所遣，入秦刺秦王嬴政。

[2]　燕丹：燕国太子，名丹。姓与国同，是战国时燕王喜之子。士：门客。战国时期，士有多类，有文士、策士、侠士等。

[3]　报：报复，报仇。强嬴(yíng)：强秦。嬴指秦王嬴政，即后来统一六国始称皇帝的秦始皇。《史记》载：燕太子丹曾质于赵，嬴政生于赵，交往甚欢。后燕太子丹质于秦，秦王嬴政待之不善，丹怨而逃归。后，秦蚕食诸侯国，将至燕，燕君臣俱恐。故有“志在报强嬴”之句。

[4]　百夫良：意即许许多多武士中的杰出者。百，众多。

[5]　荆卿：即荆轲。荆轲祖上是齐人，本姓庆，至卫而改姓荆。卿，犹“子”，是燕人对他的尊称。

[6]　死知己：为知己而死。

[7]　燕京：燕国的都城，在今北京地区。

[8]　素骥：白色骏马。《战国策·燕策三》：“太子及宾客知其事者，皆白衣冠以送之。”白色是丧服色，白衣冠以示同秦王决一死，以壮荆轲之行。此处用“索骥”，就表达这层意思。广陌：宽阔的干道。

[9]　慷慨：情绪激昂。

[10]　雄发指危冠：怒发直指，冲起高高的帽子。雄发：怒发。冠：帽子。《战国策·燕策三》：“复为羽声慷慨，士皆瞋目，发尽上指冠。”

[11]　缨(yīng)：绳。此处指系帽子的丝带。

[12]　饮饯：饮酒送别。易水：在今河北省西部，源出易县境。

[13]　渐离：高渐离，燕国人，与荆轲友善，擅长击筑。《史记·刺客列传》：“荆轲嗜酒，日与狗屠及高渐离饮于燕市，酒酣以往，高渐离击筑，荆轲和而歌于市中，相乐也，已而相位，旁若无人者。”这里是指送别的击筑。筑(zhù)：古击弦乐器，形似筝。

[14]　宋意：当为燕太子丹所养之士。《淮南子·泰族训》：“荆轲西刺秦王，高渐离、宋意为击筑而歌于易水之上，闻者莫不瞋目裂眦，发植穿冠。”

[15]　萧萧：风声。淡淡：水波摇动的样子。《战国策·燕策三》载荆轲临行时歌曰：“风萧萧兮易水寒，壮士一去兮不复还。”陶诗此二句即从《易水歌》第一句变化而来。

[16]　商音：古代乐调分为宫、商、角、徵(zhǐ)、羽五个音阶，商音调凄凉。

[17]　羽奏：演奏羽调。羽调悲壮激越。《战国策·燕策三》：“至易水上，既祖(饯

送)，取道。高渐离击筑，荆何和而歌，为变徵之声，士皆垂泪涕泣。复为羽声慷慨，士皆瞋目，发尽上指冠。”

[18]　且：将。名：指不畏强暴、勇于赴死的名声。

[19]　登车何时顾：反诘句，是“一上车就不回头”的意思。《战国策·燕策三》：“于是荆轲就车而去，终已不顾。”谓决心已定，义无反顾。

[20]　飞盖：车子如飞般疾驰。盖：车盖，代指车。

[21]　凌厉：意气昂扬，奋起直前的样子。

[22]　逶迤(weī yí)：路途弯曲延续不绝的样子。

[23]　图穷：地图展开至尽头。《史记·刺客列传》：“荆轲取图奏之，秦王发图，图穷而匕首见。”事自至：行刺之事自然发生。

[24]　豪主：豪强的君主，指秦王。怔(zhèng)营：惊恐、惊慌失措的样子。《史记·刺客列传》：荆轲以匕首刺秦王，王惊而拔剑，“时惶急，剑坚，故不可立拔”；“环柱走，卒惶急，不知所为”。

[25]　剑术疏：剑术不精。《史记·刺客列传》载：秦王以佩剑断荆轲左股，荆轲坐地“引七首以擿(zhì)秦王，不中，中铜柱”。结果荆轲被杀，行刺失败。《史记·刺客列传》：“鲁勾践已闻荆轲之刺秦王，私曰：‘嗟乎，惜哉其不讲于刺剑之术也！’”

[26]　奇功：指刺秦王之功。遂：竟，终于。

[27]　其人：指荆轲。没：死。

[28]　馀情：不尽的豪情。

【知识链接】

陶渊明(365－427)，晋宋时期诗人、辞赋家、散文家。一名潜，字元亮，私谥靖节。浔阳柴桑(今江西九江西南)人。出生于一个没落的仕宦家庭。曾祖陶侃是东晋开国元勋，祖父作过太守，父亲早死，母亲是东晋名士孟嘉的女儿。陶渊明一生大略可分为三个时期。第一时期，28岁以前，由于父亲早死，他从少年时代就处于生活贫困之中。第二时期，学仕时期，从晋孝武帝太元十八年(393年)他29岁到晋安帝义熙元年(405年)41岁。第三时期，归田时期，从义熙二年(406年)至宋文帝元嘉四年(427年)病故。归田后20多年，是他创作最丰富的时期。陶渊明被称为“隐逸诗人之宗”，开创了田园诗一体。陶诗的艺术成就从唐代开始受到推崇，甚至被当作是“为诗之根本准则”。传世作品共有诗125首，文12篇，后人编为《陶渊明集》。

【学以致用】

陶渊明的作品中，不仅有恬淡悠远的田园诗，还有“怒目金刚”式的作品。请简析这首咏史诗中诗人所寄托的思想情怀。

四、登池[1]上楼

谢灵运

【阅读提示】

这首晋宋之际诗人谢灵运的五言律诗作品，当作于宋少帝景平元年(423年)初春。谢灵运在宋武帝永初三年(422年)被逐出京都，这一年的七八月至次年七八月间担任偏僻的永嘉郡(今浙江温州)太守。这是谢灵运首次在政治上受到沉重打击。来永嘉后的第一个冬天，他长久卧病，至次年初春始愈，于是登楼观景，托物起兴，写下《登池上楼》这一名篇。此诗抒写诗人久病初起登楼临眺时的所见所感，描写了自然景物的可爱，抒发了自己官场失意的颓丧心情和进退失据的无奈情绪，最终表示了归隐的愿望。

潜虬媚幽姿[2]，飞鸿响远音[3]。
薄霄愧云浮[4]，栖川怍渊沉[5]。
进德智所拙[6]，退耕力不任[7]。
徇禄反穷海[8]，卧痾对空林[9]。
衾枕昧节候[10]，褰开暂窥临[11]。
倾耳聆波澜[12]，举目眺岖嵚[13]。
初景革绪风[14]，新阳改故阴[15]。
池塘生春草，园柳变鸣禽[16]。
祁祁伤豳歌[17]，萋萋感楚吟[18]。
索居易永久[19]，离群难处心[20]。
持操岂独古[21]，无闷征在今[22]。

【注释】

[1]　池：谢灵运居所的园池。

[2]　潜虬(qiú)：潜龙。虬：传说中有两角的小龙。媚：喜爱，此有自我怜惜之意。幽姿：潜隐的姿态。这里喻隐士。

[3]　飞鸿：能高飞的雁、鸿鹄等大鸟。远音：鸿飞得高，所以鸣声可以传得很远。比喻有所作为的人。

[4]　薄霄：迫近云霄。薄，迫近。云浮：指高飞的鸿。

[5]　栖川：栖息水中。怍(zuò)，惭愧。渊沉：指深潜水中的虬龙。

[6]　进德：增进德业。《周易·乾卦·文言》：“君子进德修业。欲及时也。”智所拙：智力不及。拙，指不善逢迎。

[7]　退耕：退隐躬耕。力不任：体力不能胜任。

[8] 徇(xùn)禄：追求俸禄。徇，谋求。反，同“返”。穷海，边远荒僻的滨海地区，指永嘉。

[9] 卧痾(ē)：卧病。空林：因秋冬季节树叶落尽，故称空林。

[10] 衾(qīn)：被子。昧节候：不明季节变化。

[11] 褰(qiān)开：拉开，指拉开窗帘。窥临：临窗眺望。

[12] 倾耳：侧耳。聆：听。

[13] 岖嵚(qū qīn)：山岭高耸险峻的样子。

[14] 初景：初春的日光。景：同“影”。革：清除。绪风：冬日残余的寒。

[15] 新阳：指春。故阴：指冬天。

[16] “园柳”句：意思是园柳中叫唤的禽鸟种类因季节变化而不同。

[17] “祁祁”句：《诗经 · 豳风 · 七月》：“春日迟迟，采繁祁祁，女心伤悲，殆及公子同归。”

[18] “萋萋”句：《楚辞 · 招隐士》：“王孙游兮不归，春草生兮萋萋。”萋萋：草茂盛的样子。这二句写诗人由眼前春色而触发的离家伤春的情怀。

[19] 索居：离群独居。易永久：容易觉得时间长久。

[20] 难处心：难以安心做到。

[21] “持操”句：意思是坚持高尚节操的人难道只有古代才有吗?

[22] “无闷”句：意思是自己现在做到了隐居遁世而没有烦闷。无闷，《周易 · 乾卦 · 文言》：“遁世无闷。”征，证明。

【知识链接】

谢灵运(385－433)，东晋陈郡阳夏(今河南太康)人，名公义，字灵运，出生在会稽始宁(今浙江上虞)，原为陈郡谢氏士族，南北朝时期杰出的诗人、文学家，也是见诸史册的第一位大旅行家。东晋名将谢玄之孙，小名“客儿”，世称谢客。又以袭封康乐公，称谢康公、谢康乐。著名山水诗人，主要创作活动在刘宋时代，中国文学史上山水诗派的开创者。谢灵运所开创的山水诗，把自然界的美景引进诗中，使山水成为独立的审美对象。他的创作，不仅把诗歌从“淡乎寡味”的玄理中解放了出来，而且加强了诗歌的艺术技巧和表现力，并影响了一代诗风。谢灵运山水诗的主要特点是鲜丽、清新、自然。他的诗开启了南朝一代的新诗风，实现了诗歌艺术由魏晋的古朴向南朝追求声色的转变。由谢灵运始，山水诗乃成中国文学史上的一大流派，最著名的是《山居赋》。谢灵运还兼通史学，工于书法，翻译佛经，曾奉诏撰写《晋书》。《隋书 · 经籍志》《晋书》录有《谢灵运集》等 14 种。

【学以致用】

1. 谈谈谢灵运的山水诗对后世的影响。
2. 你最喜欢这首诗中的哪些诗句？请赏析一下。

五、西洲曲[1]

南朝民歌

【阅读提示】

《西洲曲》是南朝乐府民歌名，最早著录于徐陵所编《玉台新咏》，具体作者不详。

《西洲曲》是南朝乐府民歌中最长的抒情诗篇，历来被视为南朝乐府民歌的代表作。诗中描写了一位少女从初春到深秋，从现实到梦境，对钟爱之人的苦苦思念，洋溢着浓厚的生活气息和鲜明的感情色彩，表现出鲜明的江南水乡特色。全诗三十二句，用蝉联而下的接字法，顶真勾连，技法之“巧”，令人拍案叫绝。

忆梅下西洲，折梅寄江北[2]。
单衫杏子红，双鬓鸦雏色[3]。
西洲在何处？两桨桥头渡[4]。
日暮伯劳[5]飞，风吹乌臼[6]树。
树下即门前，门中露翠钿[7]。
开门郎不至，出门采红莲。
采莲南塘秋，莲花过人头。
低头弄莲子[8]，莲子青如水[9]。
置莲怀袖中，莲心[10]彻底红。
忆郎郎不至，仰首望飞鸿[11]。
鸿飞满西洲，望郎上青楼[12]。
楼高望不见，尽日[13]栏杆头。
栏杆十二曲，垂手明如玉。
卷帘天自高，海水摇空绿[14]。
海水梦悠悠[15]，君愁我亦愁。
南风知我意，吹梦到西洲。

【注释】

[1]　《西洲曲》：选自《乐府诗集·杂曲歌辞》。这首诗是南朝民歌。西洲曲，乐府曲调名。

[2]　忆梅下西洲，折梅寄江北：意思是说，女子见到梅花又开了，回忆起以前曾和情人在梅下相会的情景，因而想到西洲去折一枝梅花寄给在江北的情人。下，往。西洲，当是在女子住处附近。江北，当指男子所在的地方。

[3] 鸦雏色：像小乌鸦一样的颜色。形容女子的头发乌黑发亮。

[4] 两桨桥头渡：从桥头划船过去，划两桨就到了。

[5] 伯劳：鸟名，仲夏始鸣，喜欢单栖。这里一方面用来表示季节，一方面暗喻女子孤单的处境。

[6] 乌臼：现在写作“乌桕”，乔木，夏季开花，种子可用来洗衣、制蜡烛，故旧时人家多植之。

[7] 翠钿：用翠玉做成或镶嵌的首饰。

[8] 莲子：和“怜子”谐音双关。

[9] 青如水：和“清如水”谐音，隐喻爱情的纯洁。

[10] 莲心：和“怜心”谐音，即爱情之心。

[11] 望飞鸿：这里暗含有望书信的意思。因为古代有鸿雁传书的传说。

[12] 青楼：油漆成青色的楼。唐朝以前的诗中一般用来指女子的住处。

[13] 尽日：整天。

[14] 卷帘天自高，海水摇空绿：卷帘眺望，只看见高高的天空和不断荡漾着的碧波的江水。海水，这里指浩荡的江水。

[15] 海水梦悠悠：梦境像浩荡的海水一样悠长。

【知识链接】

《西洲曲》是一首经过文人加工的民歌，可能产生于南朝的梁代。它属《杂曲歌辞》，以首句得名。

全诗通过对季节变换的描写，表达了一个女子对所爱男子的深切思念。诗以梅开篇，以莲和飞鸿暗示时间的推移，巧妙地安排了女子自春及秋的思念情人的情节。以“下西洲”起，以“到西洲”终，全诗井然有序，又首尾呼应。其次，本诗运用了民歌常用的谐音和双关的表现手法，既含蓄有致，又增强了民歌的色彩。

【学以致用】

1. 试举出诗中的原诗句来分析一下“移情入景”的艺术手法。
2. 请列举本诗中的“意象”，感受民歌浓郁的生活气息和时令特色。

第二节　散　　文

魏晋南北朝文学是我国文学史上一个重要的阶段，如果说春秋战国是中国思想文化的奠基时期，那么魏晋南北朝就是文学自觉时代。社会环境对文学创作的影响是间接的，也许正是因为社会动荡不安，战乱和割据打破了一元化的集权统治，同时也出现了文化多元走向。玄学崛起、道教创制、佛教东传、中国固有的儒家学说等，相互冲突，又相互融合，形成了这个时期多元化的局面，政权力量失去了对思想文化界的严密控制，魏晋南北朝的文人墨客就在这样的空隙中，以他们的智慧与激情把中国文学推向了历史的高峰，带到了“自觉的时代”(鲁迅语)。“文学的自觉”是这个时期文学的显著特点，这种自觉性表现在文学发展的诸多方面。

第一，作家的主体意识增强。魏晋南北朝时期，门阀大族世袭荣华富贵，什么也不缺，便认为真正有价值有意义能传之久远而不朽的只有文学，于是刻意作文，在写作中“为艺术而艺术”，而非“为政治而艺术”。人们观念的变化，使文学本身的价值意义显露出来，文学便获得了独立资格。曹丕在其文学批评著作《典论·论文》中指出：“盖文章，经国之大业，不朽之盛事。”他把文学创作推崇到一个很高的地位，文学作品开始表现出作家个人的思想感情和审美倾向。

第二，文学从广义的学术中分离出来，成为一个独立的学科门类。先秦时期文、史、哲不分，文学是经学附庸，两汉时期人们称文学为文章，开始有了文体区分意识，但汉人文学意识处在萌芽期。曹丕的《典论·论文》将文体分为四科，并指出它们各自的特点：“奏议宜雅”“书论宜理”“铭诔尚实”“诗赋欲丽”。如果说曹丕《典论·论文》标志着文学已摆脱经学而独立，是文学独立的第一个阶段，那么陆机《文赋》则标志着文学自身价值的独立，是文学独立的第二个阶段，即文学有不依赖于作者本体的自身价值，有一套自身的规律，有待人们去认识发现。南朝时期，宋明帝召集学士，有意识地把文学从儒、道、史、阴、阳中分离出来；《后汉书》列“文苑传”与“儒林传”并立，都表明文学已独立出来。《文心雕龙》以为有韵为文，无韵为笔；梁代昭明太子萧统编辑《文选》，他根据“事出于沉思，义归于翰藻”，将文学与经、史、子区分开来，《文选》中所确立的文学观念，对后世产生了很大的影响。

第三，对文学审美特性的自觉追求。这是文学自觉的根本性的标志。文学之所以为文学，离不开审美的特性。这一方面是文学内在发展规律的必然结果；另一方面也与当时社会动荡，一些文人随着文学的发展，对于文学自身规律的认识更为深入彻底了。曹丕的《典论·论文》、陆机的《文赋》、刘勰的《文心雕龙》、钟嵘的《诗品》等专著的出现，体现了这时期文学批评和文学理论的成就，也代表着魏晋南北朝时期对文学审美特质的追求和认知向着更细致更周密更全面的方向发展。

曹丕的《典论·论文》首开批评之风，标志着中国文学的自觉意识逐渐清醒。《文心雕龙》和《诗品》标志着我国古代文学批评和文学评论发展的高峰。《文心雕龙》的理论对唐以后的作家、批评家有相当大的影响。钟嵘的《诗品》首创以品论诗、以“味”论诗、以师承渊源论诗的体例，对中国古代诗评、诗话产生了十分深远的影响。

第四，文学题材和体裁多样化。魏晋时期对文学的各种体裁有比较细致的区分，更重要的是对各种体裁的体制和风格特点有了比较明确的认识。在这一阶段，文学创作趋于个性化；玄学的兴起和佛教的传入为文学创作带来新的因素；发现语言形式美并在文学上运用，作家们开创了许多新的文学题材和体裁。除诗歌繁荣发展出现了不同的文学集团和文学流派外，辞赋和散文也发生了明显变化。汉代大赋日渐消沉，抒情小赋有较大发展，散文则趋于自由通脱，无论抒情、叙事、议论都显得生动活泼，出现蓬勃发展的局面。嵇康的《与山巨源绝交书》，以老庄崇尚自然的论点，说明自己的本性不堪出仕，公开表明了自己不与司马氏合作的政治态度，文章颇负盛名。其他如阮籍的《大人先生传》，刘伶的《酒德颂》，向秀的《思旧赋》等，也是可读的作品。有美文之称的骈文最为兴盛，创作出了《洛神赋》《哀江南赋序》《兰亭集序》等讲究对偶、语言华丽的骈文，被称为这个时期的“一代之文学”。南朝骈文有一定发展，其辞藻华美、对偶工整、音韵和婉，但内容空虚贫乏，流于形式主义。北朝散文创作也取得了一定成就，如郦道元《水经注》、杨衒之《洛阳伽蓝记》、颜之推《颜氏家训》等。

选文欣赏

一、与山巨源绝交书

嵇 康

【阅读提示】

《与山巨源绝交书》是嵇康的代表作，也是我国古代书信体散文的名篇。嵇康与山涛都是魏晋之际活跃于文坛的“竹林七贤”之一。山涛经不起富贵荣禄的诱惑，在司马氏阴谋篡魏而积极罗致文士的过程中屈节做官，后来在由吏部尚书郎升任大将军从事中郎时，举荐昔日的友人嵇康以自代。虽然此议没有被司马昭集团采纳，但嵇康知道这个消息后，愤慨无比，写下了这篇散文，毅然宣布断绝与山涛的朋友之谊，并借此表达对司马氏的不满，抒发自己对黑暗时局的愤恨。

康白：足下昔称吾于颍川[1]，吾常谓之知言。然经怪此意[2]尚未熟悉于足下，何从便得之也？前年从河东还，显宗、阿都说足下议以吾自代[3]；事虽不行，知足下故不知之。足下傍通[4]，多可而少怪；吾直性狭中，多所不堪，偶与足下相知耳。间闻足下迁，惕然不喜[5]，恐足下羞庖人之独割，引尸祝以自助[6]，手荐鸾刀，漫之膻腥[7]。故具为足下陈其可否。

吾昔读书，得并介之人[8]，或谓无之，今乃信其真有耳。性有所不堪，真不可强。今空语同知有达人，无所不堪，外不殊俗，而内不失正，与一世同其波流而悔吝不生耳。老子、庄周，吾之师也，亲居贱职；柳下惠、东方朔，达人也，安乎卑位。吾岂敢短之哉？又仲尼兼爱，不羞执鞭；子文无欲卿相，而三登令尹[9]。是乃君子思济物之意也。所谓达能兼善而不渝，穷则自得而无闷。以此观之，故尧、舜之君世，许由之岩栖，子房之佐汉，接舆之行歌，其揆一也。仰瞻数君，可谓能遂其志者也。故君子百行，殊途而同致，循性而动，各附所安。故有处朝廷而不出，入山林而不反之论。且延陵高子臧之风[10]，长卿慕相如之节，志气所托，不可夺也。吾每读尚子平、台孝威传，慨然慕之，想其为人。少加孤露[11]，母兄见骄，不涉经学。性复疏懒，筋驽肉缓，头面常一月十五日不洗，不大闷痒，不能沐也。每常小便而忍不起，令胞中略转乃起耳[12]。又纵逸来久，情意傲散，简与礼相背，懒与慢相成，而为侪类见宽[13]，不攻其过。又读《庄》《老》，重增其放。故使荣进之心日颓，任实之情转笃[14]。此由禽鹿，少见驯育，则服从教制；长而见羁，则狂顾顿缨，赴蹈汤火；虽饰以金镳，飨以嘉肴，逾思长林而志在丰草也。

阮嗣宗口不论人过，吾每师之，而未能及。至性过人，与物无伤，唯饮酒过差耳。至为礼法之士所绳，疾之如仇，幸赖大将军保持之耳。吾不如嗣宗之资，而有慢弛之阙；又不识人情，暗于机宜；无万石之慎[15]，而有好尽之累[16]。久与事接，疵衅日兴，虽欲无患，其可得乎？又人伦有礼，朝廷有法，自惟至熟[17]，有必不堪者七，甚不可者二。卧喜晚起，而当关呼之不置，一不堪也。抱琴行吟，弋钓草野，而吏卒守之，不得妄动，二不堪也。危坐一时，痹不得摇，性复多虱，把搔无已[18]，而当裹以章服，揖拜上官，三不堪也。素不便书，又不喜作书，而人间多事，堆案盈几，不相酬答，则犯教伤义，欲自勉强，则不能久，四不堪也。不喜吊丧，而人道以此为重，已为未见恕者作怨，至欲见中伤者；虽瞿然自责，然性不可化，欲降心顺俗，则诡故不情，亦终不能获无咎无誉，如此，五不堪也。不喜俗人，而当与之共事，或宾客盈坐，鸣声聒耳，嚣尘臭处，千变百伎，在人目前，六不堪也。心不耐烦，而官事鞅掌，机务缠其心，世故繁其虑，七不堪也。又每非汤、武而薄周、孔，在人间不止此事，会显，世教所不容，此甚不可一也。刚肠疾恶，轻肆直言，遇事便发，此甚不可二也。以促中小心之性，统此九患，不有外难，当有内病，宁可久处人间邪？又闻道士遗言，饵术黄精，令人久寿，意甚信之。游山泽，观鱼鸟，心甚乐之。一行作吏，此事便废，安能舍其所乐，而从其所惧哉！

夫人之相知，贵识其天性，因而济之。禹不逼伯成子高[19]，全其节也；仲尼不假盖于子夏，护其短也；近诸葛孔明不逼元直以入蜀，华子鱼不强幼安以卿相。此可谓能相终始，真相知者也。足下见直木必不可以为轮，曲者不可以为桷[20]，盖不欲以枉其天才，令得其所也。故四民有业，各以得志为乐，唯达者为能通之，此足下度内耳。不可自见好章甫，强越人以文冕也；己嗜臭腐，养鹓雏以死鼠也。吾顷学养生之术，方外荣华，去滋味，游心于寂寞，以无为为贵。纵无九患，尚不顾足下所好者。又有心闷疾，顷转增笃，私意自试，不能堪其所不乐。自卜已审，若道尽途穷则已耳。足下无事冤之，令转于沟壑也。吾新失母兄之欢，意常凄切。女年十三，男年八岁，未及成人，况复多病。顾此悢悢[21]，如何可言。今但愿守陋巷，教养子孙；时与亲旧叙离阔，陈说平生。浊酒一杯，弹琴一曲，志愿毕矣。足下若嬲之不置[22]，不过欲为官得人，以益时用耳。足下旧知吾潦倒粗疏，不切事情，自惟亦皆不如今日之贤能也。若以俗人皆喜荣华，独能离之，以此为快；此最近之，可得言耳。然使长才广度，无所不淹，而能不营，乃可贵耳。若吾多病困，欲离事自全，以保馀年，此真所乏耳。岂可见黄门而称贞哉？若趣欲共登王途[23]，期于相致，时为欢益，一旦迫之，必发其狂疾。自非重怨，不至于此也。野人有快炙背而美芹子者，欲献之至尊，虽有区区之意，亦已疏矣。愿足下勿似之。其意如此，既以解足下，并以为别。嵇康白。

【注释】

[1]　颍川：今河南许昌。这里指山涛的叔父山嵚，他曾为颍川太守。

[2]　经：常常。此意：指山涛所称嵇康不愿为官的意思。

[3]　显宗：公孙崇，字显宗，谯国人，曾为尚书郎。阿都：吕安，字仲悌，小名阿都，东平人，嵇康好友。

[4]　傍通：善于应付变化。

[5]　惕然：忧惧的样子。

[6]　"恐足下"二句：语本《庄子·逍遥游》："庖人虽不治庖，尸祝不越樽俎而代之。"意思是说，即使厨师(庖人)不做菜，祭师(祭祀时读祝辞的人)也不应该越职替代他。这里引用这个典故，说明山涛独自做官感到不好意思，所以要荐引嵇康出仕。

[7]　漫：沾污。

[8]　并介之人：兼济天下而又耿介孤直的人。并，指能兼济天下。介，指耿介孤直。

[9]　子文：姓斗，名谷於菟(gòu wū tū)，春秋时楚国人。《论语·公冶长》："令尹子文，三仕为令尹，无喜色；三已之，无愠色。"

[10]　延陵：地名，今江苏武进。这里指春秋时吴国公子季札，曾居于延陵，人称延陵季子。子臧：一名欣时，曹国公子。曹宣公死后，曹人要立子臧为君，子臧拒不接受，离国而去。季札的父兄要立季札为嗣君，季札引子臧不为曹国君为例，拒不接受。风：风概，指高尚情操。

[11]　孤：幼年丧父。露：羸弱。

[12]　胞：原指胎衣，这里指膀胱。

[13]　侪(chái)类：指同辈朋友。

[14]　任实：指放任本性。转笃：加强。

[15]　万石：汉代石奋，一生以谨慎著称。他和四个儿子都官至二千石，共一万石，汉景帝称他为"万石君"。

[16]　好尽：尽情直言，不知忌讳。累：烦劳。

[17]　惟：思虑。熟：精详。

[18]　把(pá)搔：用于搔痒。把，通"爬"，抓，搔。

[19]　伯成子高：相传是尧舜时代的诸侯，禹为天子时，他辞位归隐。

[20]　桷(jué)：屋上承瓦的椽子。

[21]　悢悢(liàng)：悲恨。

[22]　嬲(niǎo)：纠缠。

[23]　趣(cù)：同"趋"，急于。王途：仕途。

【知识链接】

嵇康(224−263)，字叔夜，谯国铚(今安徽宿州市)人。与阮籍齐名，为"竹林七贤"

之一。与魏宗室通婚，官中散大夫，世称“嵇中散”。因声言“非汤武而薄周孔”，且不满当时掌握政权的司马氏集团，遭钟会构陷，为司马昭所杀。现存诗五十余首，有四言、五言、七言和杂言，以四言诗成就较高。他的四言诗是继曹操之后又一成功之作。嵇康的诗文以表现其追求自然、高蹈独立、厌弃功名富贵的人生观为主要内容。嵇康诗的风格，刘勰《文心雕龙》评为:“嵇志清峻。”又说:“叔夜俊侠，故兴高而采烈。”其艺术特色表现在说理缜密透彻、高洁、秀逸。

【学以致用】

1. 在嵇康的身上，非常典型地体现了魏晋人物的“名士风范”，请问在这篇书信体散文中，具体表现在哪些方面？

2. “言在此而意在彼”，嵇康借与山涛的绝交要表达的更深层次的思想是什么？

二、洛神[1]赋

曹　植

【阅读提示】

《洛神赋》为曹植辞赋中杰出作品。作者以浪漫主义的手法，通过梦幻的境界，描写人神之间的真挚爱情，但终因“人神殊道”无从结合而惆怅分离。对曹植《洛神赋》的思想、艺术成就前人都曾予以极高的评价，最明显的是常把它与屈原的《九歌》和宋玉的《神女》诸赋相提并论。其实，曹植此赋兼二者而有之，它既有《湘君》《湘夫人》那种浓厚的抒情成分，同时又具宋玉诸赋对女性美的精妙刻画。此外，它的情节完整、手法多变和形式隽永等妙处，又为以前的作品所不及。

黄初[2]三年，余朝京师[3]，还济洛川[4]。古人有言：斯水[5]之神，名曰宓妃。感宋玉对楚王神女之事[6]，遂作斯赋。其词曰：

余从京域[7]，言归东藩[8]，背伊阙[9]，越轘辕[10]，经通谷[11]，陵景山[12]。日既西倾，车殆马烦[13]。尔乃税驾乎蘅皋[14]，秣驷乎芝田[15]，容与乎阳林[16]，流眄[17]乎洛川。于是精移神骇[18]，忽焉思散[19]。俯则未察，仰以殊观[20]。睹一丽人，于岩之畔[21]。乃援御者[22]而告之曰：“尔有觌[23]于彼者乎？彼何人斯，若此之艳也！”御者对曰：“臣闻河洛之神，名曰宓妃。然则君王之所见也，无乃是乎！其状若何？臣愿闻之。”

余告之曰：其形也，翩若惊鸿，婉若游龙[24]。荣曜秋菊，华茂春松[25]。仿佛兮若轻云之蔽月，飘飖兮若流风之回雪[26]。远而望之，皎若太阳升朝霞[27]；迫而察之，灼若芙蕖出渌波[28]。秾纤[29]得衷，修短合度[30]。肩若削成，腰如约素[31]。延颈秀项[32]，皓质呈露[33]。芳泽无加，铅华不御[34]。云髻峨峨[35]，修眉联娟[36]。丹唇外朗，皓齿内鲜[37]。

明眸善睐[38]，靥辅承权[39]。瑰姿艳逸[40]，仪静体闲[41]。柔情绰[42]态，媚于语言。奇服旷世[43]，骨像应图[44]。披罗衣之璀粲[45]兮，珥瑶碧之华琚[46]。戴金翠之首饰[47]，缀明珠以耀躯。践远游之文履[48]，曳雾绡之轻裾[49]。微幽兰之芳蔼[50]兮，步踟蹰于山隅[51]。于是忽焉纵体，以遨以嬉[52]。左倚采旄[53]，右荫桂旗[54]。攘皓腕于神浒[55]兮，采湍濑之玄芝[56]。

余情悦其淑美兮，心振荡而不怡[57]。无良媒以接欢兮，托微波而通辞[58]。愿诚素之先达兮[59]，解玉佩而要[60]之。嗟佳人之信修[61]兮，羌习礼而明诗[62]。抗琼珶以和予兮[63]，指潜渊而为期[64]。执眷眷之款实[65]兮，惧斯灵之我欺[66]。感交甫之弃言兮[67]，怅犹豫而狐疑[68]。收和颜而静志[69]兮，申礼防以自持[70]。

于是洛灵感焉，徙倚[71]彷徨。神光离合，乍阴乍阳[72]。竦轻躯以鹤立[73]，若将飞而未翔。践椒途[74]之郁烈，步蘅薄而流芳[75]。超长吟以永慕兮，声哀厉而弥长[76]。尔乃众灵杂遝[77]，命俦啸侣[78]。或戏清流，或翔神渚[79]，或采明珠，或拾翠羽[80]。从南湘之二妃[81]，携汉滨之游女[82]。叹匏瓜之无匹兮，咏牵牛之独处[83]。扬轻袿之猗靡[84]兮，翳修袖以延伫[85]。体迅飞凫[86]，飘忽若神。凌波微步，罗袜生尘[87]。动无常则，若危若安。进止难期[88]，若往若还。转眄流精[89]，光润玉颜。含辞未吐，气若幽兰[90]。华容婀娜，令我忘餐。

于是屏翳收风，川后静波[91]。冯夷[92]鸣鼓，女娲清歌[93]。腾文鱼以警乘，鸣玉鸾以偕逝[94]。六龙俨其齐首[95]，载云车之容裔[96]。鲸鲵踊而夹毂[97]，水禽翔而为卫。于是越北沚[98]，过南冈，纡素领，回清扬[99]。动朱唇以徐言，陈交接[100]之大纲。恨人神之道殊兮，怨盛年之莫当[101]。抗罗袂以掩涕兮，泪流襟之浪浪[102]。悼良会之永绝兮，哀一逝而异乡[103]。无微情以效爱[104]兮，献江南之明珰[105]。虽潜处于太阴，长寄心于君王[106]。忽不悟其所舍，怅神宵而蔽光[107]。

于是背下陵高[108]，足往神留。遗情想像[109]，顾望怀愁。冀灵体[110]之复形，御轻舟而上溯[111]。浮长川[112]而忘反，思绵绵而增慕。夜耿耿[113]而不寐，沾繁霜而至曙。命仆夫而就驾，吾将归乎东路。揽騑辔以抗策，怅盘桓而不能去[114]。

【注释】

[1] 洛神：传说古帝宓(fú)羲氏之女溺死洛水而为神，故名洛神，又名宓妃。

[2] 黄初：魏文帝曹丕年号。

[3] 京师：京城，指魏都洛阳。

[4] 济：渡。洛川：即洛水，源出陕西，东南入河南，流经洛阳。

[5] 斯水：此水，指洛川。

[6] 宋玉对楚王神女之事：传为宋玉所作的《高唐赋》和《神女赋》，都记载宋玉与楚襄王对答梦遇巫山神女之事。

[7] 京域：京都地区，指洛阳。

[8]　言：语气助词；东藩：东方藩国，指曹植的封地。黄初三年(222 年)，曹植被立为鄄(juàn)城(即今山东鄄城县)王，城在洛阳东北方向，故称东藩。

[9]　伊阙：山名，又称阙塞山、龙门山，在河南洛阳南。

[10]　轘(huán)辕：山名，在今洛阳市偃师区东南。

[11]　通谷：山谷名。在洛阳城南。

[12]　陵：登。景山：山名，在今洛阳市偃师区南。

[13]　殆：通“怠”，懈怠。一说指危险。烦：疲乏。

[14]　尔乃：承接连词，于是就。税驾：停车。税，舍、放置。驾，车乘总称。蘅皋：生着杜蘅的河岸。蘅，杜蘅，香草名。皋，岸。

[15]　秣驷：喂马。驷，一车四马，此泛指驾车之马。芝田：种着灵芝草的田地，此处指野草繁茂之地。

[16]　容与：悠然安闲的样子；阳林：地名。

[17]　流眄(miǎn)：纵目四望。眄，斜视。一作“流盼”，目光流转顾盼。

[18]　精移神骇：神情恍惚。骇，散。

[19]　忽焉：急速的样子。思散：思绪分散，精神不集中。

[20]　殊观：少见的异常现象。

[21]　岩之畔：山岩边。

[22]　援：以手牵引。御者：车夫。

[23]　觌(dí)：看见。

[24]　翩若惊鸿，婉若游龙：翩然像惊飞的鸿雁，蜿蜒像游动的蛟龙。翩，鸟疾飞的样子，此处指飘忽摇曳的样子。惊鸿，惊飞的鸿雁。婉，蜿蜒曲折。这两句是写洛神的体态轻盈宛转。

[25]　荣曜(yào)秋菊，华茂春松：容光焕发如秋日下的菊花，体态丰茂如春风中的松树。荣，丰盛。曜，日光照耀。华茂，华美茂盛。这两句是写洛神容光焕发充满生机。

[26]　仿佛兮若轻云之蔽月，飘飖兮若流风之回雪：时隐时现像轻云遮住月亮，浮动飘忽似回风旋舞的雪花。仿佛，若隐若现的样子。飘飖，飞翔貌。回，回旋，旋转。这两句是写洛神的体态婀娜，行动飘忽。

[27]　皎：洁白光亮。太阳升朝霞：太阳升起于朝霞之中。

[28]　迫：靠近。灼：鲜明，鲜艳。芙蕖：一作“芙蓉”，荷花。渌(lù)：水清的样子。以上两句是说，不论远远凝望还是靠近观看，洛神都是姿容绝艳。

[29]　秾：花木繁盛。此处指人体丰腴。纤：细小。此处指人体苗条。

[30]　修短：长短，高矮。以上两句是说洛神的高矮胖瘦都恰到好处。

[31]　肩若削成，腰如约素：肩窄如削，腰细如束。削成，形容两肩瘦削下垂的样子。约素，一束白绢。素，白而细致的丝织品。这两句是写洛神的肩膀和腰肢线条优美。

[32]　延、秀：均指长。颈：脖子的前部。项：脖子的后部。

[33]　皓：洁白。呈露：显现，外露。

[34] 芳泽无加，铅华不御：既不施脂，也不敷粉。泽，润肤的油脂。铅华，粉。古代烧铅成粉，故称铅华。不御，不施。御，用。

[35] 云髻：发髻如云。峨峨：高耸的样子。

[36] 联娟：微曲的样子。

[37] 丹唇外朗，皓齿内鲜：红唇鲜润，牙齿洁白。朗，明润。鲜，光洁。

[38] 眸：目中瞳子。睐(lài)：顾盼。

[39] 靥(yè)：酒窝。辅：面颊。承权：在颧骨之下。权，颧骨。

[40] 瑰：奇妙。艳逸：艳丽飘逸。

[41] 仪：仪态。闲：娴雅。

[42] 绰：绰约，美好。

[43] 奇服：奇丽的服饰。旷世：举世唯有。旷，空。

[44] 骨像：骨骼形貌。应图：指与画中人相当。

[45] 璀粲：鲜艳明丽。一说为衣动的声音。

[46] 珥：珠玉耳饰。此处用作动词，作佩戴理解。瑶、碧：均为美玉。华琚：刻有花纹的佩玉。琚，佩玉名。

[47] 翠：翡翠。首饰：指钗簪一类饰物。

[48] 践：穿，着。远游：鞋名。文履：饰有花纹图案的鞋。

[49] 曳：拖。雾绡：轻薄如雾的绡。绡，生丝。裾：裙边。

[50] 微：轻微。芳蔼：香气。

[51] 踟蹰：徘徊。隅：角。

[52] 于是忽焉纵体，以遨以嬉：忽然又飘然轻举，且行且戏。纵体，身体轻举貌。遨，游。

[53] 采旄(máo)：彩旗。采，同“彩”。旄，旗杆上旄牛尾饰物，此处指旗。

[54] 桂旗：以桂木做旗杆的旗，形容旗的华美。

[55] 攘：此指挽袖伸出。神浒：为神所游之水边地。浒，水边泽畔。

[56] 湍濑：石上激流。玄芝：黑色芝草，相传为神草。

[57] 余情悦其淑美兮，心振荡而不怡：我喜欢她的淑美，又担心不被接受，不觉心旌摇曳而不安。振荡，形容心动荡不安。怡，悦。

[58] 无良媒以接欢兮，托微波而通辞：没有合适的媒人去通接欢情，就只能借助微波来传递话语。微波，一说指目光。

[59] 诚素：真诚的情意。素，同“愫”，情愫。

[60] 要：同“邀”，约请。

[61] 信修：确实美好。修，美好。

[62] 羌：发语词。习礼：懂得礼法。明诗：善于言辞。这句意指有很好的文化教养。

[63] 抗：举起。琼珶(dì)：美玉。和：应答。

[64] 指潜川而为期：指深水发誓，约期相会。潜渊：深渊，一说指洛神所居之地。

期：会。

[65] 眷眷：依恋貌。款实：诚实。

[66] 斯灵：此神，指洛神；我欺：即欺我。

[67] 交甫：郑交甫。弃言：背弃承诺。

[68] 狐疑：疑虑不定。因为想到郑交甫曾经被仙女遗弃，故此内心产生了疑虑。

[69] 收和颜：收起和悦的容颜。静志：镇定情志。

[70] 申：施展。礼防：礼法，礼能防乱，故称礼防。自持：自我约束。

[71] 徙倚：流连徘徊。

[72] 神光离合，乍阴乍阳：洛神身上放出的光彩忽聚忽散，忽明忽暗。

[73] 竦(sǒnɡ)：耸。鹤立：形容身躯轻盈飘举，似鹤而立。

[74] 椒途：涂有椒泥的道路，一说指长满香椒的道路。椒，花椒，有浓郁的香味。

[75] 蘅薄：杜蘅丛生地。流芳：散发香气。

[76] 超长吟以永慕兮，声哀厉而弥长：怅然长吟以表示深沉的思慕，声音哀婉而悠长。超，惆怅。永慕，长久思慕。厉，疾。弥，久。

[77] 众灵：众仙。杂遝：纷纭，多而乱的样子。

[78] 命俦啸侣：招呼同伴。俦，伙伴、同类。

[79] 渚：水中高地。

[80] 翠羽：翠鸟的羽毛。

[81] 南湘之二妃：指娥皇和女英。据刘向《列女传》载，尧以长女娥皇和次女女英嫁舜，后舜南巡，死于苍梧。二妃往寻，自投湘水而死，为湘水之神。

[82] 汉滨之游女：汉水之女神，即郑交甫所遇之神女。

[83] 叹匏瓜之无匹兮，咏牵牛之独处：为匏瓜星的无偶而叹息，为牵牛星的独处而哀咏。匏瓜，星名，又名天鸡，在河鼓星东。无匹，没有配偶。牵牛，星名，又名天鼓，与织女星各处天河之旁。相传每年七月七日才得一会。

[84] 袿(ɡuī)：妇女的上衣。猗(yī)靡：随风飘拂貌。

[85] 翳(yì)：遮蔽。延伫：久立。

[86] 凫：水鸟名，也叫水鸭。

[87] 凌波微步，罗袜生尘：在水波上细步行走，溅起的水沫附在罗袜上如同尘埃。凌，踏。尘，指细微四散的水沫。

[88] 难期：难料，难以预期。

[89] 转眄流精：转眼顾盼之间流露出奕奕神采。流精，形容目光流转而有光彩。

[90] 气若幽兰：形容气息香馨如兰。

[91] 屏翳：传说中的众神之一，司职说法不一，有的认为是云师，有的认为是雷师，有的认为是雨师，在此篇中被曹植视作风神。川后：传说中的河神。

[92] 冯夷：传说中的水神。

[93] 女娲：女神名，相传笙簧是她所造，所以这里说“女娲清歌”。

[94] 腾文鱼以警乘，鸣玉銮以偕逝：飞腾的文鱼警卫着洛神的车乘，众神随着叮当作响的玉鸾一齐离去。腾，升。文鱼，神话中一种能飞的鱼。警乘，警卫车乘。玉銮，鸾鸟形的玉制车铃，动则发声。偕逝，俱往。

[95] 六龙：相传神出游多驾六龙。俨：庄严的样子。齐首：六龙齐头并进。

[96] 云车：相传神以云为车。容裔：即“容与”，舒缓安详的样子。

[97] 鲸鲵(ní)：即鲸鱼。水栖哺乳动物，雄者称鲸，雌者称鲵。毂(gǔ)：车轮中用以贯轴的圆木，这里指车。

[98] 沚：水中小块陆地。

[99] 纡素领，回清扬：洛神不断回首顾盼。纡，回。素领，白皙的颈项。清扬，形容女性清秀的眉目。

[100] 交接：结交往来。

[101] 盛年：少壮之年。莫当：无匹，无偶，即两人不能结合。

[102] 抗罗袂以掩涕兮，泪流襟之浪浪：举起罗袖掩面而泣，止不住泪水涟涟沾湿了衣襟。抗，举。袂，衣袖。浪浪，水流不断貌。

[103] 悼良会之永绝兮，哀一逝而异乡：痛惜这样美好的相会永不再有，哀叹长别从此身处两地。

[104] 效爱：致爱慕之意。

[105] 明珰：以明月珠作的耳珰。

[106] 虽潜处于太阴，长寄心于君王：虽然幽居于神仙之所，但将永远怀念着君王。潜处，深处，幽居。太阴，众神所居之处。君王，指曹植。

[107] 忽不悟其所舍，怅神宵而蔽光：洛神说毕忽然不知去处，我为众灵一时消失隐去光彩而深感惆怅。不悟，不见，未察觉。所舍，停留、止息之处。宵，通“消”，消失。蔽光，隐去光彩。

[108] 背下：离开低地。陵高：登上高处。

[109] 遗情：留情，情思流连。想象：指思念洛神的美好形象。

[110] 灵体：指洛神。

[111] 上溯：逆流而上。

[112] 长川：指洛水。

[113] 耿耿：心神不安的样子。

[114] 揽騑辔以抗策，怅盘桓而不能去：当手执马缰，举鞭欲策之时，却又怅然若失，徘徊依恋，无法离去。騑(fēi)，车旁之马。古代驾车称辕外之马为騑或骖，此泛指驾车之马。辔，马缰绳。抗策，犹举鞭。盘桓，徘徊不进貌。

【知识链接】

曹植(192－232)，字子建，沛国谯县(今安徽省亳州市)人，出生于东阳武，是曹操与武宣卞皇后所生第三子，生前曾为陈王，去世后谥号“思”，因此又称陈思王。曹植是三国时期曹魏著名文学家，建安文学的代表人物。后人因其文学上的造诣而将他与曹操、曹丕合称为“三曹”。

曹植一生以曹丕称帝为界分为前后两期。前期意满自得，多抒发建功立业的雄心壮志。后期因生活境遇的变化，更多表现抱负不得施展的愤懑心情。其诗以笔力雄健和词采华丽见长，其赋继承两汉以来抒情小赋的传统，又吸收楚辞的浪漫主义精神，为辞赋的发展开辟了一个新的境界。留有集三十卷，已佚，今存《曹子建集》，为宋人所编。谢灵运有“天下才有一石，曹子建独占八斗”的评价。钟嵘亦赞曹植“骨气奇高，词采华茂，情兼雅怨，体被文质，粲溢今古，卓尔不群”。

【学以致用】

1. 请反复诵读这篇文辞华美的骈文，体会魏晋时期“美文”的独特魅力。

2. 在这篇极力描写人神爱情的文章中，寄寓了“才高八斗”的曹植什么样的思想感情？

第三节　小　　说

中国古代小说有两个系统，即文言小说系统和白话小说系统，魏晋南北朝时期，只有文言小说。这时的小说可以统称为笔记体小说，采用文言，篇幅短小，记述社会上流传的奇异故事、人物的逸闻轶事或其只言片语，在故事情节的叙述、人物性格的描写方面都已初具规模，作品的数量也已相当可观，但就作者的主观意图而言，还只是当作真实的事情来写，而缺少艺术的虚构。它们还不是中国小说的成熟形态。中国文言小说成熟的形态是唐传奇，白话小说成熟的形态是宋元话本。

魏晋南北朝小说可以分为志怪小说和志人小说两类。志怪小说与志人小说的分类，最早由鲁迅提出。志怪小说记述神仙方术、鬼魅妖怪、殊方异物、佛法灵异等，虽然许多作品中表现了宗教迷信思想，但也保存了一些具有积极意义的民间故事和传说。志人小说记述人物的逸闻轶事，言谈举止，从中可以窥见当时社会生活的一些面貌。

（一）志怪小说

志怪小说的兴盛与当时的社会背景有很大关系，宗教迷信思想的盛行是其兴盛的土壤。古人迷信天帝，大事都要向天帝请示，所以常有祈祷、占卜、占梦等活动，巫觋就是从事这类活动的人。社会上流传的许多巫术灵验的故事，就成为志怪小说的素材。方士是战国后期从巫觋中分化出来的，他们鼓吹神仙之说，求不死之药。秦汉以来方术盛行，关于神仙的故事也层出不穷，这也成为志怪小说的素材。此外，东汉晚期建立的道教、东汉传入中国的佛教，在魏晋以后广泛传播，产生了许多神仙方术、佛法灵异的故事，也成为志怪小说的素材。至于这些素材被搜集记录下来，则带有自神其教的目的。

志怪小说的作者有的就是宗教徒，如《神异记》的作者王浮是道士，《冥祥记》的作者王琰是佛教徒。志怪小说适应了宗教宣传的需要，也提供了闲谈的资料，因而得以流传。志怪小说按内容可分为三类：

(1) 地理博物。如托名东方朔的《神异经》、张华的《博物志》。

(2) 鬼神怪异。如曹丕的《列异传》、干宝的《搜神记》、托名陶潜的《搜神后记》、王嘉的《拾遗记》、吴均的《续齐谐记》。

(3) 佛法灵异。如王琰的《冥祥记》、颜之推的《冤魂志》。

志怪小说中值得注意的，是那些曲折地反映了社会现实、表达了人民的爱憎及对美好生活向往的作品。如《搜神记》中的《三王墓》，叙述的就是楚国巧匠干将莫邪为楚王铸剑，反被楚王杀害，其子长大后为父报仇的故事。

(二) 志人小说

志人小说是指魏晋六朝流行的专记人物言行和记载历史人物传闻轶事的一种杂录体小说，又称清谈小说、轶事小说。志人小说的兴盛与士族文人之间品评人物和崇尚清谈的风气有很大关系。这类志人小说既是品评人物和崇尚清谈的结果，又反过来促进了这种风气的发展。从志人小说在当时受到社会重视的情况，也可以看出它们的编纂是适应了社会的需要。裴启的《语林》一写成，远近许多人争着传抄，梁武帝曾敕命殷芸撰写《小说》，都是很好的例证。

志人小说今传较少，按其内容也可分为三类：

(1) 笑话。邯郸淳《笑林》，对世态有所讽刺。如写楚人有担山鸡者，欺人曰凤凰，以讹传讹，连皇帝也轻信了。汉世老人家富无子而生性吝啬，饿死后田产充官。《笑林》开后世俳谐文字之端。

(2) 野史。东晋葛洪伪托刘歆所作《西京杂记》，记述西汉的人物轶事，也涉及宫室制度、风俗习惯、衣饰器物，并带有怪异色彩。其中有的故事后来很流行，如王昭君和毛延寿的故事、司马相如和卓文君故事。

(3) 逸闻轶事。这是志人小说的主要部分，有裴启《语林》、郭澄子《郭子》、沈约《俗说》、殷芸《小说》等。刘义庆的《世说新语》是成就和影响最大的一部。

(三) 世说新语

《世说新语》是中国魏晋南北朝时期志人小说的代表作，由南朝宋刘义庆召集门下食客共同编撰。全书分上、中、下三卷，依内容分有："德行""言语""政事""文学""方正"等，共三十六类，每类收有若干则，全书共一千多则，每则文字长短不一，有的数行，有的三言两语，由此可见笔记小说"随手而记"的特性。

《世说新语》主要记载的是东汉后期到晋宋间一些名士的言行与轶事，书中所载均属历史上实有的人物，但他们的言论或故事则有一部分出于传闻，不尽符合史实。此书相当多的篇幅系杂采众书而成。如《规箴》《贤媛》等篇所载个别西汉人物的故事，采自

《史记》和《汉书》。其他部分也多采自前人的记载。一些晋宋间人物的故事，如《言语篇》记载谢灵运和孔淳之的对话等，则因这些人物与刘义庆同处一个时期或稍早，可能采自当时的传闻。《世说新语》记述了魏晋士人的生活和思想，以及统治阶级的情况，反映了魏晋时期文人的思想言行和上层社会的生活面貌，记载颇为丰富真实，这样的描写有助于读者了解当时士人所处的时代状况及政治社会环境，更让我们明确地看到了所谓“魏晋清谈”的风貌。

《世说新语》因为展开对人的个性的全面描写而在中国小说史上占有重要的地位。它不仅开创了“志人”这一文言小说流派，还以玄远隽永的叙事语言、生动传神的白描手法，为《三国演义》《水浒传》《儒林外史》《红楼梦》等白话长篇小说提供了艺术经验。

《世说新语》在艺术上有较高的成就，鲁迅先生曾把它的艺术特色概括为“记言则玄远冷隽，记行则高简瑰奇”(《中国小说史略》)。《世说新语》及刘孝标注中涉及各类人物共一千五百多个，魏晋南北朝主要的人物，无论帝王、将相，或者隐士、僧侣，都包括在内。它对人物的描写有的重在形貌，有的重在才学，有的重在心理，但都集中到一点，就是重在表现人物的特点，通过独特的言谈举止写出了独特人物的独特性格，使之气韵生动、活灵活现、跃然纸上。

总之，魏晋南北朝小说篇幅短小、叙事简单，只是粗陈故事梗概，而且基本上是按照传闻加以直录，没有艺术的想象和细节的描写。虽有人物性格的刻画，但还不能展开。所以还只是初具小说的规模，而不是成熟的小说作品。但在中国小说史上，魏晋南北朝志怪小说和志人小说是不可缺少的一环。在人物刻画、细节描写，以及叙事语言的运用等方面，它们都为唐传奇的写作积累了经验。一些唐传奇的故事取自这个时期的小说，如《倩女离魂》与《幽明录》中的《阿庞》、《柳毅传》与《搜神记》中的《胡母班》、《枕中记》与《幽明录》中的《焦湖庙祝》，都有继承关系。唐以后的文言小说中始终有志怪一类，《聊斋志异》是这类小说的顶峰。模仿《世说新语》的小说达几十种之多，这也说明了魏晋南北朝小说的影响。

选文欣赏

一、三王墓

干　宝

【阅读提示】

《三王墓》是《搜神记》中最成熟的篇章之一，记叙一个悲壮的抗暴复仇故事。著名工匠干将莫邪为楚王铸剑，楚王怪他愆期，打算杀他。他埋剑赴死，遗嘱儿子赤取剑复仇。

楚王得梦知复仇事，搜捕赤。赤逃山中遇无名客。无名客愿代为复仇，但提出要赤的宝剑与头颅。赤慨然自刎。客以剑与赤首献楚王。楚王煮赤首三日不烂，临镬俯视，客挥剑断楚王首落镬中，又自刎落首于镬中。三首不可分辨，只好全部下葬，世称之为“三王墓”。

楚干将莫邪[1]为楚王作剑，三年乃成。王怒，欲杀之。剑有雌雄。其妻重身当产[2]。夫语妻曰：“吾为王作剑，三年乃成。王怒，往必杀我。汝若生子是男，大，告之曰：‘出户望南山，松生石上，剑在其背。’”于是即将雌剑往[3]见楚王。王大怒，使相[4]之。剑有二，一雄一雌，雌来雄不来。王怒，即杀之。莫邪子名赤，比后壮[5]，乃问其母曰：“吾父所在？”母曰：“汝父为楚王作剑，三年乃成。王怒，杀之。去时嘱我：‘语汝子出户望南山，松生石上，剑在其背。’”于是子出户南望，不见有山，但睹堂前松柱下石低[6]之上。即以斧破其背，得剑，日夜思欲报楚王[7]。王梦见一儿，眉间广尺[8]，言欲报雠。王即购之千金[9]。儿闻之亡去[10]，入山行歌[11]。客有逢者，谓：“子年少，何哭之甚悲耶？”曰：“吾干将莫邪子也，楚王杀吾父，吾欲报之。”客曰：“闻王购子头千金。将子头与剑来，为子报之。”儿曰：“幸甚[12]！”即自刎[13]，两手捧头及剑奉之，立僵[14]。客曰：“不负子也。”于是尸乃仆[15]。客持头往见楚王，王大喜。客曰：“此乃勇士头也，当于汤镬[16]煮之。”王如其言煮头，三日三夕不烂。头踔[17]出汤中，踬目[18]大怒。客曰：“此儿头不烂，愿王自往临视[19]之，是必烂也。”王即临之。客以剑拟[20]王，王头随堕汤中，客亦自拟己头，头复坠汤中。三首俱烂，不可识别。乃分其汤肉葬之，故通名三王墓。今在汝南[21]北宜春县界。

【注释】

[1] 干将莫邪是古代著名的铸剑师，姓干将，名莫邪。一说干将、莫邪是夫妻两人：干将是夫，莫邪是妻。

[2] 重身：有身孕，因怀孕是身中身，故名重身。当产：临产，将要生产。

[3] 将：带。往：去。

[4] 相：察看。

[5] 比后壮：等到后来长大了。比，等到。

[6] 石低：“低”疑应作“砥”。石砥，柱下基石。

[7] 报楚王：为父寻楚王报仇。

[8] 眉间广尺：两眉相间宽达一尺。广，宽。

[9] 购之千金：悬赏千金捉拿他。购，悬赏。

[10] 亡去：逃离。

[11] 行歌：且走且唱。

[12] 幸甚：太好了。

[13] 刎：割，谓以剑割头。

[14] 立僵：谓尸体僵硬，直立不倒。

[15] 仆：向前倒下。

[16]　镬(huò)：形似鼎而无足，秦汉时用作烹人刑具。

[17]　踔(chuō)：跳跃。

[18]　踬(zhì)目：疑应作“瞋目”，睁大眼睛瞪人。

[19]　临视：近看。

[20]　拟：以刀剑对准人作砍杀状。此处有砍、割之意。

[21]　汝南，汉郡名，治所在上蔡(今河南省上蔡西南)。北宜春县，在今河南省汝南县西南，西汉时名宜春，东汉时改名北宜春。

【知识链接】

干宝(约282－351)字令升，新蔡(今河南省新蔡县)人，后迁居海宁盐官之灵泉乡(今属浙江)。东晋文学家、史学家。干宝自小博览群书，晋元帝时担任佐著作郎的史官职务，奉命领修国史。后经王导提拔为司徒右长史，升任散骑常侍。除精通史学，干宝还好易学，这为他后来撰写《搜神记》奠定基础。《搜神记》是部志怪小说，在中国小说史上有着极其深远的影响，被称作“中国志怪小说的鼻祖”。所谓志怪小说，正如鲁迅先生所说：“六朝人之志怪，却大抵如今日之记新闻，在当时并非有意做小说。”它记录了一大批古代的神话传说和奇闻逸事，内容生动丰富，情节曲折离奇，艺术价值很高。

【学以致用】

1. 从小说鉴赏的角度，你觉得“三王墓”故事的情节设置是否完整？人物性格是否鲜明？

2. 请选择本故事中任意一个人物形象，谈谈你对他(她)的理解。

二、世说新语(五则)

刘义庆

【阅读提示】

《世说新语》反映了门阀士族的思想风貌，保存了社会、政治、思想、文学、语言等方面史料，影响深远，是中国魏晋南北朝时期笔记小说的代表作，是我国最早的一部文言志人小说集。

《世说新语》通过独特的言谈举止写出了人物的独特性格，气韵生动、活灵活现。语言精练含蓄，隽永传神。善用对照、比喻、夸张等文学技巧，保存了许多脍炙人口的佳言名句。其中不少故事成为后世戏曲小说的素材，有的成为后世诗文常用的典故。鲁迅先生称它为“一部名士的教科书”。

雪夜访戴[1]

王子猷[2]居山阴[3]。夜大雪，眠觉，开室，命酌酒[4]，四望皎然[5]。因起彷徨[6]，咏左思《招隐》诗[7]，忽忆戴安道[8]。时戴在剡[9]，即便夜乘小船就之[10]。经宿方至[11]，造门不前而返[12]。人问其故，王曰："吾本乘兴而行，兴尽而返，何必见戴？"

【注释】

[1] 节选自《世说新语·任诞》。

[2] 王子猷(yóu)：王徽之，字子猷，王羲之的儿子。

[3] 山阴：今浙江绍兴市。

[4] 命酌酒：命令(下人)斟酒来喝。

[5] 皎然：洁白光明的样子。

[6] 因：于是。彷徨：徘徊。

[7] 左思：字太冲，西晋文学家。所作《招隐诗》旨在歌咏隐士清高的生活。

[8] 戴安道：即戴逵，安道是他的字。谯国(今安徽省北部)人，学问广博，隐居不仕。

[9] 剡(shàn)：指剡县，古县名，治所在今浙江嵊(shèng)州。

[10] 即便夜乘小船就之：即刻连夜乘小船前往。即，即刻。之，代词，代剡。

[11] 经宿方至：经过一宿的工夫才到达。宿，一整夜。方，才。

[12] 造门不前而返：到了门前不进去就返回了。造，到、至。

周处[1]

周处年少时，凶强侠气[2]，为乡里所患[3]。又义兴水中有蛟[4]，山中有邅迹虎[5]，并皆暴犯[6]百姓。义兴人谓为"三横"[7]，而处尤剧[8]。或说[9]处杀虎斩蛟，实冀三横唯余其一[10]。处即刺杀虎，又入水击蛟。蛟或浮或没[11]，行数十里，处与之俱[12]。经三日三夜，乡里皆谓已死，更相庆[13]。竟[14]杀蛟而出，闻里人相庆，始知为人情[15]所患，有自改意。乃入吴寻二陆[16]。平原[17]不在，正见清河[18]，具以情告[19]，并云："欲自修改，而年已蹉跎[20]，终无所成。"清河曰："古人贵朝闻夕死[21]，况君前途尚可[22]。且人患志之不立，亦何忧令名不彰邪[23]？"处遂改励[24]，终为忠臣孝子[25]。

【注释】

[1] 节选自《世说新语·自新》。周处，西晋义兴(今江苏宜兴)人。

[2] 凶强，凶暴强悍。侠气，原意是侠客气概，这里有不顾一切，爱用武力同人争斗的意思。

[3] 为，被。患，忧虑，这里指认为祸害。被地方上的人认为祸害。

[4] 蛟(jiāo)，传说是一种能发洪水的动物。

[5]　邅(zhān)迹虎：跛足的老虎。

[6]　暴犯：侵害。

[7]　三横(hèng)：三害。横，横暴的家伙，祸害。

[8]　而处尤剧：(比起蛟和虎来，)周处更厉害。剧，厉害。

[9]　或说(shuì)处：有人劝说周处。或，有的人。

[10]　实际上是希望三害只剩下一害。冀，希望。唯，只。其一，其中之一。

[11]　或浮或没(mò)：有时浮起来，有时沉下去。

[12]　与之俱：同蛟一起(浮沉)。俱，一起。

[13]　更(gēng)相庆：互相庆贺。更相，互相。

[14]　竟：竟然。

[15]　人情：众人的感情。

[16]　陆机、陆云兄弟，吴郡人，都是著名的文学家。

[17]　平原：指陆机。他曾经作过平原内史(官名)，人们称他为陆平原。

[18]　清河：指陆云。他曾经作过清河内史，人们称他为陆清河。

[19]　完全把(自己的)实情告诉了(陆云)。具，完全。

[20]　蹉跎(cuō tuó)：时光已经错过了。蹉跎，原意是失足跌倒，借指虚度光阴，把时间白白耽误了。

[21]　朝(zhāo)闻夕死，《论语·里仁》："朝闻道，夕死可矣。"意思是说，早晨知道了真理，当晚死去都值得。

[22]　还很有希望。尚，还。

[23]　何忧令名不彰(zhāng)邪(yé)：何必担心好名声不能显扬呢？令名，美名。彰，显著。邪，通"耶"，用在句子末尾，表示疑问语气，相当于"呢"。

[24]　改励：改过自新。

[25]　后来周处在晋朝任御史中丞，朝廷派他到边境作战，英勇战死。

华歆与王朗[1]

华歆、王朗俱乘船避难[2]，有一人欲依附[3]，歆辄难之[4]。朗曰："幸尚宽，何为不可？"后贼[5]追至，王欲舍所携人。歆曰："本所以疑[6]，正为此耳。既以纳其自托[7]，宁[8]可以急相弃邪？"遂[9]携拯[10]如初。世以此定华、王之优劣。

【注释】

[1]　本文选自《世说新语·德行》。

[2]　避难(nàn)：这里指躲避汉魏之交的动乱。

[3]　依附：跟从。

[4]　难之：对此事感到为难。

[5] 贼：敌人。

[6] 疑：迟疑；犹豫不决。本所以疑：原本感到为难的。

[7] 纳其自托：接受了他的托身的请求，指同意他搭船。

[8] 宁：难道。

[9] 遂：于是，就。

[10] 拯：救助。

过江诸人[1]

过江诸人，每至美日，辄相邀新亭[2]，藉卉[3]饮宴。周侯[4]中坐而叹曰："风景不殊，正自有山河之异[5]！"皆相视流泪。唯王丞相愀然[6]变色曰："当共戮力[7]王室，克复神州[8]，何至作楚囚[9]相对！"

【注释】

[1] 本文选自《世说新语·言语》。

[2] 新亭：在今南京市西南，又名中兴亭，为三国时吴国所建。

[3] 藉(jiè)卉：坐在草地上。藉，垫，引申为坐卧其上。卉，草的总名。

[4] 周侯：即周颚(yǐ)，字伯仁，汝南安城(今河南省原武县东南)人，晋元帝时为宁远将军、荆州刺史，官至尚书左仆射，后被王敦所害。侯，古时士大夫之间的尊称。

[5] 山河之异：指当时北方广大地区被少数民族政权占领。

[6] 王丞相：即王导，字茂弘，琅玡(今山东省临沂市)人，晋元帝时任丞相，辅助元帝建立东晋政权。愀(qiǎo)然：面色忽变的样子。

[7] 戮力：尽力。

[8] 神州：这里指中原地区。战国时邹衍称中国为赤县神州，后世遂以神州指代中国。

[9] 楚囚：指囚犯。《左传·成公九年》载："楚人钟仪为郑人俘获，献给晋国，晋侯观于军府，见钟仪。问之曰：'南冠而絷者，谁也？'有司对曰：'郑人所献楚囚也。'"后世即称囚犯为楚囚。

石崇与王恺争豪

石崇与王恺争豪[1]，并穷绮丽，以饰舆服[2]。武帝，恺之甥也，每[3]助恺。尝以一珊瑚树高二尺许赐恺，枝柯扶疏[4]，世罕其比。恺以示崇。崇视讫[5]，以铁如意[6]击之。应手而碎。恺既惋惜，又以为疾[7]己之宝，声色甚厉。崇曰："不足恨[8]，今还卿。"乃命左右悉取珊瑚树，有三尺、四尺，条干绝世[9]，光彩溢目[10]者六七枚，如恺许比甚众。恺惘然自失[11]。

【注释】

[1] 本文选自《世说新语·汰侈》。石崇：字季伦，历任刺史、卫尉等重要官职，

是当时富豪，后为赵王伦所杀；王恺：字君夫，父名肃，姊嫁司马昭，生司马炎(即晋武帝)，官至龙骧将军、骁骑将军、散骑常侍；争豪：比赛富有。

[2] 并穷绮丽以饰舆服：双方都尽力用最华丽的东西来装饰车辆、衣冠。穷，极、尽。舆服，车辆衣冠与各种仪仗。

[3] 每：每每、常常。

[4] 枝柯扶疏：枝叶茂盛分披的样子。柯，树枝。扶疏，繁茂分披的样子。

[5] 视讫：看过之后。讫(qì)，终了、完毕。

[6] 如意：器物名，用玉、骨、竹等制成，供赏玩。

[7] 疾：通“嫉”，妒忌。

[8] 不足恨：不值得懊恨。

[9] 条干绝世：枝条美好，世间绝无仅有。

[10] 光彩：明亮而华丽；溢目：耀眼，目不胜视。

[11] 惘然自失：心中怅然若有所失。

【知识链接】

刘义庆(403—444)，字季伯，汉族，原籍彭城(今江苏省徐州市)人，世居京口(今江苏省镇江市)。南朝宋宗室，文学家。宋武帝刘裕之侄，长沙景王刘道怜次子。刘义庆自幼才华出众，聪明过人，爱好文学。在诸王中颇为出色，十分得到看重。13岁时，受封为南郡公，后过继给叔父临川王刘道规，袭封临川王，深得宋武帝、宋文帝的信任，备受礼遇。历任左仆射、江州刺史。

刘义庆是个“为性简素，寡嗜欲，爱好文义”的人，称得上是文人政治家。一生虽历任要职，但政绩却乏善可陈，除了本身个性不热衷外，最重要的就是不愿意卷入刘宋皇室的权力斗争。不少文人雅士集其门下，当时名士如袁淑、陆展、何长瑜、鲍照等人都曾受到他的礼遇。可惜的是，《世说新语》一书刚刚撰成，刘义庆就因病离开扬州，回到京城不久便英年早逝，时年仅41岁。

【学以致用】

1. 结合选文的五则故事中任意一篇或几篇，谈谈你对“魏晋风度”的理解。
2. 从小说鉴赏的角度，你觉得《世说新语》中故事的情节设置有何特点？

第四章 隋唐文学

公元581年，北周静帝禅让于丞相杨坚，北周覆亡，隋文帝杨坚定国号为“隋”。隋朝在中国历史上只是个匆匆过客，但它在南北文风的融合方面，却起了先行的作用。它提供了将“宫商发越”的江左文风和“词义贞刚”的河朔作派结合起来的契机。隋朝主要的作家有卢思道、薛道衡、杨素、杨广等人，主要作品为《从军行》《人日思归》《出塞》《饮马长城窟》等。

公元618年，唐高祖李渊称帝建立唐朝。唐代是文学全面丰收的时期，尤其是诗歌，达到了中国诗歌艺术的巅峰。清康熙年间编纂的《全唐诗》，共收诗歌48 900多首，作者2200多人。其中既有李白、杜甫这样的艺术巨匠，也有王维、孟浩然、白居易、李贺、李商隐、杜牧等风格各异的优秀诗人。

韩愈和柳宗元倡导的古文运动，将文体文风的改革同当时的政治革新联系起来，提倡文以明道，创立了一种自由流畅的文体，推翻了数百年来骈文一统天下的局面，它标志着古代散文发展史上新阶段的开始。

中唐时期，传奇小说的创作达到了高峰，掀开了中国小说史的新篇章。

唐代文学既是对在它之前的一切文学创作经验的总结、提升，又为以后的文学发展作了准备，所以，唐代文学在中国文学史上占有极为重要的地位。

第一节 诗 歌

隋文帝统一全国，结束了汉末以来四百年的分裂混乱局面，社会一度出现繁荣的景象。隋炀帝继位，却穷奢极欲，又多次发动侵略战争，严重地破坏社会生产力，不出数年便使得经济凋敝、民怨沸腾，隋王朝也就在四面八方的人民起义中灭亡了。

隋朝前后只统治三十多年，作家大半是南北朝旧人，受南朝文风影响极深，加上隋炀帝大力提倡梁陈宫体，因此浮艳文风仍然泛滥文坛。但是，由于隋初国势增强，对外战争取得一定胜利，隋文帝又曾提倡改革文风，隋初的一些诗歌，尤其是边塞诗歌中也曾出现了一些比较清新刚健的作品。这又表明隋代文风开始向唐代过渡的特点。

唐代的诗歌，在其发展的过程中，由于社会政治的变迁，在唐代历史发展的不同时期，很自然地形成了不同的段落。现在一般所说的"四唐说"大致是：

初唐：高祖武德元年(618 年)—玄宗开元初(713 年)约百年；

盛唐：玄宗开元元年(713 年)—代宗大历元年(766 年)约五十年；

中唐：代宗大历元年(766 年)—文宗开成元年(836 年)约七十年；

晚唐：文宗开成元年(836 年)—哀帝天祐四年(907 年)约七十年。

唐初诗歌，并没有随着政治经济的统一繁荣而迅速转变，相反地齐梁诗风凭借着帝王的势力还继续统治着诗坛。唐高宗时，"初唐四杰"崛起于诗坛，他们虽然还没有脱尽齐梁诗风的影响，但是已经提出了轻"绮碎"、重"骨气"的主张。他们的诗或表现从军报国的壮志，或揭发贵族生活的荒淫空虚，或抒发自己怀才不遇的悲愤，题材内容扩大了，思想感情也开始变化了。武后时代，陈子昂更高地举起了诗歌革新的旗帜，有破有立，提出了在复古中实现革新的主张，在创作实践上完全摆脱了齐梁浮艳习气，反映了当时社会、政治上存在的种种矛盾，显示了刚健的风骨，终于改变了齐梁诗风统治的局面，端正了唐诗发展的方向。

盛唐时代，唐诗的发展达到了繁荣的顶峰，充满蓬勃向上精神的浪漫主义诗风是这一时期诗坛的主流。以高适、岑参为主，并有王昌龄、李颀等人共同形成了边塞诗派，这是浪漫主义中的一个重要流派。他们的诗表达了将士们从军报国的英雄气概，不畏边塞艰苦的乐观精神，描绘了雄奇壮丽的边塞风光，也反映了战士们怀土思家的情绪，揭露了将士之间苦乐悬殊的不合理现象，使唐诗增加了无限新鲜壮丽的光彩。以王维、孟浩然为代表的山水诗派，其作品以描写悠闲宁静的山水田园生活为主，艺术上有很高的成就。他们的诗使晋宋以来形成的田园、山水诗更加丰富，在文学史上具有一定的地位。

伟大的浪漫主义诗人李白，具有进步的理想和宏伟的抱负。但他生活在唐代统治阶级开始走向腐化、社会各种矛盾逐渐显露的时代，理想无法实现。他写出许多热烈追求光明理想、猛烈抨击黑暗现实、极度蔑视腐朽无能权贵人物、勇敢冲击封建礼教制度的光辉诗篇，表现出强烈的叛逆精神。他的诗风壮浪纵恣，摆脱拘束，丰富多彩，千变万化，不愧是屈原以后另一个伟大的浪漫主义诗人。

安史之乱是唐代社会由盛而衰的转折点，在社会矛盾复杂尖锐的形势下，诗歌创作中的现实主义潮流形成了波澜壮阔的局面。

伟大的现实主义诗人杜甫出生在唐代社会由盛而衰的时代。在天宝年间，他已经密切注意社会的种种矛盾，揭露了统治阶级的专横骄奢、穷兵黩武以及贫富对立的黑暗现实。安史之乱发生后，许多盛唐诗人的浪漫豪情消失了，对动乱的现实也很少反映，杜甫却和人民一起经历了一段饥寒流浪的生活，写出了很多惊心动魄的诗篇。他愤慨外敌的入侵，期待国家的中兴，描绘了人民深重的灾难。他的诗像一面镜子，照见了安史之乱前后社会生活的各个方面，赢得了“诗史”的称号。宏深博大的思想内容，“转益多师”的学习态度，“毫发无遗憾”的严肃创作精神，使他成为中国现实主义诗人的代表。

中唐时代，白居易、元稹、张籍、王建等继承杜甫的传统，进一步主张“文章合为时而著，歌诗合为事而作”，掀起新乐府运动。他们的新乐府诗揭发了统治阶级的骄奢淫逸、残酷剥削，对人民的深重疾苦表示同情，对国势的削弱也深感不安。他们的诗在当时产生了广泛而深刻的影响。除了以白居易为首的现实主义诗派外，中唐时代诗歌的风格流派比盛唐更多了。大历年间，刘长卿、韦应物的山水诗，李益、卢纶的边塞诗，都是盛唐诗风的余响。贞元、元和之际，韩愈、孟郊以豪放杰出的诗笔，开创了奇崛险怪的新风格。青年诗人李贺，更融合楚辞、乐府的浪漫幻想的传统，以浓丽的色彩，出人意表的想象，写出了精神上的种种苦闷和追求。刘禹锡的学习巴楚民歌，柳宗元的借山水以抒幽愤，艺术上也有独到的成就。

晚唐诗歌随着国势的衰危动乱，风格面貌也产生了很大的变化。杜牧、李商隐的诗歌，在艺术上有一些新的发展，但无论写忧国忧民还是写爱情生活，都有相当浓厚的感伤情调。皮日休、聂夷中、杜荀鹤在黄巢起义前后写的一些揭露社会黑暗的诗篇，继承了白居易新乐府的传统，但感情更愤激，批判的锋芒也更尖锐，从他们的诗里，我们看见了唐朝国势摇摇欲坠的景象。

选文欣赏

一、从军行

卢思道

【阅读提示】

隋朝是一个短命的王朝，仅仅历时37载，实际执政的皇帝也只有隋文帝杨坚和隋炀帝杨广两人。

卢思道虽最后供职且逝于隋朝，但他一生的大部分时间是生活在北齐和北周的。他的这种特殊经历使他虽想实事求是地反映人民大众祈祷和平、期盼安生的凄苦愿望，但又不能也不敢讽刺当时的战事，所以只能借助勾画和品评汉时的边塞战争抒发期望和平安定的心愿。这也造就他的诗歌中融会南朝和北朝风格的特征。在这篇诗作中，他既写了将士的英勇出征，又写了思妇的闺怨；既有“长安飞将出祁连”“白马金羁侠少年”的奔放、雄健，又有“谁能坐对芳菲月”“流水本自断人肠”的清丽、哀怨。南北的风格在卢思道这篇诗作里得到了较和谐的统一。

朔方[1]烽火照甘泉[2]，长安飞将[3]出祁连[4]。
犀渠[5]玉剑良家子[6]，白马金羁[7]侠少年。
平明[8]偃月[9]屯右地[10]，薄暮[11]鱼丽[12]逐左贤[13]。
谷中石虎经[14]衔箭[15]，山上金人[16]曾祭天。
天涯一去无穷已[17]，蓟门[18]迢递[19]三千里。
朝见马岭[20]黄沙合[21]，夕望龙城[22]阵云起。
庭中奇树[23]已堪攀[24]，塞外[25]征人殊[26]未还。
白雪初下天山[27]外，浮云直向五原[28]间。
关山万里不可越，谁能坐对芳菲[29]月。
流水本自[30]断人肠，坚冰旧来[31]伤马骨。
边庭[32]节物[33]与华异，冬霰[34]秋霜春不歇。
长风[35]萧萧[36]渡水来，归雁连连[37]映天[38]没。
从军行，军行万里出龙庭[39]，
单于[40]渭桥[41]今已拜[42]，将军何处觅功名。

【注释】

[1] 朔方：郡名，泛指北方。

[2] 甘泉：甘泉宫，故址在今陕西淳化西北甘泉山上。本秦宫，汉武帝增筑扩建，在此朝诸侯王，飨外国客；夏日亦作避暑之处。

[3] 飞将：飞将军李广。

[4] 祁连：山名，匈奴语意为“天山”。广义的祁连山是甘肃省西部和青海省东北部边境山地的总称，绵延一千公里；狭义的祁连山系指最北的一支。

[5] 犀渠：古代传说中的兽名，指用犀皮制成的盾牌。《山海经·中山经》：“(釐山)有兽焉，其状如牛，苍身，其音如婴儿，是食人，其名曰犀渠。”

[6] 良家子：好人家的子弟。

[7] 金羁：金饰的马络头。

[8] 平明：犹黎明，天刚亮的时候。

[9] 偃月：横卧形的半弦月，喻天黑；半月形的阵营。

[10] 右地：匈奴右贤王的领地，西部地区，对“左地”而言。左地，汉代匈奴左

贤王辖下的上谷以东地区。

[11] 薄暮：傍晚，太阳快落山的时候。

[12] 鱼丽：指鱼丽阵。甲车二十五乘为偏，甲士五人为伍；每车一偏在前，别用甲士二十五人随后，塞其阙漏；车伤一人，伍即补之，有进无退。此阵法极坚极密，难败易胜。

[13] 左贤：匈奴的左贤王。

[14] 经：曾经。

[15] 衔箭：以口含箭，犹指中箭。出自李广射石虎典故。

[16] 金人：铜铸的人像，指佛像。《史记·匈奴列传》："汉使骠骑将军去病将万骑出陇西……破得休屠王祭天金人。"张守节正义："金人即今佛像。"

[17] 穷已：穷止，穷尽。

[18] 蓟门：即蓟丘。明蒋一葵《长安客话·古蓟门》："京师古蓟地，以蓟草多得名……今都城德胜门外有土城关，相传是古蓟门遗址，亦曰蓟邱。"

[19] 迢递：遥远貌，连绵不绝的样子。

[20] 马岭：河南省洛阳市孟津县常袋镇马岭村。

[21] 合：合起，聚集。

[22] 龙城：或曰汉时匈奴地名，为匈奴祭天之处；或曰河北卢龙。

[23] 奇树：佳树。

[24] 堪攀：能够攀折。

[25] 塞外：边塞之外，泛指我国北边地区；指长城以北的地区，也叫"塞北"。

[26] 殊：过期。

[27] 天山：亚洲中部大山系，东段在中国新疆中部。

[28] 五原：关塞名，即汉五原郡之榆柳塞，在今内蒙古自治区五原县。

[29] 芳菲：芳香，指花草盛美。

[30] 本自：原本自然，原本出自；本来就，一向是。

[31] 旧来：原来，从来；向来。

[32] 边庭：边境的朝堂。

[33] 节物：时节和物品，指应节的物品；各个季节的风物景色。

[34] 冬霰：冬天空中降落的白色小冰粒。

[35] 长风：远风，暴风，大风。

[36] 萧萧：象声词，常形容马叫声、风雨声、流水声、草木摇落声等；形容凄清、寒冷。

[37] 连连：连续不断。

[38] 映天：反映在天空。

[39] 龙庭：匈奴单于祭天地鬼神之所。

[40] 单于：匈奴的君长的称号。

[41] 渭桥：汉唐时代长安附近渭水上的桥梁，指离别之地。

[42] 拜：拜服。

【知识链接】

卢思道(531—582)，北朝隋之际诗人，字子行，范阳(今河北涿州)人。年轻时师从“北朝三才”之一邢劭(字子才)，以才学重于当时，仕于北齐。齐宣王卒，朝臣各作挽歌10首，择善者用之，卢思道十得其八，时称“八米卢郎”。北齐末待诏文林馆，北周灭齐后入长安，官至散骑侍郎，隋开皇元年卒，一生的主要文学活动在北朝。

这首诗的前半部写征战将士英勇奋战，长戍不归的戎马生活。诗篇一开头便渲染了强烈的战争气氛，接着通过典故进一步表现出征匈奴的将士的神威，也正因为有了这些英勇的将士，才取得了战争的胜利。诗中以李广来代指当时的征战将士，虚中有实、实中有虚，既是赞扬汉代名将李广的业绩，又是当时征战将士生活的写照，把历史和现实糅合在了一起。接着，诗人写将士和爱人的两地相思，感情转为幽怨。诗人用衬托的手法写出了战争的长期和残酷。冬去春来，在远离故土的异地他乡，将士们度过了多少日日夜夜，萧萧长风、行行归雁，蕴含着征夫思妇的无限思乡离情。结尾处的龙庭是匈奴祭祀的地方，言外之意是边塞的将士总该回来了吧！

明代胡应麟《诗薮》里记载：“六朝歌行可入初唐者，卢思道《从军行》，薛道衡《豫章行》，音响格调，咸自停匀，体气丰神，尤为焕发。”可以说《从军行》影响了唐以来的七言歌行。

【学以致用】

1. 找出诗中的典故，并分析其作用。
2. 作者如何用衬托的手法描写战争残酷的，请结合诗歌内容说明。

二、春江花月夜

张若虚

【阅读提示】

《春江花月夜》是唐代诗人张若虚创作的七言长篇歌行。此诗沿用陈隋乐府旧题，运用富有生活气息的清丽之笔，以月为主体，以江为场景，描绘了一幅幽美邈远、惝恍迷离的春江月夜图，抒写了游子思妇真挚动人的离情别绪以及富有哲理意味的人生感慨，表现了一种迥绝的宇宙意识，创造了一个深沉、寥廓、宁静的境界。全诗共三十六句，每四句一换韵，通篇融诗情、画意、哲理为一体，意境空明、想象奇特，语言自然隽永、韵律宛转悠扬，洗净了六朝宫体的浓脂腻粉，具有极高的审美价值，被闻一多誉为“诗中的诗，顶峰上的顶峰”（《宫体诗的自赎》）。

春江潮水连海平，海上明月共潮生[1]。
滟滟随波千万里[2]，何处春江无月明。
江流宛转绕芳甸[3]，月照花林皆似霰[4]。
空里流霜[5]不觉飞，汀[6]上白沙看不见。
江天一色无纤尘[7]，皎皎空中孤月轮[8]。
江畔何人初见月？江月何年初照人？
人生代代无穷已[9]，江月年年望[10]相似。
不知江月待何人，但见[11]长江送流水。
白云一片去悠悠[12]，青枫浦[13]上不胜愁。
谁家今夜扁舟子[14]？何处相思明月楼[15]？
可怜楼上月徘徊[16]，应照离人妆镜台[17]。
玉户[18]帘中卷不去，捣衣砧[19]上拂还来。
此时相望不相闻[20]，愿逐月华[21]流照君。
鸿雁长飞光不度，鱼龙潜跃水成文[22]。
昨夜闲潭[23]梦落花，可怜春半不还家。
江水流春去欲尽，江潭落月复西斜。
斜月沉沉藏海雾，碣石潇湘无限路[24]。
不知乘月[25]几人归，落月摇情[26]满江树。

【注释】

[1]　海上明月共潮生：月亮从地平线升起，在水边望去，就好像从浪潮中涌出一样。

[2]　滟滟：波光荡漾的样子。

[3]　芳甸：开满花草的郊野。甸，郊外之地。

[4]　霰：天空中降落的白色不透明的小冰粒。此处形容月光下春花晶莹洁白。

[5]　流霜：飞霜。古人以为霜和雪一样，是从空中落下来的，所以叫流霜。此处形容月光皎洁，月色朦胧、流荡，所以不觉得有霜霰飞扬。

[6]　汀：水边平地，小洲。

[7]　纤尘：微细的灰尘。

[8]　月轮：指月亮，因为月圆时像车轮，所以称为月轮。

[9]　穷已：穷尽。

[10]　望：一作“只”。

[11]　但见：只见、仅见。

[12]　悠悠：渺茫、深远。

[13]　青枫浦：地名，今湖南浏阳市境内有青枫浦。这里泛指游子所在的地方。暗用《楚辞·招魂》“湛湛江水兮上有枫，目极千里兮伤春心”句意，隐含离别之意。

[14] 扁舟子：飘荡江湖的游子。扁舟，小舟。

[15] 明月楼：月夜下的闺楼，这里指闺中思妇。

[16] 月徘徊：指月光偏照闺楼，徘徊不去，令人不胜其相思之苦。

[17] 离人：这里指思妇。妆镜台：梳妆台。

[18] 玉户：形容楼阁华丽，以玉石镶嵌。

[19] 捣衣砧：捣衣石，捶布石。

[20] 相闻：互通音信。

[21] 逐：追随。月华：月光。

[22] 文：同“纹”。

[23] 闲潭：幽静的水潭。

[24] 碣石：山名，在渤海边上。潇湘：湘江与潇水，在今湖南；这里两个地名一南一北，暗指路途遥远，相聚无望。无限路：极言离人相距之远。

[25] 乘月：趁着月光。

[26] 摇情：激荡情思，犹言牵情。

【知识链接】

张若虚(约 660—约 720)，唐代诗人，扬州(今属江苏)人，官至兖州兵曹。与贺知章、张旭、包融齐名，号称“吴中四士”。事迹略见于《旧唐书·贺知章传》。《全唐诗》仅存其诗二首。

《春江花月夜》为乐府吴声歌曲名，相传为南朝陈后主所作，原词已不传，《旧唐书·音乐志二》云：“《春江花月夜》《玉树后庭花》《堂堂》，并陈后主作。叔宝常与宫中女学士及朝臣相和为诗，太乐令何胥又善于文咏，采其尤艳丽者以为此曲。”后来隋炀帝又曾做过此曲。《乐府诗集》卷四十七收《春江花月夜》七篇，其中有隋炀帝的两篇。张若虚这首为拟题作诗，与原先的曲调已不同。

《春江花月夜》在思想与艺术上都超越了以前那些单纯模山范水的景物诗，诗人给这些屡见不鲜的传统题材注入了新的含义，融诗情、画意、哲理为一体，凭借对春江花月夜的描绘，尽情赞叹大自然的奇丽景色、讴歌人间纯洁的爱情，把对游子思妇的同情心扩大开来，与对人生哲理的追求、对宇宙奥秘的探索结合起来，从而汇成一种情、景、理水乳交融的幽美而邈远的意境。诗人将深邃美丽的艺术世界特意隐藏在惝恍迷离的艺术氛围之中，整首诗篇仿佛笼罩在一片空灵而迷茫的月色里，吸引着读者去探寻其中美的真谛。

【学以致用】

1. “江畔何人初见月……但见长江送流水”几句表达了作者怎样的思想感情？
2. 本诗被后人评价为“孤篇盖全唐”，请你说一说这首诗歌好在哪里。

三、南陵[1]别儿童入京

李　白

【阅读提示】

这篇诗作是李白创作的歌行体作品。诗歌用直陈其事的赋体，又兼采比兴、夹叙夹议，正面描写与侧面烘托相结合，在豪放跌宕的笔调中，洋溢着诗人积极奔放的生活热情和慷慨激越的进取精神，使诗人求用心切、受宠忘形的神态跃然纸上。全诗充分表达了诗人实现抱负时极其喜悦的心情和豪迈自得的心境。

白酒[2]新熟山中归，黄鸡啄黍秋正肥。
呼童烹鸡酌白酒，儿女嬉笑[3]牵人衣。
高歌取醉欲自慰，起舞落日争光辉[4]。
游说[5]万乘[6]苦不早[7]，著鞭跨马涉远道。
会稽愚妇轻买臣[8]，余亦辞家西入秦[9]。
仰天大笑出门去，我辈岂是蓬蒿人[10]！

【注释】

[1]　南陵：一说在东鲁，曲阜市南有陵城村，人称南陵；一说在今安徽省南陵县。

[2]　白酒：古代酒分清酒、白酒两种。《太平御览》卷八四四引三国魏鱼豢《魏略》："太祖时禁酒，而人窃饮之。故难言酒，以白酒为贤人，清酒为圣人。"

[3]　嬉笑：欢笑，戏乐。《魏书·崔光传》："远存瞩眺，周见山河，因其所眄，增发嬉笑。"

[4]　起舞落日争光辉：指起身舞剑，剑光闪闪与日光相辉映。

[5]　游说：战国时，有才之人以口辩舌战打动诸侯、获取官位，称为游说。

[6]　万乘：君主。周朝制度，天子地方千里、车万乘，后来称皇帝为万乘。

[7]　苦不早：意思是恨不能早些时候见到皇帝。

[8]　会稽愚妇轻买臣：引用朱买臣典故。买臣：即朱买臣，西汉会稽郡吴县(今江苏省苏州市境内)人。据《汉书·朱买臣传》："朱买臣，会稽郡吴人，家贫，好读书，不治产业。常刈薪樵，卖以给食，担束薪行且诵读。其妻亦负担相随，数止买臣毋歌讴道中，买臣愈益疾歌，妻羞之求去。买臣笑曰：'我年五十当富贵，今已四十余矣。汝苦日久，待我富贵报汝功。'妻恚怒曰：'如公等，终饿死沟中耳，何能富贵？'买臣不能留，即听去。后买臣为会稽太守，入吴界见其故妻、妻夫治道。买臣驻车，呼令后车载其夫妻到太守舍，置园中，给食之。居一月，妻自尽死。"

[9]　西入秦：即从南陵动身西行到长安去。秦：指唐时首都长安，春秋战国时为

秦地。

[10] 蓬蒿人：草野之人，也就是没有当官的人。蓬、蒿：都是草本植物，这里借指草野民间。

【知识链接】

李白(701—762)，字太白，号青莲居士，是屈原之后最具个性特色、最伟大的浪漫主义诗人，有“诗仙”之美誉，与杜甫并称“李杜”。其诗以抒情为主，表现出蔑视权贵的傲岸精神，对人民疾苦表示同情；又善于描绘自然景色，表达对祖国山河的热爱。诗风雄奇豪放、想象丰富，语言流转自然，音律和谐多变，善于从民间文艺和神话传说中吸取营养和素材，构成其特有的瑰玮绚烂的色彩，达到盛唐诗歌艺术的巅峰。存世诗文千余篇，有《李太白集》三十卷。

李白素有远大的抱负，他立志要“申管晏之谈，谋帝王之术，奋其智能，愿为辅弼，使寰区大定，海县清一”(《代寿山答孟少府移文书》)，但在很长时间里都没有得到实现的机会。天宝元年(742年)，李白已四十二岁，此时他得到唐玄宗召他入京的诏书。他异常兴奋，满以为实现政治理想的时机到了，立刻回到南陵家中，与儿女告别，并写下了这首激情洋溢的七言古诗，诗中毫不掩饰其喜悦之情。

【学以致用】

1. 诗歌前后两部分分别描写了什么内容？
2. 请结合诗句分析本诗在抒情手法上的特色。

四、侠客行[1]

李 白

【阅读提示】

这篇诗作是李白借乐府古题创作的一首诗。全诗抒发了作者对侠客的倾慕，对拯危济难、用世立功生活的向往，形象地表现了作者的豪情壮志。

赵客[2]缦胡缨[3]，吴钩[4]霜雪明[5]。
银鞍照白马，飒沓[6]如流星。
十步杀一人，千里不留行[7]。
事了拂衣去，深藏身与名。
闲过信陵[8]饮，脱剑膝前横。
将炙啖朱亥，持觞劝侯嬴[9]。

三杯吐然诺，五岳倒为轻[10]。

眼花耳热后，意气素霓[11]生。

救赵挥金槌，邯郸先震惊[12]。

千秋二壮士，烜赫[13]大梁城[14]。

纵死侠骨香，不惭世上英。

谁能书阁下，白首太玄经[15]。

【注释】

[1] 侠客行：乐府旧题。《乐府诗集》卷六十七收此诗，列于《杂曲歌辞》。行，古代诗歌的一种体裁。

[2] 赵客：燕赵之地的侠客，自古燕赵多慷慨悲歌之士。《庄子·说剑》："昔赵文王好剑，剑士夹门而客三千余人。"

[3] 缦胡缨：即少数民族没有花纹的带子。缦，没有花纹。缨，系冠帽的带子。

[4] 吴钩：宝刀名。

[5] 霜雪明：谓宝刀的锋刃像霜雪一样明亮。

[6] 飒沓：群飞的样子，形容马跑得快。

[7] "十步"两句：言侠客剑术高强，而且勇敢。《庄子·说剑》："臣之剑十步一人，千里不留行。"

[8] 信陵：信陵君，战国四公子之一，为人礼贤下士，门下食客三千余人。

[9] "将炙"两句：朱亥、侯嬴都是战国侠士。朱亥本是一名屠夫，侯嬴原是魏都大梁东门的门官，两人受到信陵君的礼遇，成为信陵君门客。炙，烤肉。啖，吃。啖朱亥，让朱亥吃。

[10] "三杯"两句：说几杯酒下肚就作出了承诺，并且把承诺看得比五岳还重。

[11] 素霓：白虹。古人认为，凡要出现不寻常的大事，就会有不寻常的天象出现。这句意思是，侠客重然诺、轻死生的精神感动了上天；也可理解为，侠客这一承诺，天下就要发生大事了。

[12] "救赵"两句：指信陵君窃符救赵的故事。秦军围攻赵都邯郸，赵国平原君向信陵君告急，信陵君用侯嬴之计窃得魏王兵符，朱亥锤杀魏将晋鄙，自将魏军救赵，遂解邯郸之围。

[13] 烜赫：形容声名盛大。

[14] 大梁城：魏国都城，今河南开封。

[15] 太玄经：西汉扬雄的一部哲学著作。扬雄曾在皇帝藏书的天禄阁任校刊工作。

【知识链接】

李白的这首《侠客行》抒发了作者对侠客的倾慕，对拯危济难、用世立功生活的向往。诗歌开篇描绘赵地侠客的形象与行为，诗人以夸张的笔墨，仅二十个字便将侠客的气势、风貌栩栩如生地展现出来了。侠客身着当时流行的任侠服饰，不仅具有典型性，而且流露出主人豪纵、慷慨之气，他乱发突鬓、身佩弯刀、白马银鞍、扬鞭疾骋，这是一幅粗犷英武的侠客肖像画。用《庄子》典故，夸剑之锋利，描写侠客解人之难不求回报的节操，高度概括了侠客排忧解难、不图名利、尚义气、重承诺的高尚人格。

李白《侠客行》一诗虽在礼赞侠客精神，但由于诗人就是尚义任侠的，所以此诗也是诗人的自我写照，诗人的豪情壮志在诗中表现无遗。

【学以致用】

1. 请结合诗歌分析作者是如何抒发对侠客的倾慕之情的。

2. 每个时代对“侠”都有不同的理解，对于建功立业、开疆拓土的年代，可能“十步杀一人，千里不留行”是侠客的写照，那么对于身处和平年代的我们呢？请说一说什么是你心中的时代之“侠”。

五、新安[1]吏

杜　甫

【阅读提示】

唐肃宗乾元元年(758年)冬，郭子仪收复长安和洛阳，旋即，和李光弼、王思礼等九节度使乘胜率军进击，以二十万兵力在邺城(即相州，治所在今河南安阳)包围了安庆绪叛军，局势十分可喜。然而昏庸的唐肃宗李亨对郭子仪、李光弼等领兵并不信任，诸军不设统帅，只派宦官鱼朝恩为观军容宣慰处置使，使诸军不相统属，又兼粮食不足，士气低落，两军相持到次年春天，史思明援军至，唐军遂在邺城大败。郭子仪退保东都洛阳，其余各节度使逃归各自镇守之地。安庆绪、史思明几乎重又占领洛阳。幸而郭子仪率领他的朔方军拆断河阳桥，才阻止了安史军队南下。这一战之后，官军散亡，兵员亟待补充。于是朝廷下令征兵。杜甫从洛阳回华州，路过新安，看到征兵的情况，写了这首诗。

客[2]行新安道，喧呼闻点兵[3]。
借问新安吏：“县小更[4]无丁？”
“府帖[5]昨夜下，次[6]选中男[7]行。”
“中男绝短小[8]，何以守王城[9]？”
肥男有母送，瘦男独伶俜[10]。
白水[11]暮东流，青山犹哭声。
“莫自使眼枯[12]，收汝泪纵横。
眼枯即见骨，天地[13]终无情！

我军取相州[14]，日夕望其平。
岂意[15]贼难料，归军[16]星散营[17]。
就粮[18]近故垒，练卒依旧京[19]。
掘壕[20]不到水[21]，牧马役亦轻。
况乃王师顺[22]，抚养[23]甚分明。
送行勿泣血，仆射[24]如父兄[25]。”

【注释】

[1]　新安：地名，今属河南洛阳。
[2]　客：杜甫自称。
[3]　点兵：征兵，抓丁。
[4]　更：岂。
[5]　府帖：指征兵的文书，即“军帖”。
[6]　次：依次。
[7]　中男：指十八岁以上、二十三岁以下成丁。这是唐天宝初年兵役制度规定的。
[8]　绝短小：极矮小。
[9]　王城：指东都洛阳，周代曾把洛邑称作王城。
[10]　伶俜：形容孤独伶仃的样子。
[11]　白水：河水。
[12]　眼枯：哭干眼泪。
[13]　天地：暗喻朝廷。
[14]　相州：即邺城，今河南安阳。
[15]　岂意：哪里料到。
[16]　归军：指唐朝的败兵。
[17]　星散营：像星星一样散乱地扎营。
[18]　就粮：到有粮食的地方就食。
[19]　旧京：这里指东都洛阳。
[20]　壕：城下之池。
[21]　不到水：指掘壕很浅。
[22]　王师顺：朝廷的军队是堂堂正正的正义之师。
[23]　抚养：爱护。
[24]　仆射：指郭子仪。
[25]　如父兄：指极爱士卒。

【知识链接】

杜甫(712—770)，字子美，尝自称少陵野老。举进士不第，曾任检校工部员外郎，故世称杜工部。他是唐代伟大的现实主义诗人，被后人尊为“诗圣”，与李白并称“李杜”。其诗大胆揭露当时社会矛盾，对穷苦人民寄予深切同情，内容深刻。他的许多优秀作品都显示出唐代由盛转衰的历史过程，因此被称为“诗史”。在艺术上，杜甫善于运用各种诗歌形式，尤长于律诗；风格多样，而以沉郁为主；语言精练，具有高度的表达能力。存诗 1400 多首，有《杜工部集》。

本诗反映了作者对统治者尽快平息叛乱、实现王朝中兴的期望，与《石壕吏》《潼关吏》统称“三吏”。杜甫在诗中所表现的矛盾，除了有他自己思想上的根源外，同时又是社会现实本身矛盾的反映。一方面，当时安史叛军烧杀掳掠，对中原地区生产力和人民生活的破坏是空前的；另一方面，唐朝统治者在平时剥削、压迫人民，在国难当头的时候，却又昏庸无能，把战争造成的灾难全部推向人民，根本不顾百姓死活。这两种矛盾，在当时社会现实中尖锐地存在着，然而前者毕竟居于主要地位。可以说，在平叛这一点上，人民和唐王朝多少有一致的地方。因此，杜甫的“三吏”和“三别”(《新婚别》《无家别》《垂老别》)既揭露统治集团不顾人民死活，又旗帜鲜明地肯定平叛战争，甚至对应征者加以劝慰和鼓励，读者也就不难理解了。

【学以致用】

1. 诗中“肥男有母送”一句能够改成“肥男有父送”或“肥男父母送”吗？为什么？
2. 诗歌表达了作者什么样的思想感情？

六、长恨歌

白居易

【阅读提示】

《长恨歌》是唐代诗人白居易的一首长篇叙事诗，全诗形象地叙述了唐玄宗与杨贵妃的爱情悲剧。诗人借历史人物和传说，创造了一个回旋曲折、婉转动人的故事，并通过塑造的艺术形象，再现了现实生活的真实，感染了千百年来的读者。

唐宪宗元和元年(806 年)，白居易任盩厔(今西安市周至县)县尉。一日，与友人陈鸿、王质夫到马嵬驿附近的盩厔境内仙游寺游览，谈及李隆基与杨贵妃事。王质夫认为，像这样突出的事情，如无大手笔加工润色，就会随着时间的推移而销没。于是在王质夫的鼓励下，白居易创作了这首长诗。因为长诗的最后两句是“天长地久有时尽，此恨绵绵无绝期”，所以他们就称这首诗叫《长恨歌》。陈鸿同时写了一篇传奇小说《长恨歌传》。

汉皇[1]重色思倾国[2]，御宇[3]多年求不得。
杨家有女初长成，养在深闺人未识[4]。
天生丽质[5]难自弃，一朝选在君王侧。

回眸一笑百媚生，六宫粉黛无颜色[6]。
春寒赐浴华清池[7]，温泉水滑洗凝脂[8]。
侍儿[9]扶起娇无力，始是新承恩泽[10]时。
云鬓花颜金步摇[11]，芙蓉帐[12]暖度春宵。
春宵[13]苦短日高起，从此君王不早朝。
承欢侍宴无闲暇，春从春游夜专夜。
后宫佳丽三千人[14]，三千宠爱在一身。
金屋[15]妆成娇侍夜，玉楼宴罢醉和春。
姊妹弟兄皆列土[16]，可怜[17]光彩生门户。
遂令天下父母心，不重生男重生女[18]。
骊宫[19]高处入青云，仙乐风飘处处闻。
缓歌慢舞凝丝竹[20]，尽日君王看不足。
渔阳鼙鼓[21]动地来，惊破霓裳羽衣曲[22]。
九重城阙烟尘生[23]，千乘万骑西南行[24]。
翠华摇摇行复止，西出都门百馀里。[25]
六军[26]不发无奈何，宛转蛾眉[27]马前死。
花钿委地[28]无人收，翠翘金雀玉搔头[29]。
君王掩面救不得，回看血泪相和流。
黄埃散漫风萧索，云栈萦纡登剑阁。[30]
峨嵋山[31]下少人行，旌旗无光日色薄。
蜀江水碧蜀山青，圣主朝朝暮暮情。
行宫[32]见月伤心色，夜雨闻铃[33]肠断声。
天旋地转回龙驭[34]，到此踌躇不能去。
马嵬坡下泥土中，不见玉颜空死处[35]。
君臣相顾尽沾衣，东望都门信马[36]归。
归来池苑皆依旧，太液芙蓉未央柳[37]。
芙蓉如面柳如眉，对此如何不泪垂。
春风桃李花开日，秋雨梧桐叶落时。
西宫南内[38]多秋草，落叶满阶红不扫。
梨园弟子[39]白发新，椒房阿监青娥老[40]。
夕殿萤飞思悄然，孤灯挑尽[41]未成眠。
迟迟[42]钟鼓初长夜，耿耿星河欲曙天[43]。
鸳鸯瓦冷霜华重[44]，翡翠衾寒谁与共[45]。
悠悠生死别经年，魂魄不曾来入梦。
临邛道士鸿都客[46]，能以精诚致魂魄[47]。
为感君王辗转思，遂教方士殷勤觅[48]。

排空驭气[49]奔如电，升天入地求之遍。
上穷碧落下黄泉[50]，两处茫茫皆不见。
忽闻海上有仙山[51]，山在虚无缥缈间。
楼阁玲珑五云起[52]，其中绰约[53]多仙子。
中有一人字太真，雪肤花貌参差[54]是。
金阙西厢叩玉扃[55]，转教小玉报双成[56]。
闻道汉家天子使，九华帐[57]里梦魂惊。
揽衣推枕起徘徊，珠箔银屏迤逦开[58]。
云鬓半偏新睡觉[59]，花冠不整下堂来。
风吹仙袂[60]飘飖举，犹似霓裳羽衣舞。
玉容寂寞泪阑干[61]，梨花一枝春带雨。
含情凝睇[62]谢君王，一别音容两渺茫。
昭阳殿[63]里恩爱绝，蓬莱宫[64]中日月长。
回头下望人寰[65]处，不见长安见尘雾。
惟将旧物[66]表深情，钿合金钗寄将去[67]。
钗留一股合一扇，钗擘黄金合分钿。[68]
但教心似金钿坚，天上人间会相见。
临别殷勤重寄词[69]，词中有誓两心知[70]。
七月七日长生殿[71]，夜半无人私语时。
在天愿作比翼鸟[72]，在地愿为连理枝[73]。
天长地久有时尽，此恨绵绵无绝期[74]。

【注释】

[1] 汉皇：原指汉武帝刘彻，此处借指唐玄宗李隆基。唐人文学创作常以汉称唐。

[2] 重色：爱好女色。倾国：绝色女子。汉代李延年对汉武帝唱了一首歌：“北方有佳人，绝世而独立。一顾倾人城，再顾倾人国。宁不知倾城与倾国，佳人难再得。”此后“倾国倾城”就成为美女的代称。

[3] 御宇：驾御宇内，即统治天下。汉贾谊《过秦论》：“振长策而御宇内。”

[4] 杨家有女：蜀州司户杨玄琰的女儿杨玉环，自幼由叔父杨玄珪抚养，十七岁被册封为玄宗之子寿王李瑁之妃。二十七岁被玄宗册封为贵妃。“养在深闺人未识”，是作者有意为帝王避讳的说法。

[5] 丽质：美丽的姿质。

[6] 六宫粉黛：指宫中所有嫔妃。古代皇帝设六宫，正寝(日常处理政务之地)一，燕寝(休息之地)五，合称六宫。粉黛：粉黛本为女性化妆用品，粉以抹脸，黛以描眉。此代指六宫中的女性。无颜色：意谓相形之下，都失去了美好的姿容。

[7] 华清池：即华清池温泉，在今西安市临潼区南的骊山下。唐贞观十八年(644 年)

建汤泉宫，咸亨二年(671 年)改名温泉宫，天宝六载(747)扩建后改名华清宫。唐玄宗每年冬、春季都到此居住。

[8]　凝脂：形容皮肤白嫩滋润，犹如凝固的脂肪。《诗经 • 卫风 • 硕人》："肤如凝脂"。

[9]　侍儿：宫女。

[10]　新承恩泽：刚得到皇帝的宠幸。

[11]　云鬓：一作"云髻"。《木兰诗》："当窗理云鬓，对镜帖花黄"。形容女子鬓发盛美如云。金步摇：一种金首饰，用金银丝盘成花之形状，上面缀着垂珠之类，插于发鬓，走路时摇曳生姿。

[12]　芙蓉帐：绣着莲花的帐子，形容帐之精美。萧纲《戏作谢惠连体十三韵》："珠绳翡翠帷，绮幕芙蓉帐。"

[13]　春宵：新婚之夜。

[14]　佳丽三千：形容后宫女子之多。《后汉书 • 皇后纪》记载，自武元之后，世增淫费，乃至掖庭三千。《旧唐书 • 宦官传》等记载，开元、天宝年间，长安大内、大明、兴庆三宫，皇子十宅院，皇孙百孙院，东都大内、上阳两宫，大率宫女四万人。

[15]　金屋：《汉武故事》记载，武帝幼时，他姑妈将他抱在膝上，问他要不要她的女儿阿娇作妻子，他笑着回答说："若得阿娇，当以金屋藏之。"

[16]　列土：分封土地。

[17]　可怜：可爱，值得羡慕。

[18]　不重生男重生女：陈鸿《长恨歌传》云，当时民谣有"生女勿悲酸，生男勿喜欢"，"男不封侯女作妃，看女却为门上楣"等。

[19]　骊宫：骊山华清宫。骊山在今陕西临潼。

[20]　慢：一作"谩"。凝丝竹：指弦乐器和管乐器伴奏出舒缓的旋律。

[21]　渔阳：郡名，辖今北京市平谷区和天津市的蓟州区等地，当时属于平卢、范阳、河东三镇节度使安禄山的辖区。天宝十四载(755 年)冬，安禄山在范阳起兵叛乱。鼙鼓：古代骑兵用的小鼓，此借指战争。

[22]　霓裳羽衣曲：舞曲名，据说为唐开元年间西凉节度使杨敬述所献，经唐玄宗润色并制作歌词，改用此名。乐曲着意表现虚无缥缈的仙境和仙女形象。

[23]　九重城阙：九重门的京城，此指长安。烟尘生：指发生战事。阙，意为古代宫殿门前两边的楼，泛指宫殿或帝王的住所。《楚辞 • 九辩》："君之门以九重。"

[24]　千乘万骑西南行：天宝十五载(756 年)六月，安禄山破潼关，逼近长安。玄宗带领杨贵妃等出延秋门向西南方向逃走。当时随行护卫并不多，"千乘万骑"是夸大之词。骑：一人一马为一骑。

[25]　翠华两句：李隆基西奔至距长安百余里的马嵬驿(今陕西兴平)，扈从禁卫军发难，不再前行，请诛杨国忠、杨玉环兄妹以平民怨。玄宗为保自身，只得照办。都门：指延秋门，安禄山起兵叛乱，唐玄宗与杨贵妃即由延秋门出长安赴蜀避难。翠华：用翠鸟羽毛装饰的旗帜，皇帝仪仗队用。百馀里：指到了距长安一百多里的马嵬坡。

[26]　六军：指天子军队。《周礼·夏官·司马》：“王六军。”据新旧《唐书·玄宗纪》《资治通鉴》等记载：天宝十五载(756 年)六月，哥舒翰至潼关，为其帐下火拔归仁执之降安禄山，潼关不守，京师大骇。玄宗谋幸蜀，乃下诏亲征，仗下后，士庶恐骇。乙未日凌晨，玄宗自延秋门出逃，扈从唯宰相杨国忠、韦见素，内侍高力士及太子、亲王、妃主，皇孙已下多从之不及。丙辰日，次马嵬驿(在兴平市北，今属陕西)，诸军不进。龙武大将军陈玄礼奏：逆胡指阙，以诛国忠为名，然中外群情，不无嫌怨。今国步艰阻，乘舆震荡，陛下宜徇群情，为社稷大计，国忠之徒，可置之于法。会吐蕃使遮国忠告诉于驿门，众呼曰：杨国忠连蕃人谋逆！兵士围驿四合，及诛杨国忠、魏方进一族，兵犹未解。玄宗令高力士诘之，回奏曰：诸将既诛国忠，以贵妃在宫，人情恐惧。玄宗即命力士赐贵妃自尽。

[27]　宛转：形容美人临死前哀怨缠绵的样子。蛾眉：古代美女的代称，此指杨贵妃。《诗经·卫风·硕人》：“螓首蛾眉。”

[28]　花钿：用金翠珠宝等制成的花朵形首饰。委地：丢弃在地上。

[29]　翠翘：首饰，形如翡翠鸟尾。金雀：金雀钗，钗形似凤(古称朱雀)。玉搔头：玉簪。《西京杂记》卷二：“武帝过李夫人，就取玉簪搔头。自此后宫人搔头皆用玉。”

[30]　云栈：高入云霄的栈道。萦纡：萦回盘绕。剑阁：又称剑门关，在今四川剑阁县北，是由秦入蜀的要道。此地群山如剑，峭壁中断处，两山对峙如门。诸葛亮相蜀时，凿石架凌空栈道以通行。

[31]　峨嵋山：在今四川峨眉山市。玄宗奔蜀途中，并未经过峨嵋(眉)山，这里泛指蜀中高山。

[32]　行宫：皇帝离京出行在外的临时住所。

[33]　夜雨闻铃：《明皇杂录·补遗》：“明皇既幸蜀，西南行。初入斜谷，霖雨涉旬，于栈道雨中闻铃音与山相应。上既悼念贵妃，采其声为《雨霖铃曲》以寄恨焉。”这里暗指此事。后《雨霖铃》成为宋词词牌名。

[34]　天旋地转：指时局好转。肃宗至德二年(757 年)，郭子仪军收复长安。回龙驭：皇帝的车驾归来。

[35]　不见玉颜空死处：据《旧唐书·后妃传》记载：玄宗自蜀还，令中使祭奠杨贵妃，密令改葬于他所。初瘗时，以紫褥裹之，肌肤已坏，而香囊仍在，内官以献，上皇视之凄惋，乃令图其形于别殿，朝夕视焉。

[36]　信马：指无心鞭马，任马前进。

[37]　太液：汉宫中有太液池。未央：汉有未央宫。此皆借指唐长安皇宫。

[38]　西宫南内：皇宫之内称为大内。西宫即西内太极宫，南内为兴庆宫。玄宗返京后，初居南内。上元元年(760 年)，权宦李辅国假借肃宗名义，胁迫玄宗迁往西内，并流贬玄宗亲信高力士、陈玄礼等人。

[39]　梨园弟子：指玄宗当年训练的乐工舞女。梨园：据《新唐书·礼乐志》记载，唐玄宗时宫中教习音乐的机构，曾选“坐部伎”三百人教练歌舞，随时应诏表演，号称

"皇帝梨园弟子"。

[40] 椒房：后妃居住之所，因为用花椒和泥抹墙，所以这样称呼。阿监：宫中的侍从女官。青娥：年轻的宫女。

[41] 孤灯挑尽：古时用油灯照明，为使灯火明亮，过了一会儿就要把浸在油中的灯草往前挑一点。挑尽，说明夜已深。唐时宫廷夜间燃烛而不点油灯，此处旨在形容玄宗晚年生活环境的凄苦。

[42] 迟迟：迟缓。报更钟鼓声起止原有定时，这里用以形容玄宗长夜难眠时的心情。

[43] 耿耿：微明的样子。欲曙天：长夜将晓之时。

[44] 鸳鸯瓦：屋顶上俯仰相对合在一起的瓦。据《三国志·魏书·方技传》记载，文帝梦殿屋两瓦堕地，化为双鸳鸯。房瓦一俯一仰相合，称阴阳瓦，亦称鸳鸯瓦。霜华：霜花。

[45] 翡翠衾：布面绣有翡翠鸟的被子。《楚辞·招魂》："翡翠珠被，烂齐光些"，意思是非常珍贵。谁与共：与谁共。

[46] 临邛道士鸿都客：意思是有个从临邛来长安的道士。临邛：今四川邛崃市。鸿都：东汉都城洛阳的宫门名，这里借指长安。《后汉书·灵帝纪》："光和元年二月，始置鸿都门学士。"

[47] 致魂魄：招来亡魂，这里指招来杨贵妃的亡魂。

[48] 方士：有法术的人，这里指道士。殷勤：尽力。

[49] 排空驭气：即腾云驾雾。

[50] 穷：穷尽，找遍。碧落：即天空。黄泉：指地下。

[51] 海上仙山：据《史记·封禅书》记载，自威、宣、燕昭使人入海求蓬莱、方丈、瀛洲，此三神山者，其传在渤海中。

[52] 玲珑：华美精巧。五云：五彩云霞。

[53] 绰约：体态轻盈柔美。《庄子·逍遥游》："藐姑射之山，有神人居焉，肌肤若冰雪，绰约如处子。"

[54] 参差：仿佛，差不多。

[55] 金阙：《太平御览》卷六六引《大洞玉经》记载，上清宫门中有两阙，左金阙、右玉阙。西厢：《尔雅·释宫》记载，室有东西厢曰庙，西厢在右。玉扃：玉门，玉阙。

[56] 转教小玉报双成：意谓仙府庭院重重，须经辗转通报。小玉：吴王夫差女。双成：传说中西王母的侍女，这里皆借指杨贵妃在仙山的侍女。

[57] 九华帐：绣饰华美的帐子。九华：重重花饰的图案，指帐子非常精美。《宋书·后妃传》："自汉氏昭阳之轮奂，魏室九华之照耀。"

[58] 珠箔：珠帘。银屏：饰银的屏风。迤逦：接连不断地。

[59] 新睡觉：刚睡醒。觉，醒。

[60] 袂：衣袖。

[61] 玉容寂寞：此指神色黯淡凄楚。阑干：纵横交错的样子，这里形容泪痕满面。

[62] 凝睇：凝视。

[63]　昭阳殿：汉成帝宠妃赵飞燕的寝宫，这里借指杨贵妃住过的宫殿。

[64]　蓬莱宫：传说中的海上仙山，这里指贵妃在仙山的居所。

[65]　人寰：人间。

[66]　旧物：指生前与玄宗定情的信物。

[67]　寄将去：托道士带回。

[68]　钗留二句：把金钗、钿盒分成两半，自留一半。擘：分开。合分钿：将钿盒上的图案分成两部分。

[69]　重寄词：贵妃在告别时重又托他捎话。

[70]　两心知：只有玄宗、贵妃二人心里明白。

[71]　长生殿：在骊山华清宫内，天宝元年(742 年)造。“七月”以下六句为作者虚拟之词。陈寅恪在《元白诗笺证稿·长恨歌》中写道：“长生殿七夕私誓之为后来增饰之物语，并非当时真确之事实”。“玄宗临幸温汤必在冬季、春初寒冷之时节。今详检两唐书玄宗记无一次于夏日炎暑时幸骊山。”这里的长生殿也并不是华清宫的长生殿，而是长安皇宫寝殿的习称。

[72]　比翼鸟：传说中的一种鸟，据说只有一目一翼，雌雄并在一起才能飞。

[73]　连理枝：两株树木树干相抱。古人常用“比翼鸟”“连理枝”比喻情侣相爱、永不分离。

[74]　恨：遗憾。绵绵：连绵不断。

【知识链接】

白居易(772—846)，唐代诗人，河南新郑人，字乐天，号香山居士。贞元进士，授秘书省校书郎。元和年间任左拾遗及左赞善大夫。后因上表请求严缉刺死宰相武元衡的凶手，得罪权贵，贬为江州司马。长庆初年任杭州刺史，宝历初年任苏州刺史，后官至刑部尚书。在文学上，主张“文章合为时而著，歌诗合为事而作”，是新乐府运动的倡导者。其诗语言通俗，很受百姓喜爱。白居易被后人尊为“诗魔”和“诗王”，和元稹并称“元白”，和刘禹锡并称“刘白”，有《白氏长庆集》。

【学以致用】

1. 诗歌以“长恨”为题，那么是谁在“恨”？为什么“恨”？其所“恨”的又是什么？
2. 请结合内容分析诗歌中玄宗和贵妃的形象。

第二节　散　　文

在唐代，散文的发展与诗歌并不同步。当诗歌已经高度繁荣的时候，散文的文体文风改革才刚开始。文体文风的改革，从内容上说，是“明道载道”，把散文引向政教之用，这和当时的政治形势有着密切的关系；从形式上说，是由骈体转向散体，是散文自身发展的一种需求。这是一次有目的、有理论主张、有广泛参与者并且有深远影响的文学革新。今人习惯上把它称为“古文运动”。

初唐陈子昂提倡风雅兴寄，在唐代影响很大，但并未形成文体文风改革的普遍风气。

韩愈、柳宗元明确提出“文以明道”的主张，走上了以文明道、反对不切实际的文体文风的路途。他们将文体文风的改革作为其政治实践的组成部分，赋予文章以强烈的政治色彩和鲜明的现实品格，去其浮靡空洞而返归质实真切，创作了大量包含政治激情、具有强烈针对性和感召力的古文杰作。在这一过程中，韩愈还以文坛盟主的地位，对从事古文写作的文人予以大力扶持和称赞，在他周围，聚集了张籍、李翱、李汉、皇甫湜、樊宗师、侯喜等一大批古文作者，声势颇为强大。柳宗元当时身在南方，创作古文的声势和影响虽不及韩愈，却也不是默默无闻。据《旧唐书》本传载：“江岭间为进士者，不远数千里皆随宗元师法，凡经其门，必为名士。”

文体文风的改革高潮也与文章发展的内部规律密切相关。骈文是唐代前期普遍使用的文章样式，自“初唐四杰”开始，不少作品已于工整的对偶、华丽的辞藻之外，展示出流走活泼的生气和注重骨力的刚健风格，如王勃的《滕王阁序》、骆宾王的《代李敬业传檄天下文》，其落霞孤鹜之景，一披六尺之情，英思壮彩，珍词秀句，为人千古传诵；杨炯的《王勃集序》、卢照邻的《释疾文》等也都情文并茂，粲然可观。进入盛唐以后，骈体文风有了更大的改变。骈文去其赘典浮辞，走向平易流畅的过程，反映出文风正在不知不觉的变化之中。文风的这种变化，反映了散文领域中要求改革的愿望。

散体文的创作高峰是在中唐时期，但这个高峰是建立在此前散体文不断发展的基础之上的。陈子昂的出现，在唐代前期文风的转变上起了关键作用。他提倡风雅兴寄和汉魏风骨，使“天下翕然，质文一变”（卢藏用《陈子昂集序》）。直至开元末，写散体文的人数开始增多，散体文的表现领域也日趋扩大。这一时期最有生气的散体之作，是那些出自诗人之手的书信和抒情小文。李白和王维是其中的典型代表，他们将诗人的激情和意绪注入文中，使文既具有诗的特点，又不失文的本色，形成了盛唐时期特有的“诗人之文”。

至韩愈、柳宗元时期，二人先后创作了八百多篇散文，其中政论、书启、赠序、杂说、传记、祭文、墓志、寓言、游记乃至传奇小说，应有尽有。韩愈的论说文从内容上可分为两类，一类重在宣扬道统和儒家思想，如《原道》《原性》《原人》等；另一类重在反映现实、揭露矛盾，作不平之鸣，而且不少篇章还有一种反流俗、反传统的力量，并在行文中夹杂着强烈的感情倾向。在这类论说文中，《师说》最有代表性。柳宗元读此文后说韩愈“抗颜为师”，以致被世俗目为“狂人”，可见此文所蕴含的勇力胆魄及其对流俗的冲击力量。

韩愈杂文中最可瞩目的是那些嘲讽现实、议论犀利的精悍短文，如《杂说》《获麟解》《伯夷》等，形式活泼，不拘一格，有很高的文学价值，对后世也颇有影响。其中最为人称道的是“世有伯乐，然后有千里马。千里马常有，而伯乐不常有。”（《马说》）

当韩愈积极活动于政治文化中心、奋笔为文的时候，柳宗元正置身偏远的贬所，写出了一批闪耀着思想火花而又韵味隽永的短篇杂文。柳宗元的杂文有两个显著特征：一是正话反说，借问答体抒发自己被贬被弃的一怀幽愤，《答问》《起废答》《愚溪对》等均属此类作品。另一个是巧借形似之物，抨击政敌和现实，如《骂尸虫文》《宥蝮蛇文》《憎王孙文》《斩曲几文》等。柳宗元的寓言文大都结构短小而极富哲理意味。《三戒》借麋、驴、鼠的故事，写三件应该警戒的事情。这三则寓言用笔精到而细节刻画非常生动，其意在于讽刺那些“不知推己之本，而乘物以逞，或依势以干非其类，出技以怒强，窃时以肆暴，然卒殆于祸”（《三戒序》）者，但作为一种人生哲理，它的意义还要广泛得多。

柳宗元的传记文与抒情也颇有佳者，如《捕蛇者说》等。

山水游记是柳宗元散文中的精品，也是作者悲剧人生的审美情趣的结晶。身世遭遇和环境压迫造成心理的变异，长歌当哭、强颜为欢、聊为优游、乐而复悲，由意在宣泄悲情到艺术地表现自然，将悲情沉潜于作品之中，形成了柳氏山水游记“凄神寒骨”之美的特色。柳宗元的山水游记于选取深奥幽美的小景物，经过一丝不苟地精心刻画，展现出高于自然原型的艺术之美。

在韩愈、柳宗元领导文体文风改革并从事散体文创作的同时，中唐文坛还活跃着一大批古文作家，他们或自出机杼，或受韩、柳影响，纷纷投入散体文的写作。如刘禹锡早在贞元十年之前，即已写了不少散体之作，被贬之后所作益多，他的文章富于才辩，批判性甚强。尽管在宣宗、懿宗年间及以后的文坛上，还有杜牧、刘蜕等少数作家敢于藐视末俗，继续创作并取得了一定成就，但古文日渐衰落的大趋势却是难以逆转的了。

在古文走向的衰落的过程中，晚唐小品却异军突起，大放光彩。晚唐小品有三个基本特点：一是篇幅短小精悍；二是多为刺时之作，有的放矢，批判性强；三是情感炽烈，贯注生气。其代表作家有皮日休、陆龟蒙、罗隐等人。晚唐小品以其鲜明的时代特征受到后人的喜爱和称赞。

由于晚唐社会矛盾日趋突出，文人分化更加明显，有的仍热衷于政治，有的置身局外、冷眼旁观，但更多的人则走上消极颓废一途，胸襟既狭、视野复窄，寄情声色之乐、追求形式之美，于是骈文卷土重来。

晚唐令狐楚、李商隐、温庭筠、段成式等人都擅长骈体文，他们大力提倡以四字、六字相间为句的四六文，重辞藻、典故、声韵、偶对，向唯美主义方向发展，并将骈文广泛应用到书信、公文、表奏等各种文体中。在创作技巧和文风上，他们的骈文有了一些新的变化，大都雕镂精工、用典深僻、词采繁缛、偶对切当，风格更为华丽浓艳，其中以李商隐的骈文最具代表性。

李商隐早期致力于古文写作，其传记散文生动传神，简洁隽永；后投入骈文大家令狐楚门下，通习四六之文，并以此著称。他所作骈文除具上述骈四俪六、重形式美的特点外，还呈现出既宛转流畅又典丽清峻的风神。当然，李商隐还有不少章、表、书、启类作品，但一味用典，文意晦涩，过于重视词采，缺乏动人的情感力量。

选文欣赏

一、原[1]毁

韩 愈

【阅读提示】

《原毁》是唐代文学家韩愈创作的一篇古文。此文论述和探究毁谤产生的原因，文章先从正面开导，说明一个人应该如何正确对待自己和对待别人才符合君子之德、君子之风，然后将不合这个准则的行为拿来对照，最后指出其根源及危害性。全篇行文严肃而恳切，句式整齐中有变化，语言生动而形象，刻画当时士风可谓入木三分。

古之君子[2]，其责[3]己也重以周，其待人也轻以约。重以周，故不怠；轻以约，故人乐为善。

闻古之人有舜者，其为人也，仁义人也。求其所以为舜者，责于己曰："彼，人也；予，人也。[4]彼能是，而我乃不能是！"早夜以思，去其不如舜者，就其如舜者[5]。闻古之人有周公者，其为人也，多才与艺人也。求其所以为周公者，责于己曰："彼，人也；予，人也。彼能是，而我乃不能是！"早夜以思，去其不如周公者，就其如周公者。舜，大圣人也，后世无及焉；周公，大圣人也，后世无及焉。是人[6]也，乃曰："不如舜，不如周公，吾之病也。"是不亦责于己者重以周乎！其于人也，曰："彼人也，能有是，是足为良人矣；能善是，是足为艺人矣。[7]"取其一，不责其二，即其新，不究其旧，恐恐然惟惧其人之不得为善之利。一善易修也，一艺易能也。其于人也，乃曰："能有是，是亦足矣。"曰："能善是，是亦足矣。"不亦待于人者轻以约乎？

今之君子则不然。其责人也详，其待己也廉[8]。详，故人难于为善；廉，故自取也少[9]。己未有善，曰："我善是，是亦足矣。"己未有能，曰："我能是，是亦足矣。"外以欺于人，内以欺于心，未少有得而止矣，不亦待其身者已[10]廉乎？

其于人也，曰："彼虽能是，其人不足称也；彼虽善是，其用[11]不足称也。"举其一不计其十，究其旧不图其新：恐恐然惟惧其人之有闻[12]也。是不亦责于人者已详乎？

夫是之谓不以众人[13]待其身，而以圣人望于人，吾未见其尊己也。

虽然[14]，为是者，有本有原，怠与忌之谓也。怠者不能修，而忌者畏人修。吾尝[15]试之矣，尝试语[16]于众曰："某良士，某良士。"其应者，必其人之与也[17]；不然，则其所疏远不与同其利者也；不然，则其畏[18]也。不若是，强者必怒于言，懦者必怒于色矣。又尝语于众曰："某非良士，某非良士。"其不应者，必其人之与也；不然，则其所疏远不与同其利者也；不然，则其畏也。不若是，强者必说于言，懦者必说于色矣。

是故事修[19]而谤兴，德高而毁来。呜呼！士之处此世，而望名誉之光[20]，道德之行，难已！

将有作于上者，得吾说而存之，其国家可几而理欤[21]！

【注释】

[1] 原：推究，探究。

[2] 君子：指旧时贵族阶级士大夫。

[3] 责：要求。

[4] 彼：指舜。予：同“余”，我。

[5] 去：去掉，抛弃。就：追求，成就。

[6] 是人：指古之君子。

[7] 良人：善良的人。艺人：有才能的人。

[8] 详：详尽。廉：低。

[9] 少：稍微。

[10] 已：太。

[11] 用：作用，指才能。

[12] 闻：名声，声望。

[13] 众人：一般人。望：期待，要求。

[14] 虽然：虽然这样。

[15] 尝：曾经。

[16] 语：告诉。

[17] 应：响应，附和。与：党与，朋友。

[18] 畏：畏惧。指害怕他的人。

[19] 修：整治、完善。

[20] 光：光大，昭著。

[21] 有作于上：在上位有所作为。存：记住。几：庶几，差不多。理：治理。

【知识链接】

韩愈(768—824)，唐代文学家、思想家，位居唐宋八大家之首。字退之，河阳(今河南省孟州市)人，贞元进士。唐宪宗时，曾随同裴度平定淮西藩镇之乱。在刑部侍郎任上，他因上疏触怒宪宗，被贬为潮州刺史。后于穆宗时，召为国子监祭酒，历任京兆尹及兵部、吏部侍郎。他和柳宗元政见不和，但并未影响他们共同携手倡导古文运动，并称“韩柳”。在诗歌方面，他更是别开生面，创建了“韩孟诗派”。他善于用强健而有力的笔触，驱使纵横磅礴的气势，夹杂着恢奇诡谲的情趣，给诗思渲染上一层浓郁瑰丽的色彩，造成奔雷掣电的壮观。韩诗在艺术上有“以文为诗”的特点，对后世亦有不小的影响。有《韩昌黎集》四十卷，《外集》十卷。

本文从“责己”“待人”两个方面，进行古今对比，指出当时社会嫉贤妒能，毁谤滋多的恶劣风气，并剖析其原因在于“怠”与“忌”。行文严肃而恳切，句式整齐中有变化，语言生动形象，刻画入木三分。

韩愈的议论文一般都具有结构严谨、说理透辟、逻辑严密的特点，《原毁》也不例外。文章的宗旨在于探索毁谤之根源，从古今君子之对比入手，先古后今，由正到反，最后揭示根源，间架细密，环环相扣，足见作者结构布局之匠心。文章最突出的特点还是对比和排比修辞手法的运用。通篇以古今君子相对比，比较他们对人对己态度的不同；而在描述古或今之君子的表现时，其对人对己的不同又构成一比；最后再以“某良士”“某非良士”的一反一正的“试语”相对比，甚至把对比和一定的形象性描写结合起来，揭露的作用更鲜明尖锐。

【学以致用】

1. 本文的中心论点是什么？
2. 作者是如何论证自己观点的？请举例说明。

二、蝜蝂[1]传

柳宗元

【阅读提示】

《蝜蝂传》是唐代文学家柳宗元的寓言作品。本文刻画了一种具有善负物、喜爬高特征的蝜蝂小虫并将其与“今世之嗜取者”作对比描写，把批判的矛头直指当时的腐败官场。文章虽然篇幅短小，却像是一面明镜映射出当时社会的黑暗现实，全文前后意理贯通，内在逻辑十分严密，将小虫和官僚的形象淋漓尽致地揭示出来，用语精警，立意深刻。

蝜蝂者，善负小虫也。行遇物，辄[2]持取，卬[3]其首负之。背愈重，虽困剧[4]不止也。其背甚涩[5]，物积因[6]不散，卒[7]踬仆[8]不能起。人或[9]怜之，为去其负。苟[10]能行，又持取如故。又好上高[11]，极其力不已，至坠地死。

今世之嗜取者，遇货[12]不避，以厚其室[13]，不知为己累也，唯恐其不积。及其怠而踬[14]也，黜[15]弃之，迁徙[16]之，亦以[17]病[18]矣。苟能起，又不艾[19]。日思高其位，大其禄，而贪取滋[20]甚，以近于危坠，观前之死亡不知戒。虽其形魁然[21]大者也，其名人[22]也，而智则小虫也。亦足哀夫！

【注释】

[1] 蝜蝂(fù bǎn)：《尔雅》中记载的一种黑色小虫，背隆起部分可负物。

[2] 辄：立即，就。辄持取：就去抓取。

[3] 卬：同“昂”，仰，抬头。

[4] 困剧：非常困倦疲累。困，疲乏。剧，很，非常。

[5] 涩：不光滑。

[6] 因：因而。

[7] 卒：最后，最终。

[8] 踬仆：跌倒，这里是被东西压倒的意思。

[9] 或：有时。

[10] 苟：只要，如果。

[11] 好：喜爱。上高：爬高。

[12] 货：这里泛指财物。

[13] 厚：动词，增加。室：家。

[14] 怠：通“殆”，松懈。踬：跌倒，这里是垮台失败的意思。

[15] 黜弃：罢官。

[16] 迁徙：这里指贬斥放逐，流放。

[17] 以：通“已”，已经。

[18] 病：疲惫。

[19] 不艾：不停止。艾：止息。

[20] 滋：更加。

[21] 魁然：壮伟的样子。

[22] 名人：被命名为人，意思是被称作是人。

【知识链接】

柳宗元(773—819)，字子厚，唐代河东(今山西运城)人，杰出文学家、哲学家、政治家，唐宋八大家之一。著名作品有《永州八记》等六百多篇文章，经后人辑为三十卷，名为《柳河东集》。因为他是河东人，人称柳河东，又因终于柳州刺史任上，人称柳柳州。柳宗元与韩愈同为中唐古文运动的领导人物，并称“韩柳”，二人诗、文成就均极为杰出，可谓一时难分轩轾。

本文是一篇寓言小品，通过描写小虫蝜蝂善负物、喜爬高的特性，讽刺“今世之嗜取者”聚敛资财、贪得无厌、至死不悟的丑恶面目和心态，它的寓意为要懂得知足常乐，不要太贪心，嘲讽了追求名位、贪婪成性的丑行。文章包括两个部分，第一部分抓住蝜蝂善负物，喜爬高两个特性；第二部分讽刺腐败官僚的贪得无厌。这两部分分别扣住蝜蝂和腐败官吏各自特点展开议论，两部分相互对应，意理一贯，内在逻辑十分严密，将小虫和官僚的形象淋漓尽致地揭示出来。

这篇文章行文简约精妙、结构细密、逻辑严谨、叙事生动、议论精警、寓意深刻，具有很强的批判精神。更妙的地方是，连作者自己都可能始料未及，此文给后世的阅读者、研究者提供不尽的想象空间，千载以后，仍能警戒世人。

【学以致用】

请分析文中“蝜蝂”的形象。

第三节 传 奇

传奇是一种由唐代文人创作的文言短篇小说。其内容除部分记述神灵鬼怪外，大量记载人间的各种世态，反映面较过去远为广阔，生活气息也较为浓厚。

唐代传奇的繁荣，有一定的历史和社会原因。唐朝统一中国以后，长期以来社会比较安定，农业和工商业都得到发展，如长安、洛阳、扬州、成都等一些大城市，人口众多，经济繁荣。为了适应广大市民和统治阶层文娱生活的需要，在这类大城市中，民间的“说话”(讲故事)艺术应运而生，从民间到上层，说话普遍受到人们的喜爱。

段成式《贬误》记载了他于太和年间观杂戏，中有“市人小说”讲名医扁鹊的故事。所谓“市人小说”，即指街坊艺人讲说的故事。当时文人聚会时，也有以“说话”消遣的。文士间流行“说话”风气，其“说话”艺术又很细致，这是促使唐传奇大量产生并取得突出成就的一个重要原因。

唐代科举取士，重视文学。在各科中，考试诗赋杂文的进士科最受重视。士人应试之前，常以所作诗文投献名公巨卿，以求称誉，扩大社会名声，为考中进士科创造条件，当时称之为“行卷”。传奇文也常用作“行卷”。宋赵彦卫《云麓漫钞》说，“唐代士人行卷，逾数日又投，谓之‘温卷’，如《幽怪录》《传奇》等皆是也”。传奇以叙事为主，文体近于野史，中间常穿插诗歌韵语，结尾缀以小段议论，即所谓“文备众体”。唐代后期传奇专集产生颇多，大约同这种“行卷”“温卷”风尚有关。

魏晋南北朝作者把小说作为记录异闻奇事的野史一类看待，略叙梗概，不讲究语言的藻饰。《文心雕龙》详述各种文体，下及谐辞隐语，于小说一类却只字不提。说明在当时区分文笔、注意藻绘的风气中，志怪记人之类的小说因缺乏文采而不为论者所重视。唐传奇情况则大不相同。鲁迅说，唐人“始有意为小说”，认为“传奇者流，源盖出于志怪，然施之藻绘，扩其波澜，故所成就乃特异。其间虽抑或托讽喻以纾牢愁，谈祸福以寓惩劝，而大归则究在文采与意想，与昔之传鬼神明因果而外无他意者，甚异其趣矣”(《中国小说史略》)，指出了唐传奇作者是有意识地进行文学创作，虚构曲折情节，注意语言华美，富于文采与意想，从而取得了突出的文学成就。

唐传奇历经前期、中期和后期三个阶段。

初、盛唐时代为发轫期，也是由六朝志怪到成熟的唐传奇之间的一个过渡阶段，作品数量少，艺术表现上也不够成熟。中唐时代是传奇发展的兴盛期，名家名作蔚起，唐传奇的大部分作品都产生在这个时期。这个时期的繁荣还与此时期特殊的社会风尚紧密关联。中唐时期，通俗的审美趣味由于变文、俗讲的兴盛而进入士人群落，传奇在很大程度上已为人们接受和欣赏，有了广大的受众群体。唐传奇在经过发展期的准备，兴盛期的火爆之后，终于在晚唐时代开始退潮，出现了由盛转衰的局面。

虽然前期作品现存很少，质量也不及中期，但已显示出唐传奇的特色和创新精神。唐传奇中最早的《古镜记》，相传为隋末唐初人王度所作，内容不脱六朝志怪小说余风。它以古镜为线索，把十多个怪异故事连缀起来组成长篇，叙述较为细致，较之笔记式的六朝小说是一大进步。《补江总白猿传》一般推测亦为前时期作品，作者不详，内容属志怪一类，情节较曲折，描绘也较具体生动，初步显示出唐传奇的艺术创新特色。《古镜》《白猿》两篇，标志着中国小说从六朝志怪向唐传奇发展的过渡形态。

中期是唐传奇的繁荣阶段，作品多，名家也多，很多优秀的单篇传奇几乎都产生在这一时期。鲁迅曾指出:“惟自大历以至大中中，作者云蒸，郁术文苑，沈既济、许尧佐擢秀于前，蒋防、元稹振采于后，而李公佐、白行简、陈鸿、沈亚之辈，则其卓异也。”(《唐宋传奇集》序例)这时期的传奇作品，从内容题材上看，大致可分为神怪、爱情、历史、侠义诸类。其中有些作品内容交叉，如神怪兼爱情类的题材就很多，其他题材也有结合的。

后期单篇传奇现存很少，写得较好的有《无双传》《灵应传》《东阳夜怪录》诸篇。传奇专集则大量出现，蔚成风气。其中比较著名的有牛僧孺《玄怪录》、李复言《续玄怪录》、郑还古《博异志》、薛用弱《集异记》、张读《宣室志》、袁郊《甘泽谣》、裴铏《传奇》、康骈《剧谈录》、皇甫枚《三水小牍》等。传奇专集中的作品，不尽是编撰者的创作，如《续玄怪录》中的《尼妙寂》采自李公佐《谢小娥传》而略有变化，《博异志》中的《沈亚之》采自沈亚之《异梦录》。由于专集大量产生，作品数量远远超过前两个时期;但除有一部分写得比较细致生动外，多数篇幅短小，叙事简略，记述神怪，复与六朝志怪小说接近，文学成就则远逊于中期的单篇传奇。

选文欣赏

南柯太守传

李公佐

【阅读提示】

《南柯太守传》是唐代文学家李公佐创作的一篇传奇作品。这篇传奇写东平人淳于棼在古槐树下醉倒，梦见自己变成槐安国的驸马，任南柯太守二十年，与金枝公主生了五男二女，荣耀一时。后来与檀萝国交战失败，金枝公主病死，最后失宠遭馋，被遣返故里，沿途破车惊醒，发现“槐安国”和“檀萝国”竟都是蚁穴，历历如现。这个故事反映了人生如梦，成语“南柯一梦”典始于此。全文构思巧妙，设想新奇;结构精美，描写生动；能融合寓言与志怪的表现手法，具有讽刺文学特色；情节丰富，脉络清晰，富于文采。

东平淳于棼[1]，吴楚游侠之士[2]。嗜酒使气[3]，不守细行[4]。累巨产，养豪客。曾以武艺补淮南军裨将[5]，因使酒忤帅[6]，斥逐落魄，纵诞饮酒为事[7]。家住广陵郡东十里，所居宅南有大古槐一株，枝干修密，清阴数亩[8]。淳于生日与群豪，大饮其下。

贞元七年九月[9]，因沉醉致疾。时二友人于座扶生归家，卧于堂东庑之下[10]。二友谓生曰："子其寝矣！余将秣马濯足[11]，俟子小愈而去。"生解巾就枕，昏然忽忽[12]，仿佛若梦。见二紫衣使者，跪拜生曰："槐安国王遣小臣致命奉邀[13]。"生不觉下榻整衣，随二使至门。见青油小车，驾以四牡[14]，左右从者七八，扶生上车，出大户，指古槐穴而去。使者即驱入穴中。生意颇甚异之，不敢致问。忽见山川风候草木道路[15]，与人世甚殊。前行数十里，有郛郭城堞[16]。车舆人物，不绝于路。生左右传车者传呼甚严[17]，行者亦争辟于左右[18]。又入大城，朱门重楼，楼上有金书，题曰"大槐安国"。执门者趋拜奔走。旋有一骑传呼曰："王以驸马远降[19]，令且息东华馆。"因前导而去。

俄见一门洞开，生降车而入。彩槛雕楹；华木珍果，列植于庭下；几案茵褥，帘帏肴膳，陈设于庭上。生心甚自悦。复有呼曰："右相且至[20]。"生降阶祗奉[21]。有一人紫衣象简前趋[22]，宾主之仪敬尽焉。右相曰："寡君不以弊国远僻[23]，奉迎君子，托以姻亲。"生曰："某以贱劣之躯，岂敢是望。"右相因请生同诣其所。行可百步，入朱门。矛戟斧钺，布列左右，军吏数百，辟易道侧[24]。生有平生酒徒周弁者，亦趋其中。生私心悦之，不敢前问。右相引生升广殿，御卫严肃，若至尊之所[25]。见一人长大端严，居王位，衣素练服，簪朱华冠[26]。生战栗，不敢仰视。左右侍者令生拜。王曰："前奉贤尊命[27]，不弃小国，许令次女瑶芳奉事君子。"生但俯伏而已，不敢致词。王曰："且就宾宇，续造仪式[28]。"有旨，右相亦与生偕还馆舍。生思念之，意以为父在边将，因殁虏中[29]，不知存亡。将谓父北蕃交通[30]，而致兹事[31]。心甚迷惑，不知其由。

是夕，羔雁币帛[32]，威容仪度，妓乐丝竹，肴膳灯烛，车骑礼物之用，无不咸备。有群女，或称华阳姑，或称青溪姑，或称上仙子，或称下仙子，若是者数辈。皆侍从数十，冠翠凤冠，衣金霞帔，彩碧金钿[33]，目不可视。遨游戏乐，往来其门，争以淳于郎为戏弄。风态妖丽，言词巧丽，生莫能对。复有一女谓生曰："昨上巳日[34]，吾从灵芝夫人过禅智寺，于天竺院观石延舞《婆罗门》[35]。吾与诸女坐北牖石榻上[36]，时君少年，亦解骑来看。君独强来亲洽，言调笑谑。吾与穷英妹结绛巾，挂于竹枝上，君独不忆念之乎？又七月十六日，吾于孝感寺侍上真子，听契玄法师讲《观音经》。吾于讲下舍金凤钗两只[37]，上真子舍水犀合子一枚。时君亦讲筵中于师处请钗合视之，赏叹再三，嗟异良久。顾余辈曰：'人之与物，皆非世间所有。'或问吾氏，或访吾里[38]。吾亦不答。情意恋恋，瞩盼不舍。君岂不思念之乎？"生曰："中心藏之，何日忘之。"群女曰："不意今日与君为眷属。"复有三人，冠带甚伟，前拜生曰："奉命为驸马相者[39]。"中一人与生且故[40]。生指曰："子非冯翊田子华乎[41]？"田曰："然。"生前，执手叙旧久之。生谓曰："子何以居此？"子华曰："吾放游[42]，获受知于右相武成侯段公，因以栖托[43]。"

生复问曰："周弁在此，知之乎？"子华曰："周生，贵人也。职为司隶[44]，权势甚盛。吾数蒙庇护。"言笑甚欢。俄传声曰："驸马可进矣。"三子取剑佩冕服，更衣之。子华曰："不意今日获睹盛礼，无以相忘也。"又有仙姬数十，奏诸异乐，婉转清亮，曲调凄悲，非人间之所闻听。有执烛引导者，亦数十。左右见金翠步障[45]，彩碧玲珑，不断数里。生端坐车中，心意恍惚，甚不自安。田子华数言笑以解之。向者群女姑娣，各乘凤翼辇，亦往来其间。至一门，号"修仪宫"。群仙姑姊亦纷然在侧，令生降车辇拜，揖让升降，一如人间。彻障去扇[46]，见一女子，云号"金枝公主"。年可十四五，俨若神仙。交欢之礼，颇亦明显。生自尔情义日洽，荣曜日盛，出入车服，游宴宾御，次于王者。王命生与群僚备武卫，大猎于国西灵龟山。山阜峻秀，川泽广远，林树丰茂，飞禽走兽，无不蓄之。师徒大获[47]，竟夕而还。

生因他日，启王曰："臣顷结好之日，大王云奉臣父之命。臣父顷佐边将，用兵失利，陷没胡中。尔来绝书信十七八岁矣。王既知所在，臣请一往拜觐。"王遽谓曰："亲家翁职守北上，信问不绝。卿但具书状知闻，未用便去[48]。"遂命妻致馈贺之礼，一以遣之[49]。数夕还答。生验书本意，皆父平生之迹。书中忆念教诲，情意委曲，皆如昔年。复问生亲戚存亡，闾里兴废。复言路道乖远[50]，风烟阻绝。词意悲苦，言语哀伤。又不令生来觐[51]，云："岁在丁丑，当与女相见[52]。"生捧书悲咽，情不自堪。

他日，妻谓生曰："子岂不思为政乎？"生曰："我放荡不习政事。"妻曰："卿但为之，余当奉赞[53]。"妻遂白于王。累日，谓生曰："吾南柯政事不理，太守黜废，欲借卿才，可曲屈之[54]。便与小女同行。"生敦授教命[55]。王遂敕有司备太守行李[56]。因出金玉、锦绣、箱奁、仆妾、车马，列于广衢[57]，以饯公主之行。生少游侠，曾不敢有望，至是甚悦。因上表曰：

"臣将门余子，素无艺术[58]，猥当大任[59]，必败朝章[60]。自悲负乘[61]，坐致覆𫗧[62]。今欲广求贤哲，以赞不逮。伏见司隶颍川周弁[63]，忠亮刚直，守法不回[64]，有毗佐之器[65]。处士冯翊田子华[66]，清慎通变[67]，达政化之源[68]。二人与臣有十年之旧，备知才用，可托政事。周请署南柯司宪[69]，田请署司农[70]。庶使臣政绩有闻，宪章不紊也[71]。"

王并依表以遣之。其夕，王与夫人饯于国南[72]。王谓生曰："南柯国之大郡，土地丰壤[73]，人物豪盛，非惠政不能以治之。况有周田二赞。卿其勉之，以副国念[74]。"夫人戒公主曰："淳于郎性刚好酒，加之少年；为妇之道，贵乎柔顺。尔善事之，吾无忧矣。南柯虽封境不遥[75]，晨昏有间[76]，今日睽别[77]，宁不沾巾。"生与妻拜首南去[78]，登车拥骑，言笑甚欢。

累夕达郡。郡有官吏、僧道、耆老[79]、音乐、车舆、武卫、銮铃[80]，争来迎奉。人物阗咽[81]，钟鼓喧哗，不绝十数里。见雉堞台观[82]，佳气郁郁。入大城门，门亦有大榜，题以金字，曰"南柯郡城"。见朱轩棨户[83]，森然深邃。生下车[84]，省风俗，疗病苦，政事委以周、田，郡中大理。自守郡二十载，风化广被，百姓歌谣，建功德碑，立生祠宇。王甚重之，赐食邑[85]，锡爵位[86]，居台辅[87]。周、田皆以政治著闻，递迁大位。生有五男二女。男以门荫授官[88]，女亦聘于王族；荣耀显赫，一时之盛，代莫比之。

是岁，有檀萝国者，来伐是郡。王命生练将训师以征之。乃表周弁将兵三万，以拒贼之众于瑶台城。弁刚勇轻敌，师徒败绩[89]，弁单骑裸身潜遁，夜归城。贼亦收辎重铠甲而还[90]。生因囚弁以请罪。王并舍之。是月，司宪周弁疽发背[91]，卒。生妻公主遘疾，旬日又薨[92]。生因请罢郡，护丧赴国。王许之。便以司农田子华行南柯太守事。生哀恸发引[93]，威仪在途，男女叫号，人吏奠馔[94]，攀辕遮道者不可胜数，遂达于国。王与夫人素衣哭于郊，候灵舆之至。谥公主曰"顺仪公主"[95]。备仪仗，羽葆鼓吹[96]，葬于国东十里盘龙冈。是月，故司宪子荣信，亦护丧赴国。

生久镇外藩[97]，结好中国[98]，贵门豪族，靡不是洽。自罢郡还国，出入无恒，交游宾从，威福日盛。王意疑惮之[99]。时有国人上表云："玄象谪见[100]，国有大恐。都邑迁徙，宗庙崩坏。衅起他族，事在萧墙[101]。"时议以生侈僭之应也[102]。遂夺生侍卫，禁生游从，处之私第[103]。生自恃守郡多年，曾无败政，流言怨悖[104]，郁郁不乐。王亦知之，因命生曰："姻亲二十余年，不幸小女夭枉[105]，不得与君子偕老，良用痛伤。"夫人因留孙自鞠育之[106]。又谓生曰："卿离家多时，可暂归本里，一见亲族。诸孙留此，无以为念。后三年，当令迎卿。"生曰："此乃家矣，何更归焉？"王笑曰："卿本人间，家非在此。"生忽若惛睡，瞢然久之[107]，方乃发悟前事，遂流涕请还。王顾左右以送生。生再拜而去，复见前二紫衣使者从焉。至大户外，见所乘车甚劣，左右亲使御仆，遂无一人，心甚叹异。

生上车，行可数里，复出大城。宛是昔年东来之途，山川原野，依然如旧。所送二使者，甚无威势，生逾怏怏。生问使者曰："广陵郡何时可到？"二使讴歌自若，久乃答曰："少顷即至。"俄出一穴，见本里闾巷，不改往日，潸然自悲[108]，不觉流涕。二使者引生下车，入其门，升其阶，己身卧于堂东庑之下。生甚惊畏，不敢前近。二使因大呼生之姓名数声，生遂发寤如初[109]。见家之僮仆拥彗于庭，二客濯足于榻，斜日未隐于西垣，余樽尚湛于东牖[110]。梦中倏忽，若度一世矣。

生感念嗟叹，遂呼二客而语之。惊骇，因与生出外，寻槐下穴。生指曰："此即梦中所经入处。"二客将谓狐狸木媚之所为祟[111]。遂命仆夫荷斤斧，断拥肿[112]，折查枿[113]，寻穴究源。旁可袤丈[114]，有大穴，洞然明朗，可容一榻。上有积土壤，以为城郭台殿之状。有蚁数斛，隐聚其中。中有小台，其色若丹。二大蚁处之，素翼朱首，长可三寸。左右大蚁数十辅之，诸蚁不敢近：此其王矣。即槐安国都也。又穷一穴：直上南枝，可四丈，宛转方中[115]，亦有土城小楼，群蚁亦处其中，即生所领南柯郡也。又一穴：西去二丈，磅礴空圬[116]，嵌窞异状[117]。中有一腐龟，壳大如斗。积雨浸润，小草丛生，繁茂翳荟[118]，掩映振壳，即生所猎灵龟山也。又穷一穴：东去丈余，古根盘屈，若龙虺之状[119]。中有小土壤，高尺余，即生所葬妻盘龙冈之墓也。追想前事，感叹于怀，披阅穷迹，皆符所梦。不欲二客坏之，遽令掩塞如旧。

是夕，风雨暴发。旦视其穴，遂失群蚁，莫知所去。故先言"国有大恐，都邑迁徙"，此其验矣。复念檀萝征伐之事，又请二客访迹于外。宅东一里有古涸涧，侧有大檀树一株，藤萝拥织，上不见日。旁有小穴，亦有群蚁隐聚其间。檀萝之国，岂非此耶？嗟呼！

蚁之灵异，犹不可穷，况山藏木伏之大者所变化乎？时生酒徒周弁、田子华并居六合县[120]，不与生过从旬日矣。生遽遣家僮疾往候之。周生暴疾已逝，田子华亦寝疾于床。生感南柯之浮虚，悟人世之倏忽，遂栖心道门[121]，绝弃酒色。后三年，岁在丁丑，亦终于家。时年四十七，将符宿契之限矣[122]。

公佐贞元十八年秋八月，自吴之洛[123]，暂泊淮浦[124]，偶觌淳于生儿楚[125]，询访遗迹，翻覆再三，事皆摭实[126]，辄编录成传，以资好事。虽稽神语怪，事涉非经[127]，而窃位著生[128]，冀将为戒[129]。后之君子，幸以南柯为偶然，无以名位骄于天壤间云。

前华州参军李肇赞曰[130]：贵极禄位，权倾国都[131]，达人视此[132]，蚁聚何殊。

【注释】

[1] 东平：唐郡名，今在山东省东平县东。棼：fén。

[2] 游侠之士：指古代一种爱交朋友，讲信义，好打抱不平、善救困扶危而不顾自己身家性命的人。

[3] 使气：任性逞强，盛气凌人。

[4] 细行：细节，小节。

[5] 补：补官，即补充官员缺额的专称。淮南军：指淮南节度使所属的军队。淮南，唐道名，治所在今扬州，约辖湖北长江以北，汉水以东，江苏、安徽长江以北，淮河以南的地区。裨将：副将。

[6] 忤：触犯；抵触。

[7] 纵诞：恣肆放诞。

[8] 阴：覆阴，遮蔽。

[9] 贞元：唐德宗的年号(785—804 年)。

[10] 庑(wǔ)：厅堂周围的廊房。

[11] 秣(mò)：喂。

[12] 昏然忽忽：形容昏昏沉沉，迷迷糊糊。

[13] 致命：传达命令。

[14] 牡：雄性鸟兽，泛指马匹。

[15] 风候：风物气候。

[16] 郛(fú)郭：外城。城堞(dié)：女墙，城墙上有射孔的矮墙。泛指城墙。

[17] 传车者：官员出行时供应车马、随从照料的人员。传呼：喝道。古时大官出行时，由侍卫在前面吆喝行人避让。

[18] 辟：同“避”。

[19] 驸马：即驸(副)马都尉，官名，掌副车之马。魏晋以后，凡娶公主的人都封为驸马都尉，后来就以驸马代称公主的丈夫。

[20] 右相：唐代曾称中书令为右相。且至：将到。

[21] 祗奉：恭敬地迎候。

[22]　紫衣象简：指右相的装束。身穿三品以上大官的紫色袍服，手持象牙制成的上朝时所用的手板。

[23]　寡君：对本国皇帝的谦称。

[24]　辟易：退避。

[25]　至尊：皇帝。

[26]　簪：戴。

[27]　贤尊：对别人父亲的尊称。

[28]　续造仪式：接着就安排婚礼。

[29]　殁：同“没”，陷身。

[30]　北蕃：指当时北方少数民族政权。交通：指与敌国暗通；一作“交逊”。

[31]　兹事：指其父来书同意大安国公主淳于棼事。

[32]　羔雁币帛：指行婚礼时赠送的各种珍贵礼物。

[33]　钿：用金片做成的花朵形的首饰。

[34]　昨上巳日：从前的三月三日那一天。上巳，古以上巳日(农历三月上旬的巳日，魏以后定为三月初三)为游乐和洗濯的节日，以为可以除病消灾，青年男女也借此机会进行联欢。

[35]　婆罗门：种音乐舞蹈的名称，从婆罗门国传入，后改名为“霓裳羽衣舞”。

[36]　牖(yǒu)：窗户。

[37]　讲下：讲席之下。

[38]　访吾里：打听我居住的地方。

[39]　相者：陪伴新郎或新娘的人。

[40]　故：老朋友。

[41]　冯翊：唐郡名，治所在今陕西大荔。

[42]　放游：漫游。

[43]　栖托：身寄托，投靠为生。

[44]　司隶：古官名，汉置，唐代有“京畿采访使”，负责京畿地区的治安缉捕之事，与司隶相近。

[45]　步障：古代贵族妇女出行时用来挡风或遮蔽尘土的屏掉。

[46]　扇：这里指新娘顶在头上的物巾。

[47]　师徒：军队。

[48]　未用：未可。

[49]　一以遣之：派专人送去。

[50]　乖远：遥远。

[51]　觐：拜见，特指下级见上级或晚辈见长辈。

[52]　女：同“汝”。

[53]　奉赞：帮助。

[54] 曲屈：委屈，大材小用的一种客气的说法。

[55] 敦：谨慎，恭敬。

[56] 有司：主管官吏。

[57] 广衢：大路。

[58] 艺术：技艺学术，泛指学问。

[59] 猥：苟且，马虎。

[60] 朝章：指国家大事。

[61] 负乘：有负于皇帝的信任。

[62] 覆餗(sù)：把鼎中的食品打翻，比喻因不能胜任而将事情办坏。

[63] 颍川：唐郡名，即许州，治所在今河南许昌。

[64] 不回：不屈曲。

[65] 毗佐：辅助。

[66] 处士：有才能而没有做官的人。

[67] 清慎通变：清廉谨慎，通晓事变。

[68] 大：通达，了解。

[69] 署：充在。司宪：掌监察刑狱的官吏。

[70] 司农：管理田赋、钱粮的官员。

[71] 宪章不紊：因家的法度程得到很好的执行。

[72] 国南：京域的南门外。

[73] 丰壤：丰收。壤，同“穰”，五谷丰登。

[74] 副：符合，不辜负。

[75] 封境：疆域，这里指地理位置。

[76] 间：阻隔，指早晚不能向父母请安。

[77] 暌(kuí)别：离别。

[78] 拜首：磕头。

[79] 耆(qí)老：地方上德高望重的老人。

[80] 銮铃：天子车上的铃，这里借指太守所乘之车。

[81] 阗(tián)咽：繁华热闹的样子。

[82] 雉堞：城上短墙。

[83] 棨(qǐ)户：挂着棨戟的大门。棨是一种木制的画戟，挂在门前以示主人官品之高和权势之大。

[84] 下车：到任。

[85] 食邑：皇帝将某个地方封赐给有功或他宠信的人，该地的赋税由受封的人收取，称为食邑，又叫“采地”。

[86] 锡：赐。

[87] 台辅：宰相。

[88] 门荫：封建时代，子孙依靠祖、父辈的功劳或地位，荫袭做官，称为门荫。

[89] 败绩：吃了败仗。

[90] 辎重：粮草等军需品。

[91] 疽：背上长的一种毒疮。遘疾：得病。

[92] 薨(hōng)：古代用以称帝王、后妃、公主或大官僚之死。

[93] 发引：出殡。引，用来牵引灵柩的白布。

[94] 奠馔：陈设食品来祭奠。

[95] 谥：古代帝王、后妃、大臣或其他有功、有地位的人，死后被授予的一种表示褒贬的称号。

[96] 羽葆：用羽毛装饰的华盖，是身份极高的仪仗。

[97] 外藩：古时称有封地的侯王为外藩。

[98] 中国：国中，朝中。

[99] 疑惮：疑忌和畏惧。

[100] 玄象谪见：天象表现出谴责下方的征兆。玄象，天象。见，同“现”。

[101] 萧墙：喻指叛乱来自内部。

[102] 侈僭：权势太盛而有非分的行为。

[103] 处之私第：软禁在家中。

[104] 怨悖：怨恨和惑乱。

[105] 夭枉：夭折。

[106] 鞠育：抚养。

[107] 惛：昏昏沉沉。瞢然：迷迷糊糊的样子。

[108] 潸然：流泪的样子。

[109] 寤：睡醒。

[110] 湛：清澈平静。

[111] 木媚：木魅，树精。

[112] 拥肿：指粗大鼓胀的树根。

[113] 查枿(niè)：同“楂蘖”，砍伐以后又新长出的枝丫。这里泛指树枝。

[114] 袤：长度。

[115] 宛转方中：曲折而中呈方形。

[116] 磅礴：广大的样子。圬：用泥涂墙。

[117] 嵌窞(dàn)：洞穴凹陷很深。

[118] 翳：掩映遮蔽。荟：草木茂盛。

[119] 虺(huǐ)：一种毒蛇。

[120] 六合县：在今江苏境内。

[121] 栖心道门：将自己的精神寄托到道教中。

[122] 宿契之限：以前约定的期限。

[123] 自吴之洛：从吴郡到洛阳。

[124] 淮浦：淮水岸边。

[125] 觌(dí)：相见。

[126] 摭(zhí)实：据实采录。

[127] 非经：不合常理。

[128] 窃位著生：窃取高位而求得生存的人。

[129] 冀：希望。

[130] 华州参军：华州，故治在今陕西华县。参军，唐时府州地方长官的属官称为参军。李肇：唐宪宗元和时期人，官至翰林院学士，著有《翰林志》《国史补》等。赞：论赞，史传文后面的评论。

[131] 倾：压倒。

[132] 达人：达观的人。

【知识链接】

李公佐，唐代小说家，字颛蒙，陇西(今甘肃东南)人，生卒年不详。举进士，宪宗元和年间为江南西道观察使判官。八年(813年)春，罢职。淹留于上元、常州、苏州一带，至十三年夏，始归长安。李公佐与白行简有交往，曾鼓励白行简作《李娃传》。其自作传奇今存《南柯太守传》《谢小娥传》《庐江冯媪传》《古岳渎经》(一名《李汤》)四篇。《全唐文》录其文一篇，即《谢小娥传》。又《直斋书录解题》“杂史类”著录《建中河朔记》六卷，今不传。

【学以致用】

1. 请简要分析本文的情节结构和故事的虚实脉络。
2. 结合时代背景和课文内容，分析作者是如何表达讽刺和批判的。

第五章 宋代文学

在我国封建社会的历史长河中，宋代是一个十分独特的王朝。虽然结束了五代十国的分裂局面，取得了全国的统一，但国势远没有历史上的汉、唐强大。靖康之变，宋朝失去了半壁河山。偏安的南宋对金称臣称侄，主和派一直得势，“待从头，收拾旧河山”成为一句空话。经济、政治、文化发展很不平衡，民族矛盾与阶级矛盾始终交织在一起，宋代的文学便是伴随着这样的历史而发展。

宋代文学创作在中国文学史上处于承上启下的阶段，它继承了唐代文学的优秀传统，在诗、词、散文等领域都出现了许多名家。他们的作品常有前人所无的精致和细腻，在创作上呈现出独特风貌。

在宋代，词的意境、形式、技巧都发展到了鼎盛时期，涌现出一批词坛巨擘，唐圭璋编《全宋词》和孔凡礼《全宋词补辑》作品 2 万余首，作家 1400 余人。宋词成为宋代文学的主要标志。

宋代也是我国古代散文的重要发展阶段。“唐宋八大家”中宋代就占六家。在文体上，散文兼收骈文之长；在语言风格上，强调切意的重要，至此散文的优势得到真正的确立，并成为后人学习散文的楷模。

宋代新兴的话本小说，是中国白话通俗小说的开端。话本小说戏剧的出现为后世通俗文学的发展兴盛打下了良好的基础。

第一节 宋 词

词是一种古典诗体的名称。它于南朝萌芽，唐代形成，宋代兴盛。最初，它是可以配合音乐歌唱的，所以调有定格，字有定数，韵有定声，其目的在于配合歌乐以遣兴娱宾，它既能满足帝王及达官贵人的娱乐享受，又能点缀太平盛世，因此受到文人们的普遍喜爱。

词是从歌词发展起来的，是说唱文学中唱的一种。它所配合的音乐是隋、唐时从西域传入的燕乐(即宴乐)，不同于我国原有的清乐。据史料记载，从北魏、北周开始，燕乐渐渐从印度、中亚细亚经新疆、甘肃进入中原，至隋、唐而日益繁盛，随后在各地广泛地流行起来，琵琶是燕乐的主要乐器。词就是为了配合这种燕乐的曲调应运而生的。词最初来自民间，敦煌石窟中曾保存了许多唐代的民间词，敦煌曲子词的作者大都是乐工、歌妓、游子、商人、卜医、士卒及身处社会下层的无名文人。这些词的题材广泛，内容丰富，对唐代社会生活有多方面的描写与反映，如反映农民战争，反映边疆人民爱国思想，反映知识分子怀才不遇、避世隐居，等等。但写得最好的是歌颂男女爱情，表现歌妓、思妇生活处境与心声的作品。如唐柳氏《杨柳枝》：“杨柳枝，芳菲节。所恨年年赠离别。一叶随风忽报秋，纵使君来岂堪折！”它用口语写、用文言写、用白话写，也有文言、白话二者并用的。中唐时期，民间词已广泛流行，如张志和模仿渔歌写的《渔歌子》：“西塞山前白鹭飞，桃花流水鳜鱼肥。青箬笠，绿蓑衣，斜风细雨不须归。”它用巧妙的构思、优美的意境、生动的语言、清新的格调，寄情于景，写出了水乡春汛时期的渔民生活，成为文人作词的先声。刘禹锡模仿巴渝民歌所作《竹枝词》，还有白居易存词二十余首，这些都说明词已经由民间向文人身上转移。到了晚唐，词已经趋于成熟，如花间派开创词人温庭筠就是其代表。温庭筠的词刻意求精，注重文采和声情，成就在晚唐诸人之上，被尊为“花间派”之鼻祖，对词的发展影响很大。在词史上，温庭筠与韦庄齐名，并称“温韦”。文笔与李商隐、段成式齐名，三人都排行十六，故合称“三十六体”。

宋词代表着一代文学之胜。宋词在题材、风格、手法的演变上经历了一个发展过程，而北宋词正处于发展历程中一个关键性的历史阶段，它前承唐、五代词的传统，后开南宋词风，甚至对宋以后词的发展产生了深远的影响。于是，有人将北宋词的发展以柳永为分水岭，分为柳永以前、柳永时期、柳永之后三个时期。北宋前期，与柳永同时期的著名词人有晏殊、晏几道、欧阳修、范仲淹、张先等。他们的作品一方面是对晚唐五代词风的继承，另一方面也有开拓创新的成分。晏殊、晏几道的词多写离愁别恨，悲欢离合；范仲淹和欧阳修为宋词开辟了新的意境。范仲淹是北宋时期唯一描写边塞的词人；而欧阳修的词大部分是描写爱情的作品，但也有一些是直接表现个人抱负的，突破了词的传统题材和表现方法，为后来苏轼一派豪放词开了先路。柳永时期的代表作家有：柳永、苏轼、秦观、黄庭坚等。其中最有名的是以柳永为代表的“婉约派”和以苏轼为代表的“豪放派”。柳永是北宋第一个全力写词的文人，现存词集《乐章集》里收录词二百一十多首。柳永是大量创作慢词的第一个词人，打破了前期只有小令的局限。秦观的词多写“愁”情，形成了他整个创作的情调。这一时期苏轼把诗文革新运动的精神扩大到词的创作中，打破了诗与词的界限，对词体进行了全面的改革，突破了词的传统格局，提高了词的文学地位，从根本上改变了词的发展方向，展现了北宋文学的最高成就。柳永之后的代表词人有周邦彦、贺铸。周邦彦善于运用想象、联想等手法，通过种种回忆描摹他所要表达的东西。贺铸的词情思缠绵，组织工丽，风格和晏几道、秦观相近。

南宋词坛，由于时代巨变，悲壮慷慨的高亢之调应运发展、蔚然成风，这时期的词人基于爱国热情，多表现为壮怀高远，先后有李纲、岳飞、辛弃疾、陆游等，其中辛弃疾将豪放派的词风发挥到顶峰。辛弃疾平生以英雄自诩，渴望成就英雄的功业，他在词中也反复歌颂英雄、赞美英雄的功业，将他们作为自己的楷模。受到其词风的影响，陈亮、刘过、刘克庄、刘辰翁等人，形成了南宋中期以后声势最大的爱国词派，这可以说是当时南宋社会的大写照。与此同时，“婉约派”的另一位代表女词人李清照，因个人际遇，从另一视角来写国破家亡、离愁别恨、颠沛流离之苦，提出“词别是一家”之说，崇尚典雅、情致，李清照有词集《易安词》(又名《漱玉词》)，后人曾以“男中李后主，女中李易安，极是当行本色”来称赞李清照的艺术造诣。与李清照大约同时期的词人还有朱敦儒、张元幹、张孝祥、叶梦得等，他们也和李清照一样，在时代的影响下，出现了词风的转变。另外，两宋之际的一些名臣和名将，如李纲、胡铨、岳飞等人也在争取民族独立自由、抵抗民族侵略的战斗生活中发出了时代的最强音。

后期宋金对峙的局面比较稳定，这时期的词人多是对亡国遗民的哀叹和感伤，间或也有愤世嫉俗的呐喊。其代表姜夔、张炎、史达祖、刘克庄、吴文英等词人，其中姜夔和吴文英的词内容多以言情咏物为主，将“婉约”风格继续发扬。

由此可见，宋代是词发展的顶峰时代，不仅涌现了大量的词人，而且词的创作风格也多元化。豪放派词人的创作对象多为山川景物、记游咏物、农舍风光、吊古怀旧以及说理抒怀等，融写景、咏史、抒情、议论于一体，结构上跳跃动荡，纵横潇洒，造成一种开阔、健朗的艺术境界，格调显得清超豪迈；而婉约派词人的选材则多以伤离送别、男女恋情、酣饮醉歌、惜春赏花等，多以白描手法，铺叙细腻，曲尽其形，辞藻华美，抒情委婉含蓄相得益彰。“关西大汉”的魁梧阳刚和“十七八女子”的柔美温情让我们体会到豪放派词与婉约派词的别样风情，令人回味。

选文欣赏

一、定风波

苏 轼

【阅读提示】

《定风波·莫听穿林打叶声》是北宋文学家苏轼创作的一首词。本词是一首展示苏轼旷达人生态度的代表作。通过野外途中偶遇风雨这一生活中的小事，借自然现象谈人生哲理，于朴实中见深刻，于寻常处生奇景，表现出旷达超脱的胸襟，寄寓着超凡超俗的人生理想。上片着眼于雨中，下片着眼于雨后，全词篇幅虽短，但意境深邃，内蕴丰富，诠释作者的人生信念，展现着作者的精神追求。

三月七日，沙湖道中遇雨。雨具先去，同行皆狼狈[1]，余独不觉。已而遂晴，故作此。

莫听穿林打叶声，何妨吟啸[2]且徐行。竹杖芒鞋[3]轻胜马，谁怕？一蓑烟雨[4]任平生。

料峭春风吹酒醒，微冷，山头斜照却相迎。回首向来萧瑟[5]处，归去，也无风雨也无晴。

【注释】

[1] 狼狈：形容处境困窘、难堪。

[2] 吟啸：吟诗、长啸。

[3] 芒鞋：草鞋。

[4] 一蓑(suō)烟雨：比喻人生中的风风雨雨，起起伏伏，但词人已经处变不惊，视为平常。蓑：蓑衣，此处为虚指。

[5] 萧瑟：风吹雨打树林的声音。

【知识链接】

苏轼(1037—1101)，字子瞻，号东坡居士，眉州眉山(即今四川眉州)人，北宋著名的文学家、书法家、画家。他的散文取得了很高的成就，是“唐宋八大家”之一，他与父亲苏洵、弟弟苏辙皆以文学名世，世称“三苏”。代表作有《教战守策》《喜雨亭记》《赤壁赋》等。苏轼的诗现存2700多首，其诗内容广阔，风格多样，清新豪健，笔力纵横，极尽变幻，具有浪漫主义色彩，为宋诗发展开辟了新的道路，代表作有《游金山寺》《六月二十七日望湖楼醉书》《题西林壁》《荔枝歌》等。苏轼的词开豪放一派，是豪放词派的代表。苏轼的词现存340多首，在内容上，冲破了专写男女恋情和离愁别绪的狭窄题材，扩大了词的内容，丰富了词的意境。主要代表作有《水调歌头·明月几时有》《念奴娇·大江东去》《水龙吟·似花还似非花》等。苏轼是我国文学史上一位杰出作家，他以丰富的文学实践，把北宋的诗文革新运动推向前进，使诗、文、词各方面的创作达到了高峰。现有《东坡全集》100多卷流传于世。

【学以致用】

词尾“回首向来萧瑟处，归去，也无风雨也无晴”，词人借此要表达怎样的人生感悟？体现出词人怎样的性格特征？

二、永遇乐·京口[1]北固亭怀古

辛弃疾

【阅读提示】

《永遇乐·京口北固亭怀古》是南宋词人辛弃疾创作的一首词。本词为词人名篇，为登临怀古时抒愤之作，上篇赞扬了在京口建立霸业的孙权和率军北伐气吞胡虏的刘裕，表示要像他们一样金戈铁马为国立功。下篇借讽刺刘义隆来表明自己坚决主张抗金但反对冒进误国的立场和态度。全词豪壮悲凉，义重情深，放射着爱国主义的思想光辉。词中用典贴切自然，紧扣题旨，增强了作品的说服力和意境美。

千古江山，英雄无觅，孙仲谋[2]处。舞榭歌台[3]，风流总被，雨打风吹去。斜阳草树，寻常巷陌[4]，人道寄奴曾住。想当年，金戈铁马[5]，气吞万里如虎。

元嘉草草[6]，封狼居胥[7]，赢得仓皇北顾。四十三年[8]，望中犹记，烽火扬州路。可堪[9]回首，佛狸祠下[10]，一片神鸦[11]社鼓[12]。凭谁问：廉颇[13]老矣，尚能饭否？

【注释】

[1]　京口：古城名，即今江苏镇江。因临京岘山、长江口而得名。

[2]　孙仲谋：孙权，字仲谋，曾建都京口。东吴大帝，三国时期吴国的开国皇帝。吴郡富春县(今浙江富阳)人。生于公元182年(光和五年)，卒于公元252年(太元二年)。长沙太守孙坚次子，幼年跟随兄长吴侯孙策平定江东，公元200年孙策早逝，临死前对孙权说“内事不决问张昭，外事不决问周瑜”。孙权继位为江东之主。

[3]　舞榭歌台：指孙权故宫。榭，建在高台上的房子。

[4]　寻常巷陌：普通街道。寻常，古代指长度，八尺为寻，倍寻为常，形容窄狭。引申为普通、平常。

[5]　金戈铁马：形容队伍雄壮，兵强马壮。

[6]　“元嘉草草”句：元嘉是刘裕子刘义隆年号。草草：轻率。南朝宋刘义隆好大喜功，仓促北伐，却反而让北魏主拓跋焘抓住机会，以骑兵集团南下，兵抵长江北岸而返，遭到对手的重创。

[7]　封狼居胥：公元前119年(汉武帝元狩四年)霍去病远征匈奴，歼敌七万余，封狼居胥山而还。狼居胥山，在今蒙古境内。词中用“元嘉北伐”失利事，以影射南宋“隆兴北伐”。

[8]　“四十三年”句：从1162年辛弃疾归南宋到1205年，正好43年。1162年辛弃疾投归南宋，途经扬州，曾眼见金兵在扬州一带烧杀的战火。

[9]　可堪：哪堪，哪里忍受得了。

[10]　佛狸祠：北魏太武帝拓跋焘的庙建在京口北岸瓜步山，因太武帝小名叫“佛狸”因而得名。公元450年，他曾反击刘宋，两个月的时间里，兵锋南下，五路远征军分道并进，从黄河北岸一路穿插到长江北岸。在长江北岸瓜步山建立行宫，即后来的佛狸祠。

[11]　神鸦：争食祭品的乌鸦。

[12]　社鼓：社日祭祀的鼓声。

[13]　廉颇：战国时赵国名将，善于用兵，晚年被罢官。这里是词人自比。

【知识链接】

辛弃疾(1140—1207)，原字坦夫，后改字幼安，号稼轩，历城县(今山东济南)人，南宋官员、将领、文学家、豪放派词人，有“词中之龙”之称，与苏轼并称为“苏辛”。他的词在内容上，一部分表达了力图恢复国家统一的爱国热情，一部分倾诉了壮志难酬的悲愤，也有对南宋上层统治集团的屈辱投降进行的揭露和批判，还有吟咏祖国河山的作品。在艺术风格上，以豪放为主，善于运用夸张的描绘，以其雄健的笔力，构成广阔的意境；在语言上善于将诗、文、赋、民间口语融入词中，从而形成了独特的艺术风格；在表达方式上善于运用比兴手法，借用前人典故入词托古喻今，隐晦曲折地表达作者百折不回的战斗精神及对朝廷的不满。由于与当政的主和派政见不和，后被弹劾落职，退隐，开禧三年(1207年)，辛弃疾病逝。主要代表作有《永遇乐·京口北固亭怀古》《水龙吟·登建康赏心亭》《菩萨蛮·书江西造口壁》等。有《稼轩长短句》流传于世。

这是《稼轩词》中突出的爱国篇章之一，作此词时作者为镇江知府，已66岁，本词借怀古为题，抒发对政治局势及自身遭遇的感慨，渴望自己能再度驰骋战场，披挂杀敌。词作题目为“京口北固亭怀古”，用典较多，但都与此时此地有关。上阕从镇江的历史人物——孙权和刘裕说起，他们都曾在此创下英雄业绩，隐约地表达自己的抗敌救国的心情。下阕“元嘉草草，封狼居胥”几句也是用历史事实，影射当权者不明国家形势安危。而“佛狸祠下”三句，从上文缅怀往事回到眼前现实，这才是词人所要表达的重心所在：尽管年事已高，但杀敌卫国之志依然如故，赤胆忠心，可昭日月。整首词读来令人荡气回肠。杨慎评曰：“辛词当以‘京口北固亭怀古’《永遇乐》为第一。”

【学以致用】

辛弃疾的《永遇乐·京口北固亭怀古》这首怀古词用了两个典故，是为了抒发什么样的思想感情？

三、声声慢

李清照

【阅读提示】

《声声慢》，词调名，始见于晁补之词。本词为作者后期的代表作，真实地再现了李清照晚年的精神面貌，是她晚年生活的一幅缩影，表达了她晚年寡居时孤独、凄苦的生活感受。整首词围绕一个“愁”字、突出一个“愁”字。上阕着重描写词人心情的悲伤。下阕进一步写词人的孤寂、凄苦。纵观全篇，通过对残秋所见、所闻、所感的描写，将作者的孤寂落寞、悲凉愁苦的思想感情抒发得淋漓尽致。

寻寻觅觅，冷冷清清，凄凄惨惨戚戚[1]。乍暖还寒[2]时候，最难将息[3]。三杯两盏淡酒，怎敌他晚来风急？雁过也，正伤心，却是旧时相识。

满地黄花[4]堆积，憔悴损[5]，如今有谁堪摘[6]？守着窗儿，独自怎生得黑[7]！梧桐更兼细雨，到黄昏、点点滴滴。这次第[8]，怎一个愁字了得！

【注释】

[1] 戚戚：忧愁的样子。

[2] 乍暖还寒：指天气忽冷忽暖。

[3] 将息：唐宋民间方言，休养、保养之意，也作自个照顾自己。

[4] 黄花：落花，指菊花。

[5] 憔悴损：指地上到处都是枯萎的菊花。憔悴：指花残败的样子。损：极、很、非常的意思。

[6] 有谁堪摘：有谁能与我共摘。谁：何，什么。

[7] 怎生：怎么。黑：天黑。

[8] 次第：时光、情景。

【知识链接】

李清照(1084—1155)，号易安居士，章丘明水(今属山东省济南)人，宋代杰出女词人，婉约词派代表，有“千古第一才女”之称。李清照以词著名，兼工诗文，并著有《词论》，在中国文学史上享有崇高声誉。她的词以南渡为界，分为前后两期。前期词主要以伤春怨别和闺阁生活为题材，表现了女词人多愁善感的个性，如《如梦令·昨夜雨疏风骤》。后期词则充满了“物是人非事事休”的浓重感伤情调，表达了她对故国、旧事的深情眷恋，如《声声慢·寻寻觅觅》《永遇乐·落日熔金》等。她的词语言清丽，善于从书面语言和日常口语里提炼出生动晓畅的语言用于词中；在表达方式上，善于运用白描和铺叙手法，创造出鲜明、生动的形象，给人一种如临其境、如见其人的感受。有《易安居士文集》《易安词》，已散佚。后人辑有《漱玉词》。

【学以致用】

结合《声声慢·寻寻觅觅》分析婉约词的特点。

四、钗头凤[1]

陆 游

【阅读提示】

《钗头凤》写的是南宋词人陆游与原配唐琬的爱情悲剧，不仅成为陆游自己生命中永难释怀的伤痛心事，而且也令千百年来无数有情人为之扼腕叹息。词的上片写他们两人沈园相会时的情景，通过追忆往昔美满的爱情生活，感叹被迫离异的痛苦，连用三个“错”字，表示出作者无穷的悔恨。下篇由感慨往事回到现实，进一步抒写与妻被迫离异的巨大哀痛，三个“莫”字，表示出一种无可奈何的感叹！全篇多用对仗，表现出作者强烈的心声，配合牌调错落紧促的句式，产生出激越深沉、荡气回肠的效果，使读者对封建礼教戕害人性的罪行憎恶不已。

红酥手，黄縢酒[2]，满城春色宫墙[3]柳。东风[4]恶，欢情薄。一怀愁绪，几年离索[5]。错、错、错！

春如旧，人空瘦，泪痕红浥鲛绡透[6]。桃花落，闲池阁[7]。山盟[8]虽在，锦书[9]难托。莫、莫、莫[10]！

【注释】

[1] 钗头凤：词牌名。原名“撷芳词”，相传取自北宋政和间宫苑撷芳园之名。后因有“可怜孤似钗头凤”词句，故名。钗头凤又名“折红英”。

[2] 黄縢(téng)：酒名。或作黄藤，此处指美酒。宋代官酒以黄纸为封，故以黄封代指美酒。

[3] 宫墙：南宋以绍兴为陪都，绍兴的某一段围墙，故有宫墙之说。

[4] 东风：喻指陆游的母亲。

[5] 离索：离群索居的简括。

[6] 浥(yì)：湿润。鲛绡(jiāo xiāo)：神话传说鲛人所织的绡，极薄，后用以泛指薄纱，这里指手帕。绡，生丝，生丝织物。

[7] 池阁：池上的楼阁。

[8] 山盟：旧时常用山盟海誓，指对山立盟，指海起誓。

[9] 锦书：写在锦上的书信。

[10] 莫：相当于今“罢了”意。

【知识链接】

陆游(1125—1210)，字务观，号放翁，越州山阴(今浙江绍兴)人，南宋文学家、史学家、爱国诗人。少年时即深受家庭爱国思想的熏陶。因为力主抗金，在仕途上不断受到当权派的排斥打击。晚年退居家乡，但收复中原的信念始终不渝。一生写诗近万首，题材广阔，多清新之作。其政治诗抒发爱国义愤，表达了广大人民恢复中原的愿望，风格雄浑豪放，为南宋诗人领袖。创作诗歌今存九千多首，《关山月》《书愤》《示儿》等篇均为后世所传诵。有《剑南诗稿》《渭南文集》《南唐书》《老学庵笔记》等。

【学以致用】

简析这首词运用虚实结合的手法描写离愁别恨的写作特色。

第二节 散 文

我国古代的散文发展到北宋，进入了一个创作上的高峰期。北宋一百多年间，涌现出欧阳修、苏洵、曾巩、王安石、苏轼、苏辙等在中国散文史上占有重要地位的作家和大量优秀的散文作品，成为世界文库中的瑰宝，盛传不衰。

任何一代文化的发展，都首先是对前代文化的继承与延续，同时孕育开拓与创新。北宋中叶，政治改革的浪潮推进了文风的改革。这一时期文人群体意识空前强化，相似的思想主张与审美取向，形成了众多的散文创作团体，他们吸取了唐代韩愈、柳宗元等人在古文创作上的经验和教训，采用开放的态度，吸取骈文在辞采、声调等方面的长处，对骈文进行了一系列的改造，用散体来构筑文章的节奏和韵律之美。同时，他们又吸收古文手法，避免了古文的艰涩古奥，在实践中寻求适合自己的风格特色，正是靠着这些作家群体和不同流派互相激发而产生的强大持续的驱动力，使散文的发展呈现出勃勃生机。

明清人把唐代的韩愈、柳宗元和宋代的欧阳修、曾巩、王安石、苏洵、苏轼、苏辙称为“唐宋八大家”，把唐代和宋代的两次古文运动称之为“唐宋古文运动”。北宋时期，以欧阳修为代表的一些文人，极力推崇韩、柳，一面反对晚唐以来的不良文风，一面提倡继承韩愈的道统和文学传统，强调文道并重，促使散文走上了平易自然文风的道路。欧阳修是这场文体改革运动中的关键人物。他基本上继承了韩愈的文学观，在艺术上具有鲜明的独创性。欧阳修的散文创作文体多样，议论、叙事和抒情兼备，也兼具“古文”与骈文之长，融成新的风格，使其文章富于变化，开合自如，具有和谐韵律感。代表作品既有政论散文，如《朋党论》《与高司谏书》等；也有写景抒情散文，如《秋声赋》《醉翁亭记》等；又有叙事怀人的作品，如《苏氏文集序》《祭尹师鲁文》等。他的散文纠正险怪文风，热心奖掖后进，使散文革新运动步入健康发展的道路，为奠定宋文平易自然、婉转流畅的风格打下了坚实基础。

苏轼是继欧阳修之后又一位杰出的文坛领袖。苏轼的杂说、札记、序跋等文章更能体现苏轼的文学成就，与欧阳修并称“欧苏”。他的散文视野雄阔，通达古今，哲思深邃，意境美妙，对促进宋文主体风格的成熟与定型，起了决定性的作用。从今人整理的文献来看，大约有1500多篇文章，具有孟子和战国纵横家的雄放气势、庄子的丰富联想和自然恣肆的行文风格，最能反映作者真实的性情与思想。尤其是中年之后的作品，将事、理、情、景、意、趣融为一体，既博大精深，又境界高远，其睿思和独特的视角，令人拍案叫绝。议论时，能像王安石一样，鞭辟入里，发人所未发，如《留侯论》。写景时，又能像欧阳修一样，以寥寥数语，写出景象的特点，营造出富有诗意的意境，例如《石钟山记》《前赤壁赋》《记承天寺夜游》等。

除欧、苏外，其他作家的散文成就也很突出。苏洵的散文，尤擅政论，议论明畅，笔势雄健；论说文论点鲜明，论据有力，语言锋利，纵横恣肆，具有雄辩的说服力。欧阳修称赞他“博辩宏伟”，“纵横上下，出入驰骤，必造于深微而后止”。曾巩的散文，从他传世的文集来看，主要在于史传、策论一类的应用文。尤其是他从事史书编纂工作多年，对史传碑志的写作较有研究。王安石的散文以政论为主，但也写了不少序记、杂记和碑铭之类，他的作品清静中透着冷气，常发他人之不常言。苏辙的文章以气势取胜，如《黄州快哉亭记》《吴氏浩然堂记》等，历来都是传诵的文章。

南宋散文的成就逊于北宋，虽风格不一，但整体特色却十分鲜明。靖康之耻，宋室南渡，国家不幸，士人悲愤，这使南宋文风充满凛然正气，都呈现出强烈的现实主义精神和爱国主义热情。比如岳飞、李纲、胡铨等人本性好义、刚烈倔强，他们认为，“文章以气为主，如山川之有烟云、草木之有英华，非渊源根抵所蓄深厚，岂易致耶？士之养气刚大，塞乎天壤，忘利害而外死生，胸中超然，则发为文章，自其胸襟流出，虽与日月争光可也”。所以南宋的政论文大多是围绕着抗敌御侮、出谋划策这两个主题而写的。如岳飞的《五岳祠盟记》通过对在故乡相州起兵和以往战况略作回顾及简述建康之战，表达了蓄锐待敌、功期再战、洗雪国耻、收复中原的决心，读之感人至深。辛弃疾的《美芹十论》，通过对宋、金双方国情民意以及和战问题最全面、最精辟、最系统的分析总结，显示了辛弃疾政治上的远见卓识和英伟磊落的文风。陈亮的《上孝宗皇帝第一书》，通过分析宋开国之初至庆历新政、王安石变法，以及南渡以来的国策大计，直陈利弊、权衡得失，显示了陈亮拳拳报国之心，富国强兵之愿，实足感人至深。另南宋的笔记散文取得了很高的成就，如陆游的《入蜀记》、范成大的《吴船录》。南宋还有一些学术性与文学性兼备的笔记小品，如陆游的《老学庵笔记》、洪迈的《容斋随笔》、罗大经的《鹤林玉露》、周密的《武林旧事》等。这些作品堪称是晚明小品文的先驱。

南宋末年，文天祥、谢翱等人，皆写出了表现民族气节的散文作品，把散文的发展推向了一个新的高潮，以悲壮、雄劲的旋律结束了两宋散文的历程。

选文欣赏

一、前赤壁赋[1]

苏 轼

【阅读提示】

苏轼因被新党指控为“谤讪朝廷”罪遭贬，政治上失意，在黄州过着苦闷的谪居生活。壬戌之秋与客月夜泛舟黄州赤鼻矶，联想古今人事，借题发挥，写下了这一篇传诵千古的《前赤壁赋》。本文先由清风明月写超然之乐；再由历史人物的兴亡，写现实的苦闷；最后以主客问答，阐明变与不变的哲理，以自解脱。在悲与乐的转换之中，提出了人生有何意义这一哲理命题，表现了虽然身处逆境，却能忘却一时得失、随遇而安的人生态度。本文借景生情，由情入理。景、情、理的有机结合使本文充盈着诗情画意和理趣之美。

壬戌[2]之秋，七月既望[3]，苏子与客泛舟，游于赤壁之下。清风徐[4]来，水波不兴[5]。举酒属[6]客，诵明月之诗[7]，歌窈窕之章[8]。少焉[9]，月出于东山之上，徘徊于斗牛[10]之间。白露横江[11]，水光接天。纵一苇之所如，凌万顷之茫然[12]。浩浩乎如冯虚御风[13]，而不知其所止；飘飘乎如遗世独立[14]，羽化而登仙[15]。

于是饮酒乐甚，扣舷[16]而歌之。歌曰：“桂棹兮兰桨[17]，击空明兮溯流光[18]。渺渺兮予怀[19]，望美人[20]兮天一方。”客有吹洞箫者，倚歌而和之[21]。其声呜呜然，如怨如慕[22]，如泣如诉；余音[23]袅袅，不绝如缕[24]。舞幽壑之潜蛟[25]，泣孤舟之嫠妇[26]。

苏子愀然[27]，正襟危坐[28]而问客曰：“何为其然也[29]？”客曰：“‘月明星稀[30]，乌鹊南飞。’此非曹孟德之诗乎？西望夏口[31]，东望武昌[32]，山川相缪[33]，郁[34]乎苍苍，此非孟德之困于周郎[35]者乎？方其破荆州，下江陵，顺流而东也[36]，舳舻[37]千里，旌旗蔽空，酾酒[38]临江，横槊[39]赋诗，固一世之雄也，而今安在哉！况吾与子渔樵于江渚之上，侣鱼虾而友麋鹿[40]。驾一叶之扁舟[41]，举匏樽[42]以相属。寄[43]蜉蝣[44]于天地，渺沧海之一粟[45]。哀吾生之须臾[46]，羡长江之无穷。挟飞仙以遨游，抱明月而长终[47]。知不可乎骤[48]得，托遗响于悲风[49]。”

苏子曰：“客亦知夫水与月乎？逝者如斯[50]，而未尝往也；盈虚者如彼[51]，而卒[52]莫消长也。盖将自其变者而观之，则天地曾不能以一瞬[53]；自其不变者而观之，则物与我皆无尽也，而又何羡乎？且夫天地之间，物各有主，苟非吾之所有，虽一毫而莫取。惟江上之清风，与山间之明月，耳得之而为声，目遇之而成色，取之无禁，用之不竭，是造物者之无尽藏也[54]，而吾与子之所共适[55]。”

客喜而笑，洗盏更酌[56]。肴核既尽[57]，杯盘狼藉[58]。相与枕藉[59]乎舟中，不知东方之既白[60]。

【注释】

[1]　选自《经进东坡文集事略》，这篇散文是宋神宗元丰二年(1079年)苏轼贬谪黄州(今湖北黄冈)时所作。因后来还写过一篇同题的赋，故称此篇为《前赤壁赋》，十月十五日写的那篇为《后赤壁赋》。赤壁：实为黄州赤鼻矶，并不是三国时期赤壁之战的旧址，当地人因音近亦称为赤壁，苏轼知道这一点，将错就错，借景以抒发自己的抱负。

[2]　壬戌：宋神宗元丰五年，岁在壬戌。

[3]　既望：既，过了；望，农历小月十五日，大月十六日。

[4]　徐：舒缓地。

[5]　兴：起，作。

[6]　属：通“嘱(zhǔ)”，劝酒。

[7]　明月之诗：《诗经·陈风·月出》有“舒窈纠兮”之句。

[8]　窈窕之章：《月出》诗首章为：“月出皎兮，佼人僚兮，舒窈纠兮，劳心悄兮。”“窈纠”同“窈窕”。

[9]　少焉：不一会儿。

[10]　斗牛：斗、牛，星宿名，即斗宿(南斗)、牛宿。

[11]　白露横江：白茫茫的水汽。横江：笼罩江面。

[12]　纵一苇之所如，凌万顷之茫然：任凭小船在宽广的江面上飘荡。纵：任凭。一苇：像一片苇叶那么小的船，比喻极小的船。《诗经·卫风·河广》：“谁谓河广，一苇杭(航)之。”如：往，去。凌：越过。万顷：形容江面极为宽阔。茫然，旷远的样子。

[13]　冯虚御风：(像长出羽翼一样)驾风凌空飞行。冯：通“凭”，乘。虚：太空。御：驾驭。

[14]　遗世独立：超越尘世，独自存在。

[15]　羽化而登仙：道教把成仙叫作“羽化”，像长了翅膀一样，认为成仙后能够飞升。登仙：登上仙境。

[16]　扣舷：敲打着船边，指打节拍。舷，船的两边。

[17]　桂棹(zhào)兮兰桨：用桂树木做的棹、用木兰做的船桨。棹，一种划船工具，

形似桨。

[18] 击空明兮溯流光：船桨拍打着月光浮动的清澈的水，溯流而上。溯：逆流而上。空明、流光：指月光浮动清澈的江水。

[19] 渺渺兮予怀：我的心思飘得很远很远。渺渺，悠远的样子。

[20] 美人：代指有才德的人。古诗文多以指自己所怀念向往的人。

[21] 倚歌而和(hè)之：合着节拍应和。倚：依，按。和：同声相应。

[22] 如怨如慕，如泣如诉：像是哀怨，像是思慕，像是啜泣，像是倾诉。怨：哀怨。慕：眷恋。

[23] 余音：尾声。袅袅：形容声音婉转悠长。

[24] 缕：细丝。

[25] 舞幽壑之潜蛟：使深谷的蛟龙感动得起舞。幽壑：这里指深渊。

[26] 泣孤舟之嫠(lí)妇：使孤舟上的寡妇伤心哭泣。嫠妇：孤居的妇女，在这里指寡妇。白居易《琵琶行》写孤居的商人妻云："去来江口守空船，绕舱明月江水寒。夜深忽梦少年事，梦啼妆泪红阑干。"这里化用其诗。

[27] 愀(qiǎo)然：忧郁的样子。

[28] 正襟危坐：整理衣襟，严肃地端坐着。危坐：端坐。

[29] 何为其然也：曲调为什么会这么悲凉呢？

[30] 月明星稀，乌鹊南飞：所引是曹操《短歌行》中的诗句。

[31] 夏口：地名，故城在今湖北武昌的西面。

[32] 武昌：今湖北鄂州市。

[33] 缪：通"缭"盘绕。

[34] 郁：茂盛的样子。

[35] 孟德之困于周郎：指汉献帝建安十三年(208 年)，吴将周瑜在赤壁之战中击溃曹操号称八十万大军。周郎：周瑜二十四岁为中郎将，吴中皆呼为周郎。

[36] 方其破荆州，下江陵，顺流而东也：以上三句指建安十三年刘琮率众向曹操投降，曹军不战而占领荆州、江陵。方：当。荆州：辖南阳、江夏、长沙等八郡，今湖南、湖北一带。江陵：当时的荆州首府，今湖北县名。

[37] 舳舻(zhú lú)：战船前后相接。这里指战船。

[38] 酾(shāi)酒：斟酒。

[39] 横槊(shuò)：横执长矛。

[40] 侣鱼虾而友麋鹿：把鱼虾、麋鹿当做好友。侣：伴侣，这里用作动词。麋(mí)：鹿的一种。

[41] 扁(piān)舟：小舟。

[42] 匏(páo)樽：用葫芦做成的酒器。匏，葫芦。

[43] 寄：寓托。

[44] 蜉蝣：一种昆虫，夏秋之交生于水边，生命短暂，仅数小时。此句比喻人生

之短暂。

[45] 渺：小。沧海：大海。

[46] 须臾：片刻，时间极短。

[47] 长终：至于永远。

[48] 骤：屡次。

[49] 悲风：秋风。

[50] 逝者如斯：语出《论语·子罕》：“子在川上曰：逝者如斯夫，不舍昼夜。”逝：往。斯：此，指水。

[51] 盈虚者如彼：指月亮的圆缺。

[52] 卒：最终。消长：增减。长：增长

[53] 一瞬：一眨眼的工夫。

[54] 造物者：天地自然。无尽藏(zàng)：佛家语，指无穷无尽的宝藏。

[55] 适：享有。

[56] 更酌：再次饮酒。

[57] 肴核既尽：荤菜和果品。既：已经。

[58] 狼藉：凌乱。

[59] 枕藉：相互枕着垫着。

[60] 既白：已经显出白色(指天明了)。

【知识链接】

苏轼(1037—1101)，字子瞻，号东坡居士，世称苏东坡，四川人，北宋文学家、书画家、美食家。苏轼一生仕途坎坷，学识渊博，天资极高，诗、文、书、画皆精。其文汪洋恣肆，明白畅达，与欧阳修并称欧苏，为“唐宋八大家”之一；其诗题材广阔、清新豪健，善用夸张比喻，独具风格，与黄庭坚并称苏黄；其词开豪放一派，对后世有巨大影响，与辛弃疾并称苏辛；其书法擅长行书、楷书，能自创新意，用笔丰腴跌宕，有天真烂漫之趣，与黄庭坚、米芾、蔡襄并称宋四家；擅长文人画，尤擅墨竹、怪石、枯木，论画主张神似。其作品有《苏东坡全集》《东坡乐府》《枯木怪石图》等。元丰五年(1082 年)的七月和十月，他先后两次泛游黄州赤壁，写了两篇以赤壁为题的赋。为示区别，一般称第一篇为《前赤壁赋》，第二篇为《后赤壁赋》。前、后《赤壁赋》在我国文学艺术史上有着深远的影响。

【学以致用】

1. 这篇文章是如何做到景、情、理有机结合的？
2. 分析课文中虚词“乎”“哉”的用法。
3. 分析课文的语言特点。

二、秋声赋

欧阳修

【阅读提示】

《秋声赋》是宋代大文学家欧阳修的辞赋作品。此赋作于宋仁宗嘉祐四年，全文以“秋声”为引子，写抽象之秋声似见若闻，写悲秋之感慨饱满充分。由大自然的秋写到了刑官、音乐再到人生的秋，天人合一。主客问答，通篇用韵，而结构与句式进一步散文化和自由化，是宋代文赋的出色代表。清人吴楚材、吴调侯在《古文观止》卷十中评价说：“秋声，无形者也，却写得形色宛然，变态百出。末归于人之忧劳，自少至老，犹物之受变，自春而秋。凛乎悲秋之意。溢于言表。结尾虫声唧唧，亦是从声上发挥，绝妙点缀。”全文立意新颖，语言清丽，章法多变，熔写景、抒情、记事、议论为一炉，浑然天成。

欧阳子方夜读书，闻有声自西南来者，悚然[1]而听之，曰：“异哉！”初淅沥[2]以萧飒，忽奔腾而砰湃[3]，如波涛夜惊，风雨骤至。其触于物也，鏦鏦铮铮[4]，金铁皆鸣；又如赴敌之兵，衔枚[5]疾走，不闻号令，但闻人马之行声。予谓童子：“此何声也？汝出视之。”童子曰：“星月皎洁，明河[6]在天，四无人声，声在树间。”

予曰：“噫嘻悲哉！此秋声也，胡[7]为而来哉？盖夫秋之为状也：其色惨淡，烟霏云敛[8]；其容清明，天高日晶；其气栗冽[9]，砭[10]人肌骨；其意萧条，山川寂寥。故其为声也，凄凄切切，呼号愤发。丰草绿缛[11]而争茂，佳木葱茏而可悦；草拂之而色变，木遭之而叶脱。其所以摧败零落者，乃其一气之余烈[12]。夫秋，刑官也[13]，于时为阴[14]；又兵象也[15]，于行用金[16]。是谓天地之义气，常以肃杀[17]而为心。天之于物，春生秋实，故其在乐也，商声主西方之音[18]，夷则为七月之律[19]。商，伤也，物既老而悲伤；夷，戮也，物过盛而当杀[20]。”

“嗟乎！草木无情，有时飘零。人为动物，惟物之灵；百忧感其心，万事劳其形；有动于中，必摇其精[21]。而况思其力之所不及，忧其智之所不能；宜其渥然丹者为槁木[22]，黟然黑者为星星[23]。奈何以非金石之质，欲与草木而争荣？念谁为之戕贼[24]，亦何恨乎秋声！”

童子莫对，垂头而睡。但闻四壁虫声唧唧，如助予之叹息。

【注释】

[1] 悚(sǒng)然：惊惧的样子。

[2] 淅沥(xī lì)：雨声。萧飒(sà)：风声。

[3] 砰湃(péng pài)：汹涌的波涛声。

[4] 锹锹(cōng cōng)铮铮(zhēng zhēng)：金属撞击声。

[5] 衔枚：古代行军常令战士口中横衔一根小棍，悄悄行进，以止喧哗。枚，形如筷子的小棒。

[6] 明河：天上银河。

[7] 胡：疑问代词，何，何故。

[8] 烟霏云敛：烟净云收。

[9] 栗洌：同“凛冽”，形容逼人的寒气。这里作寒冷解。

[10] 砭(biān)：古代治病的石针。这里是“刺”的意思。

[11] 绿缛(rù)：形容草长得又绿又厚。

[12] 一气之余烈：秋气的余威。一气，天地间混然之气，这里指秋气。

[13] 夫秋，刑官也：古代用天、地、四时之名命官。唐代也称刑部为秋官。

[14] 于时为阴：古代以阴阳二气配合四时，春夏属阳，秋冬属阴。于时，在四时之中。

[15] 兵象：古代用兵多在秋天，故云。

[16] 于行用金：古代把五行(金，木、水，火，土)分属四时，秋天属金。于行，在五行之中。

[17] 肃杀：严厉摧残的意思。

[18] 商声主西方之音：古代用五音(富、商，角、徵、羽)分配四时。秋天为商声。西方，是秋天的方位。

[19] 夷则：古代十二律之一。律，古代用来正音中的一种竹管。古人以十二律和十二月相配，七月为夷则。

[20] 商：伤也。商、伤同音，以声为训。夷，戮也。夷、戮同义，以义为训。杀，衰，减。言摧败零落弦是自然之理。

[21] 摇：摇落、消耗之意。精，精力，精神。

[22] 渥然丹者：指脸色红润。

[23] 黟然：乌黑的样子。星星，形容头发斑白。

[24] 戕贼：残害、伤害。

【知识链接】

欧阳修(1007—1072)，字永叔，号醉翁，晚号六一居士。北宋政治家、文学家。吉州永丰(今属江西)人。官至翰林学士、枢密副使、参知政事、户部侍郎。宋神宗熙宁四年(1071)以太子少师致仕，谥文忠。早年参加庆历新政，以天下为己任，屡遭贬谪，历经宦海沉浮。他是北宋古文运动的倡导者和领袖，与韩愈、柳宗元、苏轼、苏洵、苏辙、王安石、曾巩合称“唐宋八大家”，并与韩愈、柳宗元、苏轼被后人合称“千古文章四大家”。散文说理畅达，抒情委婉。有《欧阳文忠公集》传世。

【学以致用】

1. 分析课文的艺术特色。
2. 分析作者是从哪几个角度来描写秋声的。

三、答司马谏议书[1]

王安石

【阅读提示】

《答司马谏议书》是王安石代表作之一，作于宋神宗熙宁元年(1068 年)，是回答谏议大夫司马光对新法责难的一封著名的书信。熙宁三年二月，司马光接连三次写信给王安石，攻击新法。第一封信长达三千余字，王安石当即有简短回复，本文是接到司马光第二封信后的复信。信中把司马光对新法的指责，概括其论点为侵官、生事、征利、拒谏以及怨谤，逐一加以驳斥。文章言简意赅，结构严整，显示了王安石政论文简劲犀利、雄辩有力的风格。在论辩艺术方面，本文采取了以少胜多、反守为攻的策略。作者没有在具体问题上纠缠，而是采取主动，先确立一个对方无法反对的立论基点：名实必须相符。以此出发，理直气壮地对照事实，不仅洗雪了被强加的罪名，而且进一步揭露了保守势力苟且偷安，不恤国事的可耻面目。由于作者同司马光在私交上并无嫌隙，所以回信尽管在原则上针锋相对、寸步不让，而在措辞上仍谦恭得体，显示了落落大度的政治家襟怀。

某启[2]：昨日蒙教[3]，窃[4]以为与君实[5]游处[6]相好之日久，而议事每[7]不合，所操之术多异故也[8]。虽欲强聒[9]，终必不蒙见察[10]，故略上报[11]，不复一一自辨[12]。重念[13]蒙君实视遇厚[14]，于反覆不宜卤莽[15]，故今具道所以[16]，冀君实或见恕也[17]。

盖[18]儒者[19]所争，尤在于名实[20]。名实已明，而天下之理得矣[21]。今君实所以见教者[22]，以为侵官、生事、征利、拒谏[23]，以致天下怨谤[24]也。某则以谓受命于人主[25]，议法度而修之于朝廷[26]，以授之于有司[27]，不为侵官；举先王之政[28]，以兴利除弊，不为生事；为天下理财，不为征利；辟邪说[29]，难壬人[30]，不为拒谏。至于怨诽之多，则固前知其如此也[31]。

人习于苟且非一日[32]，士大夫多以不恤国事[33]、同俗自媚于众[34]为善。上乃欲变此[35]，而某不量敌之众寡，欲出力助上以抗[36]之，则众何为而不汹汹然[37]？盘庚之迁[38]，胥怨者民也[39]，非特[40]朝廷士大夫而已；盘庚不为怨者故改其度[41]，度义而后动[42]，是而不见可悔故也[43]。如君实责我以在位[44]久，未能助上大有为，以膏泽斯民[45]，则某知罪矣；如曰今日当一切不事事[46]，守前所为[47]而已，则非某之所敢知[48]。

无由[49]会晤，不任区区向往之至[50]。

【注释】

[1]　选自《临川先生文集》。王安石所处的时代，是北宋王朝社会危机、政治危机和民族危机都异常严重的时代。1070年，王安石做宰相，提出了一些改良的主张，实行变法，遭到了以司马光为代表的保守派的强烈反对。他曾三次致书王安石，要求王安石罢新法，恢复旧制。这封信，就是王安石对他的答复。谏议，即谏议大夫，负责向皇帝出谋献策的官。

[2]　某启：写信人陈述以下意见。某，写信人的自称。

[3]　蒙教：受到指教，指接到来信。蒙，受到，承受。

[4]　窃：私下。这里用作谦辞。

[5]　君实：司马光的字。

[6]　游处：同游共处，即交往共事。

[7]　每：时常。

[8]　所操之术多异故也：这是因为所持的主张和方法有许多不同的缘故。操，持。术，这里指政治主张和治国方法。

[9]　强聒(guō)：硬在耳边啰唆。聒，吵扰。

[10]　不蒙见察：不能得到您的理解。见，用在动词前面，表示对我怎么样。

[11]　故略上报：所以简单地给您写了回信。上报，写回信的一种客气说法，这里指王安石在接到司马光第一封反对新法来信时简短的回信。

[12]　不复一一自辨：不再一件一件地为自己辩解。辨，通“辩”。

[13]　重(chóng)念：再三考虑。

[14]　视遇厚：(对我)高看、厚待。视遇，看待。

[15]　于反覆不宜卤(lǔ)莽：在书信往来上不应草率。反覆，指书信往来。卤莽，即鲁莽，不仔细考虑事理，冒失。

[16]　具道所以：详细地说明这样做的理由。

[17]　冀君实或见恕也：希望君实或许能够原谅我吧。

[18]　盖：发语词，没有实在意义，表示议论的开始。

[19]　儒者：指读书人。

[20]　尤在于名实：特别在于名义和实际(是否相符)。

[21]　名实已明，而天下之理得矣：名和实都弄明白了，那么天下的大道理就弄清楚了。

[22]　今君实所以见教者：现在君实用来教育我的。

[23]　侵官、生事、征利、拒谏：这是司马光来信中指责王安石新法的四条罪状。侵官，增设新官，侵犯原来官吏的职权；生事，新法废旧立新，名目繁多，生事扰民；征利，设法生财，与民争利；拒谏，拒绝接受意见。

[24]　怨谤：怨恨和攻击。

[25] 人主：皇帝。这里指宋神宗赵顼(xū)。

[26] 议法度而修之于朝廷：议定法令制度，并在朝廷上经过审定。

[27] 以授之于有司：把它交给负有专责的官吏(去实行)。

[28] 举先王之政：实行前代君主的政策。

[29] 辟(pì)邪说：驳斥错误的言论。辟，排除、驳斥。

[30] 难(nàn)壬(rén)人：批驳巧言献媚的人。

[31] 固前知其如此也：本来早就知道会是这样的。

[32] 人习于苟且非一日：人们习惯于得过且过不是一天了。

[33] 不恤国事：不顾国家大事。恤，关心，顾念。

[34] 同俗自媚于众：附和世俗，讨众人的喜欢。

[35] 上乃欲变此：皇帝要改变这种风气。

[36] 抗：抵制。

[37] 汹汹然：大声吵闹的样子。

[38] 盘庚之迁：盘庚迁都。盘庚，商代国君。古书说他迁都时，臣民都反对他，他先后对贵族、臣僚发表了三次讲演，说明迁都的必要和原因。

[39] 胥(xū)怨者民也：老百姓都表示怨恨啊。胥，都。

[40] 非特：不只是，不仅是。

[41] 盘庚不为怨者故改其度：盘庚不因为有人怨恨他的缘故而改变他的计划。度，法则，计划。

[42] 度(duó)义而后动：考虑到这样做正确，然后行动起来。度，揣度，考虑。

[43] 是而不见可悔故也：认为正确就不再改悔。是，动词，认为正确。不见可悔故，看不到有什么可以改悔的理由。

[44] 在位：指执掌朝政。

[45] 膏泽斯民：施恩于人民。膏泽，恩惠，这里作动词用。斯，这些。

[46] 一切不事事：一切事情都不做。前一个“事”是动词，后一个“事”是名词。

[47] 守前所为：墨守前人的做法。

[48] 知：领教。

[49] 由：因由，机会。

[50] 不任区区向往之至：意思是不胜敬仰。这是旧时写信的客套话。不任，不胜。区区，这里是诚恳的意思。向往之至，向往到极点。

【知识链接】

王安石(1021—1086)，字介甫，号半山，抚州临川(今江西临川县)人。北宋时代著名的政治家和文学家。宋仁宗庆历二年进士。曾受到曾巩、欧阳修等的赏识。宋神宗熙宁年间，曾两次做宰相，推行新法，以抑制大地主官僚豪商的特权，缓和阶级矛盾，发展生产，达到富国强兵，稳定北宋王朝封建统治的目的。由于保守派的坚决反对，没有收到大的成效。晚年退居金陵，不再过问政事。他的诗、词、文创作都很丰富，而且内容充实。著有《临川先生文集》。他的散文以见解高超，议论锋利，笔力雄健著称。

【学以致用】

1. 作者在文中提到“盘庚之迁”这一历史事件有什么作用？
2. 本文是一篇书信体的驳论文，作者批驳了司马光的什么观点？

第三节　宋话本小说

话本小说的本源是“说话”，“说话”跟我们现代说话意义不同，它指的是唐宋时期一种说唱艺术。从上古时代开始，人们就利用空闲时间，口口相传一些神话传说、奇异事件，来表达对未知世界的憧憬及满足精神的需求。到了唐宋时期，发展成为一种专门的艺术，就是我们现在所说的“说故事”，“话”就是“故事”，类似于现今的说评书。话本就是“说话”艺人的底本或者叫“稿本”，是随着民间“说话”技艺发展起来的一种文学形式。早在唐代就已经出现了话本，宋、元时期话本小说渐趋成熟。

宋代工商业的发展、城市市民阶层的壮大和消闲生活的增多，这种“说话”的技艺得到了迅猛的发展，北宋都城汴梁(今开封)、南宋都城临安(今杭州)等大城市中出现瓦肆、勾栏，其数量之多规模之大，《东京梦华录》《都城纪胜》等有详细的描述。瓦肆又称“瓦舍”，是宋代市民阶层的综合游艺场所，每座瓦舍内又设有数座“勾栏”，大的瓦舍里，勾栏可多达五十多座，说话、戏曲、曲艺、杂技等各种技艺就在勾栏内演出。以卖艺为生的说书人，“谈论古今，知水之流”的名家，为了在激烈的竞争中获胜，不断改进其专业技巧，于是为“说话人”撰写“说话”的底本或稿本的创作活动出现了，这些底本或稿本就是“话本”。因此，习惯上说的宋元话本，就是专指小说而言。

话本中以小说话本的成就为最高。现存宋元两代话本小说合计约50多篇，大多收录在明代话本小说集《清平山堂话本》和冯梦龙的“三言”里，包括《京本通俗小说》的全部，《清平山堂话本》中的大部分，以及《喻世明言》《警世通言》《醒世恒言》中的小部分，仅剩四十篇左右；现存讲史话本有《新编五代史平话》《大宋宣和遗事》和《全相平话五种》；讲经话本有《大唐三藏取经诗话》。

宋代小说话本，是一种纯粹的市民文学。以市民阶层为主要拟想读者，选择杂货铺主、碾玉工人、酒店掌柜、无业游民等为表现对象，描写的是市民的真实生活，反映的是市民的思想意识，塑造的是市民阶层的人物形象。“小说”一般是短篇故事，话本的开头往往用韵文，或是一首诗，或是一段词，由此引出“入话”故事。结尾也往往用“诗曰”之类，用以总结、点睛。内容多取材于现实生活，主要讲爱情、公案、侠盗、神怪故事，其中的优秀作品堪称中国小说史上的典范作品。爱情故事中如《碾玉观音》，它写一个裱褙匠的女儿秀秀被咸安郡王买作“养娘”，在郡王府爱上了碾玉匠崔宁，二人趁王府失火之机，一同逃走，自食其力，“做长久夫妻”。不料被郡王发现抓住，秀秀被打死，变成鬼魂终与崔宁到另一世界团圆去了。如《闹樊楼多情周胜仙》，它描写了周胜仙喜欢上樊楼的范二郎，同样主动出击。几经波折，死而复生的周胜仙，又被心爱的人失手打死。作为鬼魂，周氏仍努力为范君讲情申冤。这类话本中的女主人公与唐传奇中的莺莺、霍小玉、李娃等有明显的不同。璩秀秀、周胜仙这类市井小民女性是中国文学人物画廊中新的形象。

话本小说讲究“奇中奇”，除了爱情，便是公案。这类作品反映的是当时复杂的阶级矛盾，揭露封建社会政治的黑暗、官吏的凶暴和人民的斗争，往往隐含着作者深深的忧愤之情，对于承担惩治罪恶、保护百姓主要责任的官府，叙事者既有所期待，也不乏嘲讽与规劝。《错斩崔宁》讲述的是贫困的刘贵从丈人家借得十五贯钱做本钱，回家戏言典卖了小娘子陈二姐。二姐信以为真，想先回家告知父母，途中与卖丝青年崔宁同路。不料刘贵在家被人杀死，十五贯钱丢失，邻居追及陈二姐，以为她和崔宁合谋杀夫，而崔宁身上正有十五贯钱，告到官府。临川府君糊涂判案，屈打成招，把两人处以死罪。话本反映了南宋时期昏庸官吏轻率断狱、草菅人命的实际情况，对司法制度的弊端提出了异议、谴责和批判。同时，也有歌颂清官的作品，如《合同文字记》和《三现身包龙图断冤》等。

不同于公案小说之将希望完全寄托在官府，小说话本中还有一些表彰孝义、求助绿林好汉、蔑视官府、劫富济贫等追求正义与平等的作品，特别体现在水浒英雄的作品，如《青面兽》《花和尚》《武行者》等，现今这些话本失传已久。还有一些是讲史性质和以历史人物为主角的作品。这些人物往往出身低贱而终成王侯将相，在他们身上被赋予了市民阶级的理想、愿望和性格。

宋代小说话本在艺术上具有显著的特点，达到了很高的艺术成就。为吸引听众，宋话本小说构思新奇、情节曲折丰富，人物刻画细致生动。说话人每天面对广大听众，这就决定了其语言必须是市民所熟悉的口语，话本小说是用接近口语的白话写成，又加入许多概括力极强的俗语、市语、方言，如“火到猪头烂，钱到公事办”“将身投虎易，开口告人难”“猪羊走入屠宰家，一脚脚来寻死路”等，使其形象极为传神。它对元代戏曲、明清白话小说的创作都有影响。在塑造人物和交代情节时，小说话本大量运用细节描写，力求真实。如《宋四公大闹禁魂张》，写吝啬的张员外看见自家的仆役施舍了两文钱给乞丐，便暴跳如雷，贪婪刻薄、爱钱如命之态暴露无遗。诸如此类的细节描写，在宋代小说话本中处处可见。

总之，宋代小说话本初步奠定了我国白话通俗小说的基础，无论在题材上还是在艺术技巧上，对后代的创作都产生了深远的影响。

选文欣赏

错斩崔宁[1](节选)

【阅读提示】

《错斩崔宁》是宋代话本小说，故事写刘贵从丈人处借来十五贯钱，夜间在家中被人偷走，刘贵被杀死。就在这天晚上，刘的妾陈二姐因相信刘贵说的要将她休弃的戏言，偷回娘家。陈二姐途中遇到后生崔宁，二人正结伴同行，被赶来的邻居捉拿送官。崔宁身上正好有十五贯钱，于是官府就屈打成招，将陈二姐和崔宁处以斩刑。其后刘贵大娘子被山大王掳到山上，得知偷十五贯钱并杀死刘贵的是这个山大王。刘娘子告官后，将山大王处斩。作品暴露了封建吏治的黑暗腐败，滥杀无辜，对司法制度的弊端提出了异议、谴责和批判。

到得刘官人门首，好一场热闹！小娘子入去看时，只见刘官人斧劈倒在地死了，床上十五贯钱分文也不见。开了口合不得，伸了舌缩不上去。那后生也慌了，便道："我恁的晦气！没来由和那小娘子同走一程，却做了干连[2]人！"众人都和哄着。正在那里分豁不开，只见王老员外和女儿一步一颠走回家来，见了女婿身尸，哭了一场便对小娘子道："你却如何杀了丈夫？劫了十五贯钱，逃走出去?今日天理昭然，有何理说?"小娘子道："十五贯钱，委是有的。只是丈夫昨晚回来，说是无计奈何，将奴家典与他人，典得十五贯身价在此，说过今日便要奴家到他家去。奴家因不知他典与甚色样人家，先去与爹娘说知，故此趁他睡了，将这十五贯钱，一垛儿堆在他脚后边，拽上门，借朱三老家住了一宵，今早自去爹娘家里说知。临去之时，也曾央朱三老对我丈夫说，既然有了主顾，便同到我爹娘家里来交割。却不知因甚杀死在此?"那大娘子道："可又来！我的父亲昨日明明把十五贯钱与他驮来作本，养赡妻小，他岂有哄你说是典来身价之理？这是你两日因独自在家，勾搭上了人；又见家中好生不济，无心守耐；又见了十五贯钱，一时见财起意，杀死丈夫，劫了钱。又使见识，往邻舍家借宿一夜，却与汉子通同计较，一处逃走。现今你跟着一个男子同走，却有何理说，抵赖得过?"众人齐声道："大娘子之言，甚是有理。"又对那后生道："后生，你却如何与小娘子谋杀亲夫？却暗暗约定在僻静处等候一同去，逃奔他方，却是如何计结?"那人道："小人自姓崔名宁，与那小娘子无半面之识。小人昨晚入城，卖得几贯丝钱在这里，因路上遇见小娘子，小人偶然问起往哪里去的，却独自一个行走。小娘子说起是与小人同路，以此做伴同行，却不知前后因依。"众人哪里肯听他分说？搜索他搭膊中，恰好是十五贯钱，一文也不多，一文也不少。众人齐发起喊来道："是天网恢恢，疏而不漏[3]。你却与小娘子杀了人，拐了钱财，盗了妇女，同往他乡，却连累我地方邻里打没头官司！"

当下大娘子结扭了小娘子，王老员外结扭了崔宁，四邻舍都是证见，一哄都入临安府中来。那府尹听得有杀人公事，即便升厅。便叫一干人犯，逐一从头说来。先是王老员外上去，告说："相公在上，小人是本府村庄人氏，年近六旬，只生一女，先年嫁与本府城中刘贵为妻。后因无子，娶了陈氏为妾，呼为二姐。一向三口在家过活，并无片言。只因前日是老汉生日，差人接取女儿女婿在家，住了一夜，次日，因见女婿家中全无活计，养赡不起，把十五贯钱与女婿作本，开店养身。却有二姐在家看守，到得昨夜，女婿到家时分，不知因甚缘故，将女婿斧劈死了，二姐却与一个后生，名唤崔宁，一同逃走，被人追捉到来。望相公可怜见老汉的女婿，身死不明，奸夫淫妇，赃证现在，伏乞相公明断。"府尹听得如此如此，便叫陈氏上来："你却如何通同奸夫，杀死了亲夫，劫了钱，与人一同逃走，是何理说？"二姐告道："小妇人嫁与刘贵，虽是个小老婆，却也得他看承得好；大娘子又贤慧，却如何肯起这片歹心？只是昨晚丈夫回来，吃得半酣，驮了十五贯钱进门，小妇人问他来历，丈夫说道，为因养赡不周，将小妇人典与他人，典得十五贯身价在此，又不通我爹娘得知，明日就要小妇人到他家去。小妇人慌了，连夜出门，走到邻舍家里，借宿一宵。今早一径先往爹娘家去，教他对丈夫说，既然卖我有了主顾，可到我爹妈家里来交割。才走得到半路，却见昨夜借宿的邻家赶来，捉住小妇人回来，却不知丈夫杀死的根由。"那府尹喝道："胡说！这十五贯钱，分明是他丈人与女婿的，你却说是典你的身价，眼见的没把臂[4]的说话了。况且妇人家，如何黑夜行走?定是脱身之计。这桩事须不是你一个妇人家做的，一定有奸夫帮你谋财害命，你却从实说来。"那小娘子正待分说，只见几家邻舍一齐跪上去告道："相公的言语，委是青天。他家小娘子，昨夜果然借宿在左邻第二家的，今早她自去了。小的们见她丈夫杀死，一面着人去赶。赶到半路，却见小娘子和那一个后生同走，苦死不肯回来。小的们勉强捉她转来，却又一面着人去接他大娘子与他丈人，到时，说昨日有十五贯钱，付与女婿做生理的。今者女婿已死，这钱不知从何而去。再三问那小娘子时，说道：她出门时，将这钱一堆儿堆在床上。却去搜那后生身边，十五贯钱分文不少。却不是小娘子与那后生通同作奸？赃证分明，却如何赖得过？"府尹听他们言之有理，便唤那后生上来道："帝辇之下[5]，怎容你这等胡行？你却如何谋了他小老婆，劫了十五贯钱，杀死了亲夫？今日同往何处？从实招来！"那后生道："小人姓崔名宁，是乡村人氏，昨日城中卖了丝，卖得这十五贯钱。今早偶然路上撞着这小娘子，并不知她姓甚名谁，哪里晓得她家杀人公事？"府尹大怒喝道："胡说！世间不信有这等巧事!他家失去了十五贯钱，你却卖的丝恰好也是十五贯钱，这分明是支吾的说话了。况且他妻莫爱，他马莫骑，你既与那妇人没甚首尾，却如何与她同行共宿？你这等顽皮赖骨，不打，如何肯招？"当下众人将那崔宁与小娘子，死去活来拷打一顿。那边王老员外与女儿并一干邻佑人等，口口声声，咬他二人。府尹也巴不得了结这段公案。拷讯一回，可怜崔宁和小娘子，受刑不过，只得屈招了，说是一时见财起意，杀死亲夫，劫了十五贯钱，同奸夫逃走是实。左邻右舍都指画了十字，将两人大枷枷了，送入死囚牢里。将这十五贯钱，给还原主，也只好奉与衙门中人做使用，也还不够哩。府尹叠成文案，奏过朝廷，部复申详[6]，倒下圣旨，说："崔宁不合奸骗人妻，谋财害命，依律处斩。陈氏不合通同奸夫，杀死亲夫，大逆不道，凌迟[7]示众。”当下读了招状，大牢内取出二人来，当厅判一个斩字，一个剐字，押赴市曹[8]，行刑标众。两人浑身是口，也难分说。正是：

哑子漫尝黄檗[9]味，难将苦口对人言。

看官听说，这段公事，果然是小娘子与那崔宁谋财害命的时节，他两人须连夜逃走他方，怎的又去邻舍人家借宿一宵？明早又走到爹娘家去，却被人捉住了？这段冤枉，仔细可以推详出来。谁想问官糊涂，只图了事，不想捶楚[10]之下，何求不得？冥冥之中，积了阴骘[11]，远在儿孙近在身。他两个冤魂，也须放你不过。所以做官的，切不可率意断狱，任情用刑，也要求个公平明允。道不得个死者不可复生，断者不可复续，可胜叹哉！

闲话休提。却说那刘大娘子到得家中，设个灵位，守孝过日。父亲王老员外劝她转身[12]，大娘子说道：“不要说起三年之久，也须到小祥[13]之后。”父亲应允自去。光阴迅速，大娘子在家，巴巴结结，将近一年，父亲见她守不过，便叫家里老王去接她来，说：“叫大娘子收拾回家，与刘官人做了周年，转了身去罢！”大娘子没计奈何，细思：“父言亦是有理。”收拾了包裹，与老王背了，与邻舍家作别，暂去再来。一路出城，正值秋天，一阵乌风猛雨，只得落路[14]，往一所林子去躲，不想走错了路。正是：

猪羊入屠宰之家，一脚脚来寻死路。

走入林子里来，只听他林子背后，大喝一声：“我乃静山大王在此!行人住脚，须把买路钱与我。”大娘子和那老王吃那一惊不小，只见跳出一个人来：头带乾红凹面巾，身穿一领旧战袍，腰间红绢搭膊裹肚，脚下蹬一双乌皮皂靴，手执一把朴刀。舞刀前来。那老王该死，便道：“你这剪径[15]的毛团！我须是认得你，做这老命着[16]与你兑了罢。”一头撞去，被他闪过空，老人家用力猛了，扑地便倒。那人大怒道：“这牛子[17]好生无礼!”连搠一两刀，血流在地，眼见得老王养不大了。那刘大娘子见他凶猛，料到脱身不得，心生一计，叫作脱空计，拍手叫道：“杀得好!”那人便住了手，睁圆怪眼，喝道：“这是你甚么人?”那大娘子虚心假气地答道：“奴家不幸丧了丈夫，却被媒人哄诱，嫁了这个老儿，只会吃饭。今日却得大王杀了，也替奴家除了一害。”那人见大娘子如此小心，又生得有几分颜色，便问道：“你肯跟我做个压寨夫人么?”大娘子寻思，无计可施，便道：“情愿服侍大王。”那人回嗔作喜，收拾了刀杖，将老王尸首撺入涧中，领了刘大娘子到一所庄院前来，甚是委曲。只见大王向那地上，拾些土块，抛向屋上去，里面便有人出来开门。到得草堂之上，吩咐杀羊备酒，与刘大娘子成亲，两口儿且是说得着。正是：

明知不是伴，事急且相随。

不想那大王自得了刘大娘子之后，不上半年，连起了几注大财，家间也丰富了。大娘子甚是有识见，早晚用好言语劝他：“自古道：瓦罐不离井上破，将军难免阵中亡。你我两人，下半世也够吃用了，只管做这没天理的勾当，终须不是个好结果！却不道是梁园[18]虽好，不是久恋之家，不若改行从善，做个小小经纪，也得过养身活命。”那大王早晚被她劝转，果然回心转意，把这门道路撇了，却去城市间赁下一处房屋，开了一个杂货店。遇闲暇的日子，也时常去寺院中，念佛吃斋。忽一日在家闲坐，对那大娘子道：“我虽是个剪径的出身，却也晓得冤各有头，债各有主。每日间只是吓骗人东西，将来过日子。后来得有了你，一向买卖顺溜，今已改行从善。闲来追思既往，只曾枉杀了二个人，又冤陷了两个人，时常挂念，思欲做些功德[19]，超度他们，一向不曾对你说知。”大娘子便道：“如何是枉杀了两个人?”那大王道：“一个是你的丈夫，前日在林子里的时节，他来撞我，我却杀了他。他须是个老人家，与我往日无仇，如今又谋了他老婆，他死也是不肯甘心的!”大娘子道：“不恁地时，我却哪得与你厮守？这也是往事，休提了!”又问：“杀那一个，又是甚人?”那大王道：“说起来这个人，一发天理上放不过去；且又带累了两个人，无辜偿命。是一年前，也是赌输了，身边并无一文，夜间便去掏摸些东西。不想到一家门首，见他门也不闩，推进去时，里面并无一人。摸到门里，只见一人醉倒在床，脚后却有一堆铜钱，便去摸他几贯。正待要走，却惊醒了，那人起来说道：这是我丈人家与我做本钱的，不争你偷去了，一家人口都是饿死。起身抢出房门，正待声张起来，是我一时见他不是话头，却好一把劈柴斧头在我脚边，这叫做人急计生，绰起斧来，喝一声道，不是我，便是你，两斧劈倒。却去房中将十五贯钱，尽数取了。后来打听得他，却连累了他家小老婆，与那一个后生，唤做崔宁，说他两人谋财害命，双双受了国家刑法。我虽是做了一世强人，只有这两桩人命，是天理人心打不过去的！早晚还要超度他，也是该的。”那大娘子听说，暗暗地叫苦：“原来我的丈夫也吃这厮杀了，又连累我家二姐与那个后生无辜被戮。思量起来，是我不合当初执证他两人偿命。料他两人阴司中，也须放我不过。”当下权且欢天喜地，并无他说。明日捉个空，便一径到临安府前，叫起屈来。那时换了一个新任府尹，才得半月，正值升厅，左右捉将那叫屈的妇人进来。刘大娘子到于阶下，放声大哭。哭罢，将那大王前后所为：“怎地杀了我丈夫刘贵，问官不肯推详，含糊了事，却将二姐与那崔宁，朦胧偿命。后来又怎地杀了老王，奸骗了奴家。今日天理昭然，一一是他亲口招承。伏乞相公高台明镜，昭雪前冤。”说罢又哭。府尹见她情词可悯，即着人去捉那静山大王到来，用刑拷讯，与大娘子口词一些不差。即时问成死罪，奏过官里。待六十日限满，倒下圣旨来，勘得：“静山大王，谋财害命，连累无辜，准律[20]：杀一家非死罪三人者，斩加等，决不待时[21]。原问官断狱失情，削职为民。崔宁与陈氏枉死可怜，有司访其家，量行优恤[22]。王氏既系强徒威逼成亲，又能申雪夫冤，着将贼人家产，一半没入官，一半给予王氏养赡终身。”刘大娘子当日往法场上，看决了静山大王，又取其头去祭献亡夫并小娘子及崔宁，大哭一场。将这一半家私，舍入尼姑庵中，自己朝夕看经念佛，追荐亡魂，尽老百年而绝。有诗为证：

善恶无分总丧躯，只因戏语酿殃危。
劝君出话须诚信，口舌从来是祸基。

【注释】

[1]　本篇选自《京本通俗小说》。作者不详，被明代冯梦龙编入《醒世恒言》第三十三卷，题为《十五贯戏言成巧祸》，题下注“宋本作《错斩崔宁》”。

[2]　干连：牵连。

[3]　天网恢恢，疏而不漏：语见《老子》，“漏”原作“失”。古人把天比作一张

罗网，无所不见，任何坏人坏事都逃不脱。

[4] 把臂：同“把柄”，凭据。

[5] 帝辇之下：指京城。

[6] 部复申详：刑部查明向皇帝申奏。

[7] 凌迟：俗称剐刑，即分解肢体。

[8] 市曹：闹市。

[9] 黄檗：黄柏，中药材，味极苦。

[10] 捶楚：杖刑。

[11] 阴骘：阴德。

[12] 转身：改嫁。

[13] 小祥：服丧满一年称小祥。

[14] 落路：离开道路。

[15] 剪径：强盗截路。毛团：骂人的话，犹如畜生。

[16] 做这老命着：拿这老命。兑：相拼。

[17] 牛子：骂人的话，意谓像牛一样执拗、蠢笨。

[18] 梁园：汉梁孝王刘武在商丘所建庭园，又称梁苑，接待各方文士、宾客，但毕竟不能久留。当时有谚语：“梁园虽好，非久恋之家。”

[19] 功德：念佛诵经超度冤魂。

[20] 准律：比照法律。

[21] 决不待时：古代处决死囚，定在秋后，因案情重大，也可立即处决，不等待秋后。

[22] 量行优恤：酌量情况从优抚恤。

【知识链接】

本篇是宋话本中公案小说的代表作，叙述陈二姐和崔宁无辜地被卷进一场凶杀案中，官场严刑逼供，致屈打成招而被冤杀。虽然案情比较复杂，造成冤案有一些偶然巧合的因素，但最主要的原因是临安府尹草菅人命，如说书人在叙述中所加的评论：“问官糊涂，只图了事，不想捶楚之下，何求不得”“所以做官的，切不可率意断狱，任情用刑，也要求个公平明允”。这就是本篇主旨。故事曲折复杂，由许多巧合因素构成离奇的情节，而细节描写又合情合理，在一些偶然性中包含有必然性的因素。语言多用当时通俗生动的口语。在故事叙述中间常用“有诗为证”，或穿插旁白和议论，表现着话本特有的艺术风貌。

【学以致用】

1. 崔宁和陈二姐的冤案产生的根本原因是什么？
2. 试析《错斩崔宁》的巧合设计。

第六章 元明清文学

元明清时期是中国古代文学发展的最后一个重要时期。这一时期最大的特点是文学的大众化和通俗化，戏曲和小说取代诗文成为人民群众最为喜闻乐见的文学形式。

元代历史虽然短暂，但少数民族文化与汉族文化的相互融合使元代文学在中国文学发展的过程中，具有划时代的意义。元代文学的代表是“元曲”，即杂剧和散曲，他们分别代表元代叙事文学与抒情文学的最高成就。元代的散曲，则是中国文学史韵文大家族中的新成员，是继诗、词之后兴起的新诗体，它代表了元代诗歌创作的最高成就。

明代小说，是在宋元时期的话本艺术的基础上发展起来的。从内容上看，分为讲史小说、神魔小说、世情小说、公案小说四种，取得了与唐诗、宋词、元曲相提并论的地位；明代的戏曲成就仅次于小说，这时期的戏曲被称为传奇戏曲，由宋元时期的南戏发展而成；而明代诗文创作相对衰微。

清代是中国最后一个封建王朝，也是我国古代文学史上最后一个阶段。这时期散文、诗、词、小说、戏曲都取得了一定成就，以小说的成就最为突出，出现了许多鸿篇巨著。清代的诗词创作，从内容到形式，从数量到质量都超过元明时期，使诗词再次出现繁荣景象，同时出现了迎接新时代曙光的作品，也是近代文学的先锋。

第一节 诗 歌

元代之前有唐诗和宋诗两座诗词高峰，唐诗的自然性情为世人广泛推崇，宋诗则以议论为诗。元代诗歌则兼容唐、宋诗之优长，具有情理交融的特点。元代诗歌的创新，还在于回溯源头，追寻诗三百篇的自然而然的表现方式。元末诗歌受散曲和古代歌谣的影响，具有雅俗交融的特点，杨维桢的乐府诗为其中最典型的代表。元代诗人理学家居多，受理学的影响，元诗无论是题材内容，还是表现方式都具情理相融的特点，很少有艳体诗出现。

词在宋末基本僵化，词谱也随着南宋王朝的覆灭而散亡，这时在北方兴起了一些新的歌曲，它质朴刚健，使人耳目一新，自然代替了旧有的长短句。利用这种新的曲调编的剧曲就是杂剧；不用角色扮演，单用这种曲子来演唱，就叫散曲。元散曲是金元时期在北方民间流行起来的新的诗歌样式。曲作为新的诗歌品种，它和词一样，也是长短句形式，也有曲调名称，也是倚声填词；但用韵不像词那样严格，平仄自由，通常是一曲一韵，并且句句押韵且一韵到底，同时，它在定句、定字的基础上，还可以根据实际的需要，适当地增加字数，这些所增之字，称为“衬词”。元散曲分为小令和套数，小令和词调近似，是单支的曲子；套数和剧曲的组织相同，是由两支以上同一宫调的曲子依次连缀而成的组曲。散曲作家的成分十分复杂，作品的风格也有很大的差异。一般杂剧作家，如关汉卿、马致远、白朴，往往兼擅散曲，他们的作品具有较深刻的社会内容和朴拙豪放的风格，缺点是带有士大夫的消极情调或小市民的庸俗作风；后期的散曲作家如乔吉、张可久等，他们的作品词句华美，其中一些作品有一定的积极意义，但大部分作品中消极思想表现得较为显著。在诗文创作方面，北方早期作家受元好问的影响较大，其中以刘因最为突出。南方作家则承袭南宋江湖诗人的余绪。到元仁宗以后，虞集、杨载、范梈、揭傒斯继起，号称元诗四大家，然而他们所创作的诗歌内容较为单薄，倒是元末王冕的诗歌创作成就较高。元诗的性灵表现影响了明诗，元诗的多元兼容的表现方式影响了清诗；元诗具有上承唐宋、下启明清的承上启下作用。

明清两代五百多年，文学创作的突出成就是小说、戏曲，古典诗歌发展到明清，已经走向了衰落，诗歌数量多，但成就不高。明初诗坛最有影响的是以三杨(杨士奇、杨荣、杨溥)为代表的台阁体和以李东阳为代表的茶陵诗派，但他们的实际成就并不高。前后七子的复古运动在反对台阁体的空廓、浮泛和八股文的恶劣影响方面虽有一定的积极意义，但“文必秦汉，诗必盛唐”的文学主张实质上仍然是一种形式主义。唐顺之、归有光为首的唐宋派首先起来反对复古派，三袁(袁宗道、袁宏道、袁中道)为首的公安派更给复古派以沉重打击。明代诗歌的特点表现在：首先，形成的诗歌创作流派较多。除了具有重大影响的全国性流派前七子、后七子、公安派、竟陵派之外，历朝还有许多地域性的小流派。这种现象显然与明代文士喜结诗社的风气有关。其次，提出诗歌理论主张。面对正统诗文的衰微，明代诗人提出了不少诗歌创作方面的理论主张。比如，高启认为要“兼师众长”；李东阳认为要分辨诗体的声调音节；前后七子主张要学习汉魏盛唐，提倡复古；公安派则主张要“独抒性灵”等。这些看法均有一定道理，涉及诗歌创作如何学习前人、如何掌握诗体特点、如何表现诗人主体感情等问题。最后，广度和深度不够。明代诗歌在反映现实生活的广度和深度方面，既不如唐诗，又逊于宋诗。诗人创作的指导思想存在偏颇。前后七子的模拟成风，公安派的诗意浅露，竟陵派的诗境狭小，都是诗人不能深刻认识生活的重要性而结出的苦果。

1840 年鸦片战争爆发后，中国社会受到外来力量强烈冲击而发生了剧变。清代文学就是在这样的背景下发展的。诗坛上，清前期成就最高的诗人应推吴伟业和王士。他们的作品注重真实情感的抒发，关怀个人在社会中的命运，具有较强的自我意识，同时又讲究诗歌的艺术性和声调韵律的美感。到了乾隆时代，出现了沈德潜倡导的以“温柔敦厚”为准则的“格调说”，翁方纲倡导的重学问、重义理的“肌理说”和袁枚所倡导的“性灵说”。另外，赵翼、黄景仁也是当时很有个性的诗人，他们比较重视诗中有“我”、重视诗歌艺术的独创性。嘉庆、道光时期，杰出的思想家兼优秀诗人龚自珍在诗歌创作中表现出强烈的自我意识，用以抗击社会的沉闷与压抑。清代后期，即我们通常所说的近代，封闭的中国社会被迫向世界开放，而文学的发展也不可避免地受到影响。这一时期的诗坛上，出现了以黄遵宪为代表的具有变革意义的“新派诗”，提出了“我手写我口”的创作主张。其后，梁启超提出了“诗界革命”的口号。清代后期动荡危急的时事，激起许多仁人志士的忧时愤世，从林则徐到秋瑾，留下了大量的纪实和抒愤的诗篇。清后期的词与诗相比，由于缺乏新异的创造而少有生气。

纵观清代诗歌的发展，呈现出以下两个特点：首先，思想内容有明显的拓展。尤其是进入近代以后，其诗歌的战斗性、政治性得到进一步加强，不仅多愤世哀时之音，爱国图强之意，还出现了对新世界的呼唤。其次，艺术形式也有许多创新。为了更好地反映社会现实、抒发自己的情怀，其组诗往往在百首之上。比如，龚自诊的《己亥杂诗》就有 315 首，方方面面地反映他一生遭遇，抒写了他各种复杂的感情；又如贝青乔的《咄咄吟》有 120 首，很系统地反映了浙东抗英斗争的内幕。这些组诗，真是长歌当哭的最好形式。龚自珍在诗艺上还有力图突破传统近体诗的尝试，黄遵宪的“新派诗”更在诗歌形式上作了更多探索性的改革，他的有些作品中出现了散文式的诗句。

选文欣赏

一、[中吕]卖花声·怀古[1]

张可久

【阅读提示】

《卖花声·怀古》是元代散曲家张可久创作的咏史组曲，共两首。这两首曲子咏史用典，寄托历史兴衰之感叹，对劳苦大众的历史命运给予深切的同情。两曲都采用对比手法，前曲以凄清景象和繁华盛事对比，后曲以普通百姓和帝王将相对比。语言凝练含蓄，具有高度的概括性，发无限感慨于不发之中，前曲典雅工巧，代表了张可久散曲的特色；后曲不避口语，畅达泼辣，几近俚语，脱口而出，妙语天成，体现了“曲野”的本色精神。

阿房舞殿翻罗袖[2]，金谷名园起玉楼[3]，隋堤古柳缆龙舟[4]。不堪回首，东风还又[5]，野花开暮春时候。

美人自刎乌江岸[6]，战火曾烧赤壁山[7]，将军空老玉门关[8]。伤心秦汉[9]，生民涂炭[10]，读书人一声长叹。

【注释】

[1]　中吕：宫调名。卖花声：曲牌名。怀古：曲题。

[2]　阿房(旧读 ē páng)：公元前 212 年，秦始皇征发刑徒七十余万修阿房宫及骊山陵。阿房宫仅前殿即“东西五百步，南北五十丈；上可以坐万人，下可以建五丈旗；周驰为阁道，自殿下直抵南山”(《史记·秦始皇本纪》)。但实际上没有全部完工。全句大意是说，当年秦始皇曾在华丽的阿房宫里观赏歌舞，尽情享乐。

[3]　金谷名园：在河南省洛阳市西面，是晋代大官僚大富豪石崇的别墅，其中的建筑和陈设异常奢侈豪华。

[4]　隋堤古柳：隋炀帝开通济渠，沿河筑堤种柳，称为“隋堤”，即今江苏北部的运河堤。缆龙舟：指隋炀帝沿运河南巡江都(今扬州市)事。

[5]　东风还又：现在又吹起了东风。这里的副词“又”起动词的作用，是由于押韵的需要。

[6]　“美人”句：言楚汉相争时项羽战败自刎乌江。公元前 202 年，项羽在垓下(今安徽省灵璧县东南)被汉军围困。夜里，他在帐中悲歌痛饮，与美人虞姬诀别，然后乘夜突出重围。在乌江(今安徽和县东)边自刎而死。这里说美人自刎乌江，是这个典故的活用。

[7]　“战火”句：言三国时曹操惨败于赤壁。公元 208 年，周瑜指挥吴蜀联军在赤壁之战中击败曹操大军。

[8]　“将军”句：言东汉班超垂老思归。班超因久在边塞镇守，年老思归，给皇帝写了一封奏章，上面有两句是：“臣不敢望到酒泉郡(在今甘肃)，但愿生入玉门关。”见《后汉书·班超传》。

[9]　秦汉：泛指历朝历代。

[10]　涂炭：比喻受灾受难。涂，泥涂；炭，炭火。

【知识链接】

张可久(约1270—1348)，名伯远，字可久，号小山。庆元(治所在今浙江宁波鄞州区)人，元朝重要散曲家、剧作家，与乔吉并称“双壁”，与张养浩合为“二张”。

张可久在散曲史上居有重要地位。元代前期，散曲家崇尚自然真率，后期追求清丽雅正。张可久在这划时代转变中起了重要作用。他力求脱离散曲原有的白描的特色而入于雅正，以丰富多彩而又清丽的风格，自成元代散曲鲜花中的奇葩。《录鬼簿》把张可久列入“方今才人相知者”一类。他专攻散曲，特别致力于小令，能得乐府遗妙。张可久的散曲作品，当时即已集成。据隋树森《全元散曲》所辑，共存小令855首，套数9篇，占元散曲的五分之一。著有《吴盐》《苏堤渔唱》《小山北曲乐府》等散曲集，又有天一阁本《小山乐府》共六卷。

张可久是元代散曲“清丽派”的代表，被誉为“词林之宗匠”。清代诗论家刘熙载推崇他为“曲家翘楚”。他的散曲主要的艺术特点是：讲究格律音韵，着力于锻字炼句，对仗工整，字句和美，融合诗词作法，借以入于典雅。许光治说他“俪辞追乐府之工，散句撷唐宋之秀”(《江山风月谱·自序》)。李开先《小山小令序》评小山乐府，谓如瑶天笙鹤，有不食烟火气，可称之为“曲仙”。

【学以致用】

1. 本曲所述的三组历史事件共同点是什么？作者是如何通过历史事件的陈述发掘出生民涂炭的历史本质的？

2. 曲中表达了作者什么样的思想感情？

二、狱中题壁

谭嗣同

【阅读提示】

《狱中题壁》是近代维新派政治家、思想家谭嗣同于光绪二十四年(1898年)在狱中所作的一首七言绝句。这首诗的前两句运用张俭和杜根的典故，揭露顽固派的狠毒，表达了对维新派人士的思念和期待。后两句抒发作者大义凛然、视死如归的雄心壮志。这首诗格调悲壮激越，风格刚健遒劲，表达了对避祸出亡的变法领袖的褒扬祝福，对阻挠变法的顽固势力的憎恶蔑视，同时也抒发了诗人愿为自己的理想而献身的壮烈情怀。全诗用典贴切精妙，出语铿锵顿挫，气势雄健迫人。诗中寄托深广，多处运用比喻手法，使胸中意气奈情的表达兼具含蓄特色。

望门投止[1]思张俭[2]，
忍死[3]须臾[4]待杜根[5]。
我自横刀[6]向天笑，
去留肝胆两昆仑[7]。

【注释】

[1] 投止：投宿。

[2] 张俭：东汉末期，张俭因弹劾宦官被反诬为结党营私，在困惑中逃亡，一路上受人保护，其投诉人家多被治罪牵连。

[3] 忍死：装死。

[4] 须臾：不长的时间。

[5] 杜根：东汉时，杜根曾上书，要求邓太后把政权交给安帝，太后大怒，命人把杜根装入袋中摔死。执法者同情他，让他逃过一劫。太后死后，他又复官。

[6] 横刀：屠刀，意谓就义。

[7] 两昆仑：有两种说法，其一是指康有为和浏阳侠客大刀王五；其二为“去”指康有为(按：康有为在戊戌政变前潜逃出京，后逃往日本)，“留”指自己。

【知识链接】

谭嗣同(1865—1898)，字复生，号壮飞，湖南浏阳人。中国近代著名政治家、思想家，维新派人士。官江苏候补知府、军机章京。能文章，好任侠，善剑术，积极参与新政，光绪二十四年(1898 年)戊戌变法失败后，与林旭、杨深秀、刘光第、杨锐、康广仁等六人为清廷所杀，史称“戊戌六君子”。工于诗文，其诗情辞激越，笔力遒劲，具有强烈的爱国情怀。作有诗文等，后人编为《谭嗣同全集》。

【学以致用】

新时代的我们，不能斩断历史，遗忘过去。中华民族历经创伤，饱经忧患，然而总能渡过难关，归结于我们民族的浩然正气。请结合实际谈一谈当代大学生应当如何延续浩然正气？

第二节 散 文

元代文学以戏曲著称，与杂剧、散曲的成就相比，元代正统诗文相对衰落，没有出现特别杰出的作家和作品。元初的散文，虽没有各树旗帜，互相攻击，却也没有一个标准，元代中叶的散文，以虞集、姚燧和马祖常等最为知名，为文仍承袭元初路线。此时期出现了文学四杰：虞集、杨载、范谆、揭斯。元代中叶以后，则以柳贯、黄溍、吴莱三人最为重要，他们一方面承受元初前辈的文学余润，另一方面又开启了其后的文路，也为王伟、戴良、宋濂做了良好的文学典范，其中以吴莱的成就最高。

明代的散文，大致经历了洪武、永乐、弘治、嘉靖、万历和崇祯六次显著的变化。这期间，出现了众多文学派别，或着意于传统的恢复，或致力于新形式的创造，或强调心灵世界的开拓，或力主对现实社会的反应。明代散文的发展，把散文创作从宋、元古文的死胡同中解放出来，重新使传统的古文闪耀出艺术的光辉。明代著名的散文家，以宋濂、刘基、高启、方孝孺等人为代表。他们携带着一股清新刚劲的文风。他们大部分从事创作于元末，多起于民间或下层官吏，亲身感受过民生的疾苦、社会的疮痍，抱有匡时济世的理想，并且学识渊博，善著文章。虽然在学术思想上仍未脱离宋、元理学的轨辙，但由于他们有着较深厚的生活基础，故能超越理学的束缚，写出反映时代精神的作品。这些作品或感叹人生变故，或渴求天下治安，或记叙高人奇事，或探索兴衰之道，将元明之际的社会生活毕现其中。

明、清之际的张岱可谓是一位小品文集大成者。他吸收了晚明诸家特别是"公安派"和"竟陵派"的长处，矫正了小品文在发展过程中的流弊，把小品文发展到了一个相当完美的境地。他的文章题材较广，凡风景名胜、世情风习、戏曲技艺，乃至古董玩具等等，无所不载。这些文章记录了他的实际生活，也反映了明末现实生活的某些侧面。如《西湖七月半》记游人情态，描摹尽致；《湖心亭看雪》写西湖雪景，以诗为文，情趣盎然。

晚明的性灵小品与当时文人的时代感受、文学观念与处事态度密切结合，可视为晚明时代精神的标志。其中所透露的处事观念，可归纳出三大要项：采退离态度，好尚山居闲情，以心冥境。具体的生活安排上，家居则流连艺文，赏玩器物，外出则寻山问水，访木探石，充满悠闲的乐趣与美感。对于人世的观察则可从三方面见其特色：强调个人的真意深情，以诙谐态度省视人世，重新诠解历史人物。面对明末的社会现实，古文家们怀着匡时济世的抱负和亡国易代的悲痛，奋发挥毫，感时而作。一时之间，文坛上名手四起，雄文如林。当时的散文风格，多的是正气凛然之作。明代近三百年来的散文创作，就在明末国破家亡，异族入主的情形之下，悲壮地结束了。明朝的遗民孤臣在清初文学创作上，便继续着雄健豪迈、慷慨激昂的散文风格，直到另一种散文革新出现。

清代是中国最后一个封建王朝，在文学史上，中国古代文学以道光二十年(1840 年)鸦片战争为下限，以后便是近代文学阶段。在这一时期，清王朝为巩固统治，平息民族矛盾和阶级矛盾，对知识分子施行高压与笼络两手并用的政策。一方面大兴文字狱，实行严酷的思想控制；另一方面又用科举制度来网罗为清廷效劳的文士。因此，清代是中国古代文学全面复兴但又无法超越前代的时代。小说、戏曲继明代之后又取得了巨大的成就，诗、词、散文、骈文领域作家众多，流派林立，成就斐然。

清初散文，侯方域、魏禧、汪琬被称为三大家，三人的散文都富有时代特色和现实针对性，各人的风格则有不同。侯文以才气见长，富有激情，行文纵横恣肆，人称“才子之文”。传记文和论文书札都闻名于世。传记文以《李姬传》《马伶传》为代表。魏禧为文强调“积理练识”“有用于世”，长于议论，人称“策士之文”。汪文疏淡迂回，雍容尔雅，人称“儒者之文”。文章道学味较浓，生气不足，但也写了一些好文章，如《江天一传》。但这三人影响有限。

直到桐城派的出现，才算真正建立了清代正统“古文”的阵营。桐城派是清代散文影响最大的一个流派，由方苞始创于康熙朝，一直绵延至清末。创始人方苞、刘大櫆和姚鼐都是安徽桐城人，故得名。该派文学主张近宗明代的唐宋派，远接唐宋八大家，以“义法”为中心，逐渐形成一个完整的体系，在前人的基础上作了一次全面系统的总结。桐城派作家毕生研读古文，总的特点是雅洁，各人风格也有不同。桐城派的文章，方苞、刘大櫆讲究义理和文法，至姚鼐又加上考据，提出一系列的“清规戒律”。他们的理论影响一直延续到民国。

清朝晚期，曾国藩重振了桐城派的“声威”，一时造成很大影响，但他并不能挽救“古文”的衰落，所谓“桐城派中兴”，实际成了回光返照。代表着革新倾向的是梁启超，他发表于报刊的许多文章，虽是为政治宣传而作且仍是文言体式，但写得流利晓畅，富有情感，具有很强的煽动力，与向来的古文大不相同。因而以刊登这种文章为特色的《时务报》“一时风靡海内”“举国趋之，如饮狂泉”。这种新文体也是文言散文向白话散文过渡的桥梁。

选文欣赏

一、西湖七月半[1]

张 岱

【阅读提示】

《西湖七月半》是明代文学家张岱创作的一篇散文。此文写人物场景，极纷繁复杂，而又极有条理。五类人物，两种场景，写来如见其人，如临其境。其观察之深入细致，笔墨之精练老到，确实令人佩服。行文错综，富于变化，转接呼应，均极自然。开头奇警峭拔，结尾则韵味悠长，全篇运用对比映照，严于雅俗之分，而又妙在不作正面按断。

作者先描绘了达官贵人、名娃闺秀、名妓闲僧、慵懒之徒四类看月之人；与这些附庸风雅的世俗之辈形成鲜明对比的是最后一类，即作者的好友及佳人，其观景赏月时行为的持重高雅、情态气度与西湖的优美风景和谐一致。作者对五类人的描述，字里行间不见褒贬之词，然孰优孰劣、孰雅孰俗则昭然若揭。文章表面写人，又时时不离写月，看似无情又蕴情于其中，完美而含蓄地体现了作者抑浅俗、颂高雅的主旨。

西湖七月半，一无可看，止可看看七月半之人[2]。看七月半之人，以五类看之[3]。其一，楼船箫鼓[4]，峨冠盛筵[5]，灯火优傒[6]，声光相乱，名为看月而实不见月者，看之[7]。其一，亦船亦楼，名娃闺秀[8]，携及童娈[9]，笑啼杂之，环坐露台[10]，左右盼望[11]，身在月下而实不看月者，看之。其一，亦船亦声歌，名妓闲僧，浅斟低唱[12]，弱管轻丝[13]，竹肉[14]相发，亦在月下，亦看月，而欲人看其看月者，看之。其一，不舟不车，不衫不帻[15]，酒醉饭饱，呼群三五[16]，跻[17]入人丛，昭庆、断桥[18]，嚣[19]呼嘈杂，装假醉，唱无腔曲[20]，月亦看，看月者亦看，不看月者亦看，而实无一看者，看之。其一，小船轻幌[21]，净几暖炉，茶铛旋煮[22]，素瓷静递[23]，好友佳人，邀月同坐，或匿影[24]树下，或逃嚣里湖[25]，看月而人不见其看月之态，亦不作意[26]看月者，看之。

杭人[27]游湖，巳出酉归[28]，避月如仇。是夕好名[29]，逐队争出，多犒门军[30]酒钱。轿夫擎燎[31]，列俟[32]岸上。一入舟，速舟子急放断桥[33]，赶入胜会。以故二鼓[34]以前，人声鼓吹[35]，如沸如撼[36]，如魇如呓[37]，如聋如哑[38]。大船小船一齐凑岸，一无所见，止见篙击篙[39]，舟触舟，肩摩[40]肩，面看面而已。少刻兴尽，官府席散，皂隶喝道去[41]。轿夫叫船上人，怖以关门[42]，灯笼火把如列星[43]，一一簇拥而去。岸上人亦逐队赶门，渐稀渐薄，顷刻散尽矣。

吾辈始舣[44]舟近岸，断桥石磴[45]始凉，席其上[46]，呼客纵饮[47]。此时月如镜新磨[48]，山复整妆，湖复颒面[49]，向[50]之浅斟低唱者出，匿影树下者亦出。吾辈往通声气[51]，拉与同坐。韵友来[52]，名妓至，杯箸安[53]，竹肉发。月色苍凉，东方将白，客方散去。吾辈纵舟[54]，酣睡于十里荷花之中，香气拍[55]人，清梦甚惬[56]。

【注释】

[1]　西湖：即今杭州西湖。七月半：农历七月十五，又称中元节。

[2]　“止可看”句：谓只可看那些来看七月半景致的人。止：同“只”。

[3]　以五类看之：把看七月半的人分作五类来看。

[4]　楼船：指考究的有楼的大船。箫鼓：指吹打音乐。

[5]　峨冠：头戴高冠，指士大夫。盛筵：摆着丰盛的酒筵。

[6]　优傒(xī)：优伶和仆役。

[7]　看之：谓要看这一类人。下四类叙述末尾的“看之”同。

[8]　名娃：美女。闺秀：有才德的女子。

[9]　童娈(luán)：容貌美好的家童。

[10]　露台：船上露天的平台。

[11]　盼望：都是看的意思。

[12]　浅斟：慢慢地喝酒。低唱：轻声地吟哦。

[13]　弱管轻丝：谓轻柔的管弦音乐。

[14]　竹肉：指管乐和歌喉。

[15]　帻(zé)：头巾。

[16]　呼群三五：呼唤朋友，三五成群。

[17]　跻(jī)：通“挤”。

[18]　昭庆：寺名。断桥：西湖白堤的桥名。

[19]　嚣(jiāo)：呼叫。

[20]　无腔曲：没有腔调的歌曲，形容唱得乱七八糟。

[21]　轻幌(huǎng)：轻薄的帘幔。

[22]　铛(chēng)：温茶、酒的器具。旋(xuán)：随时，随即。

[23]　素瓷静递：雅洁的瓷杯无声地传递。

[24]　匿(nì)影：藏身。

[25]　逃嚣：躲避喧闹。里湖：西湖的白堤以北部分。

[26]　作意：故意，作出某种姿态。

[27]　杭人：杭州人。

[28]　巳(sì)：巳时，约为上午九时至十一时。酉：酉时，约为下午五时至七时。

[29]　是夕好名：七月十五日这天夜晚，人们喜欢这个名目。名：指“中元节”的名目，等于说“名堂”。

[30]　犒(kào)：用酒食或财物慰劳。门军：守城门的军士。

[31]　擎(qíng)：举。燎(liáo)：火把。

[32]　列俟(sì)：排着队等候。

[33]　速：催促。舟子：船夫。放：开船。

[34]　二鼓：二更，夜里十一点左右。

[35]　鼓吹：指鼓、钲、箫、笳等打击乐器、管弦乐器奏出的乐曲。

[36]　如沸如撼：像水沸腾，像物体震撼，形容喧嚷。

[37]　魇(yǎn)：梦中惊叫。呓：说梦话。这句指在喧嚷中种种怪声。

[38]　如聋如哑：指喧闹中震耳欲聋，自己说话别人听不见。

[39]　篙：用竹竿或杉木做成的撑船的工具。

[40]　摩：碰，触。

[41]　皂隶：衙门的差役。喝道：官员出行，衙役在前边吆喝开道。

[42]　怖以关门：用关城门恐吓。

[43]　列星：分布在天空的星星。

[44]　舣(yǐ)：停船靠岸。

[45]　石磴(dèng)：石头台阶。

[46]　席其上：在石凳上摆设酒筵。

[47]　纵饮：尽情喝。

[48]　镜新磨：刚磨制成的镜子。古代以铜为镜，磨制而成。

[49] 颒(huì)面：洗脸。

[50] 向：方才，先前。

[51] 往通声气：过去打招呼。

[52] 韵友：风雅的朋友，诗友。

[53] 箸(zhù)：筷子。安：放好。

[54] 纵舟：放开船。

[55] 拍：扑。

[56] 惬(qiè)：快意。

【知识链接】

张岱(1597—1679)，字宗子、石公，号陶庵，浙江山阴(今绍兴)人。明末清初著名的文学家、史学家。出生于仕宦世家，少年为纨绮公子，淡泊名利，喜游山玩水。明亡后不仕，入山著书以终。文笔清新，时杂诙谐，作品多写山水景物、日常琐事，不少作品表现其明亡后的怀旧感伤情绪。代表作品《陶庵梦忆》《西湖梦寻》是其忆旧之作，意绪苍凉，选材广阔，凡风景名胜，世情风习，戏曲技艺，古董玩具等无所不及，"偶拈一则，如游旧径，如见故人"，表现了他对故国乡土、故明生活文化习俗的追恋。史学上，张岱与谈迁、万斯同、查继佐并称"浙东四大史家"；文学创作上，张岱以小品文见长，以"小品圣手"名世。

张岱散文的杰出成就既体现在文化蕴含、语言、结构诸因素上，同时也体现在题材选择、文章立意的大胆突破上。他始终将文章着眼点放在普通人、平凡事上，在平中见奇见趣，突破了传统散文的宗经、载道原则，在中国散文上具有重大的革新意义。大体而言，张岱的散文既能将"公安三袁"清新洒脱的笔法与竟陵派钟惺、谭元春幽深冷峭的意境融为一体，又能避免双方的流弊，以深厚救浅薄，以严谨救率易，以明快救僻涩，兼有诸家之美。

【学以致用】

1. 本文中作者所描写的五类游客同看月各有怎样不同的关系？
2. 作者是如何营造各类看月者看月时的不同氛围的？

二、曾国藩家书

曾国藩

【阅读提示】

曾国藩的这封家书，督促纪泽习文作诗，不放空言，皆根据自己的切身体会，以商讨的口吻对儿子殷切训导。曾国藩主张作诗，先熟读古人的诗作，把这些古诗读熟了，自己也就会作诗了。曾国藩认为，无论作诗作文，都要注重声调，可以在韵味悠长的朗读声中领略古人诗文的妙处。他在信中讲述自己生平三耻，是希望儿子能弥补自己的缺憾，用这种方法激励儿子奋进。同时，严于律己，也给孩子树立了榜样。

字谕纪泽儿[1]

十九日曾六来营，接尔初七日第五号家信并诗一首，具悉。次日入闱[2]，考具皆齐矣。此时计已出闱还家？

……

尔七古诗[3]，气清而词亦稳，余阅之忻慰。凡作诗，最宜讲究声调。余所选钞五古九家，七古六家，声调皆极铿锵，耐人百读不厌。余所未钞者，如左太冲、江文通、陈子昂、柳子厚之五古[4]，鲍明远、高达夫、王摩诘、陆放翁之七古[5]，声调亦清越异常。尔欲作五古七古，须熟读五古七古各数十篇。先之以高声朗诵，以昌其气；继之以密咏恬吟，以玩其味。二者并进，使古人之声调，拂拂然若与我之喉舌相习，则下笔为诗时，必有句调凑赴腕下。诗成自读之，亦自觉琅琅可诵，引出一种兴会来。古人云“新诗改罢自长吟”，又云“煅诗未就且长吟”，可见古人惨淡经营之时，亦纯在声调上下功夫。盖有字句之诗，人籁也；无字句之诗，天籁也。解此者，能使天籁人籁凑泊而成[6]，则于诗之道思过半矣。

尔好写字，是一好气习。近日墨色不甚光润，较去年春夏已稍退矣。以后作字，须讲究墨色。古来书家，无不善使墨者，能令一种神光活色浮于纸上，固由临池之勤、染翰之多所致，亦缘于墨之新旧浓淡，用墨之轻重疾徐，皆有精意运乎其间，故能使光气常新也。

余生平有三耻：学问各途，皆略涉其涯涘[7]。独天文算学，毫无所知，虽恒星五纬亦不识认[8]，一耻也；每作一事，治一业，辄有始无终，二耻也；少时作字，不能临摹一家之体，遂致屡变而无所成，迟钝而不适于用，近岁在军，因作字太钝，废阁殊多，三耻也。尔若为克家之子[9]，当思雪此三耻。推步算学，纵难通晓，恒星五纬，观认尚易。家中言天文之书，有《十七史》中各天文志，及《五礼通考》中所辑《观象授时》一种。每夜认明恒星二三座，不过数月，可毕识矣。

凡作一事，无论大小易难，皆宜有始有终。作字时，先求圆匀，次求敏捷。若一日能作楷书一万，少或七八千，愈多愈熟，则手腕毫不费力。将来以之为学，则手抄群书；以之从政，则案无留牍。无穷受用，皆自写字之匀而且捷生出。三者皆足弥吾之缺憾矣。

今年初次下场[10]，或中或不中，无甚关系。榜后即当看《诗经》注疏，以后穷经读史，二者迭进。国朝大儒，如顾、阎、江、戴、段、王数先生之书[11]，亦不可不熟读而深思之。光阴难得，一刻千金。

以后写安禀来营[12]，不妨将胸中所见、简编所得，驰骋议论，俾余得以考察尔之进步，不宜太寥寥，此谕。

书于弋阳军中
咸丰八年八月二十日

【注释】

[1]　纪泽：即曾纪泽(1839—1890)，曾国藩长子。曾充出使英、法大臣，在驻俄大臣任上，收回被俄军占领的伊犁及南疆诸要塞。归国后任户部侍郎，兼署刑部、吏部侍郎。卒谥惠敏。有《曾惠敏公遗集》十七卷。

[2]　入闱：进入考场。科举考试会场关防严密，称锁闱，省称闱。

[3]　七古诗：即七言古诗。

[4]　左太冲、江文通、陈子昂、柳子厚：左思，字太冲，西晋文学家。江淹，字文通，文学家，历仕宋、齐、梁三朝。陈子昂，字伯玉，唐代诗人。柳宗元，字子厚，唐代文学家。

[5]　鲍明远、高达夫、王摩诘、陆放翁：鲍照，字明远，南朝宋诗人。高适，字达夫，唐代诗人。王维，字摩诘，唐代诗人。陆游，号放翁，南宋诗人。

[6]　凑泊：聚集。

[7]　涯涘(sì)：边际。

[8]　五纬：金、木、水、火、土五大行星的总名。

[9]　克家：指能承继父祖辈事业。

[10]　下场：指科举时代考生进入考场应试。

[11]　顾、阎、江、戴、段、王：指顾炎武、阎若球、江永、戴震、段玉裁、王念孙，均是清代著名学者。

[12]　安禀：请安的禀帖，即书信。

【知识链接】

曾国藩(1811—1872)，汉族，初名子城，字伯涵，号涤生，宗圣曾子七十世孙。中国近代政治家、战略家、理学家、文学家，湘军的创立者和统帅。与李鸿章、左宗棠、张之洞并称“晚清四大名臣”。官至两江总督、直隶总督、武英殿大学士，封一等毅勇侯，谥曰文正。

曾国藩一生奉行为政以耐烦为第一要义，主张凡事要勤俭廉劳，不可为官自傲。他修身律己，以德求官，礼治为先，以忠谋政，在官场上获得了巨大的成功。曾国藩的崛起，对清王朝的政治、军事、文化、经济等方面都产生了深远的影响。在曾国藩的倡议下，建造了中国第一艘轮船，建立了第一所兵工学堂，印刷翻译了第一批西方书籍，安排了第一批赴美留学生。曾国藩是中国近代化建设的开拓者。

【学以致用】

1. 怎样理解曾国藩“有字句之诗，人籁也；无字句之诗，天籁也。解此者，能使天籁人籁凑泊而成，则于诗之道思过半矣”的含义？

2. 作者坦言“生平有三耻”，用意是什么？

第三节　小　　说

小说是伴随城市商业经济的繁荣而发展起来的。宋代前后，手工业和商业的发展带来了都市的繁荣，为民间说唱艺术的发展提供了场所和观众，不断扩大的市民阶层对文化娱乐的需求又大大地刺激了这种发展，从而产生出新的文学样式——话本。话本是说话人所用的底本，有讲史书、小说两大类，已初具小说规模，在以后的流传过程中又不断加入新的创作，逐渐成熟。明代经济的发展和印刷业的发达，为小说脱离民间口头创作进入文人书面创作提供了物质条件。明代中叶，白话小说作为成熟的文学样式正式登上文坛。它打破了正统诗文的垄断地位，取得了与唐诗、宋词、元曲相提并论的地位。

明代白话短篇小说最繁荣的时期是在万历以后，尤其是南方，都市经济发达，因而以反映市民生活为主要内容的白话短篇小说日益发展起来。最有代表性的集子是洪缏的《清平山堂话本》和冯梦龙的“三言”(《喻世明言》《警世通言》《醒世恒言》)及凌濛初的“二拍”(《初刻拍案惊奇》《二刻拍案惊奇》)。清初，“抱瓮老人”从“三言”“二拍”精选出40篇作品，定名为《今古奇观》，这个选集在广大群众中产生了广泛而深刻的影响。明末清初，在“三言”“二拍”的影响下，出现了拟话本创作热潮，集子有40余部。它们的思想与艺术性虽不及“三言”“二拍”，但去粗存精，也还有些作品值得一读，如崇祯年间的《石点头》(天然痴叟)、明末清初的《十二》(李渔)、《照世杯》(元亨主人)、《西湖二集》(周清源)、《醉醒石》(东鲁古狂生)等。

明代小说蓬勃发展，通俗小说达到成熟，写作技巧亦渐趋完善。明初《三国演义》和《水浒传》的问世，代表中国长篇小说开始迈入高峰。从此，中国小说从以短篇小说为主转入以长篇小说为主的新时期。虽然短篇文言、白话小说一直在按照自身的规律发展前进，并且时有佳作，时有高潮，但总体说来，其成就与规模仍无法与长篇小说相比拟。

明代的文言短篇小说有其不可忽视的文学地位，对于后代的各类小说、戏曲等，都有相当深远的影响。明代第一部也最负盛名的文言小说，是瞿佑的《前灯新话》；其后，李祯的《剪灯余话》、邵景詹的《觅灯因话》继之而起，合称“三话”，虽然题材陈旧，文笔亦较前人冗弱，艺术价值也不高，但其承上启下之功却不容忽视，它重振传奇一体，并在题材和写法上兼取志怪与传奇的因素而融合之，已开《聊斋志异》“用传奇法，而以志怪”的先河，为文言小说达到高峰做了万全的准备。

“四大奇书”在所属题材中独占鳌头：《三国演义》既是历史上第一部长篇小说，也是历史小说的典范；《水浒传》既是第一部全面描写农民起义的巨著，也是一部英雄传奇的典范；《西游记》既是第一部长篇神魔小说，也是神魔小说的典范；《金瓶梅》既是第一部写世情的长篇小说，又是第一部由文人独立创作的成功的长篇小说。它们各自开创了一个长篇小说的创作领域。“四大奇书”的巨大成就深刻地影响着长篇小说的创作，以至形成了长篇小说创作的几个系列：《三国》系列、《水浒》系列、《西游》系列、《金瓶梅》系列，也影响着整个社会，影响着文化思想，影响着人们的精神生活。这种巨大的潜移默化的力量是难以估量的。

清代乾隆年间，《儒林外史》和《红楼梦》两部长篇巨著问世。此前，中国小说史上虽不乏讽刺之作，但没有一部称得上讽刺小说的样板，所以鲁迅对《儒林外史》特予好评：“《儒林外史》出，乃秉持公心，指时弊、机锋所向，尤在士林；其文蹙而能谐，婉而多讽；于是说部中乃始有足称讽刺之书。”《儒林外史》在“四大奇书”之外，另辟一条蹊径，它不仅直接影响了晚清谴责小说的创作，也影响了后来鲁迅的杂文。至于《红楼梦》的成就和影响，无论思想性还是艺术性，它都是中国小说史和文学史上的巅峰，也是世界文学中的名著。它的巨大成就，可视为中国古代长篇小说现实主义创作艺术的光辉总结。如果说《三国演义》《水浒传》《西游记》的影响主要在民间，则《儒林外史》《红楼梦》的影响主要在士大夫阶层。尤其是《红楼梦》的读与讲，早在士大夫中成为一种时髦。两百多年来，对《红楼梦》的评论和研究比肩接踵，续作汗牛充栋，其研究者之多、研究成果之丰，在中国小说史上是绝无仅有的。对《红楼梦》的研究，早已形成一种学派——“红学”，并已成为一门世界性的学问。

《红楼梦》之后，小说创作走向了低谷，直至晚清，小说才又繁荣起来，出现了千种以上的长篇小说。其中“四大小说家”创作的“四大谴责小说”——李伯元的《官场现形记》、吴趼人的《二十年目睹之怪现状》、刘鹗的《老残游记》和曾朴的《孽海花》最为后世重视和称道。

清代，文言短篇小说高度繁荣，产生了具有世界意义和影响的《聊斋志异》，把文言短篇小说的发展推向了最高峰。“用传奇法，而以志怪”，概括了《聊斋志异》写作与内容两方面的基本特征。《聊斋志异》一出，作品蔚起，虽无一能与之颉颃，但也各有自己的成就。影响较显著者有：王士祯的《池北偶谈》、纪昀的《阅微草堂笔记》、索枚的《子不语》(即《新齐谐》)、沈起凤的《谐铎》、和邦额的《夜谭随录》、曾衍东的《小豆棚》等。

明清时期的小说从思想内涵和题材表现上来说，最大限度地包容了传统文化的精华。因此，经过世俗化的图解后，传统文化以可感的形象和动人的故事走进了千家万户。

选文欣赏

宝玉挨打

曹雪芹

【阅读提示】

《红楼梦》是中国古代章回体长篇小说，中国古典四大名著之一。小说以贾、史、王、薛四大家族的兴衰为背景，以富贵公子贾宝玉为视角，以贾宝玉与林黛玉、薛宝钗的爱情悲剧为主线，描绘了一批举止见识出于须眉之上的闺阁佳人的人生百态，展现了真正的人性美和悲剧美，可以说是一部从各个角度展现女性美以及中国古代社会世态百相的史诗性著作。《红楼梦》杰出的创作成就，给后世作家提供了丰富的艺术经验，直至中国现代文学中，也有明显受《红楼梦》影响取得一定成就的作品。历来以《红楼梦》题材创作的诗、词、戏曲、小说、电影、绘画就更不胜枚举。

宝玉挨打是《红楼梦》中的著名事件之一，节选自《红楼梦》第33回和第34回(半回)。原标题分别是“手足耽耽小动唇舌，不肖种种大承笞挞”和“情中情因情感妹妹，错里错以错劝哥哥”，组成一个相对完整的故事段落。现题目是后加的。这篇课文是《红楼梦》的第一个高潮，主要叙述了宝玉挨打的原因及宝玉挨打后贾府上下众人的不同反应。文章通过这一事件刻画了众多人物的性格特点，揭示了封建卫道者的残暴与虚伪，表现了宝玉誓死不屈的叛逆性格。这一情节设置，一石数鸟，既是前32回两种观念冲突的照应，又是两种观念的一次大冲撞。在这次冲撞中，众多人物的性格得到了印证，使宝玉的叛逆性格更清晰地展现在读者面前。同时随着情节的推进与起伏，为下一轮冲突埋下了伏笔。学习本文，要着重认识宝玉挨打的根本原因及其社会背景，掌握在矛盾冲突中刻画人物的方法，进一步认识《红楼梦》强烈的反封建主题。

却说王夫人唤上金钏儿的母亲来，拿了几件簪环[1]，当面赏了；又吩咐：“请几位僧人念经超度[2]她。”金钏儿的母亲磕了头，谢了出去。

原来宝玉会过雨村[3]回来，听见金钏儿含羞自尽，心中早已五内[4]摧伤，进来又被王夫人数说教训了一番，也无可回说。见宝钗进来[5]，方得便走出，茫然不知何往，背着手，低着头，一面感叹，一面慢慢地信步走至厅上。刚转过屏门，不想对面来了一人，正往里走，可巧儿撞了个满怀。只听那人喝一声“站住!”宝玉唬了一跳，抬头看时，不是别人，却是他父亲[6]。早不觉地倒抽了一口凉气，只得垂手一旁站着。

贾政道：“好端端的，你垂头丧气嗐[7]什么？方才雨村来了，要见你，那半天才出来，既出来了，全无一点慷慨挥洒的谈吐，仍是委委琐琐的[8]。我看你脸上一团思欲愁闷气色，这会子又唉声叹气，你哪些还不足，还不自在？无故这样，是什么缘故？”宝玉素日虽是口角伶俐，此时一心却为金钏儿感伤，恨不得也身亡命殒[9]，如今见他父亲说这些话，究竟不曾听明白了，只是怔怔地站着。

贾政见他惶悚，应对不似往日，原本无气的，这一来，倒生了三分气。方欲说话，忽有门上人来回：“忠顺亲王府里有人来[10]，要见老爷。”贾政听了，心下疑惑，暗暗思忖道：“素日并不与忠顺府来往，为什么今日打发人来？”一面想，一面令“快请厅上坐”。急忙进内更衣，出来接见时，却是忠顺府长府官[11]，一面彼此见了礼，归座献茶。未及叙谈，那长府官先就说道：“下官此来，并非擅造潭府[12]，皆因奉王命而来，有一件事相求。看王爷面上，敢烦老先生作主，不但王爷知情，且连下官辈亦感谢不尽。”

贾政听了这话，摸不着头脑，忙赔笑起身问道：“大人既奉王命而来，不知有何见谕，望大人宣明，学生好遵谕承办。”那长府官便冷笑道：“也不必承办，只用老先生一句话就完了。我们府里有一个做小旦的琪官[13]，一向好好在府里，如今竟三五日不见回去，各处去找，又摸不着他的道路，因此各处察访。这一城内，十停人倒有八停人都说[14]：他近日和衔玉的那位令郎相与甚厚[15]。下官辈等听了，尊府不比别家，可以擅来索取，因此启明王爷。王爷亦说，‘若是别的戏子呢，一百个也罢了；只是这琪官，随机应答，谨慎老成，甚合我老人家的心境，断断少不得此人。’故此求老先生转致令郎，请将琪官放回，一则可慰王爷谆谆奉恳之意，二则下官辈也可免操劳求觅之苦。”说毕，忙打一躬。

贾政听了这话，又惊又气，即命唤宝玉出来。宝玉也不知是何缘故，忙忙赶来时，贾政便问：“该死的奴才!你在家不读书也罢了，怎么又做出这些无法无天的事来!那琪官现是忠顺王爷驾前承奉的人，你是何等草莽[16]，无故引逗他出来，如今祸及于我！”宝玉听了唬了一跳，忙回道：“实在不知此事。究竟‘琪官’两个字，不知为何物，况更加以‘引逗’二字!”说着便哭。

贾政未及开言，只见那长府官冷笑道：“公子也不必隐饰。或隐藏在家，或知其下落，早说出来，我们也少受些辛苦，岂不念公子之德?”宝玉连说：“实在不知，恐是讹传，也未见得。”那长府官冷笑道：“现有据证，必定当着老大人说出来，公子岂不吃亏？既说不知，此人那红汗巾子怎得到了公子腰里[17]?”

宝玉听了这话，不觉轰去魂魄，目瞪口呆，心下自思：“这话他如何知道？他既连这样机密事都知道了，大约别的瞒他不过，不如打发他去了，免得再说出别的事来。”因说道：“大人既知他的底细，如何连他置买房舍这样大事倒不晓得了？听得说他如今在东郊离城二十里有个什么紫檀堡，他在那里置了几亩田地，几间房舍。想是在那里，也未可知。”那长府官听了，笑道：“这样说，一定是在那里了。我且去找一回，若有了便罢，若没有，还要来请教。”说着，便忙忙地告辞走了。

贾政此时气得目瞪口歪，一面送那官员，一面回头命宝玉：“不许动!回来有话问你!”一直送那官员去了。才回身时，忽见贾环带着几个小厮一阵乱跑[18]，贾政喝令小厮：“给我快打!”贾环见了他父亲，吓得骨软筋酥，赶忙低头站住。贾政便问：“你跑什么！带着你的那些人都不管你，不知往哪里去，由你野马一般!”喝叫：“跟上学的人呢？”

贾环见他父亲甚怒，便乘机说道：“方才原不曾跑，只因从那井边一过，那井里淹死了一个丫头，我看脑袋这么大，身子这么粗，泡得实在可怕，所以才赶着跑过来了。”贾政听了，惊疑问道：“好端端，谁去跳井?我家从无这样事情，自祖宗以来，皆是宽柔待下。——大约我近年于家务疏懒，自然执事人操克夺之权[19]，致使弄出这暴殄轻生的祸来[20]！若外人知道，祖宗颜面何在!”喝命：“叫贾琏、赖大、来兴。”[21]

小厮们答应了一声，方欲叫去，贾环忙上前，拉住贾政的袍襟，贴膝跪下，道：“老爷不用生气。此事除太太房里的人，别人一点也不知道。我听见我母亲说……”说到这里，便回头四顾一看；贾政知意，将眼色一丢，小厮们明白，都往两边后面退去。贾环便悄悄说道：“我母亲告诉我说：‘宝玉哥哥，前日在太太屋里，拉着太太的丫头金钏儿，强奸不遂，打了一顿，金钏儿便赌气投井死了。”

话未说完，把个贾政气得面如金纸，大叫：“快拿宝玉来!”一面说，一面便往里边书房去，喝命：“今日再有人来劝我，我把这冠带家私一应交与他和宝玉过去[22]，我免不得做个罪人，把这几根烦恼鬓毛剃去[23]，寻个干净去处自了[24]，也免得上辱先人，下生逆子之罪。”

众门客仆从见贾政这个形景，便知又是为宝玉了，一个个都是咬指吐舌，连忙退出。那贾政喘吁吁直挺挺地坐在椅子上，满面泪痕，一迭连声：“拿宝玉来! 拿大棍! 拿绳来!把各门都关上! 有人传信到里头去，立刻打死!”众小厮们只得齐齐答应着，有几个来找宝玉。

那宝玉听见贾政吩咐他“不许动”，早知凶多吉少，哪里知道贾环又添了许多的话。正在厅上干转，怎得个人来往里头捎信，偏生没个人，连焙茗也不知在哪里[25]。正盼望时，只见一个老妈妈出来，宝玉如得了珍宝，便赶上来拉她，说道：“快进去告诉：老爷要打我呢! 快去，快去! 要紧，要紧!”宝玉一则急了，说话不明白；二则老婆子偏生又聋，竟不曾听见是什么话，把“要紧”二字只听作“跳井”二字，便笑道：“跳井让他跳去，二爷怕什么?”宝玉见是个聋子，便着急道：“你出去叫我的小厮来罢。”那婆子道：“有什么不了的事[26]？老早的完了。太太又赏了衣服，又赏了银子，怎么不了事呢？”

宝玉急得跺脚，正没抓寻处，只见贾政的小厮走来，逼着他出去了。贾政一见，眼都红了，也不暇问他在外流荡优伶，表赠私物，在家荒疏学业，淫辱母婢[27]，只喝令：“堵起嘴来，着实打死!”小厮们不敢违，只得将宝玉按在凳上，举起大板，打了十来下。贾政犹嫌打轻了，一脚踢开掌板的，自己夺过来，咬着牙狠命盖了三四十下。众门客见打得不祥了[28]，忙上前夺劝。贾政哪里肯听，说道：“你们问问他干的勾当，可饶不可饶!素日皆是你们这些人把他酿坏了，到这步田[29]地还来解劝。明日酿到他弑君杀父[30]，你们才不劝不成!”

众人听这话不好听，知道气急了，忙又退出，只得觅人进去给信。王夫人不敢先回贾母，只得忙穿衣出来，也不顾有人没人，忙忙赶往书房中来，慌得众门客小厮等避之不及。王夫人一进房来，贾政更如火上浇油一般，那板子越发下去得又狠又快。按宝玉的两个小厮忙松了手走开，宝玉早已动弹不得了。

贾政还欲打时，早被王夫人抱住板子。贾政道："罢了，罢了!今日必定要气死我才罢!"王夫人哭道："宝玉虽然该打，老爷也要自重。况且炎天暑日的，老太太身上也不大好，打死宝玉事小，倘或老太太一时不自在了，岂不事大!"贾政冷笑道："倒休提这话。我养了这不肖的孽障，已不孝，教训他一番，又有众人护持；不如趁今日一发勒死了，以绝将来之患!"说着，便要绳索来勒死。王夫人连忙抱住哭道："老爷虽然应当管教儿子，也要看夫妻分上。我如今已将五十岁的人，只有这个孽障，必定苦苦地以他为法，我也不敢深劝。今日越发要他死，岂不是有意绝我。既要勒死他，快拿绳子来先勒死我，再勒死他。我们娘儿们不敢含怨，到底在阴司里得个依靠。"说毕，抱住宝玉，放声大哭起来。

贾政听了此话，不觉长叹一声，向椅上坐了，泪如雨下。王夫人抱着宝玉，只见他面白气弱，底下穿着一条绿纱小衣皆是血渍，禁不住解下汗巾看，由臀至胫，或青或紫，或整或破，竟无一点好处，不觉失声大哭起来："苦命的儿呀—"因哭出"苦命儿"来，忽又想起贾珠来[31]，便叫着贾珠哭道："若有你活着，便死一百个，我也不管了。"

此时里面的人闻得王夫人出来，那李宫裁王熙凤与迎春姊妹[32]早已出来了。王夫人哭着贾珠的名字，别人还可，唯有宫裁禁不住也放声哭了。贾政听了，那泪珠更似走珠一般滚了下来。正没开交处，忽听丫鬟来说："老太太来了。"一句话未了，只听窗外颤巍巍的声气说道："先打死我，再打死他，岂不干净了!"

贾政见他母亲来了，又急又痛，连忙迎接出来，只见贾母扶着丫头[33]，喘吁吁地走来。贾政上前躬身赔笑道："大暑热天，母亲有何生气亲自走来?有话只该叫了儿子进去吩咐。"贾母听说，便止住步喘息一回，厉声说道："你原来是和我说话!我倒有话吩咐，只是可怜我一生没养个好儿子，却教我和谁说去!"

贾政听这话不像，忙跪下含泪说道："为儿的教训儿子，也为的是光宗耀祖。母亲这话，我做儿的如何禁得起？"贾母听说，便啐了一口，说道："我说一句话，你就禁不起，你那样下死手的板子，难道宝玉就禁得起了？你说教训儿子是光宗耀祖，当初你父亲怎么教训你来!"说着，不觉就滚下泪来。贾政又赔笑道："母亲也不必伤感，皆是作儿的一时性起，从此以后再不打他了。"贾母便冷笑道："你也不必和我使性子赌气的。你的儿子，我也不该管你打不打。我猜着你也厌烦我们娘儿们。不如我们赶早儿离了你，大家干净!"说着便令人去看轿马，"我和你太太、宝玉立刻回南京去!"家下人只得干答应着。

贾母又叫王夫人道："你也不必哭了。如今宝玉年纪小，你疼他，他将来长大成人，为官作宰的，也未必想着你是他母亲了。你如今倒不要疼他，只怕将来还少生一口气呢。"贾政听说，忙叩头哭道："母亲如此说，贾政无立足之地。"贾母冷笑道："你分明使我无立足之地，你反说起你来!只是我们回去了，你心里干净，看有谁来不许你打。"一面说，一面只令快打点行李车轿回去。贾政苦苦叩求认罪。

贾母一面说话，一面又记挂宝玉，忙进来看时，只见今日这顿打不比往日，既是心疼，又是生气，也抱着哭个不了。王夫人与凤姐等解劝了一会，方渐渐地止住。早有丫鬟、媳妇等上来，要搀宝玉，凤姐便骂道："糊涂东西，也不睁开眼瞧瞧！打得这么个样儿，还要搀着走！还不快进去把那藤屉子春凳抬出来呢。[34]"众人听说连忙进去，果然抬出春凳来，将宝玉抬放凳上，随着贾母、王夫人等进去，送至贾母房中。

彼时贾政见贾母气未全消，不敢自便，也跟了进去。看看宝玉，果然打重了。再看看王夫人，"儿"一声，"肉"一声，"你替珠儿早死了，留着珠儿，免你父亲生气，我也不白操这半世的心了。这会子你倘或有个好歹，丢下我，叫我靠哪一个！"数落一场，又哭"不争气的儿"。贾政听了，也就灰心，自悔不该下毒手打到如此地步。先劝贾母，贾母含泪说道："你不出去，还在这里做什么！难道于心不足，还要眼看着他死了才去不成！"贾政听说，方退了出来。

此时薛姨妈同宝钗、香菱、袭人、史湘云也都在这里[35]。袭人满心委屈，只不好十分使出来，见众人围着，灌水的灌水，打扇的打扇，自己插不下手去，便越性走出来到二门前，令小厮们找了焙茗来细问："方才好端端的，为什么打起来？你也不早来透个信儿！"焙茗急得说："偏生我没在跟前，打到半中间我才听见了。忙打听缘故，却是为琪官金钏姐姐的事。"袭人道："老爷怎么得知道的？"焙茗道："那琪官的事，多半是薛大爷素日吃醋[36]，没法儿出气，不知在外头唆挑了谁来，在老爷跟前下的火。那金钏儿的事是三爷说的，我也是听见老爷的人说的。"

袭人听了这两件事都对景[37]，心中也就信了八九分。然后回来，只见众人都替宝玉疗治。调停完备，贾母令："好生抬到他房内去。"众人答应，七手八脚，忙把宝玉送入怡红院内自己床上卧好。又乱了半日，众人渐渐散去，袭人方进前来经心服侍，问他端的。

话说袭人见贾母王夫人等去后，便走来宝玉身边坐下，含泪问他："怎么就打到这步田地？"宝玉叹气说道："不过为那些事，问它做什么！只是下半截疼得很，你瞧瞧打坏了哪里。"袭人听说，便轻轻地伸手进去，将中衣褪下[38]。宝玉略动一动，便咬着牙叫"嗳哟"，袭人连忙停住手，如此三四次才褪了下来。袭人看时，只见腿上半段青紫，都有四指宽的僵痕高了起来。袭人咬着牙说道："我的娘，怎么下这般的狠手！你但凡听我一句话，也不得到这步地位。幸而没动筋骨，倘或打出个残疾来，可叫人怎么样呢！"

正说着，只听丫鬟们说："宝姑娘来了。"袭人听见，知道穿不及中衣，便拿了一床夹纱被替宝玉盖了[39]。只见宝钗手里托着一丸药走进来，向袭人说道："晚上把这药用酒研开，替他敷上，把那淤血的热毒散开，可以就好了。"说毕，递与袭人，又问道"这会子可好些？"宝玉一面道谢说："好了。"又让坐。

宝钗见他睁开眼说话，不像先时，心中也宽慰了好些，便点头叹道："早听人一句话，也不至今日。别说老太太、太太心疼，就是我们看着，心里也……"刚说了半句又忙咽住，自悔说的话急了，不觉地就红了脸，低下头来。宝玉听得这话如此亲切稠密，大有深意，忽见她又咽住不往下说，红了脸，低下头只管弄衣带，那一种娇羞怯怯，非可形容得出者，不觉心中大畅，将疼痛早丢在九霄云外，心中自思："我不过挨了几下打，她们一个个就有这些怜惜悲感之态露出，令人可玩可观，可怜可敬。假若我一时竟别有大故[40]，她们还不知是何等悲感呢！既是她们这样，我便一时死了，得她们如此，一生事业纵然尽付东流，亦无足叹惜，冥冥之中若不怡然自得，亦可谓糊涂鬼祟矣。"想着，只听宝钗问袭人道："怎么好好的动了气，就打起来了？"袭人便把焙茗的话说了出来。宝玉原来还不知道贾环的话，见袭人说出方才知道。因又拉上薛蟠，惟恐宝钗沉心[41]，忙又止住袭人道："薛大哥哥从来不这样的，你们不可混猜度。"

宝钗听说，便知道是怕她多心，用话相拦袭人，因心中暗暗想道："打的这个形象，疼还顾不过来，还是这样细心，怕得罪了人，可见在我们身上也算是用心了。你既这样用心，何不在外头大事上做工夫，老爷也欢喜了，也不能吃这样亏。但你固然怕我沉心，所以拦袭人的话，难道我就不知我的哥哥素日恣心纵欲、毫无防范的那种心性。当日为一个秦钟[42]，还闹得天翻地覆，自然如今比先又更利害了。"想毕，因笑道："你们也不必怨这个，怨那个。据我想，到底宝兄弟素日不正，肯和那些人来往，老爷才生气。就是我哥哥说话不防头，一时说出宝兄弟来，也不是有心调唆：一则也是本来的实话，二则他原不理论这些防嫌小事。袭姑娘从小儿只见宝兄弟这么样细心的人，你何尝见过天不怕地不怕、心里有什么口里就说什么的人。"

袭人因说出薛蟠来，见宝玉拦他的话，早已明白自己说造次了[43]，恐宝钗没意思，听宝钗如此说，更觉羞愧无言。宝玉又听宝钗这番话，一半是堂皇正大，一半是去己疑心，更觉比先畅快了。方欲说话时，只见宝钗起身说道："明儿再来看你，你好生养着罢。方才我拿了药来交给袭人，晚上敷上管就好了。"说着便走出门去。袭人赶着送出院外，说："姑娘倒费心了。改日宝二爷好了，亲自来谢。"宝钗回头笑道："有什么谢处。你只劝他好生静养，别胡思乱想的就好了。不必惊动老太太、太太众人，倘或吹到老爷耳朵里，虽然彼时不怎么样，将来对景，终是要吃亏的。"说着，一面去了。

袭人抽身回来，心内着实感激宝钗。进来见宝玉沉思默默似睡非睡的模样，因而退出房外，自去栉沐[44]。宝玉默默地躺在床上，无奈臀上作痛，如针挑刀挖一般，更又热如火炙[45]，略辗转时，禁不住"嗳哟"之声。那时天色将晚，因见袭人去了，却有两三个丫鬟伺候，此时并无呼唤之事，因说道："你们且去梳洗，等我叫时再来。"众人听了，也都退出。

这里宝玉昏昏默默，只见蒋玉菡走了进来，诉说忠顺府拿他之事，又见金钏儿进来哭说为他投井之情。宝玉半梦半醒，都不在意。忽又觉有人推他，恍恍惚惚听得有人悲戚之声。宝玉从梦中惊醒，睁眼一看，不是别人，却是林黛玉。宝玉犹恐是梦，忙又将身子欠起来，向脸上细细一认，只见两个眼睛肿得桃儿一般，满面泪光，不是黛玉，却是哪个？宝玉还欲看时，怎奈下半截疼痛难忍，支持不住，便"嗳哟"一声，仍旧倒下，叹了一声，说道："你又做什么跑来！虽说太阳落下去，那地上的余热未散，走两趟又要受了暑。我虽然挨了打，并不觉疼痛。我这个样儿，只装出来哄他们，好在外头布散与老爷听，其实是假的。你不可认真。"

此时林黛玉虽不是号啕大哭，然越是这等无声之泣，气噎喉堵，更觉得利害。听了宝玉这番话，心中虽然有万句言词，只是不能说得，半日，方抽抽噎噎地说道："你从此可都改了罢!"宝玉听说，便长叹一声，道："你放心，别说这样话。就便为这些人死了，也是情愿的!"

一句话未了，只见院外人说："二奶奶来了。"林黛玉便知是凤姐来了，连忙立起身说道："我从后院子去罢，回来再来。"宝玉一把拉住道："这可奇了，好好的怎么怕起她来。"林黛玉急得跺脚，悄悄地说道："你瞧瞧我的眼睛，又该她取笑开心呢。"宝玉听说赶忙地放手。黛玉三步两步转过床后，刚出了后院，凤姐从前头已经进来了。问宝玉："可好些了？想吃什么，叫人往我那里取去。"接着，薛姨妈又来了。一时贾母又打发人来了。

至掌灯时分，宝玉只喝了两口汤，便昏昏沉沉地睡去。接着周瑞媳妇、吴新登媳妇、郑好时媳妇，这几个有年纪常来往的，听见宝玉挨了打，也都进来。袭人忙迎出来，悄悄地笑道："姑娘们略来迟了一步，二爷睡着了。"说着，一面陪她们到那边屋里坐着，倒茶给她们吃。那几个媳妇子都悄悄地坐了一回，向袭人说："等二爷醒了，你替我们说罢。"

袭人答应了，送她们出去。

【注释】

[1] 簪(zān)环：女子所带的首饰。

[2] 超度：为死者消灾，渡过苦难。

[3] 雨村：贾化，号雨村，一个与贾家有密切关系的贪酷县官，革职后得贾家帮助又做了官，升应天府尹。

[4] 五内：脾、肺、肾、肝、心为五脏，这里表示满怀、全身心。

[5] 宝钗：薛宝钗，《红楼梦》中的女主人公之一。旧社会认为贤惠大方、思想符合传统、得到称赞的人。

[6] 父亲：即宝玉的父亲贾政。

[7] 嗐(hài)：叹息声， 与"咳"同。

[8] 委委琐琐：无精打采，萎靡不振的样子。

[9] 殒(yǔn)：死亡。

[10] 忠顺亲王府：当时有权势的一家皇亲国戚，是把"一个做小旦的琪官"即下文所说的优伶蒋玉函豢养占有的主子。

[11] 长府官：在亲王府内总管事务的小官。

[12] 造：拜访。潭府：深宅大院，对别人所住深宅大院表示尊重仰慕的敬称。

[13] 做小旦的：演青年女角色的优伶。琪官：艺名，本名蒋玉函，温柔能文，与贾宝玉情谊相投，私有来往。

[14] 十停人倒有八停人：意谓众所周知。停：成，份。

[15] 衔玉的那位令郎：即指贾政的儿子贾宝玉。

[16] 草莽：鲁莽，自轻自贱。

[17] 红汗巾子：见第 28 回“蒋玉函情赠茜香罗，薛宝钗羞笼红麝串”。红汗巾是北静王给蒋玉函的礼物，是其贴身所系。

[18] 贾环：贾政姨太太赵姨娘所生(庶出)的儿子。

[19] 执事人：指府中管事之人。克夺之权：管理上的决定奖惩之权。

[20] 暴殄轻生：指金钏儿突然投井自杀丢掉生命。

[21] 贾琏：管家王熙凤(凤姐)的丈夫。赖大、来兴：贾府家人。

[22] 冠带家私：官帽、腰带和家产，意指官职、家财等一切。

[23] 烦恼鬓毛：佛家称头发为“烦恼丝”。

[24] 自了：意谓自己了结。干净去处：指佛门，佛门通向清净，可免烦恼。

[25] 焙茗：宝玉的贴身男仆。

[26] 了：了结，完成。

[27] 流荡优伶：指宝玉荒唐地与琪官来往。表赠私物：指琪官赠宝玉体己汗巾。淫辱母婢：指贾环造谣说宝玉强奸金钏儿。

[28] 门客：在贾家帮闲的清客。不祥：很危险的样子。

[29] 田地：地步。

[30] 弑(shì)：子杀父，臣杀君。

[31] 贾珠：贾宝玉的哥哥，已早死。贾珠一心想走读书上进、做官、光宗耀祖的道路，贾政极喜欢贾珠。

[32] 李宫裁：李纨，贾珠的寡妻。迎春姊妹：迎春和探春，大观园中和宝玉生活在一起的姑娘们。

[33] 贾母：贾政的母亲。大观园中最高的长辈。

[34] 藤屉(tì)子春凳：用藤皮编成一种可坐可卧的长凳。

[35] “此时”句：薛姨妈是宝钗的母亲，宝玉母亲王夫人之妹。香菱是宝钗的丫头。袭人是宝玉的贴身丫头。湘云是贾母的内侄孙女，常在大观园中居住的姑娘。

[36] 薛大爷：薛蟠，薛宝钗的哥哥。

[37] 对景：符合她所知的实际情况。

[38] 中衣：内衣。

[39] 夹纱被：表里两层的纱被。

[40] 大故：指死亡。

[41] 沉心：多心，不快。

[42] 秦钟：秦可卿之弟，宝玉的密友，早死。

[43] 造次：莽莽撞撞，不小心。

[44] 栉沐：梳洗。

[45] 火炙(zhì)：像火在烧灼。

【知识链接】

曹雪芹(约1715—1763)，名霑，字梦阮，号雪芹，又号芹溪、芹圃，中国古典名著《红楼梦》的作者，关外祖籍辽宁铁岭，生于江宁(今南京)，曹雪芹出身清代内务府正白旗包衣世家，他是江宁织造曹寅之孙，曹颙之子(一说曹頫之子)。曹雪芹早年在南京江宁织造府亲历了一段锦衣纨绔、富贵风流的生活。曾祖父曹玺任江宁织造；曾祖母孙氏做过康熙帝的奶妈；祖父曹寅做过康熙帝的伴读和御前侍卫，后任江宁织造，兼任两淮巡盐监察御使，极受康熙宠信。雍正六年(1728年)，曹家因亏空获罪被抄家，曹雪芹随家人迁回北京老宅。后又移居北京西郊，靠卖字画和朋友救济为生。曹家从此一蹶不振，日渐衰微。经历了生活中的重大转折，曹雪芹深感世态炎凉，对封建社会有了更清醒、更深刻的认识。他蔑视权贵，远离官场，过着贫困如洗的艰难日子。曹雪芹素性放达，爱好广泛，对金石、诗书、绘画、园林、中医、织补、工艺、饮食等均有所研究。他以坚韧不拔的毅力，历经多年艰辛，终于创作出极具思想性、艺术性的伟大作品——《红楼梦》。晚年，曹雪芹移居北京西郊。生活更加穷苦，“满径蓬蒿”，“举家食粥酒常赊”。乾隆二十七年(1762年)，幼子夭亡，他陷于过度的忧伤和悲痛，卧床不起。乾隆二十八年(1763年)除夕(2月12日)，曹雪芹因贫病无医而逝。

【学以致用】

1. 小说分别表现了贾宝玉、贾政、薛宝钗、林黛玉的什么性格特点？
2. 小说在矛盾冲突、结构安排、人物形象塑造方面使用了哪些艺术手法？
3. 宝玉挨打有哪几个方面的原因？小说中不同人物对其挨打所持的态度有什么不同？

第四节　戏　剧

在中国文学史上，元代文学最为突出的成就首推元杂剧，元代杂剧是在前代戏曲艺术基础上发展起来的一种戏剧样式，最初流行于北方，后发展到南方，遍布各地。元杂剧繁荣的过程中，出现了众多的作家和作品，如元曲四大家——关汉卿、白朴、郑光祖、马致远；著名的四大悲剧《窦娥冤》《梧桐雨》《赵氏孤儿》《汉宫秋》；著名的四大爱情剧《西厢记》《墙头马上》《拜月亭》《倩女离魂》等。元杂剧的发展可分为前后两期。前期作家创作活动最兴盛的年代是元世祖至成宗元贞、大德时期。这时期产生了伟大的戏曲家关汉卿，他的杂剧《窦娥冤》《救风尘》《单刀会》等，表现了强烈的反封建压迫和反侵略的思想倾向。同时期的王实甫、康进之、马致远、白朴等作家也为我们留下许多优秀的作品。他们从不同方面反映了当时的社会现实，歌颂了被压迫人民的斗争。后期是从大德以后直到元朝灭亡，这时期杂剧中心逐渐南移，虽然也产生过郑光祖等著名剧作家，但杂剧已日趋衰微，脱离现实和宣扬封建道德的倾向日益严重。

杂剧角色分为旦、末、净、杂。旦包括正旦、外旦、小旦、大旦、老旦、搽旦，正旦是歌唱的主要女演员，外旦、贴旦是次要女演员；末包括正末、小末、冲末、副末，正末是歌唱的主要男演员，外末、副末是次要的男演员，冲末是首次上场的男演员；净是性格暴烈的男演员；杂是除以上三类外的演员，有孤（当官）、驾（皇帝）、卜儿（老妇人）、徕儿（小厮）、细酸（读书人）等。元杂剧一般是一人主唱或男、女主角唱，主唱的角色不是正末，就是正旦，正旦主唱称旦本，如《窦娥冤》，窦娥主唱。正末主唱的称为末本，如《汉宫秋》，汉元帝主唱。一般来说，一剧中一人主唱到底，这是通例。但也有少数剧本，随着剧情的发展，人物也有所变化。如《赚蒯通》，第一折正末扮张良，二、三、四折正末扮蒯通。这就出现了主唱人物的变换。

元杂剧是中国文学史上俗文学的第一次大规模的收获。从此以后，俗文学便以矫健的雄姿活跃在文坛艺苑上，扮演着举足轻重的角色。另外，元杂剧也是中国文艺史上戏曲艺术的第一次大规模的收获，为古典戏曲的表演艺术奠定了基础。元杂剧也为中国文学史奉献出一笔极其丰厚的精神遗产，使中国古代叙事文学发展到了一个新的阶段，为研究中国古代文学思想提供了不可多得的形象资料。

中国戏剧发展到明清，进入了繁荣鼎盛阶段。这个阶段的特点是：演出极为活跃，形态多种多样，剧目繁富，作家迭出，所作题材广泛，表演艺术出新，形成不同风格流派。由于创作演出繁盛，刊刻戏剧选本、合集蔚然成风，同时也导致戏剧理论探索和戏剧批评的深入。这都表明，中国戏剧进入又一个黄金时代。

元末明初杂剧是杂剧发展史上的一个有机组成部分。它介于元杂剧之末、明杂剧之初，但却自成系统，具有独立完整的显著特点。元末明初杂剧是对金、元以来北杂剧的承续，又开启了明、清杂剧发展之先声，在杂剧发展史上是一个具有重要意义的关键转折点。明杂剧只有徐渭的作品《四声猿》，通过历史题材猛烈地抨击了当时社会的丑恶和阴暗，蔑视传统的封建礼教并表现了男女平等、妇女解放的思想，代表了明代杂剧创作的成就。其后，传奇取代明杂剧居于主导地位，明代的传奇创作有两个主要派别：即以沈璟为代表的吴江派和以汤显祖为代表的临川派。沈璟及其同派作家，虽然在创作上的成就一般不高，但对中叶后流传最广、影响最大的唱腔之一的昆曲在音律的整理上有一定的贡献，在剧坛上的影响很大。临川派的主要作家则是汤显祖，他的代表作《牡丹亭》是我国戏曲史上优秀的浪漫主义作品。它热情地歌颂了反对封建礼教、追求幸福爱情的社会理想，也在一定程度上体现了要求个性解放的时代精神。此外，这时期还有一些优秀的戏剧作品如《宝剑记》《鸣凤记》《浣纱记》等，它们直接或间接地反映了当时尖锐的政治斗争。

清代是中国封建社会最后一个王朝，从 1644 年清兵入关到 1911 年辛亥革命之间的 268 年里，各种传统文学都有所创新发展。传奇、杂剧方面，出现了李玉、李渔、洪升、孔尚任、唐英、蒋士铨、杨潮观、沈起凤、许善长等优秀的作家，创作了《清忠谱》《风筝误》《长生殿》《桃花扇》等优秀的戏曲作品。清代戏剧的声腔剧种基本上承续明代，传统的雅部声腔逐渐由盛而衰，而代表各地方剧种的花部诸声腔却日益兴旺，昆剧在清初成为最大的剧种，到十九世纪前期分化，地方戏迅速成长。戏剧作家作品十分可观，乾隆后戏剧艺术出现雅与俗两极分化倾向。清代的戏剧，继明之后，又取得了辉煌的成就。这首先表现为清代涌现了一大批剧作家和作品。在明清两代大约总共有4400多种戏剧作品。其中，清代作品多达2400种以上，而且传奇与杂剧并重。其次，表现为高质量的名作的问世。例如，清代的两大名剧：洪昇的《长生殿》和孔尚任的《桃花扇》。前者取材于唐明皇与杨贵妃这一传统故事，反映广阔的社会生活，歌颂感天动地的人间至情，场面壮阔，情节曲折，曲词清丽，有很浓的抒情色彩。《桃花扇》则是一部通过儿女之情反映朝代兴亡的历史剧，在同类题材的创作上达到了新的艺术高度。这两部是继明代汤显祖的《牡丹亭》之后中国戏剧史上成就最高的作品。然而，从中国古代戏剧发展史来看，清代又是戏剧从元明以来的兴盛繁荣走向衰落的重要转折阶段。

选文欣赏

西厢记·拷红

王实甫

【阅读提示】

《西厢记》全名《崔莺莺待月西厢记》，又称“北西厢”，是元代中国戏曲剧本，王实甫撰。书中的男女主角是张君瑞和崔莺莺。《西厢记》中无不体现出朴素之美、追求自由的思想，它的曲词华艳优美，富于诗的意境，是我国古典戏剧的现实主义杰作，对后来以爱情为题材的小说、戏剧创作影响很大。

本文选自《西厢记》(第四本第二折)，是《西厢记》剧情发展的高潮，也是观众特别喜爱的一出戏。它描写了红娘为了帮助崔莺莺和张君瑞获得幸福的爱情而同老夫人进行的一场尖锐斗争。剧本着意刻画了红娘聪明伶俐、大胆泼辣的性格，热情地赞美她见义勇为、敢于同封建礼教作坚决斗争的精神。王实甫通过红娘的形象，有力地强调出真和美、美和善，美感和道德感的和谐统一。人们常常把那些无私地为别人的爱情婚姻的幸福而热情奔走，积极帮助别人克服婚姻中的困难的人物称为红娘。也正是因为如此，红娘的形象才成为古典作家们创作的最深入人心的典型之一，长期地流行在生活之中。

(夫人引俫[1]，云)这几日窃见莺莺语言恍惚，神思加倍，腰肢体态，比向日不同；莫不做下来了么？(俫云)前日晚夕，奶奶睡了，我见姐姐和红娘烧香，半晌不回来，我家去睡了。(夫人云)这桩事都在红娘身上，唤红娘来！(俫唤红科)(红云)哥哥唤我怎么？(俫云)奶奶知道你和姐姐去花园里去，如今要打你哩。(红云)呀！小姐，你带累我也！小哥哥，你先去，我便来也。(红唤旦科)(红云)姐姐，事发了也，老夫人唤我哩，却怎了？(旦云)好姐姐，遮盖咱！(红云)娘呵，你做得隐秀者[2]，我道你做下来也。(旦念)月圆便有阴

云蔽，花发须教急雨催。(红唱)

【越调】【斗鹌鹑】则着你夜去明来，倒有个天长地久，不争你握雨携云[3]，常使我提心在口[4]。你则合戴月披星，谁着你停眠整宿？老夫人心数多[5]，情性㑇；使不着我巧语花言，将没做有。

【紫花儿序】老夫人猜那穷酸做了新婿，小姐做了娇妻，这小贱人做了牵头[6]。俺小姐这些时春山低翠，秋水凝眸。别样的都休[7]，试把你裙带儿拴，纽门儿扣，比着你旧时肥瘦，出落得精神，别样的风流[8]。(旦云)红娘，你到那里小心回话者！(红云)我到夫人处，必问这小贱人。

【金蕉叶】"我着你但去处行监坐守[9]，谁着你拖逗得胡行乱走？"若问着此一节呵如何诉休[10]？你便索与他个"知情"的犯由[11]。

姐姐，你受责理当，我图甚么来？

【调笑令】你绣帏里效绸缪[12]，倒凤颠鸾百事有[13]。我在窗儿外几曾轻咳嗽，立苍苔将绣鞋儿冰透。今日个嫩皮肤到将粗棍抽，姐姐呵，俺这通殷勤的着甚来由？

姐姐在这里等着，我过去。说过呵，休欢喜；说不过，休烦恼。(红见夫人科)(夫人云)小贱人，为甚么不跪下！你知罪么？(红跪云)红娘不知罪。(夫人云)你故自口强哩。若实说呵，饶你；若不实说呵，我直打死你这个贱人[14]！谁着你和小姐花园里去来？(红云)不曾去，谁见来？(夫人云)欢郎见你去来，尚故自推哩。(打科)(红云)夫人休闪了手[15]，且息怒停嗔，听红娘说。

【鬼三台】夜坐时停了针绣，共姐姐闲穷究[16]，说张生哥哥病久。咱两个背着夫人，向书房问候。(夫人云)问候呵，他说甚么？(红云)他说来，道"老夫人事已休，将恩变为仇，着小生半途喜变做忧"。他道："红娘你且先行，教小姐权时落后[17]。"

(夫人云)他是个女孩儿家，着他落后怎么！(红唱)

【秃厮儿】我则道神针法灸，谁承望燕侣莺俦。他两个经今月余则是一处宿，何须你一一问缘由？

【圣药王】他每不识忧，不识愁，一双心意两相投。夫人得好休，便好休，这其间何必苦追求？常言道"女大不中留"。

(夫人云)这端事都是你个贱人。(红云)非是张生小姐红娘之罪，乃夫人之过也。(夫人云)这贱人倒指下我来，怎么是我之过？(红云)信者人之根本，"人而无信，不知其可也。大车无輗，小车无軏，其何以行之哉？[18]"当日军围普救，夫人所许退军者，以女妻之。张生非慕小姐颜色，岂肯区区建退军之策？兵退身安，夫人悔却前言，岂得不为失信乎？既然不肯成其事，只合酬之以金帛，令张生舍此而去。却不当留请张生于书院，使怨女旷夫[19]，各相早晚窥视，所以夫人有此一端。目下老夫人若不息其事，一来辱没相国家谱；二来张生日后名重天下，施恩于人，忍令反受其辱哉？使至官司[20]，夫人亦得治家不严之罪。官司若推其详[21]，亦知老夫人背义而忘恩，岂得为贤哉？红娘不敢自专[22]，乞望夫人台鉴[23]：莫若恕其小过，成就大事，㨠之以去其污[24]，岂不为长便乎？

【麻郎儿】秀才是文章魁首[25]，姐姐是仕女班头[26]；一个通彻三教九流，一个晓尽描鸾刺绣[27]。

【幺篇】世有、便休、罢手[28]，大恩人怎做敌头？起白马将军故友[29]，斩飞虎叛贼草寇[30]。

【络丝娘】不争和张解元[31]参辰卯酉[32]，便是与崔相国出乖弄丑[33]。到底干连着自己骨肉，夫人索穷究[34]。(夫人云)这小贱人也道得是。我不合养了这个不肖之女[35]。待经官呵，玷辱家门。罢罢！俺家无犯法之男，再婚之女，与了这厮罢。红娘唤那贱人来！(红见旦云)且喜姐姐，那棍子则是滴溜溜在我身上，吃我直说过了。我也怕不得许多，夫人如今唤你来，待成合亲事。(旦去)羞人答答的，怎么见夫人？(红云)娘跟前有甚么羞？

【小桃红】当日个月明才上柳梢头，却早人约黄昏后。羞得我脑背后将牙儿衬着衫儿袖。猛凝眸，则见鞋底尖儿瘦。一个恣情地不休，一个哑声儿厮耨[36]。呸！那其间可怎生不害半星儿羞？

(旦见夫人科)(夫人云)莺莺，我怎生抬举你来，今日做这等的勾当；则是我的孽障[37]，待怨谁的是！我待经官来，辱没了你父亲，这等事不是俺相国人家的勾当。罢罢罢！谁似俺养女的不长进！红娘，书房里唤将那禽兽来！(红唤末科)(末云)小娘子唤小生做甚么？(红云)你的事发了也，如今夫人唤你来，将小姐配与你哩。小姐先招了也，你过去。(末云)小生惶恐，如何见老夫人？当初谁在老夫人行说来？(红云)休佯小心[38]，过去便了。

【幺篇】既然泄漏怎甘休？是我相投首。俺家里陪酒陪茶倒撋就[39]。你休愁，何须约定通媒媾[40]？我弃了部署不收[41]，你原来"苗而不秀"[42]。呸！你是个银样镴枪头[43]。

(末见夫人科)(夫人云)好秀才呵，岂不闻"非先王之德行不敢行"[44]？我待送你去官司里去来，恐辱没了俺家谱。如今将莺莺与你为妻。则是俺三辈儿不招白衣女婿[45]，你明日便上朝取应去，我与你养着媳妇，得官呵，来见我；驳落呵[46]，休来见我。(红云)张生早则喜也。

【东原乐】相思事，一笔勾，早则展放从前眉儿皱，美爱幽欢恰动头[47]。既能够，张生，你觑兀的般可喜娘庞儿也要人消受。

(夫人云)明日收拾行装，安排果酒，请长老一同送张生到十里长亭去[48]。(旦念)寄语西河堤畔柳，安排青眼送行人[49]。(同夫人下)(红唱)

【收尾】来时节画堂箫鼓鸣春昼，列着一对儿鸾交凤友。那其间才受你说媒红[50]，方吃你谢亲酒[51]。(并下)

【注释】

[1]　倈：元杂剧中扮演小男孩的角色。

[2]　隐秀：藏而不露。红娘说反话，意思是你们干得可真隐蔽啊。

[3]　不争：因为。

[4]　提心在口：提心吊胆。

[5]　心数：心计。

[6]　牵头：男女私通的拉线人。

[7] 别样的都休：其他变化且不用说。

[8] “试把”五句：指试着旧时的衣服，和从前的体态相比，如今变得特别精神，特别风流。出落：长成，指身体相貌变得更加光艳动人。

[9] 但去处：只是去啊。处：语气词。行监坐守：一举一动都要监视看守。

[10] 如何诉休：如何诉说呵。

[11] 犯由：犯罪之缘由，指罪状。

[12] 绸缪：这里指男女欢会，缠绵。

[13] 百事有：样样有。

[14] 直：竟然。

[15] 闪了手：扭伤了手。

[16] 穷究：本意指追根问底，此处指聊天、说话。

[17] 权时落后：暂时晚走一会儿。

[18] “人而无信”五句：作为一个人没有信用那怎么可以，就像大车上没有輗(ní)，小车上没有軏(yuè)一样，那还靠什么行走呢？

[19] 怨女旷夫：成年未嫁之女为怨女，成年未娶之男为旷夫。

[20] 官司：本指百官，后来用以指官府。

[21] 推其详：追究详细情况。推：追究审问。

[22] 自专：自作主张，自以为是。

[23] 企望：恳求、盼望。台鉴：请您审查。台：对人的敬辞。

[24] 挼(ruó)之以去其污：搓去污点。挼：揉搓。

[25] 文章魁首：文坛领袖。魁首：首领。

[26] 仕女班头：妇女中的领袖。仕女：贵族妇女，大家闺秀。班头：领袖、首领。

[27] 描鸾：描绘鸾鸟图案，这里泛指描绘刺绣的图案。

[28] 世有、便休、罢手：既然张生与莺莺做出这种事，就只能了结，放开手不必追究。

[29] 起：举荐。

[30] 草寇：聚于丛林草泽中的贼寇，这里指孙飞虎叛离朝廷的军队。

[31] 不争：在此是“假使、如果”的意思。张解元：即张秀才，张生。

[32] 参辰：参星和辰星，也称作参商。参与辰不同时出现，因此多用参辰比喻不和睦或不能相见。卯酉：十二时辰，比喻互不相见，对立不和。

[33] 出乖弄丑：做出错事丑事而丢人现眼。

[34] 穷究：慎重考虑。

[35] 不合：不该。不肖：不贤，不好。

[36] 厮耨(nòu)：纠缠戏弄。

[37] 孽障：业障。佛教称做坏事障碍正道，故称业障。孽：罪恶。

[38] 休佯小心：不要假装胆小。

[39] “俺家里”句：婚姻一般是由男方家里备茶向女方家求婚，现在是反其事而行，由崔家倒陪茶酒撮合成婚。酒茶：聘礼的代称。倒搁就：倒贴。

[40] 媒媾：媒人。

[41] 弃了部署不收：我放弃了当师傅的身份，不再收你做徒弟，指不再为你出主意帮忙。部署：宋元时期对枪棒师傅的称呼，此处泛指师傅。

[42] 苗而不秀：庄稼长得好，却不开花吐穗，比喻无用之人。

[43] 银样镴(là)枪头：枪头的样子看上去像是银的，实际是镴做的。比喻好看却不实用的东西。镴：今天的焊锡，是锡与铅的合金，比银软。

[44] 非先王之德行不敢行：不敢做不符合先王道德标准的事。前一“行(xìng)”为名词，品德、品质。后一“行(xíng)”为动词，贯彻，实行。

[45] 白衣：古代没有做官的读书人穿白衣，故以“白衣”指代没有功名官职的人。

[46] 驳落：落第。

[47] 恰动头：才开始。

[48] 十里长亭：古代设在道路旁供行人休息的公用房舍，常用作送别饯行的地方。

[49] “寄语”二句：指要准备用深情厚谊送别张生。寄语：传话，告诉。青眼：柳叶，又指黑眼珠。青眼即“青睐”，这里语意双关。

[50] 说媒红：赏给媒人的谢礼。

[51] 谢亲酒：婚后三日，男去女家谢亲宴饮，答谢女家和媒人的酒席。

【知识链接】

王实甫(1260—1336)，名德信，大都(今北京)人，祖籍河北省保定市定兴(今定兴县)。元代著名杂剧作家，杂剧《西厢记》的作者。王实甫与关汉卿、白朴、马致远齐名，其作品全面地继承了唐诗、宋词精美的语言艺术，又吸收了元代民间生动活泼的口头语言，创造了文采璀璨的元曲词汇，成为中国戏曲史上“文采派”的杰出代表。他著有杂剧十四种，现存《西厢记》《丽春堂》《破窑记》三种。五本二十一折的《西厢记》不仅是他的代表作，而且是元代杂剧创作中最优秀的作品之一。《破窑记》写刘月娥和吕蒙正悲欢离合的故事，有人怀疑不是王实甫的手笔。另有《贩茶船》《芙蓉亭》两种，各传有曲文一折。

【学以致用】

1. 通过“拷红”这段情节，分析红娘的形象特征。

2. 了解《西厢记》的全本，从中体会崔莺莺、红娘前后思想上的变化。结合作品讨论其变化原因。

第七章 中国现当代文学

中国现代文学指的是从1917年至1949年的文学，五四新文化运动和文学革命预示着古典文学的结束和现代文学的开始。1915年9月，陈独秀在上海创办《新青年》杂志，现代文学开始蓬勃发展。1930年，以鲁迅、冯乃超等为代表的“中国左翼作家联盟” 在上海成立，其作品注重正面反映无产阶级的斗争，揭露帝国主义对中国的入侵以及塑造革命者和底层劳动者的形象，激起了民族的抗争精神。1937年，卢沟桥事变爆发，伟大的全国抗日战争由此展开并在最终取得了胜利，这是我们民族从血火中走向新生的历史大转折时期，这一时期的文学与现实中的战争和救亡发生紧密的联系。

中国当代文学主要划分为三个时期，分别是1949年至1966年的文学、1966年至1976年的文学，以及1976年以后的文学。中国由新民主主义社会过渡到社会主义社会，作家们用现实主义文学的创作方法塑造了一些典型的农民形象，谱写了一段英雄史诗。改革开放后，当代文学得到巨大发展，“伤痕文学”“改革文学”“女性文学”等文学思潮勃然兴起。一直到新世纪以来，整个文学创作空间相对趋向自由，这也预示着文学将在多元的状态下按照自身规律健康发展。

第一节　诗　　歌

在各种文学体裁中，诗歌最具鲜明的文体特征。中国古典诗歌经过长期的发展渐渐形成了固定的文体形式，在文学发展史上有着举足轻重的地位。

现代诗歌主要是指五四运动以来用白话而作的新诗，打破旧诗词的格律，显示出五四新文学强大的生命力。戊戌变法前后，梁启超、黄遵宪等人发起“诗界革命”，主张“旧风格含新意境”的理论，呼吁作家反映新的时代和思想，但没有挣脱旧体诗的束缚。中国现当代诗歌由于受到外来思想和文艺观念的影响，不论是内容上还是形式上都与中国古典诗歌有着许多不同。五四文学革命以诗歌创作为突破口，寻其内容和形式上的解放。1917年，胡适、陈独秀、钱玄同、刘半农等人分别从不同的角度对新诗进行了理论上的探讨。同年2月，胡适在《新青年》上发表了白话诗八首。1920年胡适发表《尝试集》，这是中国第一部白话新诗集。早期的白话新诗提倡用白描的手法描写具体的生活场景或者自然景物，或托物寄兴，表达作者对社会现实的思考，如胡适的《鸽子》，周作人的《小河》。郭沫若在五四运动时期，为了追求自由思想，抒发自己内心的真实想法，以及表达对祖国的无限热爱，在1919年和1920年中创作出《女神》。《女神》是现代新诗的奠基之作，是五四时期新诗的最强音，它以宏大、磅礴的气势抒发了作者内心的感慨以及对于未来美好生活的无限向往之情，对日后的诗歌创作产生了广泛而深刻的影响。

1922年，冯雪峰、应修人、汪静之等人成立了湖畔诗社，提倡简短的抒情诗，表现对爱情、自然的歌咏和对自我内心的大胆剖白，代表作有应修人的《妹妹你是水》、汪静之的《伊底眼》。随后，以闻一多、徐志摩、朱湘等人为代表的新月诗派，主张“理性节制情感”的原则和新诗的格律化，在内容和形式上对新诗进行了规范，如闻一多的《死水》和徐志摩的《再别康桥》。

1932年之后，围绕《现代》杂志的一批现代诗人，如戴望舒、何其芳、卞之琳等善于将日常生活的观察转为哲理性的感悟，诗歌充满意境之美，如戴望舒的《雨巷》和卞之琳的《断章》。1940年代，以艾青为代表的“七月诗派”和以穆旦为代表的“九叶诗派”代表抗战时期新诗发展的最高水平。“七月派”是在艾青的影响下，以理论家胡风为创作中心的诗人群，代表人物有绿原、曾卓、牛汉等，强调发扬主观战斗精神去能动地影响和改造现实。代表作有绿原的《给天真的乐观主义者们》，阿垅的《纤夫》，鲁藜的《泥土》等。而“九叶诗派”则是20世纪40年代以《中国新诗》等刊物为中心的另一风格趋向的诗人群(又称“中国新诗派”)，主张“人的文学”“人民的文学”和“生命的文学”，强调反映现实与挖掘内心的统一，诗作视野开阔，具有强烈的时代感、历史感和现实精神。他们承接了中国新诗现代主义的传统，为新诗的发展做出了贡献。代表诗人是辛笛、穆旦等，如穆旦的《诗八首》《我向自己说》。

1959年，新中国成立后发起了新民歌运动，郭沫若和周扬主持编选的新民歌选集《红旗歌谣》正式出版。1949年至1966年，政治抒情诗是主要的诗歌形式，对政治的关注，对政党、对革命和人民的爱，不仅可以在当时感染、激发人民的政治情绪，而且今天的读者也可以感受到诗真诚的赞美，如郭小川的《致青年公民》组诗和贺敬之的《放声歌唱》。

20世纪70年代末，尤其是80年代之后，诗歌创作进入了一个新的高峰期。新时期诗歌的觉醒以1976年天安门诗歌运动为起点。天安门诗歌运动以罕见的规模和力度表现了广大群众的感情、愿望和意志，诗歌重获了自己独立的文化价值。虽然在当时旧体诗居多、新诗较少，但写作者真诚的态度和独立思考的方式仍给新诗的发展带来启示。到了80年代，思想解冻，艾青将自己恢复创作后的第一本诗集命名为《归来的歌》，诉说自己，也展现了对历史反思的思辨。而以“朦胧诗”为发端的现实主义诗潮，像一阵旋风冲击着诗坛。1980年8月，《诗刊》杂志在“问题与讨论”专栏发表部队作家章明的文章《令人气闷的“朦胧”》，诗坛开始讨论朦胧诗这种创作现象。“朦胧诗”的作者呼吁对于个体精神价值的尊重，追寻一种心灵的自由，有着鲜明的主体意识。其主要代表的诗人及作品有：北岛的《回答》《宣告》；舒婷的《一代人的呼声》《致橡树》；食指的《这是四点零八分的北京》等。80年代末期，文坛又出现“第三代诗人”，又称“新生代诗人”，他们试图反叛和超越朦胧诗，重建一种诗歌精神。诗歌创作表现为注重日常生活的审美，价值观念上的反崇高、反英雄，艺术上则反优雅、反意象，甚至有意用原生态的口语入诗，这些反叛性的创作是对中国诗坛传统的大胆反驳，如于坚的《对一只乌鸦的命名》，韩东的《有关大雁塔》。除此之外，还有以海子、王家新、骆一禾、西川等为代表的所谓“后朦胧”的诗人。后朦胧诗人主要指在朦胧诗直接影响下成长起来的“校园诗人”，主要体现为对朦胧诗的发展，他们更注重从哲学层面探讨人生的价值和诗歌的终极意义，对西方现代派文化有着更为广泛的涉猎和更为丰富的心得，也更为看重对“精神家园”的追寻。如海子的《亚洲铜》、骆一禾的《世界的血》等。

在现当代诗歌的发展史上，不同时期出现了不同的诗歌样式，它们相互共存，呈现出多元化的诗歌审美样态，也体现了诗歌这一文体的自由性以及诗人们的大胆探索和创新。

选文欣赏

一、寻梦者

戴望舒

【阅读提示】

《寻梦者》是戴望舒于1932年创作的一首现代诗。诗人全诗以梦为主体，构建了一个绚丽、迷离而又唯美的梦的世界。这首诗在审视人生与梦想时，唤起的不是昂扬的激情，而是深沉的哲思。它用美丽的象征意象唱出了寻梦者灵魂的歌，也向我们展示：追寻美好的理想，必须付出人一生追求的艰苦代价。正如诗中所言，你的梦“开出娇妍的花”来的时候，正是“在你已衰老了的时候”。梦的美丽和感伤的情绪相互交织，也是诗人内心世界的形象写照，一个执着灵魂的深刻自白。全诗从作者体会“梦的美”到感受到“寻梦的艰难”，最后是找到梦后的“幸福感”，重点放在寻求“无价的珍宝”的精神历程，即对“金色的贝”寻找的艰苦、找到后的幸福以及对其价值的赞颂上，循序渐进。这个梦可看作是诗人对一些美好的事物，如理想、爱情、信念以及光明的追寻，也表达作者愿意去寻找并为其付出代价、无怨无悔的执着精神。

梦会开出花来的，
梦会开出娇妍的花来的：
去求无价的珍宝吧。
在青色的大海里，
在青色的大海的底里，
深藏着金色的贝一枚。
你去攀九年的冰山吧，
你去航九年的瀚海吧，
然后你逢到那金色的贝。
它有天上的云雨声，
它有海上的风涛声，
它会使你的心沉醉。
把它在海水里养九年，
把它在天水里养九年，
然后，它在一个暗夜里开绽了。
当你鬓发斑斑了的时候，
当你眼睛朦胧了的时候，
金色的贝吐出桃色的珠。
把桃色的珠放在你怀里，
把桃色的珠放在你枕边，
于是一个梦静静地升上来了。
你的梦开出花来了，
你的梦开出娇妍的花来了，
在你已衰老了的时候。

【知识链接】

戴望舒(1905—1950)，原名戴梦鸥，浙江杭州人。中国现代派象征主义诗人、翻译家。1923年进入上海大学中国文学系，1925年进入上海震旦大学学习法文。1929年出版第一本诗集《我的记忆》，其中因《雨巷》而被广为人知，也被称为“雨巷诗人”。1950年戴望舒在北京病逝，享年45岁。著有诗集《我的记忆》《望舒草》《灾难的岁月》等。

戴望舒是中国现代象征派诗歌的代表，该派诗歌受到法国象征派诗歌的影响，而流露出一种现代都市青年的感伤、孤寂、迷惘甚至是颓废情绪，追求诗的意象美、朦胧美与散文美。《寻梦者》中，诗人以“寻梦者自喻”，通过“做梦——寻梦——再次入梦”的描述，唱出了诗人寻求理想、憧憬光明、历经磨难、上下求索的心路历程。诗歌运用象征手法，以“金色的贝”作为象征喻体，意境丰富，美轮美奂。

【学以致用】

1. 诗中使用了哪些修辞手法？任选一种进行赏析。

2. 品读诗句，“在青色的大海里，在青色的大海的底里”这两句之间有着怎样的关联?你从中读出梦呈现给我们怎样一种姿态?

二、雪落在中国的土地上

艾 青

【阅读提示】

《雪落在中国的土地上》是艾青于1937年创作的一首现代诗。1937年12月，艾青来到武汉，七七事变以后，全国人民的抗日斗志空前高涨，而国民党军队节节败退，大好河山的国土大片丢失。在这民族存亡的严重关头，人们一方面在寻求战胜日本军国主义者的正确道路，另一方面则不免面对严峻的现实而陷入深沉的思考。作为一个对祖国前途和人民命运深切关怀的诗人，艾青所作《雪落在中国的土地上》正是在民族危机空前严重的时刻，一个满怀正义和激愤之情的诗人所唱出的一支深沉而激越的歌。

诗中通过描写大雪纷飞下的农夫、少妇、母亲的形象，组成了一幅幅向四面延伸、扩展的画面。他们是苦难的中国人民的化身，是当时中国社会的一个缩影，既有现实性，又有典型性。

雪落在中国的土地上，
寒冷在封锁着中国呀……

风，
像一个太悲哀了的老妇
紧紧地跟随着
伸出寒冷的指爪

拉扯着行人的衣襟，
用着像土地一样古老的
一刻也不停地絮聒着……

那从林间出现的，
赶着马车的
你中国的农夫，
戴着皮帽，
冒着大雪
要到哪儿去呢？

告诉你
我也是农人的后裔——

由于你们的
刻满了痛苦的皱纹的脸
我能如此深深地
知道了
生活在草原上的人们的
岁月的艰辛。

而我
也并不比你们快乐啊
——躺在时间的河流上
苦难的浪涛
曾经几次把我吞没而又卷起——
流浪与监禁
已失去了我的青春的最可贵的日子，
我的生命
也像你们的生命
一样的憔悴呀。

雪落在中国的土地上，
寒冷在封锁着中国呀……

沿着雪夜的河流，

一盏小油灯在徐缓地移行，
那破烂的乌篷船里
映着灯光，垂着头
坐着的是谁呀？

——啊，你
蓬发垢面的少妇，
是不是
你的家
——那幸福与温暖的巢穴
已被暴戾的敌人
烧毁了么？

是不是
也像这样的夜间，
失去了男人的保护，
在死亡的恐怖里
你已经受尽敌人刺刀的戏弄？

咳，就在如此寒冷的今夜
无数的
我们的年老的母亲，
都蜷伏在不是自己的家里
就像异邦人
不知明天的车轮
要滚上怎样的路程？
——而且
中国的路
是如此的崎岖，
是如此的泥泞呀。

雪落在中国的土地上：
寒冷在封锁着中国呀……

那些被烽火所啮啃着的地域，
无数的，土地的垦植者

失去了他们所饲养的家畜
失去了他们肥沃的田地
拥挤在
生活的绝望的污巷里；
饥谨的大地
伸向阴暗的天
伸出乞援的
颤抖着的两臂。

中国的痛苦与灾难
像这雪夜一样广阔而又漫长呀！

雪落在中国的土地上，
寒冷在封锁着中国呀……

中国，
我的在没有灯光的晚上
所写的无力的诗句
能给你些许的温暖么？

1937 年 12 月 28 日夜间

【知识链接】

艾青(1910—1996)，原名蒋海澄，号海澄，浙江省金华人。艾青的成名作《大堰河——我的保姆》发表于 1933 年，这首诗奠定了他诗歌的基本艺术特征和他在现代文学史上的重要地位，被认为是中国现代诗的代表诗人之一。艾青的代表作品有《大堰河》《北方》《向太阳》《黎明的通知》等诗集。在中国新诗发展史上，艾青是继郭沫若、闻一多等人之后又一位推动一代诗风并产生过重要影响的诗人，在世界上也享有盛誉。

作为一位诗人，艾青主张“朴素、单纯、明快”的诗歌美学，他的诗句总是和农民、土地以及祖国联系在一起，泥土气息浓郁。《雪落在中国的土地上》，这首诗歌表现了民族危机下作者面对这些黑暗场景时忧郁的情绪，帝国主义的侵略使中华民族承受了巨大的苦痛和灾难，也表达了诗人深厚的爱国之情和忧患意识。全诗语言平实、自然，具有一种散文美，同时简洁中又坚实、有力，富有感染力和表现力。

【学以致用】

1. 诗歌中选取了几个比较典型的意象，如“雪”“农夫”“少妇”“母亲”“农夫”“我”

"垦植者",选一个最触动你的意象,谈谈看法。

2. 朗读本诗,说一下你体会到的诗歌情感内涵。

第二节 散 文

散文是我国具有悠久历史和辉煌成果的一种文学体裁,以抒发作者自我情感为主要特征。这种文学体裁篇幅相对短小,形式自由,能够比较迅速地反映现实生活,更深刻地显示出创作者的个人风格和性情。

中国现代文学中五四时期是散文创作的高峰期,由于散文简短,更易开展社会批评,适合当时社会革命、民族解放和思想启蒙的需要,致使现代散文从发展开始就具有强烈的现实性和战斗性。以鲁迅、李大钊、陈独秀、钱玄同等人为代表的议论性散文立论坚定、短小精悍,都对现实做出敏锐的反应。如李大钊的《青春》《新的!旧的!》,陈独秀的《偶像破坏论》等,以酣畅淋漓而富有战斗力的文字在当时产生巨大的影响。当时的议论性散文即杂文,以时事和社会现象为描写对象,以犀利的文笔对假丑恶进行批判,因其兼具文学性和批判性,影响较大。其中,鲁迅的杂文最具影响力,如鲁迅的代表性杂文《我之节烈观》《灯下漫笔》《随感录四十四》等;相对而言,以冰心、周作人、朱自清、郁达夫等为代表的抒情性散文更加平和,语言清新、优美、典雅,融入作者强烈的情感色彩,也引起青年读者的共鸣。冰心是现代叙事抒情散文的重要代表作家,她的散文语言恳切、亲昵、委婉,被誉为"冰心体",代表作品有《寄小读者》。周作人在《美文》中提倡记述的、艺术的叙事抒情散文,同时又强调以自我为中心的言志小品文,将散文划分为言情和言志两类,为当时的散文创作注入一股新的活力,如他的《故乡的野菜》《北京的茶食》《乌篷船》等。而朱自清的抒情散文漂亮、缜密、清新自然,融抒情于叙事之中,在抒情、绘景、记事等方面,都表现出卓越的才华,他的《荷塘月色》是现代散文中最典范的写景抒情文字,而《背影》无论是在结构还是在情感表达上,都达到了炉火纯青的地步。鲁迅虽以杂文著称,但其留下的两本散文集《野草》《朝花夕拾》,却分别代表了现代抒情散文和记叙散文的最高成就。20 世纪 30 年代,林语堂在《人间世》和《宇宙风》刊物上发表幽默闲适的小品文引起广泛关注,他的小品文语言亲切,是兼具抒情意味和讽刺性的短小散文。同时期,在北方以何其芳、李广田等人为主的创作为抒情散文展现了一个新的园地,如何其芳的《画梦录》,李广田的《桃园杂记》。除此之外,还有丰子恺的《缘缘堂随笔》,追求高远的情境,在平凡中发掘生活的哲理。抗战时期,报告文学开始勃兴,也出现实写抗战的纪实性散文,如沙汀《我所见之 H 将军》。解放区的杂文创作在内容上多针对当时革命队伍中的不正之风,如官僚主义、封建思想等。如丁玲的《三八节有感》、王实味的《野百合花》、艾青的《了解作家,尊重作家》等。

50 年代初的当代文学,即时性的通讯报告在散文创作中占有绝对的分量,其中魏巍的创作最为著名，如《谁是最可爱的人》《战士和祖国》。而杨朔、秦牧、刘白羽的抒情散文，也为当时散文界注入一股清新之风，如杨朔的《荔枝蜜》、刘白羽的《长江三峡》。80 年代，散文写作的变革体现在其创作重新回到个人体验，回到注重日常的事态和心绪，以及对个人生活情绪、心境的描写，散文创作呈现出欣欣向荣的新气象。“说真话、抒真情”的美学原则开始复归，重新确认散文回归到以表现“真我”为中心的五四现代散文的审美原则上来。以巴金、孙犁、杨绛等为代表的老作家的散文多展现出一种阅尽沧桑之后的人生智慧，聚集着一代知识分子独到的人生经验与精神财富，如巴金的《随想录》以及杨绛的《干校六记》。巴金怀着强烈的社会责任感，表达对历史的反思，对痛失亲友的追忆以及对自我的拷问。90 年代也出现一些抒情散文和艺术散文，强调自我表现和一种强烈的抒情倾向，如周涛，描述西部边陲地区的自然和人文景观，抒发在这一广袤田地下的自由情思，或赞美强壮的生命力，代表作有《游牧长城》。

总体而言，在当代散文的领域，以生命和文化历史作为深刻感知，诠释内在人性的文章一直占据着重要的地位，如余秋雨、史铁生等人就是这类散文创作的大家。以余秋雨、张中行等人为代表的学者散文家，将历史、自然与人的内心纯熟地结合在一起，诠释了最博大精深的历史文化和最透彻的心灵感触。余秋雨在 80 年代末 90 年代初以《文化苦旅》拓宽了散文创作的领域；张中行的《负暄琐话》以自己独特的艺术感知表达自己对人生与社会的思考以及理性思辨；史铁生从自身波折的人生中参透生命的哲理，在写作中融入自己最深刻的生命体验，也与读者展开灵魂的对话，如《我与地坛》。与此同时，在 90 年代，张洁、宗璞以女性自身的经历体验和心理感知作为观察社会人生和历史自然的视角，其散文表现出女性作家对女性社会角色的思考，而逐渐走进公众视野。

中国现当代的散文创作经历了萌芽、鼎盛、沉寂、复兴、创新等一系列发展，每一段历程都有时代冲刷的痕迹。随着社会的变迁，散文的创作在体现作家独特的个性和情感之外，也将在不同的时代与当下社会生活产生共振，而呈现出多姿多彩的面貌。

选文欣赏

一、时 间

沈从文

【阅读提示】

沈从文的文章迂回婉转，需读者沉潜其中，仔细玩味和品读。文中辨析时间就是生命，作者以“时间”为话题，引入一个问题，即在有限的时间里，生命的意义和价值怎样体现。而对于生命的表现形式，沈从文通过两种类型的人——“聪明人”与“愚蠢人”，对生命的不同理解来展现这两种人生观和价值观产生差异的原因。作者写作此文时已成名，但文学理想一时不被理解，陷于各种论争中，文中的聪明和愚蠢之辨就在于此。最终作者引陈子昂的诗句认定，古今中外能完成伟大功业的人，必然经历孤独彷徨，仍能奋力前行。

一切存在严格地说都需要“时间”。时间证实一切，因为它改变一切。气候寒暑，草木荣枯，人从生到死，都不能缺少时间，都从时间上发生作用。

常说到“生命的意义”或“生命的价值”。其实一个人活下去真正的意义和价值，不过占有几十年头的时间罢了。生前世界没有他，他无意义和价值可言的；活到不能再活死掉了，他没有生命，他自然更无意义和价值可言。

正仿佛多数人的愚昧与少数人的聪明，对生命下的结论差不多都以为是“生命的意义同价值是活个几十年”，因此都肯定生活，那么吃，喝，睡觉，吵架，恋爱……活下去等待死，死后让棺木来装殓他，黄土来掩埋他，蛆虫来收拾他。

生命的意义解释即如此单纯，“活下去，活着，倒下，死了”，未免太可怕了。因此次一等的聪明人，同次一等的愚人，对生命的意义同价值找出第二种结论，就是“怎么样来耗费这几十个年头”。虽更肯定生活，那么吃，喝，睡觉，吵架，恋爱……然而生活得失取舍之间，到底也就有了分歧。这分歧一看就明白的。大致言之，聪明人要理解生活，愚蠢人要习惯生活。聪明人以为目前并不完全好，一切应比目前更好，且竭力追求那个理想。愚蠢人对习惯完全满意，安于现状，保证习惯。(在世俗观察上，这两种人称呼常常相反，安于习惯的被呼为聪明人，怀抱理想的人却成愚蠢家伙。)

两种人即同样有个“怎么来耗费这几十个年头”的打算，要从人与人之间寻找生存的意义和价值，即或择业相同，成就却不相同。同样想征服颜色线条作画家，同样想征服乐器声音作音乐家，同样想征服木石铜牙及其他材料作雕刻家，甚至于同样想征服人身行为作帝王，同样想征服人心信仰作思想家或教主，一切结果都不会相同。因此世界上有大诗人，同时也就有蹩脚诗人，有伟大革命家，同时也有虚伪革命家。至于两种人目的不同，择业不同，那就更容易一目了然了。

看出生命的意义同价值，原来如此如此，却想在生前死后使生命发生一点特殊意义和永久价值。心性绝顶聪明，为人却好像傻头傻脑，历史上的释迦，孔子，耶稣，就是这种人。这种人或出世，或入世，或革命，或复古，活下来都显得很愚蠢，死过后却显得很伟大。屈原算得这种人另外一格，历史上这样人可并不多。可是每一时代间或产生一个两个，就很像样子了。这种人自然也只能活个几十年，可是他的观念，他的意见，他的风度，他的文章，却可以活在人类的记忆中几千年。一切人生命都有时间的限制，这种人的生命又似乎不大受这种限制。

话说回来，事事物物要时间证明，可是时间本身却又像是个极其抽象的东西，从无一个人说得明白时间是个什么样子。时间并不单独存在。时间无形，无声，无色，无臭。要说明时间的存在，还得回头来从事事物物去取证。从日月来去从草木荣枯从生命存亡找证据。正因为事事物物都可为时间作注解，时间本身反而被人疏忽了。所以多数人提问到生命的意义同价值时，没有一个人敢说："生命意义同价值，只是一堆时间。"

"前不见古人，后不见来者"，这是一个真正明白生命意义同价值的人所说的话。老先生说这话时心中的寂寞可知!能说这话的是个伟人，能理解这话的也不是个凡人。目前的活人，大家都记得这两句话，却只有那些从日光下牵入牢狱，或从牢狱中牵上刑场的倾心理想的人，最了解这句话的意义。因为说这话的人生命的耗费，同懂这话的人生命的耗费，异途同归，完全是为事实皱眉，却胆敢对理想倾心。

他们的方法不同，他们的时代不同，他们的环境不同，他们遭遇也不相同；相同的是他们的心，同样为人类向上向前而跳跃。

【知识链接】

沈从文(1902—1988)，原名沈岳焕，湘西凤凰县人。现代作家，历史文物研究家。沈从文的作品主要分为两大类，一类是以故乡湘西为背景，书写下层民众艰辛、凄凉的人生境遇，以及赞美他们"优美、健康、自然，而又不悖乎人性的人生形式"。这类作品多以故乡湘西原始、素朴的生命样式为参照，赞美这种自然和人性美，并在自己的"希腊小庙"中供奉着"人性"。另一类则多以都市生活为题材，揭示物欲横流的都市社会下人性的腐化和堕落。沈从文的语言明净澄澈，婉约自如，精细入微。代表小说有《边城》《长河》《萧萧》等，散文有《从文自传》《湘行散记》等，文论有《废邮存底》《烛虚》《云南看云集》等。

散文《时间》揭露了在现实生活中，常见追寻理想的人被视为愚蠢，随波逐流者被看作聪明。而心性最通透的人更是不能为世俗理解，因为其完全放弃利益得失的考虑，一心只为追寻生命的真谛，成就有益于世人，然而却无益于己。他们活着的时候不为世人理解，死后却能突破时间的限制，短暂的生命迸发出智慧光芒和人格力量。

【学以致用】

1. 全文就如何认识生命的意义同价值列举了三种不同观点，请加以概括。
2. 读了此文，你受到什么样的启发？请加以概括。

二、我与地坛

史铁生

【阅读提示】

《我与地坛》是史铁生写作的一篇情意深挚的记事散文，也是一篇哲思抒情散文，创作于1989年5月，也就是作者残疾后的第15年。这篇文章是史铁生文学作品中，充满哲思又极为个性化的代表作之一。作者是在双腿残疾的沉重打击下，在找不到工作，找不到去路，忽然间几乎什么都找不到了的时候走进地坛的，从此与地坛结下了不解之缘。作者似乎从这座历经400多年沧桑的古园那里获得了某种启示，汲取了顽强生活与奋斗的力量。在地坛古老而又充满生机的境界中、在母亲深厚无言的爱护中、在长期痛苦深沉的思索中，作者获得了对自然、生命与爱的崭新理解，从而走出了自伤的阴影。作者还写了在古园中的见闻和所遇到的人与事，述说了自己的所思所想，而其中更多的还是抒发自己对于命运和生死问题的感悟。地坛在文章中也是一个情感表达的载体，突出文章的本质，即绝望的人寻求希望的过程，以及对母亲深深的思念。

一

我在好几篇小说中都提到过一座废弃的古园，实际就是地坛[1]。许多年前旅游业还没有开始，园子荒芜冷落得如同一片野地，很少被人记起。

地坛离我家很近。或者说我家离地坛很近。总之，只好认为这是缘分。地坛在我出生前四百多年就坐落在那儿了，而自从我的祖母年轻时带着我父亲来到北京，就一直住在离它不远的地方——五十多年间搬过几次家，可搬来搬去总是在它周围，而且是越搬离它越近了。我常觉得这中间有着宿命的缘分：仿佛这古园就是为了等我，而历尽沧桑在那儿等待了四百多年。

它等待我出生，然后又等待我活到最狂妄的年龄上忽地残废了双腿。四百多年里，它一面剥蚀了古殿檐头浮夸的琉璃，淡褪了门壁上炫耀的朱红，坍圮[2]了一段段高墙又散落了玉砌雕栏，祭坛四周的老柏树愈见苍幽，到处的野草荒藤也都茂盛得自在坦荡。这时候想必我是该来了。十五年前的一个下午，我摇着轮椅进入园中，它为一个失魂落魄的人把一切都准备好了。那时，太阳循着亘古[3]不变的路途正越来越大，也越红。在满园弥漫的沉静光芒中，一个人更容易看到时间，并看见自己的身影。

自从那个下午我无意中进了这园子，就再没长久地离开过它。我一下子就理解了它的意图。正如我在一篇小说中所说的："在人口密聚的城市里，有这样一个宁静的去处，像是上帝的苦心安排。"

两条腿残废后的最初几年，我找不到工作，找不到去路，忽然间几乎什么都找不到了，我就摇了轮椅总是到它那儿去，仅为着那儿是可以逃避一个世界的另一个世界。我在那篇小说中写道："没处可去我便一天到晚耗在这园子里。跟上班下班一样，别人去上班我就摇了轮椅到这儿来。园子无人看管，上下班时间有些抄近路的人们从园中穿过，园子里活跃一阵，过后便沉寂下来。""园墙在金晃晃的空气中斜切下一溜荫凉，我把轮椅开进去，把椅背放倒，坐着或是躺着，看书或者想事，撅一杈树枝左右拍打，驱赶那些和我一样不明白为什么要来这世上的小昆虫。""蜂儿如一朵小雾稳稳地停在半空；蚂蚁摇头晃脑捋着触须，猛然间想透了什么，转身疾行而去；瓢虫爬得不耐烦了，累了祈祷一回便支开翅膀，忽悠一下升空了；树干上留着一只蝉蜕，寂寞如一间空屋；露水在草叶上滚动、聚集，压弯了草叶轰然坠地摔开万道金光。”“满园子都是草木竞相生长弄出的响动，窸窸窣窣片刻不息。”这都是真实的记录，园子荒芜但并不衰败。

除去几座殿堂我无法进去，除去那座祭坛我不能上去而只能从各个角度张望它，地坛的每一棵树下我都去过，差不多它的每一米草地上都有过我的车轮印。无论是什么季节，什么天气，什么时间，我都在这园子里呆过。有时候呆一会儿就回家，有时候就呆到满地上都亮起月光。记不清都是在它的哪些角落里了。我一连几小时专心致志地想关于死的事，也以同样的耐心和方式想过我为什么要出生。这样想了好几年，最后事情终于弄明白了：一个人，出生了，这就不再是一个可以辩论的问题，而只是上帝交给他的一个事实；上帝在交给我们这件事实的时候，已经顺便保证了它的结果，所以死是一件不必急于求成的事，死是一个必然会降临的节日。

这样想过之后我安心多了，眼前的一切不再那么可怕。比如你起早熬夜准备考试的时候，忽然想起有一个长长的假期在前面等待你，你会不会觉得轻松一点?并且庆幸并且感激这样的安排?

剩下的就是怎样活的问题了，这却不是在某一个瞬间就能完全想透的、不是一次性能够解决的事，怕是活多久就要想它多久了，就像是伴你终生的魔鬼或恋人。所以，十五年了，我还是总得到那古园里去，去它的老树下或荒草边或颓墙旁，去默坐，去呆想，去推开耳边的嘈杂理一理纷乱的思绪，去窥看自己的心魂。

十五年中，这古园的形体被不能理解它的人肆意雕琢，幸好有些东西是任谁也不能改变它的。譬如祭坛石门中的落日，寂静的光辉平铺的一刻，地上的每一个坎坷都被映照得灿烂；譬如在园中最为落寞的时间，一群雨燕便出来高歌，把天地都叫喊得苍凉；

譬如冬天雪地上孩子的脚印，总让人猜想他们是谁，曾在哪儿做过些什么，然后又都到哪儿去了；譬如那些苍黑的古柏，你忧郁的时候它们镇静地站在那儿，你欣喜的时候它们依然镇静地站在那儿，它们没日没夜地站在那儿从你没有出生一直站到这个世界上又没了你的时候；譬如暴雨骤临园中，激起一阵阵灼烈[4]而清纯的草木和泥土的气味，让人想起无数个夏天的事件；

譬如秋风忽至，再有一场早霜，落叶或飘摇歌舞或坦然安卧，满园中播散着熨帖[5]而微苦的味道。味道是最说不清楚的。味道不能写只能闻，要你身临其境去闻才能明了。味道甚至是难于记忆的，只有你又闻到它你才能记起它的全部情感和意蕴。所以我常常要到那园子里去。

二

我才想到，当年我总是独自跑到地坛去，曾经给母亲出了一个怎样的难题。

她不是那种光会疼爱儿子而不懂得理解儿子的母亲。她知道我心里的苦闷，知道不该阻止我出去走走，知道我要是老呆在家里结果会更糟，但她又担心我一个人在那荒僻的园子里整天都想些什么。我那时脾气坏到极点，经常是发了疯一样地离开家，从那园子里回来又中了魔似的什么话都不说。母亲知道有些事不宜问，便犹犹豫豫地想问而终于不敢问，因为她自己心里也没有答案。她料想我不会愿意她跟我一同去，所以她从未这样要求过，她知道得给我一点独处的时间，得有这样一段过程。她只是不知道这过程得要多久，和这过程的尽头究竟是什么。每次我要动身时，她便无言地帮我准备，帮助我上了轮椅车，看着我摇车拐出小院；这以后她会怎样，当年我不曾想过。

有一回我摇车出了小院；想起一件什么事又返身回来，看见母亲仍站在原地，还是送我走时的姿势，望着我拐出小院去的那处墙角，对我的回来竟一时没有反应。待她再次送我出门的时候，她说："出去活动活动，去地坛看看书，我说这挺好。"许多年以后我才渐渐听出，母亲这话实际上是自我安慰，是暗自的祷告，是给我的提示，是恳求与嘱咐。只是在她猝然[6]去世之后，我才有余暇设想。当我不在家里的那些漫长的时间，她是怎样心神不定坐卧难宁，兼着痛苦与惊恐与一个母亲最低限度的祈求。我可以断定，以她的聪慧和坚忍，在那些空落的白天后的黑夜，在那不眠的黑夜后的白天，她思来想去最后准是对自己说："反正我不能不让他出去，未来的日子是他自己的，如果他真的要在那园子里出了什么事，这苦难也只好我来承担。"在那段日子里——那是好几年长的一段日子，我想我一定使母亲作过了最坏的准备了，但她从来没有对我说过："你为我想想。"事实上我也真的没为她想过。那时她的儿子，还太年轻，还来不及为母亲想，他被命运击昏了头，一心以为自己是世上最不幸的一个，不知道儿子的不幸在母亲那儿总是要加倍的。她有一个长到二十岁上忽然截瘫了的儿子，这是她唯一的儿子；她情愿截瘫的是自己而不是儿子，可这事无法代替；她想，只要儿子能活下去哪怕自己去死呢也行，可她又确信一个人不能仅仅是活着，儿子得有一条路走向自己的幸福；而这条路呢，没有谁能保证她的儿子终于能找到。——这样一个母亲，注定是活得最苦的母亲。

有一次与一个作家朋友聊天，我问他学写作的最初动机是什么？他想了一会说："为我母亲。为了让她骄傲。"我心里一惊，良久无言。回想自己最初写小说的动机，虽不似这位朋友的那般单纯，但如他一样的愿望我也有，且一经细想，发现这愿望也在全部动机中占了很大比重。这位朋友说："我的动机太低俗了吧？"我光是摇头，心想低俗并不见得低俗，只怕是这愿望过于天真了。他又说："我那时真就是想出名，出了名让别人羡慕我母亲。"我想，他比我坦率。我想，他又比我幸福，因为他的母亲还活着。而且我想，他的母亲也比我的母亲运气好，他的母亲没有一个双腿残废的儿子，否则事情就不这么简单。

在我的头一篇小说发表的时候，在我的小说第一次获奖的那些日子里，我真是多么希望我的母亲还活着。我便又不能在家里呆了，又整天整天独自跑到地坛去，心里是没头没尾的沉郁和哀怨，走遍整个园子却怎么也想不通：母亲为什么就不能再多活两年？为什么在她儿子就快要碰撞开一条路的时候，她却忽然熬不住了？莫非她来此世上只是为了替儿子担忧，却不该分享我的一点点快乐？她匆匆离我去时才只有四十九呀！有那么一会，我甚至对世界对上帝充满了仇恨和厌恶。后来我在一篇题为"合欢树"的文章中写道："我坐在小公园安静的树林里，闭上眼睛，想，上帝为什么早早地召母亲回去呢?很久很久，迷迷糊糊的我听见了回答：'她心里太苦了，上帝看她受不住了，就召她回去。'我似乎得了一点安慰，睁开眼睛，看见风正从树林里穿过。"小公园，指的也是地坛。

只是到了这时候，纷纭的往事才在我眼前幻现得清晰，母亲的苦难与伟大才在我心中渗透得深彻。上帝的考虑，也许是对的。

摇着轮椅在园中慢慢走，又是雾罩的清晨，又是骄阳高悬的白昼，我只想着一件事：母亲已经不在了。在老柏树旁停下，在草地上在颓墙边停下，又是处处虫鸣的午后，又是鸟儿归巢的傍晚，我心里只默念着一句话：可是母亲已经不在了。把椅背放倒，躺下，似睡非睡挨到日没，坐起来，心神恍惚[7]，呆呆地直坐到古祭坛上落满黑暗然后再渐渐浮起月光，心里才有点明白，母亲不能再来这园中找我了。

曾有过好多回，我在这园子里呆得太久了，母亲就来找我。她来找我又不想让我发觉，只要见我还好好地在这园子里，她就悄悄转身回去，我看见过几次她的背影。我也看见过几回她四处张望的情景，她视力不好，端着眼镜像在寻找海上的一条船，她没看见我时我已经看见她了，待我看见她也看见我了我就不去看她，过一会我再抬头看她就又看见她缓缓离去的背影。我单是无法知道有多少回她没有找到我。有一回我坐在矮树丛中，树丛很密，我看见她没有找到我；她一个人在园子里走，走过我的身旁，走过我经常呆的一些地方，步履茫然又急迫。我不知道她已经找了多久还要找多久，我不知道为什么我决意不喊她——但这绝不是小时候的捉迷藏，这也许是出于长大了的男孩子的倔强或羞涩?但这倔强只留给我痛悔，丝毫也没有骄傲。我真想告诫所有长大了的男孩子，千万不要跟母亲来这套倔强，羞涩就更不必，我已经懂了可我已经来不及了。

儿子想使母亲骄傲，这心情毕竟是太真实了，以致使"想出名"这一声名狼藉的念头也多少改变了一点形象。这是个复杂的问题，且不去管它了罢。随着小说获奖的激动逐日暗淡，我开始相信，至少有一点我是想错了：我用纸笔在报刊上碰撞开的一条路，并不就是母亲盼望我找到的那条路。年年月月我都到这园子里来，年年月月我都要想，母亲盼望我找到的那条路到底是什么。母亲生前没给我留下过什么隽永的哲言，或要我恪守的教诲，只是在她去世之后，她艰难的命运，坚忍的意志和毫不张扬的爱，随光阴流转，在我的印象中愈加鲜明深刻。

有一年，十月的风又翻动起安详的落叶，我在园中读书，听见两个散步的老人说："没想到这园子有这么大。"我放下书，想，这么大一座园子，要在其中找到她的儿子，母亲走过了多少焦灼的路。多年来我头一次意识到，这园中不单是处处都有过我的车辙，有过我的车辙的地方也都有过母亲的脚印。

三

如果以一天中的时间来对应四季，当然春天是早晨，夏天是中午，秋天是黄昏，冬天是夜晚。如果以乐器来对应四季，我想春天应该是小号，夏天是定音鼓，秋天是大提琴，冬天是圆号和长笛。要是以这园子里的声响来对应四季呢?那么，春天是祭坛上空漂浮着的鸽子的哨音，夏天是冗长的蝉歌和杨树叶子哗啦啦地对蝉歌的取笑，秋天是古殿檐头的风铃响，冬天是啄木鸟随意而空旷的啄木声。以园中的景物对应四季，春天是一径时而苍白时而黑润的小路，时而明朗时而阴晦的天上摇荡着串串杨花；夏天是一条条耀眼而灼人的石凳，或阴凉而爬满了青苔的石阶，阶下有果皮，阶上有半张被坐皱的报纸；秋天是一座青铜的大钟，在园子的西北角上曾丢弃着一座很大的铜钟，铜钟与这园子一般年纪，浑身挂满绿锈，文字已不清晰；冬天，是林中空地上几只羽毛蓬松的老麻雀。以心绪对应四季呢?春天是卧病的季节，否则人们不易发觉春天的残忍与渴望；夏天，情人们应该在这个季节里失恋，不然就似乎对不起爱情；秋天是从外面买一棵盆花回家的时候，把花搁在阔别了的家中，并且打开窗户把阳光也放进屋里，慢慢回忆慢慢整理一些发过霉的东西；冬天伴着火炉和书，一遍遍坚定不死的决心，写一些并不发出的信。还可以用艺术形式对应四季，这样春天就是一幅画，夏天是一部长篇小说，秋天是一首短歌或诗，冬天是一群雕塑。以梦呢?以梦对应四季呢?春天是树尖上的呼喊，夏天是呼喊中的细雨，秋天是细雨中的土地，冬天是干净的土地上的一只孤零的烟斗。

因为这园子，我常感恩于自己的命运。

我甚至就能清楚地看见，一旦有一天我不得不长久地离开它，我会怎样想念它，我会怎样想念它并且梦见它，我会怎样因为不敢想念它而梦也梦不到它。

【注释】

[1]　地坛：地坛又称方泽坛，是古都北京五坛中的第二大坛。地坛位于北京市东城区安定门外大街，占地 37.4 公顷。公园始建于明代嘉靖九年，是明清两朝帝王祭祀“皇地祇神”的场所，也是中国现存的最大的祭地之坛。

[2]　坍圮：倒塌，坍塌。

[3]　亘古：即终古，由古代到现代。

[4]　灼烈：鲜明而热烈，这儿形容气味浓烈。

[5]　熨帖：妥帖舒服。

[6]　猝然：陡然地、让人感到意外。

[7]　心神恍惚：形容精神不集中或神志不清楚。恍惚，神志不清，精神不集中。

【知识链接】

史铁生(1951—2010)，北京人，当代著名小说家。1967 年毕业于清华附中初中，1969 年去延安地区插队落户。1972 年因双腿瘫痪而回到北京，在街道工厂工作。1979 年发表第一篇小说《法学教授及其夫人》，以后陆续发表了多篇小说。代表作品有小说集《我的遥远的清平湾》《礼拜日》和小说《命若琴弦》《务虚笔记》以及散文集《答自己问》

等，其中《我的遥远的清平湾》和《奶奶的星星》分别获得 1983 年和 1984 年全国优秀短篇小说奖。

《我与地坛》以北京地坛公园为背景，作者通过自己与地坛的长久对峙，将个体的情感和生命投射到地坛的一草一木、一景一石之上。在凝思冥想中展开想象的翅膀，从对自身经历的思考中，逐渐超越个体命运的挫折和苦难，探询生命的意义、死亡的意味和工作的价值，进而感悟生命的永恒和宇宙的生生不息，体现了作者博大的胸襟和执着的探索精神。

【学以致用】

1. 怎样的地坛?怎样的“我”?“我”与地坛有着怎样的关系?
2. 作者在地坛中思考了哪些问题？写出你的理解和感悟。

第三节 小 说

小说在历来被看作是难以与诗文同登大雅之堂的“小道”。但是到了明末清初，小说的地位开始逐渐向中心过渡。1902 年梁启超发起“小说界革命”，他在《论小说与群治之关系》中，提出了“今日欲改良群治，必自小说界革命始，欲新民，必自新小说始”的口号，强调了小说启蒙和改良社会的重要作用，也提高了小说在民众心中的地位。中国现当代小说在兴起和发展的进程中，出现了一批个性鲜明、风格独特的创作流派，无论是客观写实还是主观抒情，都开启了现当代小说异彩纷呈的源头，对后世产生了深刻而广泛的影响。

五四新文化运动后，受外国文艺思潮的影响以及文学革命的推动，白话小说的书写蔚然成风。首先就出现一批以现实主义为题材的“问题小说”，这些小说涉及家庭礼教、婚恋、妇女问题等，有着鲜明的时代气息和社会针对性，如冰心的《超人》、庐隐的《灵魂可以卖么》。同时，出现了中国现代抒情小说的最初体式，即“自叙传”抒情小说，主张对作家内心的大胆暴露，包括灵与肉的矛盾以及不能满足的欲望，如郁达夫的《沉沦》《银灰色的死》，庐隐的《海滨故人》。这类小说强调直接抒发主人公强烈的感情，同时挑战旧的道德和礼教。鲁迅的《狂人日记》是中国第一篇白话小说，以“狂人”的第一人称视角抨击封建礼教，也开启了中国现代文学的现实主义之风。鲁迅的小说始终关注知识者和农民，揭示出他们的精神创伤和危机，引起“疗救”的注意，而他极具创造力的创作也为现代文学的发展奠定了深厚的基础。五四新文学体现了思想解放和思想启蒙的特征，文学革命是五四新文化运动的重要内容，因此它与中国社会、人的思想意识变革紧密结合，彻底批判和否定了封建制度及其整个思想文化体系。20 世纪 30 年代小说发展出现繁盛的态势，随着第二次国内革命战争，革命现实主义小说开始大量涌现，社会矛盾加剧。同时，由于东南沿海的资本化，新型的商业市场也带来了新的城市阅读读者群。此时出现了一大批优秀的小说，茅盾的《子夜》和《蚀》三部曲(《幻灭》《动摇》《追求》)，市民诗人老舍的《骆驼祥子》《四世同堂》，巴金的激流三部曲(《家》《春》《秋》)和爱情三部曲(《雾》《雨》《电》)。此外，还有其他左联作家群的小说，如萧红的《生死场》，萧军的《八月的乡村》等。革命加恋爱的主题、张天翼的讽刺小说、萧红浪漫的抒情以及对现实主义的渗透等让这一时期的小说呈现出多样化的发展趋势。在此期间，左联准备期的小说即“革命加恋爱”的流行主题，主要代表小说有蒋光慈的《咆哮了的土地》，左联青年作家群的小说标志着现代文学向“革命文学”的时代迈进，如丁玲的《莎菲女士的日记》《太阳照在桑干河上》，张天翼的《华威先生》开国统区讽刺文学之先河。同时期，也有以北京为阵地，沈从文、梁实秋等作家为代表的京派小说，纯净、古朴，与以上海为阵地，穆时英和刘呐鸥为代表海派小说的现代、摩登形成巨大的反差。这两派的代表作有沈从文的《边城》、废名的《桥》、穆时英的《上海的狐步舞》和刘呐鸥的《都市风景线》。抗战时期，由于政局的动荡，出现了国民党统治区的文学，上海沦陷区的通俗小说和解放区的社会主义小说，如钱钟书的《围城》、路翎《财主底儿女们》、张爱玲的《倾城之恋》《金锁记》；解放区中，赵树理的《小二黑结婚》《李有才板话》以广阔的眼光去观察农村的变迁和新农民形象的出现。

当代文学中，革命历史小说展现了新中国成立后建立新生政权的正当性和合法性，文学也承担了为政治服务的重任。革命历史小说注重文学的工具性、服务性，代表作有吴强的《红日》、杨沫的《青春之歌》和曲波的《林海雪原》。80年代的文化和社会环境为新时期小说的发展创造了良好的条件，思想解放和改革开放是新时期的社会主潮，文学也紧跟时代的变迁，出现了多种小说类型。如以刘心武的《班主任》和卢新华的《伤痕》为代表的伤痕小说；以王蒙的《蝴蝶》、张贤亮的《灵与肉》为代表的反思小说；以梁晓声、韩少功等为代表的知青小说，如梁晓声的《这是一片神奇的土地》、史铁生的《我的遥远的清平湾》；以王安忆的《小鲍庄》、阿成的《棋王》为代表的寻根小说。80年代中后期，出现以刘索拉为代表的现代派文学；格非、马原、莫言为代表的先锋文学和以刘震云、池莉为代表的新写实小说等，引起广泛的关注。总体而言，启蒙是80年代文学的主题。文学成为中国社会占主导地位的审美形式，而文学本体也开始觉醒，个体与自我意识已经在文学的叙述中崭露头角。因此，在很长的时间内，80年代被认为是中国当代文学文艺大复兴的“黄金时代”，引导着文学由政治走向文化，由政治工具走向文学本体，而处在新旧交织、中外互渗的不断调适中。90年代出现一批关于历史题材的长篇小说，如二月河的“帝王”系列，以及陈忠实的《白鹿原》。新世纪以后又出现“底层写作”和“非虚构”的小说创作。

中国现当代的小说经历了一种从个人到大众，从庙堂到社会的蜕变，小说不再成为人们消闲娱乐的工具，而是越来越成为反映社会现实，有益于民生的文学样式。现当代小说的发展时间并不长，但在这很短的时间中，诞生了众多优秀的文学作品，成为作家反映现实、表现人生，挖掘人性的良好载体。

选文欣赏

一、狂人日记

鲁　迅

【阅读提示】

《狂人日记》创作于1918年4月，是鲁迅创作的第一篇白话文日记体小说，也是中国第一篇现代白话小说。该文首发于1918年5月15日4卷5号的《新青年》月刊。在这篇日记体的小说中，包括了小序和正文两个部分，小序介绍了小说写作的背景，正文即狂人的内心独白。狂人观察到周围普遍“吃人”的现象而对其进行追问和反思，具有强烈的现实批判性。鲁迅直指中国封建主义文化的核心，同时对现实社会中的黑暗进行了毫不留情的揭露。作者通过对狂人自述式的描写，尖锐地揭示了封建家族制度和礼教“吃人”的本质，表现了鲁迅对以家族制度和封建礼教为主体内涵的中国封建文化的反抗，也对中国的文化进行深刻的反思，同时表现出作者深刻的忏悔意识。

某君昆仲[1]，今隐其名，皆余昔日在中学校时良友；分隔多年，消息渐阙。日前偶闻其一大病；适归故乡，迂道往访，则仅晤一人，言病者其弟也。劳君远道来视，然已早愈，赴某地候补[2]矣。因大笑，出示日记二册，谓可见当日病状，不妨献诸旧友。持归阅一过，知所患盖“迫害狂”之类。语颇错杂无伦次，又多荒唐之言；亦不著月日，惟墨色字体不一，知非一时所书。间亦有略具联络者，今撮录一篇，以供医家研究。记中语误，一字不易；惟人名虽皆村人，不为世间所知，无关大体，然亦悉易去。至于书名，则本人愈后所题，不复改也。七年四月二日识。

一

今天晚上，很好的月光。

我不见他，已是三十多年；今天见了，精神分外爽快。才知道以前的三十多年，全是发昏；然而须十分小心。不然，那赵家的狗，何以看我两眼呢？

我怕得有理。

二

今天全没月光，我知道不妙。早上小心出门，赵贵翁的眼色便怪：似乎怕我，似乎想害我。还有七八个人，交头接耳地议论我，又怕我看见。一路上的人，都是如此。其中最凶的一个人，张着嘴，对我笑了一笑；我便从头直冷到脚跟，晓得他们布置，都已妥当了。

我可不怕，仍旧走我的路。前面一伙小孩子，也在那里议论我；眼色也同赵贵翁一样，脸色也都铁青。我想我同小孩子有什么仇，他也这样。忍不住大声说，“你告诉我！”他们可就跑了。

我想：我同赵贵翁有什么仇，同路上的人又有什么仇；只有廿年以前，把古久先生的陈年流水簿子[3]，踹了一脚，古久先生很不高兴。赵贵翁虽然不认识他，一定也听到风声，代抱不平；约定路上的人，同我作冤对。但是小孩子呢？那时候，他们还没有出世，何以今天也睁着怪眼睛，似乎怕我，似乎想害我。这真教我怕，教我纳罕而且伤心。

我明白了。这是他们娘老子教的！

三

晚上总是睡不着。凡事须得研究，才会明白。

他们——也有给知县打枷过的，也有给绅士掌过嘴的，也有衙役占了他妻子的，也有老子娘被债主逼死的；他们那时候的脸色，全没有昨天这么怕，也没有这么凶。

最奇怪的是昨天街上的那个女人，打他儿子，嘴里说道，“老子呀！我要咬你几口才出气！”他眼睛却看着我。我出了一惊，遮掩不住；那青面獠牙的一伙人，便都哄笑起来。陈老五赶上前，硬把我拖回家中了。

拖我回家，家里的人都装作不认识我；他们的眼色，也全同别人一样。进了书房，便反扣上门，宛然是关了一只鸡鸭。这一件事，越教我猜不出底细。

前几天，狼子村的佃户来告荒，对我大哥说，他们村里的一个大恶人，给大家打死了；几个人便挖出他的心肝来，用油煎炒了吃，可以壮壮胆子。我插了一句嘴，佃户和大哥便都看我几眼。今天才晓得他们的眼光，全同外面的那伙人一模一样。

想起来，我从顶上直冷到脚跟。

他们会吃人，就未必不会吃我。

你看那女人“咬你几口”的话，和一伙青面獠牙人的笑，和前天佃户的话，明明是暗号。我看出他话中全是毒，笑中全是刀。他们的牙齿，全是白厉厉地排着，这就是吃人的家伙。

照我自己想，虽然不是恶人，自从踹了古家的簿子，可就难说了。他们似乎别有心思，我全猜不出。况且他们一翻脸，便说人是恶人。我还记得大哥教我做论，无论怎样好人，翻他几句，他便打上几个圈；原谅坏人几句，他便说“翻天妙手，与众不同”。我那里猜得到他们的心思，究竟怎样；况且是要吃的时候。

凡事总须研究，才会明白。古来时常吃人，我也还记得，可是不甚清楚。我翻开历史一查，这历史没有年代，歪歪斜斜地每页上都写着“仁义道德”几个字。我横竖睡不着，仔细看了半夜，才从字缝里看出字来，满本都写着两个字是“吃人”！

书上写着这许多字，佃户说了这许多话，却都笑吟吟地睁着怪眼睛看我。

我也是人，他们想要吃我了！

四

早上，我静坐了一会儿。陈老五送进饭来，一碗菜，一碗蒸鱼；这鱼的眼睛，白而且硬，张着嘴，同那一伙想吃人的人一样。吃了几筷，滑溜溜的不知是鱼是人，便把他兜肚连肠地吐出。

我说“老五，对大哥说，我闷得慌，想到园里走走。”老五不答应，走了；停一会儿，可就来开了门。

我也不动，研究他们如何摆布我；知道他们一定不肯放松。果然！我大哥引了一个老头子，慢慢走来；他满眼凶光，怕我看出，只是低头向着地，从眼镜横边暗暗看我。大哥说，“今天你仿佛很好。”我说“是的。”大哥说，“今天请何先生来，给你诊一诊。”我说“可以！”其实我岂不知道这老头子是刽子手扮的！无非借了看脉这名目，揣一揣肥瘠：因这功劳，也分一片肉吃。我也不怕；虽然不吃人，胆子却比他们还壮。伸出两个拳头，看他如何下手。老头子坐着，闭了眼睛，摸了好一会儿，呆了好一会儿；便张开他鬼眼睛说，“不要乱想。静静地养几天，就好了。”

不要乱想，静静地养！养肥了，他们是自然可以多吃；我有什么好处，怎么会“好了”？他们这群人，又想吃人，又是鬼鬼祟祟，想法子遮掩，不敢直接下手，真要令我笑死。我忍不住，便放声大笑起来，十分快活。自己晓得这笑声里面，有的是义勇和正气。老头子和大哥，都失了色，被我这勇气正气镇压住了。

但是我有勇气，他们便越想吃我，沾光一点这勇气。老头子跨出门，走不多远，便低声对大哥说道，“赶紧吃罢！”大哥点点头。原来也有你！这一件大发现，虽似意外，也在意中：合伙吃我的人，便是我的哥哥！

吃人的是我哥哥！

我是吃人的人的兄弟！

我自己被人吃了，可仍然是吃人的人的兄弟！

五

这几天是退一步想：假使那老头子不是刽子手扮的，真是医生，也仍然是吃人的人。他们的祖师李时珍做的“本草什么”[4]上，明明写着人肉可以煎吃；他还能说自己不吃人么？

至于我家大哥，也毫不冤枉他。他对我讲书的时候，亲口说过可以“易子而食”；又一回偶然议论起一个不好的人，他便说不但该杀，还当“食肉寝皮”。我那时年纪还小，心跳了好半天。前天狼子村佃户来说吃心肝的事，他也毫不奇怪，不住地点头。可见心思是同从前一样狠。既然可以“易子而食”，便什么都易得，什么人都吃得。我从前单听他讲道理，也胡涂过去；现在晓得他讲道理的时候，不但唇边还抹着人油，而且心里满装着吃人的意思。

六

黑漆漆的，不知是日是夜。赵家的狗又叫起来了。

狮子似的凶心，兔子的怯弱，狐狸的狡猾……

七

我晓得他们的方法，直接杀了，是不肯的，而且也不敢，怕有祸祟。所以他们大家联络，布满了罗网，逼我自戕。试看前几天街上男女的样子，和这几天我大哥的作为，便足可悟出八九分了。最好是解下腰带，挂在梁上，自己紧紧勒死；他们没有杀人的罪名，又偿了心愿，自然都欢天喜地地发出一种呜呜咽咽的笑声。否则惊吓忧愁死了，虽则略瘦，也还可以首肯几下。

他们是只会吃死肉的！——记得什么书上说，有一种东西，叫“海乙那”[5]的，眼光和样子都很难看；时常吃死肉，连极大的骨头，都细细嚼烂，咽下肚子去，想起来也教人害怕。“海乙那”是狼的亲眷，狼是狗的本家。前天赵家的狗，看我几眼，可见他也同谋，早已接洽。老头子眼看着地，岂能瞒得我过。

最可怜的是我的大哥，他也是人，何以毫不害怕；而且合伙吃我呢？还是历来惯了，不以为非呢？还是丧了良心，明知故犯呢？

我诅咒吃人的人，先从他起头；要劝转吃人的人，也先从他下手。

八

其实这种道理，到了现在，他们也该早已懂得，……

忽然来了一个人；年纪不过二十左右，相貌是不很看得清楚，满面笑容，对了我点头，他的笑也不像真笑。我便问他，“吃人的事，对么？”他仍然笑着说，“不是荒年，怎么会吃人。”我立刻就晓得，他也是一伙，喜欢吃人的；便自勇气百倍，偏要问他。

“对么？”

“这等事问他什么。你真会……说笑话。……今天天气很好。”

天气是好，月色也很亮了。可是我要问你，“对么？”

他不以为然了，含含胡胡地答道，“不……”

“不对？他们何以竟吃？！”

“没有的事……”

“没有的事？狼子村现吃；还有书上都写着，通红崭新！”

他便变了脸，铁一般青。睁着眼说，“有许有的，这是从来如此……”

“从来如此，便对么？”

“我不同你讲这些道理；总之你不该说，你说便是你错！”

我直跳起来，张开眼，这人便不见了。全身出了一大片汗。他的年纪，比我大哥小得远，居然也是一伙；这一定是他娘老子先教的。还怕已经教给他儿子了；所以连小孩子，也都恶狠狠地看我。

九

自己想吃人，又怕被别人吃了，都用着疑心极深的眼光，面面相觑。……

去了这心思，放心做事走路吃饭睡觉，何等舒服。这只是一条门槛，一个关头。他们可是父子兄弟夫妇朋友师生仇敌和各不相识的人，都结成一伙，互相劝勉，互相牵掣，死也不肯跨过这一步。

十

大清早，去寻我大哥；他立在堂门外看天，我便走到他背后，拦住门，格外沉静，格外和气地对他说，“大哥，我有话告诉你。”

“你说就是，”他赶紧回过脸来，点点头。

“我只有几句话，可是说不出来。大哥，大约当初野蛮的人，都吃过一点人。后来因为心思不同，有的不吃人了，一味要好，便变了人，变了真的人。有的却还吃，——也同虫子一样，有的变了鱼鸟猴子，一直变到人。有的不要好，至今还是虫子。这吃人的人比不吃人的人，何等惭愧。怕比虫子的惭愧猴子，还差得很远很远。

“易牙[6]蒸了他儿子，给桀纣吃，还是一直从前的事。谁晓得从盘古开辟天地以后，一直吃到易牙的儿子；从易牙的儿子，一直吃到徐锡林[7]；从徐锡林，又一直吃到狼子村捉住的人。去年城里杀了犯人，还有一个生痨病的人，用馒头蘸血舐。

“他们要吃我，你一个人，原也无法可想；然而又何必去入伙。吃人的人，什么事做不出；他们会吃我，也会吃你，一伙里面，也会自吃。但只要转一步，只要立刻改了，也就人人太平。虽然从来如此，我们今天也可以格外要好，说是不能！大哥，我想你能说，前天佃户要减租，你说过不能。”

当初，他还只是冷笑，随后眼光便凶狠起来，一到说破他们的隐情，那就满脸都变成青色了。大门外立着一伙人，赵贵翁和他的狗，也在里面，都探头探脑地挨进来。有的是看不出面貌，似乎用布蒙着；有的是仍旧青面獠牙，抿着嘴笑。我认识他们是一伙，都是吃人的人。可是也晓得他们心思很不一样，一种是以为从来如此，应该吃的；一种是知道不该吃，可是仍然要吃，又怕别人说破他，所以听了我的话，越发气愤不过，可是抿着嘴冷笑。

这时候，大哥也忽然显出凶相，高声喝道，“都出去！疯子有什么好看！”

这时候，我又懂得一件他们的巧妙了。他们岂但不肯改，而且早已布置；预备下一个疯子的名目罩上我。将来吃了，不但太平无事，怕还会有人见情。佃户说的大家吃了一个恶人，正是这方法。这是他们的老谱！

陈老五也气愤愤地直走进来。如何按得住我的口，我偏要对这伙人说，“你们可以改了，从真心改起！要晓得将来容不得吃人的人，活在世上。

“你们要不改，自己也会吃尽。即使生得多，也会给真的人除灭了，同猎人打完狼子一样！——同虫子一样！”

那一伙人，都被陈老五赶走了。大哥也不知哪里去了。陈老五劝我回屋子里去。屋里面全是黑沉沉的。横梁和椽子都在头上发抖；抖了一会儿，就大起来，堆在我身上。

万分沉重，动弹不得；他的意思是要我死。我晓得他的沉重是假的，便挣扎出来，出了一身汗。可是偏要说，

"你们立刻改了，从真心改起！你们要晓得将来是容不得吃人的人，……"

十一

太阳也不出，门也不开，日日是两顿饭。

我捏起筷子，便想起我大哥；晓得妹子死掉的缘故，也全在他。那时我妹子才五岁，可爱可怜的样子，还在眼前。母亲哭个不住，他劝母亲不要哭；大约因为自己吃了，哭起来不免有点过意不去。如果还能过意不去，……

妹子是被大哥吃了，母亲知道没有，我可不得而知。

母亲想也知道；不过哭的时候，却并没有说明，大约也以为应当的了。记得我四五岁时，坐在堂前乘凉，大哥说爷娘生病，做儿子的须割下一片肉来，煮熟了请他吃，才算好人；母亲也没有说不行。一片吃得，整个的自然也吃得。但是那天的哭法，现在想起来，实在还教人伤心，这真是奇极的事！

十二

不能想了。

四千年来时时吃人的地方，今天才明白，我也在其中混了多年；大哥正管着家务，妹子恰恰死了，他未必不和在饭菜里，暗暗给我们吃。

我未必无意之中，不吃了我妹子的几片肉，现在也轮到我自己，……

有了四千年吃人履历的我，当初虽然不知道，现在明白，难见真的人！

十三

没有吃过人的孩子，或者还有？

救救孩子……

一九一八年四月

【注释】

[1]　昆仲：对别人兄弟的称呼。

[2]　候补：清代官制，有官衔但无实际职务的中下级官员，由吏部抽签下派，听候任用。

[3]　古久先生的陈年流水簿子：比喻封建主义统治的长久历史。

[4]　"本草什么"：指《本草纲目》，此书对《本草拾遗》中有关以人肉治肺痨的记载提出异议。此处应为"狂人"的"记中语误"。

[5]　"海乙那"：英语 Hyena 之音译，一种食肉兽。

[6]　易牙：春秋时齐国人，善于调味。桀、纣分别为夏朝和商朝的君王，与易牙不是同时代的人。此处所写"易牙蒸了他儿子，给桀纣吃"为"狂人"语无伦次的表现。

[7]　徐锡林：隐指徐锡麟，清末光复会的骨干成员，1907 年 7 月 6 日，刺死安徽巡

抚恩铭，后被捕遇害，心肝被恩铭的卫队挖出炒食。

【知识链接】

鲁迅(1881—1936)，原名周樟寿，后改名周树人，字豫山，后改字豫才，浙江绍兴人。著名文学家、思想家、革命家、教育家、民主战士，是新文化运动的重要参与者，中国现代文学的奠基人之一。鲁迅的作品包括杂文、短篇小说、评论、散文、翻译作品，对五四运动以后的中国文学产生了深刻的影响。毛泽东主席评价他是伟大的无产阶级文学家、思想家、革命家，是中国文化革命的主将，也被人民称为“民族魂”。五四运动前后，鲁迅参加《新青年》杂志工作，成为“五四”新文化运动的主将。陆续创作出版了小说集《呐喊》《彷徨》《故事新编》、论文集《坟》、散文诗集《野草》、散文集《朝花夕拾》、杂文集《热风》《华盖集》《而已集》《南腔北调集》等。

在小说《狂人日记》中，鲁迅对于白话的运用，达到了非常娴熟的程度，自然朴实，却又处处生动形象，充满意趣。同时，他成功将外国小说的形式与中国传统小说的优点结合在一起，创造出“日记体”这样一种中国现代小说的新形式。

【学以致用】

1. 小说中的“吃人”包含了几层含义？
2. 评析一下狂人的人物形象。

二、平凡的世界(节选)

路　遥

【阅读提示】

《平凡的世界》以孙少安、孙少平兄弟的奋斗历程，折射出中国社会1975年到1985年间的城乡社会变化，是一部用温暖的现实主义的方式来讴歌普通劳动者的文学作品。这部小说在展示普通小人物艰难生存境遇的同时，极力书写了他们克服重重困难的美好心灵与坚韧不拔的奋斗精神。与立足于乡土、矢志改变命运的哥哥孙少安相比，弟弟孙少平是拥有现代文明知识、渴望融入城市的“出走者”。本篇选文是小说第三部的前两章，有所删节。以孙少平赶赴大牙湾煤矿“体检”这一关键情节为中心，突出刻画了处于农村贫困生活中的孙少平对矿工这份工作的极度渴望，以及为了获得这份工作而作出的努力；塑造了底层奋斗者自强不息，依靠自己的顽强毅力与命运抗争的不屈形象。小说语言朴实厚重。

汽车拉着黄土高原这些自命不凡的子弟，在矿部前的一个小土坪上停下来。他们不知道，这就是大牙湾的“天安门广场”。旁边矿部三层楼的楼壁上，挂着一条欢迎新工人到矿的红布标语。同时，高音喇叭里一位女播音员用河南腔的普通话反复播送一篇欢迎词。

辉煌的灯火加上热烈的气氛，显出一个迷人的世界。人们的血液沸腾起来了。原来一直听说煤矿如何艰苦，看来并不像传说中的那么差劲！瞧，这不像来到繁华的城市了吗？

好地方哪！

可是，当招工的人把他们领到住宿的地方时，他们热烘烘的头脑才冷了下来。他们寒心地看见，几孔砖砌的破旧的大窑洞，里面一无所有。地上铺着常年积下的尘土；墙壁被烟熏成了黑色，上面还糊着鼻涕之类不堪入目的脏物。

这就是他们住宿的地方？

煤矿生活的严峻性初次展现在了他们的眼前。

……

在大部分人都有点灰心的时候，孙少平心里却高兴起来：好，这地方正和我的情况统一着哩！

在孙少平看来，这里的状况比他原来想象得还要好。他没想到矿区会这么庞大和有气势。

瞧，建筑物密密麻麻挤满了偌大一个山湾，街道、商店、机关、学校，应有尽有。雄伟的选煤楼，飞转的天轮，山一样的煤堆，还有火车的喧吼。就连地上到处乱扔的废钢烂铁，也是一种富有的表现啊！是的，在娇生惯养的人看来，这里又脏又黑，没有什么诗情画意。但在他看来，这却是一个能创造巨大财富的地方，一个令人振奋的生活大舞台！

孙少平的这种想法是很自然的，因为与此相比较的，是他已经经历过的那些无比艰难的生活场景。

第二天上午，根据煤矿的惯例，要进行身体复查。

十点钟左右，劳资调配员带着他们上了一道小坡，穿过铁道来到西面半山腰的矿医院。

复查完全按征兵规格进行。先目测，然后看骨缝、硬伤或是否有皮肤病。有两个人立刻在骨科和皮肤科打下来了。皮肤病绝对不行，因为每天大家要在水池里共浴。

少平顺利地通过一道道关口。

但是，不知为什么，他的心情渐渐紧张起来。他太珍视这次招工了，这等于是他一生命运的转折。他生怕在这最后的关头出个什么意外的事。

正如俗话所说：怕处有鬼。本来，他的身体棒极了，没一点毛病，但这无谓的紧张情绪终于导致了可怕的灾难——他在血压上被卡住了！

量血压时随着女大夫捏皮囊的响声，他的心脏像是要爆炸一般狂跳不已，结果高压竟然上了一百六十五！

全部检查完毕后，劳资调配员在医院门诊部的楼道里宣布：身体合格的下午自由安排，可以出去买东西，到矿区转一转；身体完全不合格的准备回家；血压高的人明天上午再复查一次，如果还不合格，也准备回家……

回家？

这两个字使少平的头“轰”地响了一声。此刻如果再量血压，谁知道上升到什么程度！

他两眼发黑，无数纷乱的人头连同这座楼房都一齐在他面前旋转起来。

命运啊，多么会捉弄人！他历尽磨难好不容易来到这里，怎能再回去呢？回到哪里？双水村？黄原？再到东关那个大桥头的人堆里忧愁地等待包工头来招他？

他不知道自己是怎样走回宿舍的。

孙少平躺在光床板上，头枕着那个破提包，目光呆滞地望着黑糊糊的窑顶。窑里空无一人，大家都出去转悠去了。此刻，他也再听不见外面世界的各种嘈杂，只是无比伤心地躺在这里，眼中旋转着两团泪水。他等待着明天——明天，将是决定他命运的最后一次判决。如果血压降不下来，他就得提起这个破提包，离开大牙湾……那么，他又将去哪里？

有一点是明确的：不能回家去——绝对不能。也不能回黄原去！既然已经出来了，就不能再北返一步。好马不吃回头草！如果他真的被煤矿辞退，他就去铜城谋生；揽工，掏粪，扫大街，都可以……

他猛然想到，他实际上血压并不高，只是因为心情过于紧张才造成了如此后果；他怎能甘心这样一种偶然因素就被淘汰呢？

“不！”他喊叫说。

他从床上一跃而起。他想，他决不能这样被动地等待命运的宰割。在这最危险的时候，应该像伟大的贝多芬所说：我要扼住命运的咽喉，它绝不会使我完全屈服！

万般焦灼的孙少平首先想到了那位量血压的女大夫。他想，在明天上午复查之前，他一定要先找找这位决定他命运的女神。

打问好女大夫住宿的地方，时间已经到了下午。晚饭他只从食堂里带回两个馒头，也无心下咽，便匆忙地从宿舍走出来，下了护坡路那几十个台阶，来到矿区中间的马路上。

他先到东面矿部那里的小摊前，从身上仅有的七块钱中拿出五块，买了一网兜苹果，然后才折转身向西面的干部家属楼走去。

直到现在，孙少平还没想好他找到女大夫该怎说。但买礼物这一点他一开始就想到了。这是中国人办事的首要条件。这几斤苹果是太微不足道了——本来，从走后门的行情看，要办这么大的事，送块手表或一辆自行车也算不了什么。只是他身上实在没钱了。不论怎样，提几斤苹果总比赤手空拳强！

现在，又是夜晚了。矿区再一次亮起灿若星河的灯火。沟底里传来了一片模糊的人的嘈杂声——大概是晚场电影就要开映了。

女大夫会不会去看电影呢？但愿她没去！不过，即使去了，他也要立在她家门口等她回来。要是今晚上找不到她，一切就为时过晚了——明天早晨八点钟就要复查！

孙少平提着那几斤苹果，急行在夜晚凉飕飕的秋风中。额头上冒着热汗，他不时撩起布衫襟子揩一把。快进家属区的路段两旁，挤满了卖小吃的摊贩，油烟蒸气混合着飘满街头，吆喝声此起彼伏。那些刚上井的单身矿工正围坐在脏乎乎的小桌旁，吃着喝着，挥舞着胳膊在猜拳喝令。

家属区相对来说是宁静的。一幢幢四层楼房排列得错落有致；从那些亮着灯火的窗口传出中央电视台播音员赵忠祥浑厚的声音——新闻联播已近尾声，时间约莫快到七点半了。

他找到了八号楼。他从四单元黑暗的楼道里拾级而上。他神经绷得像拉满的弓弦。由于没吃饭，上楼时两腿很绵软。

黑暗中，他竟然在二楼的水泥台阶上绊倒了。肋骨间被狠狠撞击了一下，疼得他几乎要喊出声来。他顾不了什么，挣扎着爬起来，用衣服揩了揩苹果上的灰土。

现在，他立在三楼右边的门口了——这就是那位女大夫的家。

他的心脏再一次狂跳起来。

他立在这门口，停留了片刻，等待急促的呼吸趋于平缓。此刻，他口干舌燥，心情万分沉重。人啊，在这个世界上要活下去有多么艰难！

他终于轻轻叩响了门板。

好一阵工夫，门才打开一条缝，从里面探出来半个脑袋——正是女大夫！

“你找谁？”她板起脸问。

她当然不会认出他是谁。

“我……我就找你。”少平拘谨地回答，尽量使自己的声音充满谦卑。

“什么事？”

“我……”他一时不知该怎说。

“有事等明天上班到医院来找！”

女大夫说着，就准备关门了。

少平一急，便把手插在门缝里，使这扇即将关闭的门不得不停下来，“我有点事，想和你说一下！”他哀求说。

女大夫有点生气。不过，她只好把他放进屋来。

他跟着她进了边上的一间房子。另一间房子传来一个男人和小女孩的说话声，大概是大夫的丈夫和孩子——他们正在看电视。

“什么事？”女大夫直截了当问。从她的脸上神色看，显然对这种打扰烦透顶了。

孙少平立在地上，手里难堪地提着那几斤苹果，说：“就是我的血压问题……”

“血压怎？”

“这几颗苹果给你的娃娃放下……”少平先不再说血压，把那几斤苹果放在了茶几上。

“你这是干什么！有啥事你说！你坐……”女大夫态度仍然生硬，但比刚才稍有缓和。孙少平看出，不是这几颗苹果起了作用，而是因为他那一副可怜相，才使得女大夫不得不勉强请他坐下。

女大夫说着，自己已经坐在了藤椅里。

好，你坐下就好，这说明你准备听我说下去了！

少平没有坐。他在灯光下看见，他刚才跌了那一跤，也忘了拍一拍，浑身沾满灰土。他怎能坐进大夫家干净的沙发里呢？

他就这样立在地上，开口说："我叫孙少平，是刚从黄原新招来的工人，复查身体时，本来我血压不高，但由于心情紧张，高压上了一百六十五。这是你为我量的……"

"噢……"女大夫似乎有所记忆。"当然，你说的这种情况是有的。正因为这样，我们才对血压不合格的人，还要进行第二次复查……"

"那可是最后一次复查了！"少平叫道。

"是最后一次了。"女大夫平静地说。

"如果还不合格呢？"

"当然要退回原地！"

"不！我不回去！"少平冲动地大声叫起来，眼里已经旋转着泪水。

这时，女大夫的丈夫在门口探进头看了看，生气地白了少平一眼，然后把门"啪"地带住了。

女大夫本人现在只是带着惊讶的神色望着他。她说不出什么来。她显然被他这一声哈姆雷特式的悲怆的喊叫所震慑。少平自己也知道失礼了，赶忙轻声说："对不起……"他用手掌揩去额头的汗水，又把手上的汗水揩在胸前的衣襟上。他哀求说："大夫，你一定要帮助我，不要把我打发回去。我知道，我的命运就掌握在你的手里。你将决定我的生活道路，决定我的一生。这是千真万确的！"

"你原来是干什么的？"女大夫突然问。

"揽工……在黄原揽了好长时间的工。"

"上过学没有？"

"上过。高中毕业，在农村教过书。"

"当过教师？"

"嗯。"

"那你……"

"大夫，我一时难以说清我的一切。我家几辈子都是农民。我好不容易才来到这里。煤矿虽然苦一些，但我不怕这地方苦。我多么希望能在这里劳动。听说有的人下几回井就跑了。我不会，大夫。你要知道，这是我的最后一次机会。你要相信，我的血压一点都不高，说不定是你的血压计出了毛病……"

"血压计怎会出毛病呢！"女大夫嘴角不由露出一丝笑意。

这一丝笑意对少平来说，就像阴霾的天空突然出现了太阳的光芒！

"你说的我都知道了。你回去。明天复查时，你不要紧张……"

"万一再紧张呢？"

女大夫这次完全被他的话逗笑了。她从藤椅里站起来，在茶几上提起那几斤苹果，一边往他手里递，一边说："你把东西带走。明早复查前一小时，你试着喝点醋……"

孙少平一怔。他猛地转过身，没有接苹果，急速地走出了房子。他不愿让大夫看见他夺眶而出的泪水。他在心里说："好人，谢谢你！"

他绊绊磕磕下了楼道，重新回到马路上。

他解开上衣的纽扣，让秋夜的凉风吹拂他热烘烘的胸脯。现在他脑子里是一片模糊的空白。他只记着一个字：醋！

他立刻来到矿部前，但看见所有店铺的门都关了。

他发愁地立在马路边，不知到何处去买点醋？晚上必须搞到！明早上七点就要喝，而那时商店的门还不会开呢！

这样想的时候，他的两条腿已经迫不及待地向山坡上的灯火处走去了。

……

——第二天一大早，一声火车汽笛的吼叫惊醒了他。

他立刻跳下床，匆忙地洗了一把脸，就从床底下取出那瓶山西老陈醋来。他像服毒药一般，闭住眼灌了几大口，酸得浑身像打摆子似的哆嗦了好一阵。他感到，胃里像倒进了一盆炭火，烧灼般地刺疼。

他一只手捂着胸口，满头大汗出了宿舍，弓着腰爬上一道土坡，穿过铁道，向矿医院走去。

他来到医院时，医生们还没有上班。他就蹲在砖墙边上，惴惴不安地等待着那个决定他命运的时刻。

心跳又加快了。为了平静一些，他强迫自己用一种悠闲的心情观察医院周围的环境。这院子是长方形的，有几棵泡桐和杨树。一个残破的小花坛，里面没有花，只栽着几棵低矮的冬青；冬青也没有修剪，长得披头散发。花坛旁有一棵也许是整个矿区唯一的垂柳，这婀娜身姿和煤矿的环境很不协调。在相距很远的两棵杨树之间，配着一根尼龙绳，上面晾晒着医院白色的床单和工作服。院子的背后是黄土山。院墙外的坡下是铁路，有一家私人照相馆。从低矮的砖墙上平视出去，东边是气势磅礴的矿区，西边就是干部家属楼——楼顶上立着桅林似的自制电视天线……

八点钟，复查终于开始了。这次比较简单，身体哪科不行，就只查哪科。

和少平一块查血压的一共四个人。他排在最后一位。查验的有两位大夫，一位是男的，另一位就是那个女大夫。

前面三个很快查完了。其中有一个血压还没有降下来，哭着走了——这是一位从中部平原农村来的青年。

现在，少平惊恐地坐在小凳上了。女大夫板着脸，没有一丝认识他的表示。她把连接血压计的橡皮带子箍在了他的光胳膊上。

他像忍受疼痛一般咬紧了牙关。

女大夫捏皮囊的声音听起来像夏日里打雷一般惊心动魄。

雷声停息了。鼓胀的胳膊随着气流的外泄而渐渐松弛下来。

女大夫盯着血压计。

他盯着女大夫的脸。

那脸上似乎闪过一丝微笑。接着，他听见她说："降下来了。低压八十，高压一百二……"

一刹那间，孙少平竟呆住了。

"你还坐着干啥？你合格了！"女大夫笑着对他点点头，然后拉开抽屉，把昨夜他装苹果的网兜塞在他手里。

他向她投去无限感激的一瞥，声音有点沙哑地问："我到哪里去报到？"

"不用。由我们向劳资科通知。"

他大踏步地走出医院的楼道，来到院子里。此刻，他就像揽工时把脊背上一块沉重的石头扔在了场地，直起腰向深秋的蓝天长长吐出一口气。噢，现在，他才属于大牙湾——或者说大牙湾已经属于他了……

【知识链接】

路遥(1949—1992)，原名王卫国，陕西榆林人，当代优秀小说家。1973 年进入延安大学中文系学习，开始文学创作。曾任《陕西文艺》(今《延河》)编辑。1980 年发表《惊心动魄的一幕》，获第一届全国优秀中篇小说奖。1982 年发表中篇小说《人生》，获全国第二届优秀中篇小说奖，后被改编成电影，获第八届大众电影百花奖最佳故事片奖，轰动全国。1988 年完成百万字长篇巨著《平凡的世界》，1991 年获茅盾文学奖。路遥将自己的全部生命激情投入文学创作，深入持久地关注普通人的命运，挖掘潜藏在他们身上的朴素而宝贵的精神，他的作品给处于底层抑或是正在奋斗中的青年以情感共鸣和精神鼓励。

1978 年十一届三中全会之后，出现了流行一时的"改革文学"，反映这一时期各个领域的改革进程和由此引发的社会变化、人的心理和命运变化的文学作品。如路遥《平凡的世界》和《人生》(1982 年)。《平凡的世界》是路遥创作的一部全景式地表现中国当代城乡社会生活的百万字长篇小说，全书共三部，1986 年 12 月首次出版。1991 年 3 月，《平凡的世界》获中国第三届茅盾文学奖。

【学以致用】

1. 文中哪些细节表现出孙少平对这份工作的珍惜？
2. 赏析孙少平的人物形象。

第四节　戏　　剧

作为一种西方的戏剧形式，话剧在 19 世纪末由西方的侨民传入中国，从辛亥革命时期开始，中国现代戏剧开始逐渐发展。

1907 年，从清朝派遣日本的留日学生组织的春柳社是我国第一个戏剧团体，并排演了《茶花女》和《黑奴吁天录》。他们自己编写剧本，自己演出，其剧本反对封建，倡导自由和民主，形式灵活，创造出不同于传统戏剧的新戏，被称为“文明新戏”，鼓舞了民众的革命情绪，体现了中国现代话剧的初期探索。“五四”新文化运动带来的思想革新也助推了现代戏剧的发展，1918 年《新青年》杂志四卷六期出版了《易卜生号》专刊，发表了胡适的《易卜生主义》，以及胡适和罗家伦合译的易卜生剧作《娜拉》。一年以后，胡适在《新青年》杂志上发表了他的剧作《终身大事》，这是中国现代戏剧史上呼吁人性解放的一次呐喊，戏剧也成为鲜明的反封建伦理道德的斗争武器。在此后的一段时间里，妇女问题和婚姻问题也成为戏剧创作的中心，一大批社会问题剧应运而生。丁西林的《一只马蜂》，田汉的《获虎之夜》，欧阳予倩的《泼妇》等则是这一时期的优秀剧作。之后在中国的上海，由于受到留学生戏剧的鼓舞，也慢慢地开始出现一些剧团，如上海民众剧社。随后，以一种“非营业”性质为宗旨的“爱美剧”(Amateur 的音译)开始流行，北京各大高校纷纷成立“业余”剧社。同时期，真正为 20 年代末期现代戏剧打开一个崭新局面的是田汉和他创办的南国社以及丁西林的话剧创作。田汉的戏剧兼具唯美主义和现实主义，唯美主义作品如《梵峨嶙与蔷薇》《名优之死》《湖上的悲剧》，体现出对“艺术”和“爱情”的追求，也有一种感伤和神秘的色彩。他的现实主义作品如《获虎之夜》，其社会批判性体现在通过对婚姻和阶级这一社会议题的探讨，而发出反对封建、争取个性解放的呐喊。与此相对应的是丁西林的创作，他不以历史和社会的重大话题为出发点，而是发掘生活中的喜剧因素，在创作中以“二元三人”的结构和戏剧冲突模式，制造出其不意的结尾，如《一只马蜂》《酒后》等作品。这一时期涌现了不少优秀青年剧作家，壮大了戏剧创作队伍，并将现代戏剧创作艺术水平提高到成熟阶段。但真正开创一代新风的剧作家，则是曹禺。他连续发表的《雷雨》《日出》《原野》《北京人》等剧作，轰动了剧坛。曹禺的剧作深刻体现了对人生存境况的追问和沉思；《雷雨》中封建家庭的束缚、矛盾一触即发，身处其中的人物都陷入一种宿命的自毁中；《原野》中交织着扭曲和变形的爱恨，凸显人的复杂和矛盾，命运的荒诞感再次出现。曹禺的戏剧中矛盾和冲突都比较尖锐，人物性格也比较鲜明，如周朴园、繁漪、陈白露等人。他富有想象力和创造力的剧作为中国现代话剧的发展提供了新的可开拓的空间。受曹禺等人的影响，夏衍创作出的《上海屋檐下》，其朴素平淡、颇有契诃夫艺术风格的现实主义笔调，受到戏剧界的广泛好评。1937 年，七七事变爆发，中国剧作者协会集体创作了三部剧《保卫卢沟桥》，以抗敌救国为目的，戏剧这种艺术形式成为当时呼唤大众、组织大众的一种武器，以激起民族斗志。抗战初期也出现了“广场戏剧”，体现了话剧民族化的尝试，这种戏剧吸取了民间的曲艺、锣鼓等艺术，打破了单一的话剧格局，将歌、舞、说、唱、演熔为一炉。

1942 年 5 月毛泽东的《在延安文艺座谈会上的讲话》为党的文艺事业指明了方向，贺敬之等创作出了第一部民族歌剧《白毛女》，吸收、借鉴民间艺术资源，成为现代民族歌剧的奠基之作。1958 年出现了创作“历史剧”的热潮，如田汉的《关汉卿》，郭沫若的《武则天》《蔡文姬》，曹禺的《胆剑篇》等，这些剧作家从现实的问题出发，在“历史”中寻找事件和人物，作为对现实发言的依托。当代文学中话剧的创作与政治、社会生活有着直接而紧密的关联，戏剧多展现现实社会中的政治运动、工厂农村之间的斗争以及革命历史。老舍的《龙须沟》《茶馆》等剧本的发表和演出成为这一时期值得重视的事情，剧中人物被放在不同的场景中，新旧对比，显示出老舍对建立新的民族国家的渴望。同时，在50年代，还出现了一批反映社会现实的“第四种剧本”，如海默的《洞箫横吹》、岳野的《同甘共苦》，大胆地描写人的爱情、道德和复杂的内心世界。60年代初期，也出现一批影响较大的戏剧，如《年青的一代》《霓虹灯下的哨兵》《千万不要忘记》等，受到评论界极高的推崇。20世纪80年代初期，戏剧探索的几年间，其代表作有高行健的《绝对信号》《车站》，刘树纲的《十五桩离婚案的调查剖析》等。90年代，过士行的“闲人三部曲”(《鱼人》《鸟人》《棋人》)中，通过描绘现代人“闲人”式的真实生存状态，揭示了世界的荒诞，人生追求的虚无等深刻主题。

中国戏剧的发展道路和中国革命的发展道路相互重合，精神相互融合。在此我们也可以看出，戏剧不仅是一种表演形式，更能够促进人与人之间的交流，激发民族斗志，促进民族精神的大觉醒。

选文欣赏

茶　馆(节选)

老　舍

【阅读提示】

《茶馆》是老舍在1956年所创作的经典现实主义话剧，这部话剧的时间跨度为1898年到1945年。作品以旧北京城中一个大茶馆——裕泰茶馆的兴衰为背景，通过茶馆老板王利发、民族资本家秦二爷和八旗子弟常四爷等人物的悲剧，串联起众多的人物和社会场景，反映了戊戌变法、军阀混战和抗战胜利的新中国成立前夕三个时代近半个世纪的社会风云变化，也揭示了半封建半殖民地旧中国的动荡和黑暗。本篇选文是话剧的第二幕，第一幕时间为1898年，清朝末年，戊戌变法失败。裕泰茶馆在一个初秋的上午开始营业，掌柜王利发兴致勃勃地坐在柜台上。谭嗣同问斩、农民破产开始卖儿卖女、地痞流氓大要威风，甚至连太监也在买妻纳妾，晚清的政治腐败以及国弱民贫的场景展现得淋漓尽致。第二幕在军阀混战时期，茶馆生意艰难，尽管王利发苦心改良，但也只能惨淡经营。逃难的百姓堵在门口，大兵抢夺掌柜的钱，侦缉队员不时前来敲诈。尽管清政府已经被推翻，社会仍然比较黑暗，兵荒马乱，民众生活依旧艰难。《茶馆》展现了近半个世纪中国社会的浮世绘，也塑造了真实而经典的人物形象，像时代的一面镜子。老舍揭示出旧中国的黑暗和罪恶，也宣告其走向灭亡的必然性，具有一定的启示意义。

第二幕

时间　与前幕相隔十余年，现在是袁世凯死后，帝国主义指使中国军阀进行割据，时时发动内战的时候。初夏，上午。

地点　同前幕。

人物　王淑芬　报　童　康顺子　李　三　常四爷　康大力　王利发　松二爷　老　林　难民数人　宋恩子　老陈　巡　警　吴祥子　崔久峰　押大令的兵七人　公寓住客二三人　军　官　唐铁嘴　刘麻子　大兵三五人

〔幕启：北京城内的大茶馆已先后相继关了门。"裕泰"是硕果仅存的一家了，可是为避免被淘汰，它已改变了样子与作风。现在，它的前部仍然卖茶，后部却改成了公寓。前部只卖茶和瓜子什么的；"烂肉面"等等已成为历史名词。厨房挪到后边去，专包公寓住客的伙食。茶座也大加改良：一律是小桌与藤椅，桌上铺着浅绿桌布。墙上的"醉八仙"大画，连财神龛，均已撤去，代以时装美人——外国香烟公司的广告画。"莫谈国事"的纸条可是保存了下来，而且字写得更大。王利发真像个"圣之时者也"，不但没使"裕泰"灭亡，而且使它有了新的发展。

〔因为修理门面，茶馆停了几天营业，预备明天开张。王淑芬正和李三忙着布置，把桌椅移了又移，摆了又摆，以期尽善尽美。

〔王淑芬梳时行的圆髻，而李三却还带着小辫儿。

〔二三学生由后面来，与他们打招呼，出去。

王淑芬　(看李三的辫子碍事)三爷，咱们的茶馆改了良，你的小辫儿也该剪了吧?

李　三　改良！改良！越改越凉，冰凉！

王淑芬　也不能那么说！三爷你看，听说西直门的德泰，北新桥的广泰，鼓楼前的天泰，这些大茶馆全先后脚儿关了门！只有咱们裕泰还开着，为什么？不是因为拴子的爸爸懂得改良吗?

李　三　哼！皇上没啦，总算大改良吧？可是改来改去，袁世凯还是要做皇上。袁世凯死后，天下大乱，今儿个打炮，明儿个关城，改良？哼！我还留着我的小辫儿，万一把皇上改回来呢！

王淑芬　别顽固啦，三爷！人家给咱们改了民国，咱们还能不随着走吗？你看，咱们这么一收拾，不比以前干净，好看？专招待文明人，不更体面？可是，你要还带着小辫儿，看着多么不顺眼哪！

李　三　太太，你觉得不顺眼，我还不顺心呢！

王淑芬　哟，你不顺心？怎么?

李　三　你还不明白？前面茶馆，后面公寓，全仗着掌柜的跟我两个人，无论怎么说，也忙不过来呀！

王淑芬　前面的事归他，后面的事不是还有我帮助你吗?

李　三　就算有你帮助，打扫二十来间屋子，侍候二十多人的伙食，还要沏茶灌水，买东西送信，问问你自己，受得了受不了！

王淑芬　三爷，你说得对！可是呀，这兵荒马乱的年月，能有个事儿做也就得念佛！咱们都得忍着点！

李　三　我干不了！天天睡四五个钟头的觉，谁也不是铁打的！

王淑芬　唉！三爷，这年月谁也舒服不了！你等着，大拴子暑假就高小毕业，二拴子也快长起来，他们一有用处，咱们可就清闲点啦。从老王掌柜在世的时候，你就帮助我们，老朋友，老伙计啦！

〔王利发老气横秋地从后面进来。

李　三　老伙计？二十多年了，他们可给我长过工钱？什么都改良，为什么工钱不跟着改良呢？

王利发　哟！你这是什么话呀？咱们的买卖要是越做越好，我能不给你长工钱吗？得了，明天咱们开张，取个吉利，先别吵嘴，就这么办吧！All right?

李　三　就怎么办啦？不改我的良，我干不下去啦！

〔后面叫："李三！李三！"

王利发　崔先生叫，你快去！咱们的事，有工夫再细研究！

李　三　哼！

王淑芬　我说，昨天就关了城门，今儿个还说不定关不关。三爷，这里的事交给掌柜的，你去买点菜吧！别的不说，咸菜总得买下点呀！

〔后面又叫："李三！李三！"

李　三　对，后边叫，前边催，把我劈成两半儿好不好！(愤愤地往后走)

王利发　拴子的妈，他岁数大了点，你可得……

王淑芬　他抱怨了大半天了！可是抱怨得对！当着他，我不便直说；对你，我可得说实话：咱们得添人！

王利发　添人得给工钱，咱们赚得出来吗？我要是会干别的，可是还开茶馆，我是孙子！

〔远处隐隐有炮声。

王利发　听听，又他妈的开炮了！你闹，闹！明天开得了张才怪！这是怎么说的！

王淑芬　明白人别说胡涂话，开炮是我闹的？

王利发　别再瞎扯，干活儿去！嘿！

王淑芬　早晚不是累死，就得叫炮轰死，我看透了！(慢慢地往后边走)

王利发　(温和了些)拴子的妈，甭害怕，开过多少回炮，一回也没打死咱们，北京城是宝地！

王淑芬　心哪，老跳到嗓子眼里，宝地！我给三爷拿菜钱去。(下)

〔一群男女难民在门外央告。

难　民　掌柜的，行行好，可怜可怜吧！

王利发　走吧，我这儿不打发，还没开张！

难　民　可怜可怜吧！我们都是逃难的！

王利发　别耽误工夫！我自己还顾不了自己呢！

〔巡警上。

巡　警　走！滚！快着！

〔难民散去。

王利发　怎样啊？六爷！又打得紧吗？

巡　警　紧！紧得厉害！仗打得不紧，怎能够有这么多难民呢！上面交派下来，你出八十斤大饼，十二点交齐！城里的兵带着干粮，才能出去打仗啊。

王利发　您圣明，我这儿现在光包后面的伙食，不再卖饭，也还没开张，别说八十斤大饼，一斤也交不出啊！

巡　警　你有你的理由，我有我的命令，你瞧着办吧！(要走)

王利发　您等等！我这儿千真万确还没开张，这您知道！开张以后，还得多麻烦您呢！得啦，您买包茶叶喝吧！(递钞票)您多给美言几句，我感恩不尽！

巡　警　(接票子)我给你说说看，行不行可不保准！

〔三五个大兵，军装破烂，都背着枪，闯进门口。

巡　警　老总们，我这儿正查户口呢，这儿还没开张！

大　兵　屌！

巡　警　王掌柜，孝敬老总们点茶钱，请他们到别处喝去吧！

王利发　老总们，实在对不起，还没开张，要不然，诸位住在这儿，一定欢迎！(递钞票给巡警)

巡　警　(转递给兵们)得啦，老总们多原谅，他实在没法招待诸位！

大　兵　屌！谁要钞票？要现大洋！

王利发　老总们，让我哪儿找现洋去呢？

大　兵　屌！揍他个小舅子！

巡　警　快！再添点！

王利发　(掏)老总们，我要是还有一块，请把房子烧了！(递钞票)

大　兵　屌！(接下钱，顺手拿走两块新桌布)

巡　警　得，我给你挡住了一场大锅！他们不走呀，你就全完，连一个茶碗也剩不下！

王利发　我永远忘不了您这点好处！

巡　警　可是为这点功劳，你不得另有份意思吗？

王利发　对！您圣明，我胡涂！可是，您搜我吧，真一个铜子儿也没有啦！(掀起褂子，让他搜)您搜！您搜！

巡　警　我干不过你！明天见，明天还不定是风是雨呢！(下)

王利发　您慢走！(看巡警走去，跺脚)他妈的！打仗，打仗！今天打，明天打，老打，打他妈的什么呢？

〔唐铁嘴进来，还是那么瘦，那么脏，可是穿着绸子夹袍。

唐铁嘴　王掌柜！我来给你道喜！

王利发　(还生着气)哟！唐先生？我可不再白送茶喝！(打量，有了笑容)你混得不错呀！穿上绸子啦！

唐铁嘴　比从前好了一点！我感谢这个年月！

王利发　这个年月还值得感谢？！听着有点不搭调！

唐铁嘴　年头越乱，我的生意越好！这年月，谁活着谁死都碰运气，怎能不多算算命、相相面呢？你说对不对？

王利发　Yes，也有这么一说！

唐铁嘴　听说后面改了公寓，租给我一间屋子，好不好？

王利发　唐先生，你那点嗜好，在我这儿恐怕……

唐铁嘴　我已经不吃大烟了！

王利发　真的？你可真要发财了！

唐铁嘴　我改抽“白面”啦。(指墙上的香烟广告)你看，哈德门烟是又长又松，(掏出烟来表演)一顿就空出一大块，正好放“白面儿”。大英帝国的烟，日本的“白面儿”，两大强国侍候着我一个人，这点福气还小吗？

王利发　福气不小！不小！可是，我这儿已经住满了人，什么时候有了空房，我准给你留着！

唐铁嘴　你呀，看不起我，怕我给不了房租！

王利发　没有的事！都是久在街面上混的人，谁能看不起谁呢？这是知心话吧？

唐铁嘴　你的嘴呀比我的还花哨！

王利发　我可不光耍嘴皮子，我的心放得正！这十多年了，你白喝过我多少碗茶？你自己算算！你现在混得不错，你想着还我茶钱没有？

唐铁嘴　赶明儿我一总还给你，那一共才有几个钱呢！(搭讪着往外走)

〔街上卖报的喊叫：“长辛店大战的新闻，买报瞧，瞧长辛店大战的新闻！”报童向内探头。

报　童　掌柜的，长辛店大战的新闻，来一张瞧瞧？

王利发　有不打仗的新闻没有？

报　童　也许有，您自己找！

王利发　走！不瞧！

报　童　掌柜的，你不瞧也照样打仗！(对唐铁嘴)先生，您照顾照顾？

唐铁嘴　我不像他，(指王利发)我最关心国事！(拿了一张报，没给钱即走)

〔报童追唐铁嘴下。

王利发　(自言自语)长辛店！长辛店！离这里不远啦！(喊)三爷，三爷！你倒是抓早儿买点菜去呀，待一会儿准关城门，就什么也买不到啦！嘿！(听后面没人应声，含怒往后跑)

〔常四爷提着一串腌萝卜，两只鸡，走进来。

常四爷　王掌柜！

王利发　谁？哟，四爷！您干什么哪？

常四爷　我卖菜呢！自食其力，不含糊！今儿个城外头乱乱哄哄，买不到菜；东抓西抓，抓到这么两只鸡，几斤老腌萝卜。听说你明天开张，也许用得着，特意给你送来了！

王利发　我谢谢您！我这儿正没有辙呢！

常四爷　(四下里看)好啊！好啊！收拾得好啊！大茶馆全关了，就是你有心路，能随机应变地改良！

王利发　别夸奖我啦！我尽力而为，可就怕天下老这么乱七八糟！

常四爷　像我这样的人算是坐不起这样的茶馆喽！

〔松二爷走进来，穿得很寒酸，可是还提着鸟笼。

松二爷　王掌柜！听说明天开张，我来道喜！(看见常四爷)哎哟！四爷，可想死我喽！

常四爷　二哥！你好哇？

王利发　都坐下吧！

松二爷　王掌柜，你好？太太好？少爷好？生意好？

王利发　(一劲儿说)好！托福！(提起鸡与咸菜)四爷，多少钱？

常四爷　瞧着给，该给多少给多少！

王利发　对！我给你们弄壶茶来！(提物到后面去)

松二爷　四爷，你，你怎么样啊？

常四爷　卖青菜哪！铁杆庄稼没有啦，还不卖膀子力气吗？二爷，您怎么样啊？

松二爷　怎么样？我想大哭一场！看见我这身衣裳没有？我还像个人吗？

常四爷　二哥，您能写能算，难道找不到点事儿作？

松二爷　嘛，谁愿意瞪着眼挨饿呢！可是，谁要咱们旗人呢！想起来呀，大清国不一定好啊，可是到了民国，我挨了饿！

王利发　(端着一壶茶回来。给常四爷钱)不知道您花了多少？我就给这么点吧！

常四爷　(接钱，没看，揣在怀里)没关系！

王利发　二爷，(指鸟笼)还是黄鸟吧？哨得怎样？

松二爷　嘛，还是黄鸟！我饿着，也不能叫鸟儿饿着！(有了点精神)你看看，看看，(打开罩子)多么体面！一看见它呀，我就舍不得死啦！

王利发　松二爷，不准说死！有那么一天，您还会走一步好运！

常四爷　二哥，走！找个地方喝两盅儿去！一醉解千愁！王掌柜，我可就不让你啦，没有那么多的钱！

王利发　我也分不开身，就不陪了！

〔常四爷、松二爷正往外走，宋恩子和吴祥子进来。他们俩仍穿灰色大衫，但袖口瘦了，而且罩上青布马褂。

松二爷　(看清楚是他们，不由得上前请安)原来是你们二位爷！

〔王利发似乎受了松二爷的感染，也请安，弄得二人愣住了。

宋恩子　这是怎么啦？民国好几年了，怎么还请安？你们不会鞠躬吗？

松二爷　我看见您二位的灰大褂呀，就想起了前清的事儿！不能不请安！

王利发　我也那样！我觉得请安比鞠躬更过瘾！

吴祥子　哈哈哈哈！松二爷，你们的铁杆庄稼不行了，我们的灰色大褂反倒成了铁杆庄稼，哈哈哈！(看见常四爷)这不是常四爷吗？

常四爷　是呀，您的眼力不错！戊戌年我就在这儿说了句“大清国要完”，叫您二位给抓了走，坐了一年多的牢！

宋恩子　您的记性可也不错！混得还好吧？

常四爷　托福！从牢里出来，不久就赶上庚子年；扶清灭洋，我当了义和团，跟洋人打了几仗！闹来闹去，大清国到底是亡了，该亡！我是旗人，可是我得说公道话！现在，每天起五更弄一挑子青菜，绕到十点来钟就卖光。凭力气挣饭吃，我的身上更有劲了！什么时候洋人敢再动兵，我姓常的还准备跟他们打打呢！我是旗人，旗人也是中国人哪！您二位怎么样？

吴祥子　瞎混呗！有皇上的时候，我们给皇上效力，有袁大总统的时候，我们给袁大总统效力，现而今，宋恩子，该怎么说啦？

宋恩子　谁给饭吃，咱们给谁效力！

常四爷　要是洋人给饭吃呢？

松二爷　四爷，咱们走吧！

吴祥子　告诉你，常四爷，要我们效力的都仗着洋人撑腰！没有洋枪洋炮，怎能够打起仗来呢？

松二爷　您说得对！嗻！四爷，走吧！

常四爷　再见吧，二位，盼着你们快快升官发财！(同松二爷下)

宋恩子　这小子！

王利发　(倒茶)常四爷老是那么又倔又硬，别计较他！(让茶)二位喝碗吧，刚沏好的。

宋恩子　后面住着的都是什么人？

王利发　多半是大学生，还有几位熟人。我有登记簿子，随时报告给“巡警阁子”。我拿来，二位看看？

吴祥子　我们不看簿子，看人！

王利发　您甭看，准保都是靠得住的人！

宋恩子　你为什么爱租学生们呢？学生不是什么老实家伙呀！

王利发　这年月，做官的今天上任，明天撤职，做买卖的今天开市，明天关门，都不可靠！只有学生有钱，能够按月交房租，没钱的就上不了大学啊！您看，是这么一笔账不是？

宋恩子　都叫你咂摸透了！你想得对！现在，连我们也欠饷啊！

吴祥子　是呀，所以非天天拿人不可，好得点津贴！

宋恩子　就仗着有错拿，没错放的，拿住人就有津贴！走吧，到后边看看去！

吴祥子　走！

王利发　二位，二位！您放心，准保没错儿！

宋恩子　不看，拿不到人，谁给我们津贴呢？

吴祥子　王掌柜不愿意咱们看，王掌柜必会给咱们想办法！咱们得给王掌柜留个面子！对吧？王掌柜！

王利发　我……

宋恩子　我出个不很高明的主意：干脆来个包月，每月一号，按阳历算，你把那点……

吴祥子　那点意思！

宋恩子　对，那点意思送到，你省事，我们也省事！

王利发　那点意思得多少呢？

吴祥子　多年的交情，你看着办！你聪明，还能把那点意思闹成不好意思吗？

李　三　(提着菜筐由后面出来)喝，二位爷！(请安)今儿个又得关城门吧(没等回答，往外走)

〔二三学生匆匆地回来。

学　生　三爷，先别出去，街上抓案呢！(往后面走去)

李　三　(还往外走)抓去也好，在哪儿也是当苦力！

〔刘麻子丢了魂似地跑来，和李三碰了个满怀。

李　三　怎么回事呀？吓掉了魂儿啦！

刘麻子　(喘着)别，别，别出去！我差点叫他们抓了去！

王利发　三爷，等一等吧！

李　三　午饭怎么开呢？

王利发　跟大家说一声，中午咸菜饭，没别的办法！晚上吃那两只鸡！

李　三　好吧！(往回走)

刘麻子　我的妈呀，吓死我啦！

宋恩子　你活着，也不过多买卖几个大姑娘！

刘麻子　有人卖，有人买，我不过在中间帮帮忙，能怪我吗？(把桌上的三个茶杯的茶先后喝净)

吴祥子　我可是告诉你，我们哥儿们从前清起就专办革命党，不大爱管贩卖人口，拐带妇女什么的臭事。可是你要叫我们碰见，我们也不再睁一眼闭一眼！还有，像你这样的人，弄进去，准锁在尿桶上！

刘麻子　二位爷，别那么说呀！我不是也快挨饿了吗？您看，以前，我走八旗老爷们、宫里太监们的门子。这么一革命啊，可苦了我啦！现在，人家总长次长，团长师长，要娶姨太太讲究要唱落子的坤角，戏班里的女名角，一花就三千五千现大洋！我干瞧着，摸不着门！我那点芝麻粒大的生意算得了什么呢？

宋恩子　你呀，非锁在尿桶上，不会说好的！

刘麻子　得啦，今天我孝敬不了二位，改天我必有一份儿人心！

吴祥子　你今天就有买卖，要不然，兵荒马乱的，你不会出来！

刘麻子　没有！没有！

宋恩子　你嘴里半句实话也没有！不对我们说真话，没有你的好处！王掌柜，我们出去绕绕；下月一号，按阳历算，别忘了！

王利发　我忘了姓什么，也忘不了您二位这回事！

吴祥子　一言为定啦！(同宋恩子下)

王利发　刘爷，茶喝够了吧？该出去活动活动！

刘麻子　你忙你的，我在这儿等两个朋友。

王利发　咱们可把话说开了，从今以后，你不能再在这儿做你的生意，这儿现在改了良，文明啦！

〔康顺子提着个小包，带着康大力，往里边探头。

康大力　是这里吗？

康顺子　地方对呀，怎么改了样儿？(进来，细看，看见了刘麻子)大力，进来，是这儿！

康大力　找对啦？妈！

康顺子　没错儿！有他在这儿，不会错！

王利发　您找谁？

康顺子　(不语，直奔过刘麻子去)刘麻子，你还认识我吗？(要打，但是伸不出手去，一劲地颤抖)你，你，你个……(要骂，也感到困难)

刘麻子　你这个娘儿们，无缘无故地跟我捣什么乱呢？

康顺子　(挣扎)无缘无故？你，你看看我是谁？一个男子汉，干什么吃不了饭，偏干伤天害理的事！呸！呸！

王利发　这位大嫂，有话好好说！

康顺子　你是掌柜的？你忘了吗？十几年前，有个娶媳妇的太监？

王利发　您，您就是庞太监的那个……

康顺子　都是他(指刘麻子)作的好事，我今天跟他算算账！(又要打，仍未成功)

刘麻子　(躲)你敢！你敢！我好男不跟女斗！(随说随往后退)我，我找人来帮我说说理！(撒腿往后面跑)

王利发　(对康顺子)大嫂，你坐下，有话慢慢说！庞太监呢？

康顺子　(坐下喘气)死啦。叫他的侄子们给饿死的。一改民国呀，他还有钱，可没了势力，所以侄子们敢欺负他。他一死，他的侄子们把我们轰出来了，连一床被子都没给我们！

王利发　这，这是……？

康顺子　我的儿子！

王利发　您的……？

康顺子　也是买来的，给太监当儿子。

康大力　妈！你爸爸当初就在这儿卖了你的？

康顺子　对了，乖！就是这儿，一进这儿的门，我就晕过去了，我永远忘不了这个地方！

康大力　我可不记得我爸爸在哪里卖了我的！

康顺子　那时候，你不是才一岁吗？妈妈把你养大了的，你跟妈妈一条心，对不对？乖！

康大力　那个老东西，掐你，拧你，咬你，还用烟签子扎我！他们人多，咱们打不过他们！要不是你，妈，我准叫他们给打死了！

康顺子　对！他们人多，咱们又太老实！你看，看见刘麻子，我想咬他几口，可是，可是，连一个嘴巴也没打上，我伸不出手去！

康大力　妈，等我长大了，我帮助你打！我不知道亲妈妈是谁，你就是我的亲妈妈！

康顺子　好！好！咱们永远在一块儿，我去挣钱，你去念书！(稍愣了一会儿)掌柜的，当初我在这儿叫人买了去，咱们总算有缘，你能不能帮帮忙，给我找点事做？我饿死不要紧，可不能饿死这个无依无靠的好孩子！

〔王淑芬出来，立在后边听着。

王利发　你会干什么呢？

康顺子　洗洗涮涮、缝缝补补、作家常饭，都会！我是乡下人，我能吃苦，只要不再作太监的老婆，什么苦处都是甜的！

王利发　要多少钱呢？

康顺子　有三顿饭吃，有个地方睡觉，够大力上学的，就行！

王利发　好吧，我慢慢给你打听着！你看，十多年前那回事，我到今天还没忘，想起来心里就不痛快！

康顺子　可是，现在我们母子上哪儿去呢？

王利发　回乡下找你的老父亲去！

康顺子　他？他是活是死，我不知道。就是活着，我也不能去找他！他对不起女儿，女儿也不必再叫他爸爸！

王利发　马上就找事，可不大容易！

王淑芬　(过来)她能洗能作，又不多要钱，我留下她了！

王利发　你？

王淑芬　难道我不是内掌柜的？难道我跟李三爷就该累死？

康顺子　掌柜的，试试我！看我不行，您说话，我走！

王淑芬　大嫂，跟我来！

康顺子　当初我是在这儿卖出去的，现在就拿这儿当作娘家吧！大力，来吧！

康大力　掌柜的，你要不打我呀，我会帮助妈妈干活儿！(同王淑芬、康顺子下)

王利发　好家伙，一添就是两张嘴！太监取消了，可把太监的家眷交到这里来了！

李　三　(掩护着刘麻子出来)快走吧！(回去)

王利发　就走吧，还等着真挨两个脆的吗？

刘麻子　我不是说过了吗，等两个朋友？

王利发　你呀，叫我说什么才好呢！

刘麻子　有什么法子呢！隔行如隔山，你老得开茶馆，我老得干我这一行！到什么时候，我也得干我这一行！

〔老林和老陈满面笑容地走进来。

刘麻子　(二人都比他年轻，他却称呼他们哥哥)林大哥，陈二哥！(看王不满意，赶紧说)王掌柜，这儿现在没有人，我借个光，下不为例！

王利发　她(指后边)可是还在这儿呢！

刘麻子　不要紧了，她不会打人！就是真打，他们二位也会帮助我！

王利发　你呀！哼！(到后边去)

刘麻子　坐下吧，谈谈！

老　林　你说吧！老二！

老　陈　你说吧！哥！

刘麻子　谁说不一样啊！

老　陈　你说吧，你是大哥！

老　林　那个，你看，我们俩是把兄弟！

老　陈　对！把兄弟，两个人穿一条裤子的交情！

老　林　他有几块现大洋！

刘麻子　现大洋？

老　陈　林大哥也有几块现大洋！

刘麻子　一共多少块呢？说个数目！

老　林　那，还不能告诉你咧！

老　陈　事儿能办才说咧！

刘麻子　有现大洋，没有办不了的事！

老　林　真的？

老　陈　真的？

刘麻子　说假话是孙子！

老　林　那么，你说吧，老二！

老　陈　还是你说，哥！

老　林　你看，我们是两个人吧？

刘麻子　嗯！

老　陈　两个人穿一条裤子的交情吧？

刘麻子　嗯！

老　林　没人耻笑我们的交情吧？

刘麻子　交情嘛，没人耻笑！

老　陈　也没人耻笑三个人的交情吧？

刘麻子　三个人？都是谁？

老　林　还有个娘儿们!

刘麻子　嗯!嗯!嗯!我明白了!可是不好办，我没办过!你看，平常都说小两口儿，哪有小三口儿的呢!

老　林　不好办?

刘麻子　太不好办啦!

老　林　(问老陈)你看呢?

老　陈　还能白拉倒吗?

老　林　不能拉倒!当了十几年兵，连半个媳妇都娶不上!他妈的!

刘麻子　不能拉倒，咱们再想想!你们到底一共有多少块现大洋?

〔王利发和崔久峰由后面慢慢走来。刘麻子等停止谈话。

王利发　崔先生，昨天秦二爷派人来请您，您怎么不去呢?您这么有学问，上知天文，下知地理，又做过国会议员，可是住在我这里，天天念经;干吗不出去做点事呢?您这样的好人，应当出去做官!有您这样的清官，我们小民才能过太平日子!

崔久峰　惭愧!惭愧!做过国会议员，那真是造孽呀!革命有什么用呢，不过自误误人而已!唉!现在我只能修持，忏悔!

王利发　您看秦二爷，他又办工厂，又忙着开银号!

崔久峰　办了工厂、银号又怎么样呢?他说实业救国，他救了谁?救了他自己，他越来越有钱了!可是他那点事业，哼，外国人伸出一个小指头，就把他推倒在地，再也起不来!

王利发　您别这么说呀!难道咱们就一点盼望也没有了吗?

崔久峰　难说!很难说!你看，今天王大帅打李大帅，明天赵大帅又打王大帅。是谁叫他们打的?

王利发　谁?哪个混蛋?

崔久峰　洋人!

王利发　洋人?我不能明白!

崔久峰　慢慢地你就明白了。有那么一天，你我都得做亡国奴!我干过革命，我的话不是随便说的!

王利发　那么，您就不想想主意，卖卖力气，别叫大家做亡国奴?

崔久峰　我年轻的时候，以天下为己任，的确那么想过!现在，我可看透了，中国非亡不可!

王利发　那也得死马当活马治呀!

崔久峰　死马当活马治?那是妄想!死马不能再活，活马可早晚得死!好啦，我到弘济寺去，秦二爷再派人来找我，你就说，我只会念经，不会干别的!(下)

〔宋恩子、吴祥子又回来了。

王利发　二位!有什么消息没有?

〔宋恩子、吴祥子不语，坐在靠近门口的地方，看着刘麻子等。

〔刘麻子不知如何是好，低下头去。

〔老陈、老林也不知如何是好，相视无言。

〔静默了有一分钟。

老　陈　哥，走吧？

老　林　走！

宋恩子　等等！(立起来，挡住路)

老　陈　怎么啦？

吴祥子　(也立起)你说怎么啦？

〔四人呆呆相视一会儿。

宋恩子　乖乖地跟我们走！

老　林　上哪儿？

吴祥子　逃兵，是吧？有些块现大洋，想在北京藏起来，是吧？有钱就藏起来，没钱就当土匪，是吧？

老　陈　你管得着吗？我一个人揍你这样的八个。(要打)

宋恩子　你？可惜你把枪卖了，是吧？没有枪的干不过有枪的，是吧？(拍了拍身上的枪)我一个人揍你这样的八个！

老　林　都是弟兄，何必呢？都是弟兄！

吴祥子　对啦！坐下谈谈吧！你们是要命呢？还是要现大洋？

老　陈　我们那点钱来得不容易！谁发饷，我们给谁打仗，我们打过多少次仗啊！

宋恩子　逃兵的罪过，你们可也不是不知道！

老　林　咱们讲讲吧，谁叫咱们是弟兄呢！

吴祥子　这像句自己人的话！谈谈吧！

王利发　(在门口)诸位，大令过来了！

老　林　就这么办！自己人

老　陈　就这么办！自己人！

宋恩子　别动！君子一言：把现大洋分给我们一半，保你们俩没事！咱们是自己人！

老　陈　啊！(惊慌失措，要往里边跑)

老　林　啊！(惊慌失措，要往里边跑)

〔“大令”进来：二捧刀——刀缠红布——背枪者前导，手捧令箭的在中，四持黑红棍者在后。军官在最后押队。

吴祥子　(和宋恩子、老林、老陈一齐立正，从帽中取出证章，军官看)报告官长，我们正在这儿盘查一个逃兵。

军　官　就是他吗？(指刘麻子)

吴祥子　(指刘麻子)就是他！

军　官　绑！

刘麻子　(喊)老爷！我不是！不是！

军　官　绑！(同下)

——幕落

【知识链接】

老舍(1899—1966)，中国现代小说家、戏剧家，原名舒庆春，字舍予，满族，北京人。老舍是我国“五四”以来新文学的开拓者之一，也是现代杰出的语言艺术家和享有世界声誉的爱国主义作家。1951 年北京市人民政府授予他“人民艺术家”的光荣称号。老舍一生创作颇丰，代表作有长篇小说《老张的哲学》《赵子曰》《骆驼祥子》《四世同堂》；中篇小说《我这一辈子》；短篇小说《小铃儿》《月牙儿》；话剧《残雾》《张自忠》《龙须沟》《茶馆》等。老舍以长篇小说和剧作著称于世，也是中国市民社会的表现者，为中国现代文学开拓了重要的题材领域。他的作品语言幽默风趣、通俗明白、朴素自然，所描写的自然风光、世态人情、风俗时尚等都呈现出浓郁的“京味”。

《茶馆》的戏剧结构是独特的，称为“图卷戏”。作品没有一个完整的情节线索，没有贯穿始终的矛盾冲突，而是以众多人物的活动带动情节的发展。《茶馆》第二幕出场的人数有 30 多个，有台词的近 20 人，但这些人物没有明显的主次之分，每个人的台词都不多，在茶馆中一闪而过，各自说着自己的事情。剧中人物的活动，都是截取他们在茶馆中的一个横断面。这无数个画面组织起来，便构成了一幅卷轴画，随着剧情而逐步展开。

【学以致用】

1. 你认为裕泰茶馆的掌柜王利发是一个怎样的人？
2. 作者在话剧的第二幕主要想表现什么？

第八章 外国文学

外国文学包括欧美文学和亚非文学两大部分，上下几千年，横贯五大洲，是人类文明的杰出典范，也是人类智慧的结晶。

欧美文学从古希腊文学开始，已有近 3000 年的历史。古希腊文学是氏族社会末期和奴隶社会时期的文学，这一时期的神话传说、史诗、悲剧和喜剧反映了氏族社会和奴隶社会的生活。公元 5 世纪中叶，欧洲进入封建社会，基督教是欧洲封建社会的精神支柱，欧洲文学中出现了直接宣传教会教义的教会文学。11 世纪后，欧洲各国的城市发展起来，又兴起了城市文学，即市民文学，为后来资产阶级文学的发展作了准备。文艺复兴是欧洲文学发展的伟大转折点，作家们利用“复兴”古代文化，表现了资产阶级革命时代的社会内容，积累了丰富的艺术经验。19 世纪中期，欧美资本主义经济迅速发展，资本主义社会的固有矛盾日益暴露，便兴起了批判现实主义文学思潮。俄国十月革命以后，社会主义文学取得了辉煌成就。

古代亚非文学主要指从原始公社制末期到奴隶社会的文学，成就较高的除中国外，还主要有埃及文学、巴比伦文学、希伯来文学和印度文学。中古亚非文学是指亚非国家进入封建社会之后的文学，形成了以阿拉伯帝国为中心的阿拉伯文化区，以印度为中心的南亚次大陆文化区和以中国为中心的东亚文化区。近代亚非文学指 19 世纪中叶以后，许多亚非国家遭受西方殖民主义入侵而沦为半殖民地国家时期的文学，经历了从旧文学到新文学的转折，其中日本、印度等国的文学成就较为显著。

第一节 诗歌散文

在外国文学的长廊中，外国小说是最受关注的文体，托尔斯泰、巴尔扎克、狄更斯、卡夫卡等，都是人们耳熟能详的名字。相比之下，外国诗歌、散文对于中国读者来说还有些陌生，但是它们同样是其中一道绚丽多彩、不可或缺的风景。虽然没有曲折的情节、鲜明的人物，也没有小说、戏剧那样对社会人生广阔的包容力，但诗歌、散文自有其不可取代的价值。诗歌，一般说来，都体现了各民族语言的精粹、热烈的情感和瑰丽的想象，以及对人类经验的深层揭示，是审美价值非常高的一种文体。散文则更为自由，不拘一定的格套，可议论，可抒情，可叙事，大到自然宇宙、社会历史，小至日常琐事、草木虫鱼，都可纳入散文的天地。古往今来，不仅是文学家，很多思想家、学者甚至政治家，都能写出一笔漂亮的散文。因为自由，散文的天地是无比广阔的；也因为自由，散文更能体现作者的个性和趣味。

以西方为主的外国诗歌最早可追溯到远古时期。中世纪(5 至 15 世纪)，亦可称圣经诗歌时期，文艺复兴时期(14 至 16 世纪)和古典主义时期(17 至 18 世纪)。代表诗人有英国的莎士比亚、意大利的彼得拉克，有弥尔顿、伏尔泰等。18 世纪到 19 世纪相继出现的浪漫主义和现实主义文艺思潮，是西方文艺史上两座雄伟的纪念碑。这一时期诗歌群星璀璨，俊采风流。比如德国的歌德，英国的布莱克、彭斯、华兹华斯、柯勒律治、骚塞、雪莱、拜伦、济慈，法国的雨果，俄国的普希金，美国的惠特曼，匈牙利的裴多菲等。此后，唯美主义、象征主义、意象派、超现实主义、先锋派等各种风格的诗层出不穷，东西方碰撞交流融合已近百年，流风所及，以至于今。

外国散文最早出现在古希腊、古罗马时期，且最早出现的几乎都是史传散文和哲理散文，其他的散文样式都是从史传散文和哲理散文的母体中孕育出来的。13 世纪，非小说性散文在德国出现，其形式有政论、辩论、传记、自传、宗教经典、普及经典和伦理著作等。16 世纪，人文主义思潮盛行，兴起了“私文学”，即用书信、日记、忏悔录等形式进行自我表白和自我剖析。比如，这一期的蒙田阅历广博，思路开阔，行文无拘无束，其散文对培根、莎士比亚等影响颇大。17 世纪，古典主义文学潮流主张崇尚理性，克制个人情欲，有严格的艺术规范和标准。18 世纪，启蒙思想家把理性作为反对封建制度和宗教权威的武器，随笔、抒情小品、史著、评论、科学散文等得到了前所未有的发展和繁荣。这一时期的法国更是散文大家辈出，如孟德斯鸠、伏尔泰、卢梭等。19 世纪，散文题材广泛、品类繁多、个性浓郁：英国的卡莱尔、罗斯金、阿诺德等通过散文创作揭露时弊，提倡教育，呼吁保护环境，维护妇女权利；在法国，雨果创作了三百多万字的散文，其文体非常丰富，包括政论、游记、日记、演讲词、悼词、回忆录、纪念文章、杂文等等，形形色色，多姿多彩，令人目不暇接；在俄国，普希金、屠格涅夫、果戈理、托尔斯泰等创作了大量优秀的散文作品，至今为人所称道。20世纪是一个科学经济大发展时期，也是社会矛盾重重、世界多元化发展加剧的时期。这一时期比较有名的散文创作者有切斯特顿、伍尔夫、阿兰、普鲁斯特、高尔基、肖洛霍夫、奥斯特洛夫斯基等。

从普遍性的角度看，中外文学有很多共通之处，譬如歌咏生命、赞美自然、抒发对社会人生的感悟等，都是人类永恒的文学主题。但由于语言、文化、心理等方面的差异，在观察世界的角度、思维的方式以及具体的风格上，中外文学之间还有许多区别，诗文的情趣也随时随地而异。譬如同样是抒写人伦、自然，依照朱光潜先生在《中西诗在情趣上的比较》一文中的说法："总观全体，我们可以说，西诗以直率胜，中诗以委婉胜；西诗以深刻胜，中诗以微妙胜；西诗以铺陈胜，中诗以简隽胜。"

选文欣赏

一、西风颂

雪　莱

【阅读提示】

《西风颂》是19世纪英国伟大的抒情诗人雪莱的代表作之一。雪莱自己曾解释了它的缘起：这首诗歌构思在佛罗伦萨附近阿诺河畔的一片树林里。那一天，雨从日落下起，狂风暴雨里夹带着冰雹，并且伴有阿尔卑斯山南地区所特有的气势宏伟的电闪雷鸣。大自然的雄伟乐章触发了诗人的灵感，自然界和人世间的狂风暴雨一同生起在他的笔下，倾泻为激昂慷慨的歌。

1

哦，狂暴的西风，秋之生命的呼吸！
你无形，但枯死的落叶被你横扫，
有如鬼魅碰到了巫师，纷纷逃避：

黄的，黑的，灰的，红得像患肺痨，
呵，重染疫疠的一群：西风呵，是你
以车驾把有翼的种子催送到

黑暗的冬床上，它们就躺在那里，
像是墓中的死穴，冰冷，深藏，低贱，
直等到春天，你碧空的姊妹吹起

她的喇叭，在沉睡的大地上响遍，
(唤出嫩芽，像羊群一样，觅食空中)
将色和香充满了山峰和平原。

不羁的精灵呵，你无处不远行；
破坏者兼保护者：听吧，你且聆听！

2

没入你的急流，当高空一片混乱，
流云像大地的枯叶一样被撕扯
脱离天空和海洋的纠缠的枝干。

成为雨和电的使者：它们飘落
在你的磅礴之气的蔚蓝的波面，
有如狂女的飘扬的头发在闪烁，
从天穹的最遥远而模糊的边沿
直抵九霄的中天，到处都在摇曳
欲来雷雨的卷发，对濒死的一年

你唱出了葬歌，而这密集的黑夜
将成为它广大墓陵的一座圆顶，
里面正有你的万钧之力的凝结；

那是你的浑然之气，从它会迸涌
黑色的雨，冰雹和火焰：哦，你听！

3

是你，你将蓝色的地中海唤醒，
而它曾经昏睡了一整个夏天，
被澄澈水流的回旋催眠入梦，

就在巴亚海湾的一个浮石岛边，
它梦见了古老的宫殿和楼阁
在水天辉映的波影里抖颤，

而且都生满青苔、开满花朵，
那芬芳真迷人欲醉！呵，为了给你

让一条路，大西洋的汹涌的浪波

把自己向两边劈开，而深在渊底
那海洋中的花草和泥污的森林
虽然枝叶扶疏，却没有精力；

听到你的声音，它们已吓得发青：
一边颤栗，一边自动萎缩：哦，你听！

4

哎，假如我是一片枯叶被你浮起，
假如我是能和你飞跑的云雾，
是一个波浪，和你的威力同喘息，
假如我分有你的脉搏，仅仅不如
你那么自由，哦，无法约束的生命！
假如我能像在少年时，凌风而舞

便成了你的伴侣，悠游天空
(因为呵，那时候，要想追你上云霄，
似乎并非梦幻)，我就不致像如今

这样焦躁地要和你争相祈祷。
哦，举起我吧，当我是水波、树叶、浮云！
我跌在生活的荆棘上，我流血了！

这被岁月的重轭所制服的生命
原是和你一样：骄傲、轻捷而不驯。

5

把我当作你的竖琴吧，有如树林：
尽管我的叶落了，那有什么关系！
你巨大的合奏所振起的音乐

将染有树林和我的深邃的秋意：
虽忧伤而甜蜜。呵，但愿你给予我
狂暴的精神！奋勇者呵，让我们合一！

请把我枯死的思想向世界吹落，

让它像枯叶一样促成新的生命！
哦，请听从这一篇符咒似的诗歌，

就把我的话语，像是灰烬和火星
从还未熄灭的炉火向人间播散！
让预言的喇叭通过我的嘴唇

把昏睡的大地唤醒吧！要是冬天
已经来了，西风啊，春日怎能遥远？

【知识链接】

珀西·比希·雪莱(1792—1822)，英国浪漫主义民主诗人、作家，第一位社会主义诗人、小说家、哲学家、散文随笔和政论作家、改革家、柏拉图主义者和理想主义者，受空想社会主义思想影响颇深。他的《西风颂》《云》《致云雀》等抒情诗，以及《被解放的普罗米修斯》，都成为世界文学史上的艺术珍品。雪莱被誉为“诗人中的诗人”，与乔治·戈登·拜伦并称为英国浪漫主义诗歌的“双子星座”。

【学以致用】

诗中“要是冬天已经来了，西风啊，春日怎能遥远”一句(有的译为“西风哟，如果冬天已经来到，春天还会远吗？”)广为流传，请结合生活感悟谈谈你的理解。

二、当你老了

叶 芝

【阅读提示】

1889 年 1 月 30 日，23 岁的叶芝第一次遇见了美丽的女演员茅德·冈，她时年 22 岁，是一位驻爱尔兰英军上校的女儿，不久前在她的父亲去世后继承了一大笔遗产。茅德·冈不仅美貌非凡，苗条动人，而且在感受到爱尔兰人民受到英裔欺压的悲惨状况之后，开始同情爱尔兰人民，毅然放弃了都柏林上流社会的社交生活而投身到争取爱尔兰民族独立的运动中来，并且成为领导人之一。《当你老了》是叶芝于 1893 年创作的一首诗歌，是叶芝献给友人茅德·冈热烈而真挚的爱情诗篇。

当你老了，头白了，睡意昏沉，

炉火旁打盹，请取下这部诗歌，
慢慢读，回想你过去眼神的柔和，
回想它们昔日浓重的阴影；

多少人爱你青春欢畅的时辰，
爱慕你的美丽，假意或真心，
只有一个人爱你那朝圣者的灵魂，
爱你衰老了的脸上痛苦的皱纹；

垂下头来，在红光闪耀的炉子旁，
凄然地轻轻诉说那爱情的消逝，
在头顶的山上它缓缓踱着步子，
在一群星星中间隐藏着脸庞。

【知识链接】

威廉·巴特勒·叶芝(1865—1939)，爱尔兰诗人、剧作家和散文家，著名的神秘主义者，是“爱尔兰文艺复兴运动”的领袖，英国后期象征主义诗人代表，1924年获诺贝尔文学奖。

【学以致用】

1. 诗的第一节着重描摹恋人晚年的生活图景，目的是什么？
2. “炉火”的意向是什么？在诗中有什么作用？
3. 诗的结尾体现了怎样的一种美？

三、论学问

培 根

【阅读提示】

《论学问》是培根《随笔集》58篇文章中最著名的一篇。文章分析了学习的主要的目的，不同人采取不同学习方法及学习是如何对人的性情品格产生潜移默化的影响。《论学问》的语言有气度并颇有说服力，结构简练而紧凑，向读者揭示了培根对学习的自然、客观态度。

读书为学的用途是娱乐、装饰和增长才识。在娱乐上学问的主要的用处是幽居养静；在装饰上学问的用处是辞令；在长才上学问的用处是对于事务的判断和处理。因为富于经验的人善于实行，也许能够对个别的事情一件一件地加以判断；但是最好的有关大体的议论和对事务的计划与布置，乃是从有学问的人来的。在学问上费时过多是偷懒；把学问过于用作装饰是虚假；完全依学问上的规则而断事是书生的怪癖。学问锻炼天性，而其本身又受经验的锻炼；盖人的天赋有如野生的花草，他们需要学问的修剪；而学问的本身，若不受经验的限制，则其所指示的未免过于笼统。多诈的人藐视学问，愚鲁的人羡慕学问，聪明的人运用学问；因为学问的本身并不教人如何用它们；这种运用之道乃是学问以外，学问以上的一种智能，是由观察体会才能得到的。不要为了辩驳而读书，也不要为了信仰与盲从；也不要为了言谈与议论；要以能权衡轻重、审察事理为目的。

有些书可供一尝，有些书可以吞下，有不多的几部书则应当咀嚼消化；这就是说，有些书只要读读他们的一部分就够了，有些书可以全读，但是不必过于细心地读；还有不多的几部书则应当全读、勤读，而且用心地读。有些书也可以请代表去读，并且由别人替我作出摘要来；但是这种办法只适于次要的议论和次要的书籍；否则录要的书就和蒸馏的水一样，都是无味的东西。

阅读使人充实，会谈使人敏捷，写作与笔记使人精确。因此，如果一个人写得很少，那么他就必须有很好的记性；如果他很少与人会谈，那么他就必须有很敏捷的机智；并且假如他读书读得很少的话，那么他就必须要有很大的狡黠之才，才可以强不知以为知。史鉴使人明智；诗歌使人巧慧；数学使人精细；博物使人深沉；伦理之学使人庄重；逻辑与修辞使人善辩。“学问变化气质”。不特如此，精神上的缺陷没有一种是不能由相当的学问来补救的：就如同肉体上各种的病患都有适当的运动来治疗似的。踢球有益于结石和肾脏；射箭有益于胸肺；缓步有益于胃；骑马有益于头脑；诸如此类。同此，如果一个人心志不专，他顶好研究数学；因为在数学的证理之中，如果他的精神稍有不专，他就非从头再做不可。如果他的精神不善于辨别异同，那么他最好研究经院学派的著作，因为这一派的学者是条分缕析的人；如果他不善于推此知彼，旁征博引，他顶好研究律师们的案卷。

如此看来，精神上各种的缺陷都可以有一种专门的补救之方了。

【知识链接】

弗朗西斯·培根(1561—1626)，英国文艺复兴时期散文家、哲学家。英国唯物主义哲学家，实验科学的创始人，是近代归纳法的创始人，又是给科学研究程序进行逻辑组织化的先驱。主要著作有《新工具》《论科学的增进》以及《学术的伟大复兴》等。他以哲学家的眼光，思考了广泛的人生问题，写出了许多形式短小、风格活泼的随笔小品，集成《培根随笔》。

【学以致用】

1. 培根对学问的个人看法是什么？这与他所主张的“知识就是力量”有什么关系？

2. 培根认为，学问对人精神的影响和学问可以补救人精神上的缺陷。请结合学习生活感受谈谈你的看法。

四、生活在大自然的怀抱里

卢　梭

【阅读提示】

由于参与革命，作者卢梭遭法国当局通缉。在此期间，是大自然给了他最大的安慰。他每天早上早早出门，来到一处竹林里，沉醉在大自然的风光中，也想象着故居的美景。大自然给予他的，是思想及灵魂的自由。本文表面上是写大自然，实际上也是在论自由，表达了作者热爱自然、崇尚自由、蔑视世俗观念的思想感情。

为了到花园里看日出，我比太阳起得更早；如果这是一个晴天，我最殷切的期望是不要有信件或来访扰乱这一天的清宁。我用上午的时间做各种杂事。每件事都是我乐意完成的，因为这都不是非立即处理不可的急事，然后我匆忙用膳，为的是躲避那些不受欢迎的来访者，并且使自己有一个充裕的下午。即使最炎热的日子，在中午一时前我就顶着烈日带着芳夏特[1]出发了。

由于担心不速之客会使我不能脱身，我加紧了步伐。可是，一旦绕过一个拐角，我觉得自己得救了，就激动而愉快地松了口气，自言自语说：“今天下午我是自己的主宰了！”从此，我迈着平静的步伐，到树林中去寻觅一个荒野的角落，一个人迹不至因而没有任何奴役和统治印记的荒野的角落，一个我相信在我之前从未有人到过的幽静的角落，那儿不会有令人厌恶的第三者跑来横隔在大自然和我之间。

那儿，大自然在我眼前展开一幅永远清新的华丽的图景。金色的燃料木、紫红的欧石南非常繁茂，给我深刻的印象，使我欣悦；我头上树木的宏伟、我四周灌木的纤丽、我脚下花草的惊人的纷繁使我目不暇接，不知道应该观赏还是赞叹；这么多美好的东西争相吸引我的注意力，使我眼花缭乱，使我在每件东西面前流连，从而助长我懒惰和爱空想的习气，使我常常想：“不，全身辉煌的所罗门[2]也无法同它们当中任何一个相比。”

我的想象不会让如此美好的土地长久渺无人烟。我按自己的意愿在那儿立即安排了居民，我把舆论、偏见和所有虚假的感情远远驱走，使那些配享受如此佳境的人迁进这大自然的乐园。我将把他们组成一个亲切的社会，而我相信自己并非其中不相称的成员。

我按照自己的喜好建造一个黄金的世纪，并用那些我经历过的给我留下甜美记忆的情景和我的心灵还在憧憬的情境充实这美好的生活，我多么神往人类真正的快乐，如此甜美、如此纯洁，但如今已经远离人类的快乐。甚至每当念及此，我的眼泪就夺眶而出！啊！这个时刻，如果有关巴黎、我的世纪、我这个作家的卑微的虚荣心的念头来扰乱我的遐想，我就怀着无比的轻蔑立即将它们赶走，使我能够专心陶醉于这些充溢我心灵的美妙的感情！然而，在遐想中，我承认，我幻想的虚无有时会突然使我的心灵感到痛苦。甚至即使我所有的梦想变成现实，我也不会感到满足：我还会有新的梦想、新的期望、新的憧憬。我觉得我身上有一种没有什么东西能够填满的无法解释的空虚，有一种虽然我无法阐明、但我感到需要的对某种其他快乐的向往。然而，先生，甚至这种向往也是一种快乐，因为我从而充满一种强烈的感情和一种迷人的感伤——而这都是我不愿意舍弃的东西。

我立即将我的思想从低处升高，转向自然界所有的生命，转向事物普遍的体系。此刻我的心灵迷失在大千世界里，我停止思维，我停止冥想，我停止哲学的推理；我怀着快感，感到肩负着宇宙的重压，我陶醉于这些伟大观念的混杂，我喜欢任由我的想象在空间驰骋；我禁锢在生命的疆界内的心灵感到这儿过分狭窄，我在天地间感到窒息，我希望投身到一个无限的世界中去，我相信，如果我能够洞悉大自然所有的奥秘，我也许不会体会这种令人惊异的心醉神迷，而处在一种没有那么甜美的状态里；我的心灵所沉湎的这种出神入化的佳境使我在亢奋激动中有时高声呼唤："啊，伟大的大自然呀！啊，伟大的大自然呀！"但除此之外，我不能讲出也不能思考任何别的东西。

【注释】

[1] 芳夏特：卢梭所养的一条狗的名字。

[2] 所罗门：古代以色列国王，传说是历史上最有智慧和最富裕的国王。

【知识链接】

让-雅克·卢梭(1712—1778)，法国18世纪启蒙思想家、哲学家、教育家、文学家，民主政论家和浪漫主义文学流派的开创者，启蒙运动代表人物之一。主要著作有《论人类不平等的起源和基础》《社会契约论》《爱弥儿》《忏悔录》《新爱洛伊丝》《植物学通信》等。

【学以致用】

1. 作者希望"按照自己的喜好建造一个黄金的世纪"，从文中看，这个"黄金的世纪"有什么特点？从中可以看出作者怎样的思想和追求？

2. 有人说自然和社会是对立的，自然和社会又是相通的，结合这篇课文内容和自己的生活感受，谈谈你对这句话的理解。

第二节 小 说

在欧洲，小说作为一种艺术形式，被视为“是史诗和戏剧这两种伟大文学形式的共同后裔”。古希腊史诗、戏剧取得巨大成绩时，用散文形式写的小说还没有出现。直到中世纪，在英雄史诗、骑士传说和民间故事中，才能见到欧洲近代小说的萌芽。一般认为，文艺复兴时意大利的薄伽丘以其《十日谈》开欧洲近代小说的先河。18 世纪，欧洲由“戏剧的世纪”进入到“小说的世纪”，小说这种文学样式得到正式确立，其中英国、法国、德国的小说创作取得了令人瞩目的成绩。到 19 世纪，欧洲小说进入发展的高峰期，作家队伍之大，作品之多，质量之高，都是空前的。比如，司各特的《艾凡赫》，缪塞的《一个世纪儿的忏悔》，乔治·桑的《魔沼》《小法岱特》，雨果的《巴黎圣母院》《悲惨世界》《海上劳工》《九三年》，梅里美的《高龙巴》《嘉尔曼》，司汤达的《红与黑》，巴尔扎克的《高老头》《欧也妮·葛朗台》，福楼拜的《包法利夫人》，左拉的《萌芽》，莫泊桑的《俊友》《羊脂球》，狄更斯的《艰难时世》《双城记》《大卫·科波菲尔》，萨克雷的《名利场》，夏洛蒂·勃朗特的《简·爱》，艾米丽·勃朗特的《呼啸山庄》，哈代《德伯家的苔丝》，马克·吐温的《哈克贝利·费恩历险记》，果戈理的《死魂灵》，屠格涅夫的《罗亭》《贵族之家》《猎人笔记》，托尔斯泰的《战争与和平》《安娜·卡列尼娜》等。

小说这种文学体裁一经产生，即赢得了大批读者的喜爱，也获得了迅速的发展。时至今日，作为一种流行的文学体裁，小说仍魅力不减；不论长篇小说、中篇小说，还是短篇小说，都拥有比其他文学体裁更广泛的读者群。特别是短篇小说，因其篇幅短、成稿易、较快地反映社会现实，作者可据此“以一目尽传精神”，读者亦可从中“借一斑而窥全豹”，故而历来受到读者的钟爱。对此，早在 1929 年，鲁迅先生就有言：“在巍峨灿烂的巨大的纪念碑底的文学之旁，短篇小说也依然有着存在的充足的权利。”在谈及短篇小说之所以拥有众多读者的原因时，他说：“在现在的环境中，人们忙于生活，无暇来看长篇，自然也是短篇小说繁荣的很大原因之一。”我们现今的时代，固然与鲁迅先生的时代大异其趣，然而，“忙碌”却仍是人们生活的主调，期望忙碌的现代人花费大量时间阅读大部头的长篇，似乎有点难。

世界短篇小说浩如烟海，其间之佳作同样卷帙浩繁。其中最为脍炙人口的要数世界三大短篇小说巨匠莫泊桑、契诃夫、欧·亨利的代表作品。这些短篇小说作品，或以情节见长，或以技巧见长，充溢着思想之美、文学之美与语言之美；它们历久弥新，从中可以读出自己内心隐秘的声音，可以洞见人性的丰富与深刻，可以使自己的内心世界丰饶、滋润起来，加深对人生、自我与生命的理解。另外，通过阅读和欣赏这些外国经典短篇小说，还可以掌握一些必要的小说欣赏知识，了解小说细读的多种角度，理解不同时代、不同国家短篇小说的风格特点、审美旨趣，深化对历史、社会、人生的认识，提高文学素养和文化修养。

选文欣赏

一、米龙老爹

莫泊桑

【阅读提示】

1870年7月普法战争爆发，法国大部分领土处在普鲁士军队的铁蹄之下。面对普军的蹂躏，统治阶级官僚或通敌媚外、或望风而逃、或苟且偷生；而广大下层人民却站出来，与侵略者进行了殊死的斗争，表现出可歌可泣的爱国主义精神。莫泊桑有鉴于此，满怀激情地写下了许多讴歌下层人民英勇杀敌和维护民族尊严的短篇小说。《米龙老爹》于1883年5月22日发表于《高卢人日报》，描述一个普通法国农民米龙老爹孤胆杀敌的故事，成功地塑造了一个机智勇敢、大义凛然的农民英雄形象，表现出法国人民抗击侵略者的英雄主义和维护民族尊严的爱国主义精神。

一个月以来，烈日在田地上展开了炙人的火焰。喜笑颜开的生活都在这种火雨下面出现了，地面上一望全是绿的，蔚蓝的天色一直和地平线相接。那些在平原上四处散布的诺曼底省的田庄，在远处看来像是一些围在细而长的山毛榉树的圈子里的小树林子。然而走到跟前，等到有人打开了天井边的那扇被虫蛀坏的栅栏门，却自信是看见了一个广阔无边的园子，因为所有那些像农夫身体一般骨干嶙峋的古老苹果树正都开着花。乌黑勾曲的老树干在天井里排列成行，在天空之下展开它们那些雪白而且粉红的光彩照人的圆顶。花的香气和敞开的马房里的浓厚气味以及正在发酵的兽肥的蒸气混在一块儿——兽肥的上面是被成群的鸡盖满了的。

已经是日中了。那一家人正在门前的梨树的阴影下面吃午饭：男女家长，四个孩子，两个女长工和三个男长工。他们几乎没有说话。他们吃着菜羹，随后他们揭开了那盘做荤菜的马铃薯煨咸肉。

一个女长工不时立起身来，走到储藏饮食物品的房里，去斟满那只盛苹果酒的大罐子。

男人，年约四十的强健汉子，端详他房屋边的一枝赤裸裸的没有结实的葡萄藤，它曲折得像一条蛇，在屋檐下面沿着墙发展。

末了他说："老爹这枝葡萄，今年发芽的时候并不迟。也许可以结果子了。"

妇人也回过头来端详，却一个字也不说。

那枝葡萄，正种在老爹从前被人枪决的地点。

那是1870年打仗时候的事。普鲁士人占领了整个地方。法国的裴兑尔白将军正领着北军抵抗他们。

普军的参谋处正驻扎在这个田庄上。庄主是个年老的农人，名叫彼德的米龙老爹，竭力款待他们，安置他们。

一个月以来，普军的先头部队留在这个村落里做侦察工作。法军却在相距十法里内外一带地方静伏不动；然而每天夜晚，普兵总有好些骑兵失踪。

凡是那些分途到附近各处去巡逻的人，若是他们只是两三个成为一组出发的，都从没有转来过。

到早上，有人在一块地里，一个天井旁边，一条壕沟里，寻着了他们的尸首。至于他们的马也伸着腿倒在大路上，项颈被人一刀割开了。

这类的暗杀举动，仿佛是被一些同样的人干的，然而普兵没有法子破案。

地方上感到恐怖了。许多乡下人，每每因为一个简单的告发就被普兵枪决了，妇女们也被他们拘禁起来了，他们原来想用恐吓手段使儿童们有所透漏，结果却什么也没有发现。

但是某一天早上，他们瞧见了米龙老爹躺在自己的马房里，脸上有一道刀伤。

两个刺穿了肚子的普国骑兵在一个和这庄子相距三公里远的地方被人寻着了，其中的一个，手里还握着他那件血迹模糊的马刀，可见这一个是曾经格斗过的，自卫过的。

一场军事审判立刻在这庄子前面的露天里开庭了，那老头子被人带过来了。

他的年龄是68岁。身材矮瘦，脊梁是略带弯曲的，两只大手简直像一对蟹螯。一头稀疏得像是乳鸭羽绒样的乱发，使得他头颅上的肌肉随处都可以被人望见。项颈上的枯黄而起皱的皮显出好些粗的静脉管，这些静脉管延到腮骨边失踪却又在鬓角边出现。在本地，他是一个以难于妥协和吝啬出名的人。

他们教他站在一张由厨房搬到外面的小桌子跟前，前后左右有四个普兵看守。五个军官和团长坐在他的对面。

团长用法国话发言了：

"米龙老爹，自从到了这里以后，我们对于您，除了夸奖以外真没有一句闲话。在我们看来，您对于我们始终是殷勤的，并且甚至可以说是很肯留心的。但是您今日却有一件很可怕的事被人告发了，自然非问个明白不成。您脸上的那道伤是怎样来的呢？"

那个乡下人一个字也不回答。

团长接着又说：

"您现在不说话，这就定了您的罪，米龙老爹，但是我要您回答我，您听见没有？您知道今天早上在伽尔卫尔附近寻着的那两个骑兵是谁杀的吗？"

那老翁干脆地答道：

"是我。"

团长吃了一惊，缄默了一会，双眼盯着这个被逮捕的人了。米龙老爹用他那种乡下人发呆的神气安闲自在地待着，双眼如同向他那个教区的神父说话似的低着没有抬起来。

唯一可以显出他心里慌张的事，就是他如同喉管完全被人扼住了一般，所以用一阵看得明白的劲儿不断地吞咽自己的口水。

这老翁的一家人：儿子约翰、儿媳妇和两个孙子，都惊慌失措地立在他后面十步内外的地方。

团长接着又说：

“您可也知道这一月以来，每天早上，我们部队里那些被人在田里寻着的侦察兵是被谁杀了的吗?”

老人用同样的乡愚式的安闲自在态度回答：

“是我。”

“全体都是您杀的吗?”

“全体，对呀，是我。”

“您一个人?”

“我一个人。”

“您从前怎样着手干的，告诉我罢。”

这一回，那汉子现出了心焦的样子，因为事情非得多说话不可，这显然使他为难。他吃着嘴说：

“我现在哪儿还知道?我从前做的正同发现了的事一样。”

团长接着说：

“我通知您，您非全盘告诉我们不可。您很可以立刻就打定主意。您从前怎样开始的呢?”

那汉子向着他那些立在后面注意的家属不放心地瞧了一眼，又迟疑了一会儿，后来突然打定了主意：

“我记得那是某一天夜晚，你们到这里来的第二天夜晚，也许在10点钟光景，您和您的弟兄们，用过我250多个金法郎的草料和一条牛两只羊。我当时想道：他们就是接连再来拿我100个，我一样会问他们讨回来。并且那时候我心上还有别样的盘算，等会儿我再对您说。我望见了你们有一个骑兵坐在我的仓后面的壕沟边抽烟斗。我取下了我的镰刀，蹑着脚从后面掩过去，使他听不见一点声音。蓦地一下，只有一下，我就如同割下一把小麦似的割下了他的脑袋，他当时连说一下‘喔’的功夫都没有得到。您只需在水荡里去寻：您就会发现他和一块顶住栅栏门的石头一齐装在一只装煤的口袋里。”

“我那时就有了我的盘算。我剥下了他全身的服装配备，从靴子剥到帽子，后来一齐送到了那个名叫马丁的树林子里的石灰窑的地道后面藏好。”

那老翁不作声了。那些感到惊惶的军官面面相觑了。后来讯问又开始了，下文就是他们所得的口供：

那汉子干了这次谋杀敌兵的勾当，心里就存着这个观念：“杀些普鲁士人罢！”原来他用热忱爱国的农人的智勇兼备的心计憎恨他们。正如他说的一样，他是有他的盘算的。他等了几天。

普军听凭他自由来去，随意出入，因为他对于战胜者的退让是用很多的服从和殷勤态度表示的，他并且由于和普兵常有往来学会了几句必要的德国话。现在，他每天傍晚总看见有些传令兵出发，他听明白那些骑兵要去的村落名称以后，就在某一个夜晚出门了。

他由他的天井里走出来，溜到了树林里，进了石灰窑，再钻到了窑里那条长地道的末端，最后在地上寻着了那个死兵的服装和配备，就把自己穿戴停当。

后来他在田里徘徊一阵，为了免得被人发觉，他沿着那些土坎子爬着走，他听见极小的声响，就像一个偷着打猎的人一样放心不下。

到他认为钟点已经到了的时候，于是向着大路前进，后来就躲在矮树丛里了。他依然等着。末了，在夜半光景，一阵马蹄的"大走"声音在路面的硬土上响起来了。为了判断前面来的是否只有一个单独的骑兵，这汉子先把耳朵贴在地上，随后他就准备起来。

骑兵带着一些紧要文件用"大走"步儿走过来了，那汉子睁眼张耳地走过去。等到相隔不过十来步，米龙老爹就横在大路上像受了伤似的爬着走，一面用德国话喊着"救人呀！救人呀！"骑兵勒住了马，认明白那是一个失了坐骑的德国兵，以为他是受了伤的，于是滚鞍下马，毫不疑虑地走近前来，他刚刚俯着身躯去看这个素不相识的人，肚皮当中却吃了米龙老爹的马刀的弯弯儿的长刃。他倒下来了，立刻死了，只用最后的颤抖动作挣扎了几下。

于是这个诺曼底人感到一种老农式的无声快乐因而心花怒发了，自己站起来了，并且为了闹着玩儿又割断了那尸首的头颈。随后他把尸首拖到壕沟边就扔在那里面。

那匹安静的马等候他的主人。米龙老爹骑了上去，教它用"大颠"的步儿穿过平原走开了。

一小时以后，他又看见两个归营的骑兵并辔而来。他一直对准他们赶过去，又用德国话喊着"救人！救人！"那两个普兵认明了军服，让他走近前来，绝没有一点疑忌。于是他，老翁，像弹丸一般在他们两人之间溜过去，一马刀一手枪，同时干翻了他们两个人。

随后他又宰了那两匹马，那都是德国马！然后从容地回到了石灰窑，把自己骑过的那匹马藏在那阴暗的地道中间。他在那里卸了军服，重新披上了他自己那套破衣裳，末了回家爬到床上，一直睡到第二天早晨。

他有四天没有出门，等候那场业已开始的侦查的公案的结束，但是，第五天，他又出去了，并且又用相同的计略杀了两个普兵。从此他不再住手了，每天夜晚，他总逛到外面去找机会，骑着马在月光下面驰过荒废无人的田地，时而在这里，时而在那里，如同一个迷路的德国骑兵，一个专以猎取人头的猎人似的，杀过了一些普鲁士人。每次，工作完了以后，这个年老的骑士任凭那些尸首横在大路上，自己却回到了石灰窑，藏起了自己的坐骑和军服。

第二天日中光景，他安闲地带些清水和草料去喂那匹藏在地道中间的马，为了要它担负一个重大的工作，他是不惜工本去喂它的。

但是，被审的前一天，那两个被他袭击的人，其中有一个很能够抵抗，并且在乡下老翁的脸上割了一刀。

然而他把那两个一齐杀死了！他依然又转来藏好了那匹马，换好了他的破衣裳，但是回家的时候，他衰弱得精疲力竭了，只能勉强拖着脚步走到了马房跟前，再也不能回到房子里。

有人在马房里发现了他浑身是血，躺在那些麦秸上面……

等到他口供完了之后，他突然抬起头来自负地瞧着那些普鲁士军官。

那团长抚弄着自己的髭须，向他问：

“您再没有旁的话要说吗?”

“没有。再也没有，账目是公正的：我一共杀了16个，一个不多，一个不少。”

“您可知道自己快要死吗?”

“我没有向您要求赦免。”

“您当过兵吗?”

“当过，我从前打过仗。并且从前也就是你们杀了我的爹，他老人家是一世皇帝的部下。我还应该算到上一个月，你们又在艾弗勒附近杀了我的小儿子法朗索阿。从前你们欠了我的账，现在我讨清楚了。我们现在是收付两讫。”

军官们彼此面面相觑了。

老翁接着又说：

“8个算是替我的爹讨还了账，8个算是替我儿子讨还的。我们是收付两讫了。我本不要找你们惹事，我！我不认识你们！我也不知道你们是从哪儿来的。现在你们已经在我家里，并且要这样，要那样，像在你们自己家里一般。我如今在旁的那些人身上复了仇。我一点也不后悔。”

老翁挺起了关节不良的脊梁，并且用一种谦逊的英雄的休息姿势在胸前叉起了两只胳膊。

那几个普鲁士人低声谈了好半天。其中有一个上尉，他也在上一个月有一个儿子阵亡，这时候，他替这个志气高尚的穷汉辩护。

于是团长站起来走到米龙老爹身边，并且低声向他说：

“你听明白，老头儿，也许有一个法子救您性命，就是要……”

但是那老翁绝不细听，向着战胜的军官竖直了两只眼睛，这时候，一阵微风搅动了他头颅上的那些稀少的头发，他那副伤痕显然的瘦脸儿突然大起收缩显出一副怕人的难看样子，他终于鼓起了他的胸膛，向那普鲁士人劈面唾了一些唾沫。

团长发呆了，扬起了一只手，而那汉子又向他的脸上唾了第二次。

所有的军官都站起了，并且同时喊出了好些道命令。

不到一分钟，那个始终安闲自在的老翁被人推到了墙边，那时候他才向着他的长子约翰、他的儿媳妇和他的两个孙子送了一阵微笑，他们都惶惑万分地望着他，他终于立刻被人枪决了。

【知识链接】

居伊·德·莫泊桑(1850—1893)，19世纪后半期法国优秀的批判现实主义作家，被誉为现代文学中的“世界短篇小说之王”，与俄国契诃夫和美国欧·亨利并称为“世界三大短篇小说巨匠”。他一生创作了6部长篇小说、359篇中短篇小说及3部游记，是法国文学史上短篇小说创作数量最大、成就最高的作家。代表作品有《项链》《漂亮朋友》《羊脂球》《我的叔叔于勒》等。

【学以致用】

1. 小说开头对丰收在望的景象描写有什么作用？
2. 请分析米龙老爹的人物形象。
3. 小说的叙述人称都有什么变化？对此，有人认为好，有人认为不好。请谈谈你的看法。

二、苦恼

契诃夫

【阅读提示】

19世纪80年代，俄国正处于沙皇统治下的黑暗时期。70年代兴起的民粹派“到民间去”的运动，由于无视资本主义发展的事实，得不到农民的支持而最终失败。进入80年代后，他们转而采取暗杀手段来推翻专制制度。虽然他们成功地刺杀了沙皇亚历山大二世，但亚历山大三世即位后，便开始了更加残酷的血腥镇压，革命者成批地被绞死和流放，知识分子中出现了普遍的绝望情绪，丧失了以往的那种革命信念和斗争精神。窒息的政治空气也使许多人变得麻木、冷漠，充满了庸俗的市侩习气。契诃夫的青少年时代是在贫困中度过的，因此他对下层人民生活的苦难和不幸深有体会。《苦恼》写于1886年，沙俄的残酷统治使许多人思想麻木冷漠，不愿意正视社会现实。小说讲述的是一个小人物的故事，是一篇反映劳动人民内心痛苦的抒情心理小说。小说一方面揭示了社会底层劳动人民的悲惨命运和不幸的处境，另一方面也揭露了旧俄社会里人情冷漠、人甚至不如动物通人性的不正常的社会现象，并对黑暗的现实做了深刻的揭露。

我向谁去诉说我的悲伤？……

暮色昏暗。大片的湿雪绕着刚点亮的街灯懒洋洋地飘飞，落在房顶、马背、肩膀、帽子上，积成又软又薄的一层。车夫姚纳·波达波夫周身雪白，像是一个幽灵。他在赶车座位上坐着，一动也不动，身子往前伛着，伛到了活人的身子所能伛到的最大限度。即使有一个大雪堆倒在他的身上，仿佛他也会觉得不必把身上的雪抖掉似的。……他那匹小马也是一身白，也是一动都不动。它那呆呆不动的姿态、它那瘦骨嶙峋的身架、它那棍子般直挺挺的腿，使它活像那种花一个戈比就能买到的马形蜜糖饼干。它多半在想心思。不论是谁，只要被人从犁头上硬拉开，从熟悉的灰色景致里硬拉开，硬给丢到这儿来，丢到这个充满古怪的亮光、不停地喧嚣、熙攘的行人的旋涡当中来，那他就不会不想心事。……

姚纳和他的瘦马已经有很久停在那个地方没动了。他们还在午饭以前就从大车店里出来，至今还没拉到一趟生意。可是现在傍晚的暗影已经笼罩全城。街灯的黯淡的光已经变得明亮生动，街上也变得热闹起来了。

"赶车的，到维堡区。去！"姚纳听见了喊声。"赶车的！"

姚纳猛地哆嗦一下，从粘着雪花的睫毛里望出去，看见一个军人，穿一件戴风帽的军大衣。

"到维堡区去！"军人又喊了一遍。"你睡着了还是怎么的？到维堡区去！"

为了表示同意，姚纳就抖动一下缰绳，于是从马背上和他肩膀上就有大片的雪撒下来。……那个军人坐上了雪橇。车夫吧嗒着嘴唇叫马往前走，然后像天鹅似的伸长了脖子，微微欠起身子，与其说是由于必要，不如说是出于习惯地挥动一下鞭子。那匹瘦马也伸长脖子，弯起它那像棍子一样的腿，迟疑地离开原地走动起来了。……"你往哪儿闯，鬼东西！"姚纳立刻听见那一团团川流不息的黑影当中发出了喊叫声。

"鬼把你支使到哪儿去啊？靠右走！"

"你连赶车都不会！靠右走！"军人生气地说。

一个赶轿式马车的车夫破口大骂。一个行人恶狠狠地瞪他一眼，抖掉自己衣袖上的雪，行人刚刚穿过马路，肩膀撞在那匹瘦马的脸上。姚纳在赶车座位上局促不安，像是坐在针尖上似的，往两旁撑开胳膊肘，不住转动眼珠，就跟有鬼附了体一样，仿佛他不明白自己是在什么地方，也不知道为什么在那儿似的。

"这些家伙真是混蛋！"那个军人打趣地说。"他们简直是故意来撞你，或者故意要扑到马蹄底下去。他们这是互相串通好的。"

姚纳回过头去瞧着乘客，努动他的嘴唇。……他分明想要说话，然而从他的喉咙里却没有吐出一个字来，只发出咝咝的声音。

"什么？"军人问。

姚纳撇着嘴苦笑一下，嗓子眼用一下劲，这才沙哑地说出口："老爷，那个，我的儿子……这个星期死了。"

"哦！……他是害什么病死的？"

姚纳掉转整个身子朝着乘客说：

"谁知道呢，多半是得了热病吧。……他在医院里躺了三天就死了。……这是上帝的旨意哟。”

“你拐弯啊，魔鬼！”黑地里发出了喊叫声。“你瞎了眼还是怎么的，老狗！用眼睛瞧着！”

“赶你的车吧，赶你的车吧，……”乘客说。“照这样走下去，明天也到不了。快点走！”

车夫就又伸长脖子，微微欠起身子，用一种稳重的优雅姿势挥动他的鞭子。后来他有好几次回过头去看他的乘客，可是乘客闭上眼睛，分明不愿意再听了。他把乘客拉到维堡区以后，就把雪橇赶到一家饭馆旁边停下来，坐在赶车座位上伛下腰，又不动了。……湿雪又把他和他的瘦马涂得满身是白。一个钟头过去，又一个钟头过去了。……人行道上有三个年轻人路过，把套靴踩得很响，互相诟骂，其中两个人又高又瘦，第三个却矮而驼背。

“赶车的，到警察桥去！”那个驼子用破锣般的声音说。

“一共三个人。……二十戈比！”

姚纳抖动缰绳，吧嗒嘴唇。二十戈比的价钱是不公道的，然而他顾不上讲价了。……一个卢布也罢，五戈比也罢，如今在他都是一样，只要有乘客就行。……那几个青年人就互相推搡着，嘴里骂声不绝，走到雪橇跟前，三个人一齐抢到座位上去。这就有一个问题需要解决：该哪两个坐着，哪一个站着呢？经过长久的吵骂、变卦、责难以后，他们总算做出了决定：应该让驼子站着，因为他最矮。

“好，走吧！”驼子站在那儿，用破锣般的嗓音说，对着姚纳的后脑壳喷气。

“快点跑！嘿，老兄，瞧瞧你的这顶帽子！全彼得堡也找不出比这更糟的了。……”

“嘻嘻，……嘻嘻，……”姚纳笑着说。

“凑合着戴吧。……”

“喂，你少废话，赶车！莫非你要照这样走一路？是吗？要给你一个脖儿拐吗？……”

“我的脑袋痛得要炸开了，……”一个高个子说。“昨天在杜克玛索夫家里，我跟瓦斯卡一块儿喝了四瓶白兰地。”

“我不明白，你何必胡说呢？”另一个高个子愤愤地说。

“他胡说八道，就跟畜生似的。”

“要是我说了假话，就叫上帝惩罚我！我说的是实情。……”

“要说这是实情，那么，虱子能咳嗽也是实情了。”

“嘻嘻！”姚纳笑道，“这些老爷真快活！”

“呸，见你的鬼！……”驼子愤慨地说。“你到底赶不赶车，老不死的？难道就这样赶车？你抽它一鞭子！唷，魔鬼！唷！使劲抽它！”

姚纳感到他背后驼子的扭动的身子和颤动的声音。他听见那些骂他的话，看到这几个人，孤单的感觉就逐渐从他的胸中消散了。驼子骂个不停，诌出一长串稀奇古怪的骂人话，直骂得透不过气来，连连咳嗽。那两个高个子讲起一个叫娜杰日达·彼得罗芙娜的女人。姚纳不住地回过头去看他们。正好他们的谈话短暂地停顿一下，他就再次回过头去，嘟嘟哝哝说：“我的……那个……我的儿子这个星期死了！”

“大家都要死的，……”驼子咳了一阵，擦擦嘴唇，叹口气说。“得了，你赶车吧，你赶车吧！诸位先生，照这样的走法我再也受不住了！他什么时候才会把我们拉到呢？”

“那你就稍微鼓励他一下，……给他一个脖儿拐！”

“老不死的，你听见没有？真的，我要揍你的脖子了！……跟你们这班人讲客气，那还不如索性走路的好！……你听见没有，老龙[1]？莫非你根本就不把我们的话放在心上？”

姚纳与其说是感到，不如说是听到他的后脑勺上啪的一响。

“嘻嘻，……”他笑道。“这些快活的老爷，……愿上帝保佑你们！”

“赶车的，你有老婆吗？”高个子问。

“我？嘻嘻，……这些快活的老爷！我的老婆现在成了烂泥地啰。……哈哈哈！……在坟墓里！……现在我的儿子也死了，可我还活着。……这真是怪事，死神认错门了。……它原本应该来找我，却去找了我的儿子。……”姚纳回转身，想讲一讲他儿子是怎样死的，可是这时候驼子轻松地呼出一口气，声明说，谢天谢地，他们终于到了。

姚纳收下二十戈比以后，久久地看着那几个游荡的人的背影，后来他们走进一个黑暗的大门口，不见了。他又孤身一人，寂静又向他侵袭过来。……他的苦恼刚淡忘了不久，如今重又出现，更有力地撕扯他的胸膛。姚纳的眼睛不安而痛苦地打量街道两旁川流不息的人群：在这成千上万的人当中有没有一个人愿意听他倾诉衷曲呢？然而人群奔走不停，谁都没有注意到他，更没有注意到他的苦恼。……那种苦恼是广大无垠的。如果姚纳的胸膛裂开，那种苦恼滚滚地涌出来，那它仿佛就会淹没全世界，可是话虽如此，它却是人们看不见的。

这种苦恼竟包藏在这么一个渺小的躯壳里，就连白天打着火把也看不见。……姚纳瞧见一个扫院子的仆人拿着一个小蒲包，就决定跟他攀谈一下。

“老哥，现在几点钟了？”他问。

“九点多钟。……你停在这儿干什么？把你的雪橇赶开！”

姚纳把雪橇赶到几步以外去，伛下腰，听凭苦恼来折磨他。……他觉得向别人诉说也没有用了。……可是五分钟还没过完，他就挺直身子，摇着头，仿佛感到一阵剧烈的疼痛似的；他拉了拉缰绳。……他受不住了。

“回大车店去，”他想。“回大车店去！”

那匹瘦马仿佛领会了他的想法，就小跑起来。大约过了一个半钟头，姚纳已经在一个肮脏的大火炉旁边坐着了。炉台上，地板上，长凳上，人们鼾声四起。空气又臭又闷。姚纳瞧着那些睡熟的人，搔了搔自己的身子，后悔不该这么早就回来。……

“连买燕麦[2]的钱都还没挣到呢，”他想。“这就是我会这么苦恼的缘故了。一个人要是会料理自己的事，……让自己吃得饱饱的，自己的马也吃得饱饱的，那他就会永远心平气和。……”墙角上有一个年轻的车夫站起来，带着睡意嗽一嗽喉咙，往水桶那边走去。

“你是想喝水吧？”姚纳问。

“是啊，想喝水！”

“那就痛痛快快地喝吧。……我呢，老弟，我的儿子死了。……你听说了吗？这个星期在医院里死掉的。……竟有这样的事！”

姚纳看一下他的话产生了什么影响，可是一点影响也没看见。那个青年人已经盖好被子，连头蒙上，睡着了。老人就叹气，搔他的身子。……如同那个青年人渴望喝水一样，他渴望说话。他的儿子去世快满一个星期了，他却至今还没有跟任何人好好地谈一下这件事。……应当有条有理，详详细细地讲一讲才是。……应当讲一讲他的儿子怎样生病，怎样痛苦，临终说过些什么话，怎样死掉。……应当描摹一下怎样下葬，后来他怎样到医院里去取死人的衣服。他有个女儿阿尼霞住在乡下。……关于她也得讲一讲。……是啊，他现在可以讲的还会少吗？听的人应当惊叫，叹息，掉泪。……要是能跟娘们儿谈一谈，那就更好。她们虽然都是蠢货，可是听不上两句就会哭起来。

“去看一看马吧，”姚纳想。“要睡觉，有的是时间。……不用担心，总能睡够的。”

他穿上衣服，走到马房里，他的马就站在那儿。他想起燕麦、草料、天气。……关于他的儿子，他独自一人的时候是不能想的。……跟别人谈一谈倒还可以，至于想他，描摹他的模样，那太可怕，他受不了。……“你在吃草吗？”姚纳问他的马说，看见了它的发亮的眼睛。“好，吃吧，吃吧。……既然买燕麦的钱没有挣到，那咱们就吃草好了。……是埃……我已经太老，不能赶车了。……该由我的儿子来赶车才对，我不行了。……他才是个地道的马车夫。……只要他活着就好了。……”姚纳沉默了一忽儿，继续说：“就是这样嘛，我的小母马。……库兹玛·姚内奇不在了。……他下世了。……他无缘无故死了。……比方说，你现在有个小驹子，你就是这个小驹子的亲娘。……忽然，比方说，这个小驹子下世了。……你不是要伤心吗？”

那匹瘦马嚼着草料，听着，向它主人的手上呵气。

姚纳讲得入了迷，就把他心里的话统统对它讲了。……

【注释】

[1] 老龙：原文是“高雷内奇龙”，俄国神话中的一条怪龙。在此用作骂人的话。

[2] 燕麦：马的饲料。

【知识链接】

安东·巴甫洛维奇·契诃夫(1860—1904)，俄国19世纪末期最后一位批判现实主义作家，20世纪世界现代戏剧的奠基人之一，与法国作家莫泊桑和美国作家欧·亨利并称为“世界三大短篇小说巨匠”。他坚持现实主义传统，注重描写俄国人民的日常生活，塑造具有典型性格的小人物，借此忠实反映出当时俄国社会现况，作品极具幽默性和艺术性。

【学以致用】

1. 姚纳都向哪些人倾诉了自己的苦恼，结果如何？

2. 小说开篇的景物描写有什么作用？

3. 联系全文，小说中对马的描写起了什么作用？

4.《一样孤苦两种诉说》一文中说“契诃夫与鲁迅虽然生活的时代不同，国度不同，但是他们的作品又有很多相通之处”，请结合“车夫姚纳”和“祥林嫂”的形象对比分析。

第三节 戏　　剧

作为文学重要组成部分的戏剧与诗歌同样，源远流长、浩如烟海，在人类文学中占有重要地位。“戏剧”一词源于希腊的“剧场”，即“观看的场所”，因而戏剧指“剧场”艺术，作为戏剧之本的剧本、戏剧艺术及其研究则归属于文学，具有文学的特质。人类最早的戏剧，据现存资料所知，可以追溯到公元前三千年，如印度的“湿婆”舞，埃及的奥西里斯神受难剧，公元前六世纪的希腊酒神祭。这些人类最早的戏剧被称为“原始艺能”。

外国的戏剧发端于古希腊戏剧。当时的统治者伯里克理执政，鼓励戏剧活动，建造半圆形的露天剧场，组织戏剧竞赛，戏剧活动几乎成了全体自由民的政治论坛和文化生活的中心之一。古希腊戏剧分悲剧和喜剧两类。埃斯库罗斯、索福克勒斯、欧里庇得斯常常被文学史家并称为古希腊三大悲剧；而古希腊喜剧的兴起晚于悲剧，是雅典奴隶主民主制危机时期的产物，英雄悲剧的时代已经过去，社会矛盾重重，因而以揭露社会矛盾、讽刺现实为主要特征的喜剧兴盛起来。戏剧创作活动的再一次掀起高潮是在十四至十六世纪欧洲出现的以复兴古代文化为旗号的文艺复兴时期。就戏剧方面来说，文艺复兴时期的英国文学成就最大。16世纪中叶，伦敦的戏剧活动极其兴盛，出现了众多的剧场、一批职业剧团和剧作家。其中以威廉·莎士比亚的剧作成就最高、影响最大，是文艺复兴时期英国和欧洲最重要的作家。19世纪后期英国作家萧伯纳、挪威作家易卜生以及俄国作家果戈里、契诃夫等都有上乘的剧作问世。而高尔基写的剧本则标志着无产阶级戏剧事业的繁荣和成熟。

根据戏剧发展的历史年代可以分为古代戏剧、中世纪戏剧、近代戏剧以及现代戏剧等，按戏剧的思想内容及艺术思潮又可分为古代希腊戏剧、罗马戏剧、中世纪戏剧、文艺复兴戏剧、古典主义戏剧、启蒙戏剧、浪漫主义戏剧、现实主义戏剧和二十世纪的各种流派的现代戏剧等。

戏剧是一门高度成熟的艺术，已经形成了一整套严整而丰富的理论和技巧体系。由于文化传统、地理区域及风土民情的差异，东西方戏剧除了共同的特征外还有各自的发展进程和艺术体系。俗话说："外行看热闹，内行看门道。"现在一般的戏剧观众大都停留在"看热闹"的水平。如果想要"看出门道"，就不能仅仅停留在对戏剧作品只做诸如"主题思想""人物性格""语言技巧"等一般的文学分析上，而必须掌握一定的戏剧理论武器。戏剧理论说起来深奥，其实它就寄寓在每一部戏剧经典之中。

选文欣赏

玩偶之家(节选)

易卜生

【阅读提示】

《玩偶之家》(1879 年)，又译《娜拉》或《傀儡家庭》。女主人公娜拉伪造父亲的签字向人借钱，为丈夫海尔茂医病。丈夫了解原委后，生怕因此影响自己的名誉地位，怒斥妻子下贱无耻。当债主在娜拉的女友感化下主动退回借据时，海尔茂又对妻子装出一副笑脸。娜拉看透了丈夫的自私和夫妻间的不平等，不甘心做丈夫的玩偶，愤然出走。

第三幕

……

娜　拉　(瞪着眼瞎摸，抓起海尔茂的舞衣披在自己身上，急急忙忙，断断续续，哑着嗓子，低声自言自语)从今以后再也见不着他了！永远见不着了、永远见不着了。(把披肩蒙在头上)也见不着孩子们了！永远见不着了！哦，漆黑冰凉的水！没底的海！快点完事多好啊！现在他已经拿着信了，正在看！哦，还没看。再见，托伐！再见，孩子们！

(她正朝着门厅跑出去，海尔茂推开门，手里拿着一封拆开的信，站在门口。)

海尔茂　娜拉！

娜　拉　(叫起来)啊！

海尔茂　这是谁的信？你知道信里说的什么事？

娜　拉　我知道。快让我走！让我出去！[1]

海尔茂　(拉住她)你上哪儿去！

娜　拉　(竭力想脱身)别拉着我，托伐。

海尔茂　(惊慌倒退)真有这件事？他信里的话难道是真的？不会，不会，不会是真的。

娜　拉　全是真的。我只知道爱你，别的什么都不管。

海尔茂　哼，别这么花言巧语的！

娜　拉　(走近他一步)托伐！

海尔茂　你这坏东西——干得好事情！

娜　拉　让我走——你别拦着我！我做的坏事不用你担当！

海尔茂　不用装腔作势给我看。(把出去的门锁上)我要你老老实实把事情招出来，不许走。你知道不知道自己干的什么事？快说！你知道吗？

娜　拉　(眼睛盯着他，态度越来越冷静)现在我才完全明白了。

海尔茂　(走来走去)嘿！好像做了一场恶梦醒过来！这八年工夫——我最得意、最喜欢的女人——没想到是个伪君子，是个撒谎的人——比这还坏——是个犯罪的人。真是可恶极了！哼！哼！(娜拉不作声，只用眼睛盯着他)其实我早就该知道。我早该料到这一步。你父亲的坏德性——(娜拉正要说话)少说话！你父亲的坏德性你全都沾上了——不信宗教，不讲道德，没有责任心。当初我给他遮盖，如今遭了这么个报应！我帮你父亲都是为了你，没想到现在你这么报答我！

娜　拉　不错，这么报答你。

海尔茂　你把我一生幸福全都葬送了。我的前途也让你断送了。哦，想起来真可怕！现在我让一个坏蛋抓在手心里。他要我怎么样我就得怎么样，他要我干什么我就得干什么。他可以随便摆布我，我不能不依他。我这场大祸都是一个下贱女人惹出来！

娜　拉　我死了你就没事了。

海尔茂　哼，少说骗人的话。你父亲以前也老有那么一大套。照你说，就是你死了，我有什么好处？一点儿好处都没有。他还是可以把事情宣布出去，人家甚至还会疑惑我是跟你串通一气的，疑惑是我出主意撺掇你干的。这些事情我都得谢谢你——结婚以来我疼了你这些年，想不到你这么报答我。现在你明白你给我惹的是什么祸吗？

娜　拉　(冷静安详)我明白。

海尔茂　这件事真是想不到，我简直摸不着头脑。可是咱们好歹得商量个办法。把披肩摘下来。摘下来，听见没有！我先得想个办法稳住他，这件事无论如何不能让人家知道。咱们俩表面上照样过日子——不要改样子，你明白不明白我的话？当然你还得在这儿住下去。可是孩子不能再交在你手里。我不敢再把他们交给你——唉，我对你说这么一句话心里真难受，因为你一向是我最心爱的并且现在还——可是现在情形已经改变了。从今以后再说不上什么幸福不幸福，只有想法子怎么挽救、怎么遮盖、怎么维持这个残破的局面——(门铃响起来，海尔茂吓了一跳)什么事？三更半夜的！难道事情发作了？难道他——娜拉，你快藏起来，只推托有病。(娜拉站着不动。海尔茂走过去开门。)

爱　伦　(披着衣服在门厅里)太太，您有封信。

海尔茂　给我。(把信抢过来，关上门)果然是他的。你别看。我念给你听。

娜　拉　快念！

海尔茂　(凑着灯看)我几乎不敢看这封信。说不定咱们俩都会完蛋。也罢，反正总得看。(慌忙拆信，看了几行之后发现信里夹着一张纸，马上快活地叫起来)娜拉！(娜拉莫名其妙地看着他。)

海尔茂　娜拉！哦，别忙！让我再看一遍！不错，不错！我没事了！娜拉，我没事了！

娜　拉　我呢？

海尔茂　自然你也没事了，咱们俩都没事了。你看，他把借据还你了。他在信里说，这件事非常抱歉，要请你原谅，他又说他现在交了运——哦，管他还写些什么。娜拉，咱们没事了！现在没人能害你了。哦，娜拉，娜拉咱们先把这害人的东西消灭了再说。让我再看看(朝着借据瞟了一眼)哦，我不想再看它，只当是做了一场梦。(把借据和柯洛克斯泰的两封信一齐都撕掉，扔在火炉里，看它们烧)好！烧掉了！他说自从 24 号起——哦，娜拉，这三天你一定很难过。

娜　拉　这三天我真不好过。

海尔茂　你心里难过，想不出好办法，只能——哦，现在别再想那可怕的事情了。我们只应该高高兴兴多说几遍“现在没事了，现在没事了！”听见没有，娜拉！你好像不明白。我告诉你，现在没事了。你为什么绷着脸不说话？哦，我的可怜的娜拉，我明白了，你以为我还没饶恕你。娜拉，我赌咒，我已经饶恕你了，我知道你干那件事都是因为爱我。

娜　拉　这倒是实话。

海尔茂　你正像做老婆的应该爱丈夫那样地爱我。只是你没有经验，用错了方法。可是难道因为你自己没主意，我就不爱你吗？我决不会。你只要一心一意依赖我，我会指点你，教导你。正因为你自己没办法，所以我格外爱你，要不然我还算什么男子汉大丈夫？刚才我觉得好像天要塌下来，心里一害怕，就说了几句不好听的话，你千万别放在心上。娜拉，我已经饶恕你了。我赌咒不再埋怨你。

娜　拉　谢谢你宽恕我。(从右边走出去。)

海尔茂　别走！(向门洞里张望)你要干什么？

娜　拉　(在里屋)我去脱掉跳舞的服装。

海尔茂　(在门洞里)好，去吧。受惊的小鸟儿，别害怕，定定神，把心静下来。你放心，一切事情都有我。我的翅膀宽，可以保护你。(在门口走来走去)哦，娜拉，咱们的家多可爱，多舒服！你在这儿很安全，我可以保护你，像保护一只从鹰爪子底下救出来的小鸽子一样。我不久就能让你那颗扑扑跳的心定下来，娜拉，你放心，到了明天，事情就不一样了，一切都会恢复老样子。我不用再说我已经饶恕你了，你心里自然会明白我不是说假话。难道我舍得把你撵出去？别说撵出去，就说是责备，难道我舍得责备你？娜拉，你不懂得男子汉的好心肠。要是男人饶恕了他老婆——真正饶恕了她，从心坎儿里饶恕了她——他心里会有一股没法子形容的好滋味。从此以后他老婆越发是他私有的财产。做老婆的就像重新投了胎，不但是她丈夫的老婆，并且还是她丈夫的孩子。从今以后，你就是我的孩子，我的吓坏了的可怜的小宝贝。别着急，娜拉，只要你老老实实对待我，你的事情都由我做主，都由我指点。(娜拉换了家常衣服走进来)怎么，你还不睡觉？又换衣服干什么？

娜　拉　不错，我把衣服换掉了。

海尔茂　这么晚还换衣服干什么？

娜　拉　今晚我不睡觉。

海尔茂　可是，娜拉——

娜　拉　(看自己的表)时候还不算晚。托伐，坐下，咱们有好些话要谈一谈。(她在桌子一头坐下)

海尔茂　娜拉，这是什么意思？你的脸色冰冷铁板似的——

娜　拉　坐下。一下子说不完。我有好些话跟你谈。

海尔茂　(在桌子那一头坐下)娜拉，你把我吓了一大跳。我不了解你。

娜　拉　这话说得对，你不了解我，我也到今天晚上才了解你。别打岔。听我说下去。托伐，咱们必须把总账算一算。

海尔茂　这话怎么讲？

娜　拉　(顿了一顿)现在咱们面对面坐着，你心里有什么感想？

海尔茂　我有什么感想？

娜　拉　咱们结婚已经八年了，你觉得不觉得，这是头一次咱们夫妻正正经经谈谈话？

海尔茂　正正经经！这四个字怎么讲？

娜　拉　这整整的八年——要是从咱们认识的时候算起，其实还不止八年——咱们从来没在正经事情上谈过一句正经话。

海尔茂　难道要我经常把你不能帮我解决的事情麻烦你？

娜　拉　我不是指着你的业务说。我说的是，咱们从来没坐下来正正经经细谈过一件事。

海尔茂　我的好娜拉，正经事跟你有什么相干？

娜　拉　咱们的问题就在这儿！你从来就没了解过我。我受足了委屈，先在我父亲手里，后来又在你手里。

海尔茂　这是什么话！你父亲和我这么爱你，你还说受了我们的委屈！

娜　拉　(摇头)你们何尝真爱过我，你们爱我只是拿我当消遣。

海尔茂　娜拉，这是什么话！

娜　拉　托伐，这是老实话。我在家跟父亲过日子的时候，他把他的意见告诉我，我就跟着他的意见走，要是我的意见跟他不一样，我也不让他知道，因的他知道了会不高兴。他叫我“泥娃娃孩子”，把我当作一件玩意儿，就像我小时候玩儿我的泥娃娃一样。后来我到你家来住着——

海尔茂　用这种字眼形容咱们的夫妻生活简直不像话！

娜　拉　(满不在乎)我是说，我从父亲手里转移到了你手里。跟你在一块儿，事情都由你安排。你爱什么我也爱什么，或者假装爱什么——我不知道是真还是假——也许有时候真，有时候假。现在我回头想一想，这些年我在这儿简直像个要饭的叫花子，要一日，吃一日。托伐，我靠着给你耍把戏过日子。可是你喜欢我这么做。你和我父亲把我害苦了。我现在这么没出息都要怪你们。

海尔茂　娜拉，你真不讲理，真不知好歹！你在这儿过的日子难道不快活？

娜　拉　不快活。过去我以为快活，其实不快活。

海尔茂　什么！不快活！

娜　拉　说不上快活，不过说说笑笑凑个热闹罢了。你一向待我很好。可是咱们的家只是一个玩儿的地方，从来不谈正经事。在这儿我是你的“泥娃娃老婆”，正像我在家里是我父亲的“泥娃娃女儿”一样。我的孩子又是我的泥娃娃。你逗着我玩儿，我觉得有意思，正像我逗孩子们，孩子们也觉得有意思。托伐，这就是咱们的夫妻生活。

海尔茂　你这段话虽然说得太过火，倒也有点儿道理。可是以后的情形就不一样了。玩耍的时候过去了，现在是受教育的时候了。

娜　拉　谁的教育？我的教育还是孩子们的教育？

海尔茂　两方面的，我的好娜拉。

娜　拉　托伐，你不配教育我怎样做个好老婆。

海尔茂　你怎么说这句话？

娜　拉　我配教育我的孩子吗？

海尔茂　娜拉！

娜　拉　刚才你不是说不敢再把孩子交给我吗？

海尔茂　那是气头儿上的话，你老提它干什么！

娜　拉　其实你的话没说错。我不配教育孩子。要想教育孩子，先得教育我自己。你没资格帮我的忙。我一定得自己干。所以现在我要离开你。

海尔茂　(跳起来)你说什么？

娜　拉　要想了解我自己和我的环境，我得一个人过日子，所以我不能再跟你待下去。

海尔茂　娜拉！娜拉！

娜　拉　我马上就走。克立斯蒂纳一定会留我过夜。

海尔茂　你疯了！我不让你走！你不许走！

娜　拉　你不许我走也没用。我只带自己的东西。你的东西我一件都不要，现在不要，以后也不要。

海尔茂　你怎么疯到这步田地！

娜　拉　明天我要回家去——回到从前的老家去。在那儿找点事情做也许不太难。

海尔茂　哦，像你这么没经验——

娜　拉　我会努力去吸取。

海尔茂　丢了你的家，丢了你丈夫，丢了你儿女！不怕人家说什么话！

娜　拉　人家说什么不在我心上。我只知道我应该这么做。

海尔茂　这话真荒唐！你就这么把你最神圣的责任扔下不管了？

娜　拉　你说什么是我最神圣的责任？

海尔茂　那还用我说？你最神圣的责任是你对丈夫和儿女的责任。

娜　拉　我还有别的同样神圣的责任。

海尔茂　没有的事！你说的是什么责任？

娜　拉　我说的是我对自己的责任。

海尔茂　别的不用说，首先你是一个老婆，一个母亲。

娜　拉　这些话现在我都不信了。现在我只信，首先我是一个人，跟你一样的一个人——至少我要学做一个人；托伐，我知道大多数人赞成你的话，并且书本里也是这么说。可是从今以后我不能一味相信大多数人说的话，也不能一味相信书本里说的话。什么事情我都要用自己脑子想一想，把事情的道理弄明白。

海尔茂　难道你不明白你在自己家庭的地位？难道在这些问题上没有颠扑不破的道理指导你？难道你不信仰宗教？

娜　拉　托伐，不瞒你说，我真不知道宗教是什么。

海尔茂　你这话怎么讲？

娜　拉　除了行坚信礼的时候牧师对我说的那套话，我什么都不知道。牧师告诉过我，宗教是这个，宗教是那个。等我离开这儿一个人过日子的时候我也要把宗教问题仔细想一想。我要仔细想一想牧师告诉我的话究竟对不对，对我合用不合用。

海尔茂　哦，从来没听说过这种话！并且还是从这么个年轻女人嘴里说出来的！要是宗教不能带你走正路，让我唤醒你的良心来帮助你——你大概还有点道德观念吧？要是没有，你就干脆说没有。

娜　拉　托伐，这个问题不容易回答。我实在不明白。这些事情我摸不清。我只知道我的想法跟你的想法完全不一样。我也听说，国家的法律跟我心里想的不一样，可是我不信那些法律是正确的。父亲病得快死了，法律不许女儿给他省烦恼，丈夫病得快死了，法律不许老婆想法子救他的性命！我不信世界上有这种不讲理的法律。

海尔茂　你说这些话像个小孩子。你不了解咱们的社会。

娜　拉　我真不了解。现在我要去学习。我一定要弄清楚，究竟是社会正确，还是我正确。

海尔茂　娜拉，你病了，你在发烧说胡话。我看你像精神错乱了。

娜　拉　我的脑子从来没像今天晚上这么清醒、这么有把握。

海尔茂　你这么清醒、这么有把握，居然要丢掉丈夫和儿女？

娜　拉　一点儿不错。

海尔茂　这么说，只有一句话讲得通。

娜　拉　什么话？

海尔茂　那就是你不爱我了。

娜　拉　不错，我不爱你了。

海尔茂　娜拉！你忍心说这话！

娜　拉　托伐，我说这话心里也难受，因为你一向待我很不错。可是我不能不说这句话。

现在我不爱你了。

海尔茂 (勉强管住自己)这也是你清醒的有把握的话?

娜　拉 一点不错。所以我不能再在这儿待下去。

海尔茂 你能不能说明白我究竟做了什么事使你不爱我?

娜　拉 能，就因为今天晚上奇迹没出现，我才知道你不是我理想中的那种人。

海尔茂 这话我不懂，你再说清楚点。

娜　拉 我耐着性子整整等了八年，我当然知道奇迹不会天天有，后来大祸临头的时候，我曾经满怀信心地跟自己说："奇迹来了！"柯洛克斯泰把信扔在信箱里以后，我绝没想到你会接受他的条件。我满心以为你一定会对他说："尽管宣布吧"，而且你说了这句话之后，还一定会——

海尔茂 一定会怎么样？叫我自己的老婆出丑丢脸，让人家笑骂?

娜　拉 我满心以为你说了那句话之后，还一定会挺身出来，把全部责任担在自己肩膀上，对大家说，"事情都是我干的。"

海尔茂 娜拉——

娜　拉 你以为我会让你替我担当罪名吗？不，当然不会。可是我的话怎么比得上你的话那么容易叫人家相信？这正是我盼望它发生又怕它发生的奇迹。为了不让奇迹发生，我已经准备自杀。

海尔茂 娜拉，我愿意为你日夜工作，我愿意为你受穷受苦。可是男人不能为他爱的女人牺牲自己的名誉。

娜　拉 千千万万的女人都为男人牺牲过名誉。

海尔茂 哦，你心里想的嘴里说的都像个傻孩子。

娜　拉 也许是吧。可是你想和说的也不像我可以跟他过日子的男人。后来危险过去了——你不是怕我有危险，是怕你自己有危险——不用害怕了，你又装作没事人儿了。你又叫我跟从前一样乖乖地做你的小鸟儿，做你的泥娃娃，说什么以后要格外小心保护我，因为我那么脆弱不中用。(站起来)托伐，就在那当口，我好像忽然从梦中醒过来，我简直跟一个陌生人同居了八年，给他生了三个孩子。哦，想起来真难受！我恨透了自己没出息！

海尔茂 (伤心)我明白了，我明白了，在咱们中间出现了一道深沟。可是，娜拉，难道咱们不能把它填平吗?

娜　拉 照我现在这样子，我不能跟你做夫妻。

海尔茂 我有勇气重新再做人。

娜　拉 在你的泥娃娃离开你之后——也许有。

海尔茂 要我跟你分手！不，娜拉，不行！这是不能设想的事情。

娜　拉 (走进右边屋子)要是你不能设想，咱们更应该分开。(拿着外套、帽子和旅行小提包又走出来，把东西搁在桌子旁边椅子上。)

海尔茂 娜拉，娜拉，现在别走。明天再走。

娜　拉　(穿外套)我不能在生人家里过夜。

海尔茂　难道咱们不能像哥哥妹妹那么过日子?

娜　拉　(戴帽子)你知道那种日子长不了。(围披肩)托伐，再见。我不去看孩子了。我知道现在照管他们的人比我强得多。照我现在这样子，我对他们一点儿用处都没有。

海尔茂　可是，娜拉，将来总有一天——

娜　拉　那就难说了。我不知道我以后会怎么样。

海尔茂　无论怎么样。你还是我的老婆。

娜　拉　托伐，我告诉你。我听人说，要是一个女人像我这样从她丈夫家里走出去，按法律说，她就解除了丈夫对她的一切义务。不管法律是不是这样，我现在把你对我的义务全部解除。你不受我拘束，我也不受你拘束。双方都有绝对的自由。拿去，这是你的戒指。把我的也还我。

海尔茂　连戒指也要还?

娜　拉　要还。

海尔茂　拿去。

娜　拉　好。现在事情完了。我把钥匙都搁这儿。家里的事佣人都知道——她们比我更熟悉。明天我动身之后，克立斯蒂纳会来给我收拾我从家里带来的东西。我会叫她把东西寄给我。

海尔茂　完了！完了！娜拉，你永远不会再想我了吧?

娜　拉　哦，我会时常想到你，想到孩子们，想到这个家。

海尔茂　我可以给你写信吗?

娜　拉　不，千万别写信。

海尔茂　可是我总得给你寄点儿——

娜　拉　什么都不用寄。

海尔茂　你手头不方便的时候我得帮点忙。

娜　拉　不必，我不接受陌生人的帮助。

海尔茂　娜拉，难道我永远只是个陌生人?

娜　拉　(拿起手提包)托伐，那就要等奇迹中的奇迹发生了。

海尔茂　什么叫奇迹中的奇迹?

娜　拉　那就是说，咱们俩都得改变到——哦，托伐，我现在不信世界上有奇迹了。

海尔茂　可是我信。你说下去！咱们俩都得改变到什么样子——?

娜　拉　改变到咱们在一块儿过日子真正像夫妻。再见。(她从门厅走出去。)

海尔茂　(倒在靠门的一张椅子里，双手蒙着脸)娜拉！娜拉！(四面望望，站起身来)屋子空了。她走了。(心里闪出一个新希望)啊！奇迹中的奇迹——楼下砰的一响传来关大门的声音。

——全剧完

【注释】

[1] 娜拉想出去投水自杀。

【知识链接】

亨利克·约翰·易卜生(1828—1906)，生于挪威希恩，是一位影响深远的挪威剧作家，被认为是现代现实主义戏剧的创始人。

创作初期，易卜生秉承挪威的浪漫主义传统，从本国的历史和民间吸取精神资源。19 世纪 60 年代末，易卜生将他的视角转向现实生活，他认为应该寻找一种更为朴实的语言以刻画现实生活中活生生的人。他把自己的注意力集中于家庭，试图从家庭中父母与儿女、丈夫与妻子之间的关系透视人的心灵，于是就有了曾经引起轩然大波的《玩偶之家》(1879 年)和《群鬼》(1881 年)。在此前后写作的《社会支柱》(1877 年)和《人民公敌》(1882 年)，则带有更强的社会批评性质，矛头直指资产阶级社会的法律、宗教和道德。

【学以致用】

1．剧中的娜拉为什么出走？

2．剧中人物海尔茂与娜拉分别具有怎样的性格？他们之间冲突的焦点是什么？自选角度，写一篇戏剧短评。

3．本剧结尾的戏剧动作是一声门响。此处的门仅仅是一扇门吗？其中蕴含怎样的深意？谈谈你的理解。

参 考 文 献

[1] 薛颖. 文苑撷英：新时代大学语文读本[M]. 北京：北京理工大学出版社，2018.
[2] 徐中玉，齐森华. 大学语文[M]. 上海：华中师范大学出版社，2005.
[3] 陈一洪. 大学语文[M]. 北京：高等教育出版社，2005.
[4] 童庆炳. 文学理论教程[M]. 北京：高等教育出版社，2015.
[5] 孔凡飞. 大学语文[M]. 北京：中国石化出版社，2006.